김종엽박사의 **철학특강**

김종엽박사의 철학특강

초　판　1쇄 인쇄 2013년 5월 25일
초　판　2쇄 발행 2014년 12월 31일

저　자　김 종 엽
발행인　황 세 연
교　정　김 영 권
디자인　EG 디자인
인　쇄　한교원색
제　본　동신제책
발행처　도서출판 **중원문화**

주　소　서울특별시 마포구 서강로 11-24(창전동 2-33)
주문처　02-325-5534　FAX 02-324-6799

ISBN　978-89-7728-974-1(03100)

김종엽박사의

철학특강

PHILOSOPHY SEMINAR

김종엽 지음

도서출판 중원문화

PHILOSOPHY SEMINAR

BY

KIM, JONG YOP

2014년 한국연구재단 우수교양도서 선정

Reprinted 2014 by Jungwonmunhwa Publishing Co.

프롤로그

요즘 '창조'라는 단어가 또 다시 급부상하고 있습니다. 창조적 마인드, 창조적 과학, 창조적 예술, 창조적 신화, 창조적 기업, 심지어는 창조적 바이러스에 이르기까지 갑자기 세계가 두 번째 창조를 준비하고 있는 것처럼 들떠 있습니다. 신조어를 익히기에 부담스러운 나이인지라, '창조적 철학'이라는 단어가 안 보인다는 점이 그나마 위안입니다.

그런데 생각해 보니 이 단어가 그리 생소한 것은 아닙니다. 내용상 거의 차이가 없는 비슷한 유형의 단어로는 '창의력' 혹은 '창의적 사고'가 있습니다. 저자가 유치원에 다닐 때부터 불혹을 훌쩍 넘긴 오늘에 이르기까지 '창의력'이 있네 없네 하며 구박을 당하고 있으니, 참 우리 사회는 오랫동안도 '창의적 사고'에 목을 매고 있는 형국입니다. 그리고 아직까지도 이러고 있으니, 대체 이놈의 사고는 얼마나 어렵기에 이렇게 완전정복의 길이 요원한지 모르겠습니다.

그동안 정권도 여러 번 바뀌었고, 피겨스케이팅의 불모지에서 빙판의 여왕도 배출했으며, 어느 나라에서도 볼 수 없는 '전 국토의 아파트화'도 이루었는데 유독 '창의적 사고'만큼은 여전히 난공불락인 것을 보면, 모르긴 몰라도 저자가 살아생전에 창의적 사고의 전모를 보는 일은 없을 것 같습니다. 그런데 이상한 일입니다. 어렵고, 까다롭고, 복잡한 인문학적 사고가 3D 지식으로 분류되어 대단히 낮은 가격으로 거래되는 사회인 것만큼은 확실해 보이는데, 복합적 사고가 요구되는 창의적 사고에 있어서만큼은 왜 이렇게 포기할 줄을 모른답니까. 이러한 사회적 현상은 어떠한 철학적 함의를 지니고 있는 것일까요?

실은 철학적 함의까지 갈 필요도 없을 듯합니다. 계획되지 않은 무한공급이 수요를 창출해야 하고, 정보가 대중화된 무한경쟁 시대에서는 눈에 띄는 창의적 사고만이 생존의 유일한 수단이기 때문입니다. 아직 한글도 모르는 아이가 무의식적으로 '누네띠네'라는 과자를 집어 드는 것을 보니, 이제는 톡톡 튀는 아이디어가 아니면 가정도 기업도 정부도 살아남기 어려운 시대인 것은 분명해 보입니다.

사전적 의미로만 보면, 창의적 사고란 새로운 것을 만들어 낼 수 있는 정신적 힘을 의미합니다. 그러나 태양 아래 새로운 것은 없는 법입니다. 매번 새롭게 연출되거나 편집되는 것이라면 모를까. 아니나 다를까, 시중에 유통되는 '창의적 사고'의 예를 보면 무(無)로부터의 창조—creatio ex nihilo—가 아니라, 과학과 인문학적 상상력의 융합에 가깝습니다.

과학기술은 지속적으로 발달합니다. 그러나 그것이 상품으로 포장되어 새로운 부가가치를 창출하려면 세계를 달리 볼 수 있는 패러다임과 결합되어야 한다는 논리입니다. 자동차 엔진이 발명되었을 때, 도로가 날 만한 땅을 사들여 재벌이 된 경우나, 내비게이션과 티펙(TPEG) 서비스의 결합으로 인한 교통비 절감, 휴대폰과 모바일의 결합이 낳은 비약적인 소프트웨어의 발전 등은 창의적 융합의 전형적 모형이라고 할 수 있겠습니다.

여기까지 보면 대학에서 인문학과 사회과학의 프로그램이 부가가치를 창출하는 실용성과 불가분의 관계에 있는 것처럼 보입니다. 상황이 이렇다 보니, 인문학중의 인문학인 철학과 관련된 삶의 지혜들이 금방이라도 신기술과 융합을 이루어 신세계를 창조할 것처럼 보입니다. '융합의 시대를 살아가는 지혜'라는 단어도 심심찮게 들립니다. 이런 점에서 확실히 미국은 철학이 돈이 될 수 있다는 사실을 증명하는 세계에서 유일한 나라일 거라는 생각도 드네요.

그런데 기대가 크면 실망도 그에 비례하여 많아지는 법입니다. 융합의 시대를 돌파하는 처세술을 얻기 위해 철학의 주위를 서성이게 되면 낭패를 보기 십상입니다. 거침없이 쏟아지는 개념의 숲을 지나기도 어렵거니와, 설령 그 개념과 얽히고설킨 이론적 맥락을 설명하는 신공(神功)을 개발해도 써먹을 수 있는 단계까지 갈려면 광년의 시간을 보내야 할 것 같습니다. 결국 철학은 단편적인 실용지식이나 자기계발서로 파격적인 자기변신을 꾀하지 않으면, 참을성이라고는 눈 씻고 봐도 찾을 수 없는 자본주의 시장에서 도태될 수밖에 없는 운명에 처하게 됩니다.

여기까지 요약하고 나니, 이제야 조금은 이해가 됩니다. 왜 우리에게는 근 반세기에 걸쳐 창의적 사고가 '가까이 하기엔 너무 먼 당신'이었는지 말입니다. 철학은 삶의 지혜를 가르치는 학문이 아니라, 그 지혜에 이르는 길을 보여 주는 학문입니다.

소통능력과 윤리적 사고, 그리고 폭넓은 창의적 교양이란 가르치거나 배양되는 것이 아닙니다. 그러한 삶을 살려고 노력하는 사람에게 주어지는 자연의 선물인 것이지요. 키스를 책으로 배운 사람이 범하는 흔한 실수를 우리는 철학이라는 학문을 대하며 그대로 반복하고 있는 것입니다.

마음속에 사랑의 아름다움을 품고 있는 사람은 세상에서 가장 멋있는 키스를 할 수 있습니다. 철학이라는 학문에 담긴 삶의 지혜도 이와 같습니다. 중국 북송시대 산수화의 대가였던 곽희(郭熙)는 "산수를 보되 외형이 아니라 산수의 마음을 보아야 한다"라고 강조한 바 있습니다. 일정한 목적을 위해 산을 찾는 사람은 산의 마음을 이해할 수 없듯, 철학에서 쓸 만한 것을 찾아 헤매는 사람은 창의적 사고를 이해할 수 없습니다. 철학이 곧 삶이며 살아 있다는 것 자체가 곧 창의적 사고이기 때문입니다.

우리는 무엇을 위해서 사는 것이 아닙니다. 사는 것 자체가 곧 목적이기 때문입니다. 오로지 금메달만을 따기 위해 올림픽에 참가한 사람은 삶의 인내와 정열이 녹아 있는 메달의 의미를 이해하기 쉽지 않습니다. 전자에게는 오직 금메달이 삶의 목적이겠지만, 후자에게는 노메달도 금메달만큼이나 의미가 있기 때문입니다.

이 책은 철학적 상상력이 무엇인지를 보여 주기 위해 집필된 것입니다. 철학적 지혜를 가르치려는 의도라기보다는, 철학에 이르는 길을 보여 주려고 하였다는 표현이 적절한 것 같습니다. 철학입문서는 넘쳐나지만 인격적 삶의 문제를 철학적 사유를 통해 풀어가는 입문서는 전무하다고 할 수 있습니다.

특히 이미지의 사회, 사랑의 문제, 질투의 감정, 약속의 행위, 용서와 자기 정체성 그리고 죽음과 같은 삶의 중요한 문제들을 먹고 사는 경험을 통해 접근하기란 결코 용이한 일이 아닙니다. 어느 시대보다 풍요로운 물질문명을 통과하면서 우리사회가 극심한 정신적 빈곤에 시달리고 있는 이유가 여기에 있다고 봅니다. 저자는 이 문제를 철학적 사유를 통해 풀어 가며 정신의 힘이 어디에 있는지를 보여 주려고 합니다.

이 길은 자신 안에서 원석(原石)을 캐내는 작업과도 같습니다. 쉽지 않은 길이지만, 이 길을 함께하는 독자는 분명 자신의 원석을 깎아 보석으로 가공할 수 있는 정신의 치명적 매력에 취하게 될 것입니다. 폭넓은 교양과 창의적 사고란 그 뒤에 논할 일입니다.

저자 김종엽

■ 차 례 ■

4. 이미지로 속고 속이는 사회

5. 의미로 살아가는 존재

6. 사랑이 무어냐고 물으신다면……

10. 나는 누구인가?

11. 죽음의 의미

라파엘로[Sanzio Raffaello, 1483~1520]의
아테네 학당 (School of Athens)

1. 사람은 무엇으로 사는가?

철학에 대해 비웃을 수 있는 자가 진정한 철학자일지도 모른다.
— Blaise Pascal —

1. 사람은 무엇으로 사는가?

호모 사피엔스 : 정신적 여유를 배우다

어렸을 때도 그랬지만, 시간이 흘러도 여전히 부러운 사람이 있습니다. 말을 잘하는 사람입니다. 말로 먹고 사는 사람이 이런 고백을 하려니 조금 부끄럽기는 하지만, 사실임에는 어쩔 수 없습니다. 독일의 현대 철학자 마틴 하이데거(Martin Heidegger, 1889~1976)는 언어를 '존재가 머무는 집'이라고 표현한 바 있습니다. 인간의 존재가 무엇인지에 대한 질문은 곧 언어의 본질에 대한 질문과 동일하다는 겁니다. 정원 한 가운데서 빙빙 돌며 대지를 적시고 꽃을 피우는 스프링클러처럼, 언어는 마음의 봄을 피우는 자연의 역할을 한다는 겁니다. 저자는 아직까지 그 정도의 확신으로 살고 있지는 않습니다. 그러나 철학이 언어의 미학인 것만큼은 부정할 수 없는 사실인 것 같습니다. 그래서인지 저자에게 말을 잘하는 사람은 여전히 선망의 대상입니다.

우리는 종종 말 많은 사람을 말을 잘하는 사람으로 혼동하는 경향이 있습니다.

"말로서 말 많으니 말 말을까 하노라."

구전되는 옛 시조 중의 한 구절입니다. 실속 없이 말만 많이 하는 사람을 경계하고 있는 시조입니다. 이 경고는 나에게도 적용되곤 합니다. 말을 많이 한 날은 꼭 고기찌꺼기가 이 사이에 낀 것처럼 찝찝한 느낌이 남습니다. 할 수 있는 말과 하지 말아야 될 말을 구별하지 못해 벌어진 사단(事端)입니다.

거꾸로 생각해 보면 누가 말을 잘하는 사람인지가 보입니다. 말을 잘하는 사람은 상대방의 말을 잘 들을 줄도 아는 사람입니다. 의미 있는 대화를 위해 자신이 등장해야 할 때와 빠져야 될 시간을 적절하게 조절합니다. 그래서 자신의 말을 잘 들어 주는 사람과의 대화는 마음이 편안한지도 모르겠습니다. 실연당한 사람 옆에 붙어서 이러쿵저러쿵 조잘대는 사람은 아직 인생을 모르는 사람입니다. 그와 같은 경우에는 아무것도 하지 않고, 그저 말없이 오랜 시간 그의 곁을 지키고 있으면 그만입니다. 같이 커피도 마시고 술도 마시며 음악도 듣는 것이 백 마디 말보다 훨씬 낫습니다.

한편 말을 잘하는 사람이란 상대방의 마음을 움직일 수 있는 사람일 겁니다. 말 한마디로 천 냥 빚을 갚는다는 속담도 있습니다. 어떤 사람이 한마디 말로 상대방의 마음을 움직일 수 있을까요? 세치 혀로 세상을 움직이는 모사(謀士)나 책사(策士)가 되어야 하는 것일까요? 꼭 그럴 필요는 없을 것 같습니다. 하지만 말에 재미는 있어야 할 것 같습니다. 그래야 마음도 열릴 수 있으니까요. 누군가와의 대화가 유쾌했다면, 그 기분은 이후 생활의 활력으로도 이어지기 쉽습니다. 말을 잘하는 사람이란 언어의 연금술사인 것입니다.

안타깝게도 저자는 이 점에서도 콤플렉스가 있습니다. 말로 먹고 사는 사람이니 말에 재미를 담을 수 있어야 하는데, 말을 잇다보면 결국에는 꼭 심각모드로 접어듭니다. 독서모임을 마치고 귀가하던 중 함께 걷던 지인과 대화를 나눈 적이 있습니다. 내 딴에는 유쾌한 시간을 벌어 줄려고 말 많은 악역을 자처했습니다. 그런데 이게 웬일입니까?

"선생님과 대화하다 보면, 희망이 안 보여요."

시무룩한 표정의 자조 섞인 목소리가 되돌아옵니다. 노력의 대가를 바란 건 아니지만, 원치 않음을 넘어 정반대의 결과가 뒤통수를 때릴 땐 인생이 허무해집니다. 아마도 내가 우리가 처한 현실을 너무 적나라하게 까발린 것이 아닌가 합니다. 성격에 문제가 있어서라기보다, 직업에서 묻어나오는 좋지 않은 습관 탓일 수도 있습니다. 시대를 진단하고 사유의 한계를 고찰하는 작업을 밥 먹듯이 해야 하는 사람들에겐 현실을 막다른 골목으로 몰아세우는 일이 습관화되어 있습니다.

"모든 사람들이 당이 강요하는 거짓말을 받아들이고, 또 모든 기록들이 같은 소리를 말한다면 그 거짓말은 역사가 되고 진실이 될 것이다. '과거를 지배하는 자는 미래를 지배한다. 현재를 지배하는 자는 과거를 지배한다'라고 당의 슬로건은 말한다. 지금 진실한 것은 영원한 과거로부터 영원한 미래에까지 진실하다. 그것은 아주 간단한 진리이다."[1)]

1) 조지 오웰, 『1984』, 김기혁 옮김, 문학동네(2009), 84쪽.

조지 오웰(George Orwell, 1903~1950)의 소설 『1984』의 한 대목입니다. 인간의 정신에 내재해 있는 전체주의적 경향을 비판한 탁월한 정치풍자소설입니다. 인간의 언어란 결국 그 언어를 통제하는 사람들이 선호하는 사회질서에 맞춰진다는 어두운 현실을 고발하고 있기도 합니다.

20세기를 대표하는 고전이라고 하기에는 미래가 너무 어둡고 현실이 꽉 막혀 있습니다. 적당히 진단하고, 적당히 다짐하며, 적당히 희망에 넘쳐 그렇게 '대강 철저히' 살아가는 게 우리 모두에게 편안할 텐데 말입니다. 그런데 불현듯 생각이 달라집니다. 모든 것은 결국 마음먹기에 달린 것이 아닐까요?

철학을 가르치는 사람에게는 다른 전공자가 감히 흉내 내기 어려운 신비한 능력이 있습니다. 강의가 시작되고 10분 이내에 강의실 전체를 참선 모드로 만들어 버릴 수 있습니다. 수강생들을 평온하게 이끌어서 자기만의 세계로 깊이 빠져들게 할 수 있는 능력은 아무나 지니고 있는 것이 아닙니다. 그러고 보니 책도 다르지 않겠군요. 무아(無我)의 경지에 이르기 위한 배경음악으로는 '존재란 무엇인가'라는 주제가 당연 최고일 겁니다. 슈베르트(Franz Peter Schubert, 1797~1828)의 자장가보다 아마도 백배는 더 강력하게 수강생들을 순수의식의 세계로 이끌어 갈 수 있습니다.

그런데 학교에서 강의를 하다보면 신기한 일을 경험하게 됩니다. 분명히 깊은 자기 최면에 빠져 있을 거라고 생각하는 순간에 수강생들의 눈빛이 나를 향하고 있을 때입니다. 내가 말을 재밌게 한 것일까요? 그럴 수도 있습니다. 아마 그럴 것입니다. 그러나 말을 재밌게 하는 것은 언어적 기교에 달린 것 같지는 않습니다. 기교로만 따지면 저자도 한 기교 합니다. 그러나 말의 기교를 통해 언어의 한계에 도전하는 시점에서도 내가 여전히 강의실을 온통 기도실로 바꿔 버릴 수 있다는 사실에는 변함이 없습니다. 그럼 학생들에게 도대체 어떤 마법을 걸어 놓은 것일까요?

주제를 대하는 나의 태도가 달라진 것입니다. 내가 '존재'라는 개념에 빠져 내 자신을 보지 못할 때, 나의 언어는 대단히 심각해집니다. 반면 존재가 정박된 삶을 돌아볼 수 있는 정신적 여유를 지닐 수 있다면, 나의 언어는 날개를 달고 비상합니다. 시대와 그 시대의 사유를 분석하는 언어는 그 언어를 사용하는 사람의 욕망과 권력으로부터 자유롭지 못합니다. 그로부터 우리가 한 발짝 물러설 수 있는 여유가 있다면 어떨까요? 최소한 그 말을 듣는 사람에게 자신이 지고 있는 짐을 전가시키지는 않을 겁니다. 언어를 통해 전가되는 부담이 한결 덜어진다는 말입니다.

인간의 언어가 동물의 언어와 갈라지는 결정적인 지점이 바로 여기입니다. 동물도 언어를 사용하고 있다는 사실은 익히 알려져 있습니다. 꿀벌, 원숭이, 앵무새, 돌고래와 같은 지능적 동물들은 그들만의 특유한 의사소통 방식을 지니고 있습니다. 그들이 사용하는 신호가 인간의 언어와 유사한 기능을 지니고 있다는 점은 분명해 보입니다. 그러나 언어가 반영하고 있는 현실로부터 한 발 물러설 수 있는 정신적 능력은 오직 인간만의 특징입니다. 호모 사피엔스란 이렇게 정신적 여유를 배운 사람을 말하는 것입니다.

저기 매화 화분에 물을 줘라

말을 재밌게 해야 한다는 문장에도 오해의 소지가 다분히 있습니다. 말을 잘하는 사람이란 유머가 풍부한 사람을 말하는 것일까요? 유머는 필요조건은 될 수 있을지 모르지만, 충분조건으로는 말 그대로 충분치가 않습니다. 누군가가 남을 웃긴다고 해서 그가 말을 잘하는 사람은 아닙니다. 우리 시대를 돌아보면 그 이유가 확연해집니다. 우리는 쾌(快)를 과도하게 추구하는 사회에 살고 있습니다. 그에 비례하여 가벼운 웃음을 파는 데도 익숙해져 있습니다. 유명 영화제에 시상자로 나오면 반드시 남을 웃겨야 되는 것처럼, 어느덧 가벼운 웃음도 처세술의 강력한 무기 가운데 하나가 된 것입니다.

겉으로 화려하게 보이는 포장된 세계가 우리의 주된 활동무대이다 보니, 자연스럽게 언어도 입맛에 맞게 포장되면서 굳어진 생활습관 탓으로 보입니다. 그런데 그 이면에는 더 심각한 부분도 있습니다. 우리는 필요 이상으로 일과 소비에 노출된 시대에 살고 있습니다.

여백의 미(美)라곤 찾아보려야 찾아볼 수가 없는 시대이지요. 여유 없이 달려가야 뭔가 열심히 살고 있다는 느낌을 서로에게 강요하는 시대입니다. 새벽부터 저녁 늦게까지 학교와 학원에서 시간을 죽여야만 심적 안정을 찾는 학생처럼 말입니다. 현대는 소비를 통해서만 자신의 존재감을 인정받는 시대이기도 합니다. 웃음에 집착하는 문화는 일종의 보상심리에서 비롯된 것입니다. 피곤한 사회에서 잠시 벗어나 정신적 휴식을 원하는 사람들에겐 약간의 엔돌핀이 반가울 수밖에 없는 겁니다.

그래서일까요? 그 어느 시대보다 TV에서는 온갖 종류의 버라이어티쇼가 우리의 눈과 귀를 즐겁게 합니다. 그런데 그 모양새가 왜 이렇게 눈에 거슬리는지 모르겠습니다. 돈으로도 살 수 없는 귀한 젊음의 시간에 틈만 나면 연예인들의 시답잖은 농담에 정신 줄을 놓고 있는 아이들을 보면 뭔가 한참 잘못되고 있다는 느낌을 지울 수가 없습니다. 그에 대항하여 아무것도 할 수 없다는 사실이 우리를 더욱 무력하게 만들기도 합니다. 우리가 선택할 수 있는 유일한 일이란 고작해야 원인제공자를 찾아 그 자리를 치워 버리는 일입니다. 저자의 집도 벌써 3년째 TV 없는 신세계를 경험하는 중입니다.

그러다 보니 가끔은 그에 대한 질문을 받기도 합니다.

"특별히 할 일이 없는 무료한 시간에는 무엇을 하세요?"

한동안은 그럴듯한 이유를 생각해 보기도 했지만, 언제가부터는 마음이 가는 대로 대답을 하게 됩니다. 지루한 시간은 그냥 놔두면 됩니다. 늘 무언가를 해야 된다는 강박관념만 지워 버릴 수 있다면, 그때부터 새로운 시간이 열립니다. 우리는 여백의 시간을 보낼 수 있어야 합니다. 아니, 즐겨야 합니다. 어렸을 때부터 그냥 시간을 보내는 꼴을 못 보는 경험만을 하다 보니, 우리는 할 일이 없다는 사실에 두려움마저 느끼곤 합니다.

그러나 여백의 시간에 익숙해진 아이들이 자신을 돌아보는 데도 익숙해지는 법입니다. 특히 가장 지루했을 때가 가장 창의적인 자신으로 돌아가는 순간이라는 사실을 우리는 기억해 냅니다. 정신없이 바쁘게 움직일 때의 모습은 이력서에 쓸거리를 남길지는 모르겠지만, 그것이 반드시 인상 깊은 추억의 한 자락으로 기억되는 것은 아닙니다.

여백의 시간을 자신 안에 담고 있는 사람만이 현실을 품안에 안을 수도 혹은 현실과 거리를 둘 수도 있습니다. 여백이 없이 살아가는 현대인들은 모든 면에서 희화화하기를 즐깁니다. 반면 피로감을 더하는 현실의 어두운 면이 거침없이 자신을 사로잡을 땐 애써 눈을 감아 버립니다. 그것이 비현실적이라서가 아닙니다. 어떤 것도 믿고 싶지 않기에, 신뢰하고 힘을 쏟았던 많은 것들이 먼지처럼 흩어진 기억들이 많기 때문일 겁니다. 어쩌면 우리의 마음이 만성적 메모리 부족으로 버거워하고 있는지도 모릅니다. 어두운 이면을 담을 만한 마음의 공간이 부족한 것이지요.

그러나 우리가 정말 세상을 있는 그대로의 모습으로 보고자 한다면 화려하게 포장되어 우리의 정신을 현혹하는 이미지의 세계에서 벗어날 수 있어야 합니다. 그리고 그 뒤에 숨어 있는 어두운 현실도 구석구석 볼 수 있어야 합니다. 말을 잘하는 사람은 분명 어두운 진실 앞에 눈을 가리고 귀를 틀어막은 사람은 아닐 겁니다.

또 다시 진지해지기 시작하는군요. 말을 잘하는 사람을 매사에 진지한 사람으로 묘사하려는 의도는 아닙니다. 말을 잘하는 사람은 말을 재미있게 할 뿐만 아니라, 현실도 직시할 수 있어야 하며, 그 가운데서 삶의 여유도 보여 줄 수 있어야 한다는 의미입니다. 며칠 전 지인과 통화를 한 적이 있습니다.

"어떻게 지내세요?"

모처럼의 대화는 항상 어색할 수밖에 없습니다. 전파를 타고 전해질 무표정한 표정을 감추기 위해 애써 던져진 나의 의례적 인사치레입니다.

"공사가 다~ 망했지!"

휴대폰에서 흘러나온 한 마디에 순간적으로 웃음이 터집니다. 재치가 넘치는 유머감각입니다. 둘 사이에 가로놓여 있던 시간적, 공간적 간극이 이내 사라집니다. 그 웃음을 딛고 나는 편하게 본론으로 들어가게 됩니다. 단순한 언어유희일까요? 언어유희에도 경중이 있고 스펙트럼이 있습니다.

정말 공사(公私)가 다 망하게 될 때 보통 사람이라면 어떤 태도를 취할까요? 아마도 그는 말로 표현할 수 없는 난처한 상황을 겪고 있는 중일 것입니다. 일반적으로 보면 그 사람은 아주 절망적 상황에 처해 있을 겁니다. 절망에 처해 본 사람은 알 것입니다. 절망한 사람에게는 그 심정을 적절히 표현할 언어가 없습니다. 물론 그럴만한 용기도 없겠지요. 침묵이 길어지면 마음의 병으로 굳어집니다. 그리고 우울증이 슬그머니 기어 나와 야금야금 그의 정신을 갉아먹게 됩니다.

나와 통화를 한 지인이 정말 공사(公私)가 다 망했는지, 아니면 망하기 일보직전인지는 알 수가 없습니다. 일단 전자라고 가정해 봅시다. 공사가 다 망했다면, 그는 절망적인 상황에 처해 있습니다. 그런데 남 얘기 하듯 자신의 상황을 언어유희를 통해 즐길 수 있는 사람이라면, 그는 과연 어떤 종류의 사람일까요? 아마도 두 부류 중의 하나일 겁니다. 사태파악이 안 되는 철부지이거나, 아니면 자연이 주는 직접성에서 한 발짝 벗어난 사람일 것입니다. 최소한 내가 알고 있는 바에 따르면 나에게 웃음을 안겨 준 사람은 후자의 경우에 해당합니다. 자연적 직접성에서 벗어난다는 표현은 무엇을 의미하는 것일까요?

자연은 인간이든 동물이든 살아 있는 모든 생명체에게 다양한 정서를 부여합니다. 기쁠 때 웃으며, 슬플 때 우는 것은 너무나 당연한 자연의 이치입니다. 아픔을 느끼는 통점(痛點), 접촉을 느끼는 촉점(觸點), 압력을 느끼는 압점(壓點), 따뜻함과 차가움을 느끼는 온점(溫點)과 냉점(冷點) 등은 나와 타인을 묶어 주는 대표적인 자연적 정서들입니다. 누군가가 이러한 자연의 감정들에 무감각하다면 뭔가 좋지 않은 징조입니다. 행여 그런 사람과 안면을 트게 되면 조심해야 합니다. 분명 그는 사이코 패스(Antisocial Personality Disorder)일 가능성이 높기 때문입니다.

그렇다고 자연적 감정에 충실한 사람을 우리가 인간적이라고 간주하는 것은 아닙니다. 가끔 술만 먹으면 개가 되는 사람이 있습니다. 흔히 타고난 본성이 나온다고 하지요. 심지어는 사람을 때리기까지 합니다. 그런 사람은 인간적인 사람이 아니라, 인간적인 사람이 되려고 노력해야 합니다. 기쁠 때 웃고, 슬플 때 우는 것은 지극이 자연적인 현상입니다.

그런데 정말 인간적인 사람이 되려면 그러한 자연적 정서를 다룰 수 있는 경지로 자신을 끌어 올려야 합니다. 『고종기』[2](考終記)에 따르면, 평소 매화를 매우 아꼈던 퇴계(退溪) 이황(李滉, 1501~1570)은 마지막 숨을 거두기 직전 다음과 같은 유언을 남겼다고 합니다.

"저기 매화 화분에 물을 줘라!"

퇴계의 유언은 일반인이 이해하기에는 조금은 난해한 최후의 연출입니다. 그가 평소에 매화를 매우 아꼈다는 사실은 익히 알려져 있습니다. 하지만 최후의 만찬이라면 모를까, 숨이 넘어가기 일보직전인 사람이 남길

2) 퇴계선생의 언행기록서.

만한 유언으로는 어울리지 않습니다. 죽음은 매우 슬프고 두려운 삶의 마지막이기에, 우리는 그에 상응하는 감동적인 끝맺음을 원하기도 하며 또한 타인으로부터 기대하기도 합니다. 그런데 이게 웬일입니까? 눈을 감는 순간까지 정말 퇴계는 매화가 걱정이 되었던 것일까요? 아니면 진(秦)나라 시황제(始皇帝)가 그랬던 것처럼, 한 번의 죽음 이후에도 언젠가는 다시 살아 돌아올 수 있으리라는 종교적 확신을 지녔던 것일까요?

둘 다 아닐 겁니다. 그 자리를 지키며 비통에 빠져 있던 사람들에게 이 마지막 유언은 매우 특별한 의미를 지닙니다. 말로 표현할 수 없는 자연적 슬픔을 편안하게 받을 수 있는 삶의 여유가 그것입니다. 삶의 심오한 진리를 듣기 위해 마지막으로 그 자리를 지켰던 사람들에게는 의외였을 것입니다. 하지만 그들이 현명한 사람들이라면 곧 깨달았을 것입니다. 퇴계가 남겼던 마지막 선물은 세상의 오묘한 이치가 아니라, 바로 자연적 운명을 언어적 유희로 즐길 수 있는 인간적 자유였다는 사실을 말입니다.

슬픔을 기쁨으로, 기쁨을 슬픔으로

슬픔과 기쁨, 비극과 희극은 마치 동전의 양면과도 같습니다. 삶을 잘 들여다보면 상반되는 두 감정이 서로 교차하고 있다는 사실을 볼 수 있습니다. 우리가 이 사실을 깨닫기까지는 고도의 정신적 힘이 필요합니다. 물론 정신의 힘을 갖추기 위해 각고의 노력을 경주할 필요는 없습니다. 약간의 상상력만 있다면 누구나가 볼 수 있는 사실입니다. 그런데 평소에는 이 힘이 잘 드러나지 않습니다. 왜냐하면 우리는 대체로 감정의 소용돌이에 휘둘리며 살고 있기 때문입니다.

이럴 때는 외부의 도움이 필요합니다. 시나 소설과 같은 문학작품은 복잡한 사유를 형상적으로 잘 보여줍니다. 형상으로 따지면 영화가 단연 최고입니다. 영화는 눈에 보이는 이미지를 통해 승부수를 던지지만, 이를 활용하여 관객들에게 눈에 보이지 않는 인간적 내면의 세계를 보여줍니다. 내면의 심연이 깊을수록 자연의 세계를 넘어서는 의미의 세계가 드러납니다. 그 의미의 세계에 취할 때, 관객들은 잊어버렸던 정신의 힘을 되살려 냅니다. 정서적 교감을 하는 것이지요. 이때 관객들은 자신을 돌아볼 수 있는 여유도 갖게 됩니다.

영화는 슬픔과 기쁨, 비극과 희극이 교차하는 역설도 자유롭게 연출해 낼 수 있습니다. 찰리 채플린(Charles Chaplin, 1889~1977)의 《모던 타임즈 *Modern Times*》(1936)는 아마도 이 분야에서 최초의 작품일 것입니다. '웃음 없는 하루는 무의미하다'는 명언을 남길 만큼 채플린은 세계에서 가장 성공한 희극작가이자 영화감독입니다. 《모던 타임즈》는 시각적 코미디가 정점에 달한 작품 중의 하나입니다.

비록 부분적이지만 수업자료로 활용하는 탓에 저자는 이미 여러 번에 걸쳐 이 영화를 시청하였습니다. 그런데 주인공이 '점심 먹여주는 기계'에 묶여 수난을 당하는 장면을 볼 때면 매번 웃음을 참지 못합니다. 채플린이 이 방면의 천재라는 사실에는 의심의 여지가 없어 보입니다.

그런데 마냥 웃고 즐기기에는 뭔가 석연찮은 구석이 있습니다. 이 영화가 담아내려고 했던 현대인의 현실이 마음에 걸립니다. 영화에서 담아내고 있는 주인공의 일상과 일탈은 웃음과는 전혀 거리가 먼 현대 사회의 슬픈 자화상이기 때문입니다.

《모던 타임즈》는 현대 자본주의 사회에서 인간소외의 문제를 그리고 있습니다. 그 속에서는 한낱 기계의 부품으로 전락한 노동자의 슬픈 운명이 등장합니다. 오랫동안 나사 조이는 작업만을 반복하다 보니 노동자의 일상은 실로 기형적으로 변해 있습니다. 오랜 시간 동일한 단순노동만을 반복하다보니 휴식시간에도 자연스럽게 움직이는 손과 발, 동그란 물체만 보면 무의식적으로 쫓아가서 스패너로 돌리는 장면 등은 전형적인 직업병을 묘사하고 있습니다. 한 여성이 걸치고 있는 옷에 달려 있는 동그란 단추를 보고 스패너를 들고 쫓아가는 장면, 컨베이어 벨트에 실려 기계 속 톱니바퀴 사이를 유영하는 장면 등은 물화된 인간소외의 극치를 보여주고 있습니다.

영화 《모던 타임즈》

그런데 이상한 일입니다. 글로 이 영화를 감상하고 있으면 실로 우울하기 짝이 없는 영화입니다. 하지만 언어를 필름 위에 올려놓았을 때는 갑자기 상황이 달라집니다. 글과 눈에 보이는 것만이 전부는 아닙니다. 영화를 보며 관객은 시종일관 이 비극적 언어를 참을 수 없는 웃음으로 받아들이는 겁니다. 물론 이 웃음은 여느 웃음과는 다릅니다. 관객의 웃음소리는 세상에서 가장 슬픈 것을 표현하는 웃음소리입니다.

어떤 의미에서 이러한 역설의 감정은 자연의 질서에 역행한다고 볼 수 있습니다. 슬픔을 눈물이 아닌 웃음으로 표현하고 있으니까요. 역설은 자연의 질서를 파괴하는 것과는 다릅니다. 역설의 감정은 인간이 현실을 지각하는 가장 인간적인 방법 중에 하나일 뿐입니다. 슬픔을 슬픔으로 기쁨을 단순히 기쁨으로 받는다면, 우리는 자연적 정서로부터 벗어날 수 없습니다. 자연적 정서에 거리를 두는 역설적 웃음을 통해 우리는 우리가 처한 현실이 얼마나 비인간적 현실인지를 더욱 뼈저리게 깨닫게 됩니다. 우리는 정말 슬플 때 웃습니다. 하지만 웃을 수 있는 자만이 의미의 세계를 향한 자유의 날갯짓을 힘차게 시작할 수 있습니다.

반대의 예도 있습니다. 가장 기뻐해야 할 인생의 순간에 말로 표현할 수 없는 슬픔을 느끼는 경우입니다. 다음은 참여문학의 기수였던 베르톨트 브레히트(Bertolt Brecht, 1898~1956)가 우리에게 남겼던 유감의 마음입니다.

"물론 나는 알고 있다.
오직 운이 좋았던 덕택에 나는 그 많은 친구들보다 오래 살아남았다.
그러나 지난 밤 꿈속에서 이 친구들이 나에 대하여 이야기하는 소리가 들려왔다.
'강한 자는 살아남는다.'
그러자 나는 자신이 미워졌다."[3]

이 시를 이해하기 위해서는 자연으로부터 거리를 둘 수 있는 정신적 여유가 필요합니다.

---

3) Bertolt Brecht, 『살아남은 자의 슬픔』(*Ich, der Überlebende*, 1931), 한국어판 한마당(1990).

"역시 강한 자는 살아남는 법이야!"

누군가가 우리를 지목하며 이런 말을 했다고 가정해 봅시다. 기분이 어떨까요? 그리 나쁘지 않을 겁니다. '강함'과 '삶'이라는 단어는 흔히 긍정적인 것을 묘사할 때 사용되곤 합니다. 더욱이 요즘처럼 경쟁력을 유일한 생존의 도구로 여기는 시대에서 남보다 오래 살아남았다는 사실은 무엇을 의미할까요? 당연히 경쟁력을 갖추고 있다는 뜻입니다. 이런 말을 들을 때, 우리는 어깨를 으쓱거리며 자랑스러워해야 할 것입니다.

그런데 이게 웬일입니까? 브레히트는 갑자기 자신에 대해 부끄러움을 느낍니다. 기뻐하며 자신의 성취를 과시해야 할 순간에 미안한 감정이 들다니요? 착한남자 콤플렉스에 걸린 것일까요? 브레히트의 감정이 우리에게 낯설게 느껴지는 이유는 아마도 그것이 자연에 역행하기 때문일 겁니다. 이러한 감정은 어디서, 도대체 왜 생기는 것일까요?

호모 필로소피쿠스의 탄생

호모 필로소피쿠스(Homo philosophicus)라는 단어가 있습니다. 우리말로 번역해 보면 철학적 인간이라는 단어가 가장 적합해 보입니다. 자연의 역설은 정확하게 철학적 인간의 내부에서 발생합니다. 철학적 인간은 자연과 거리를 둘 수 있는 사람을 뜻합니다. 더 정확하게 말하면 상상력을 갖춘 정신적 힘의 소유자를 지칭하고 있습니다. 우리는 누구를 정신적 힘의 소유자라고 부르는 것일까요? 자신과 자연적 감정 사이에 일정한 정신적 공간을 만들 수 있는 능력의 소유자를 말합니다. 그 공간으로 인해 인간은 동물과는 달리 자연의 세계에 함몰되지 않고 자연을 대상으로 삼아 관찰하고 해석할 수 있는 능력을 얻게 됩니다.

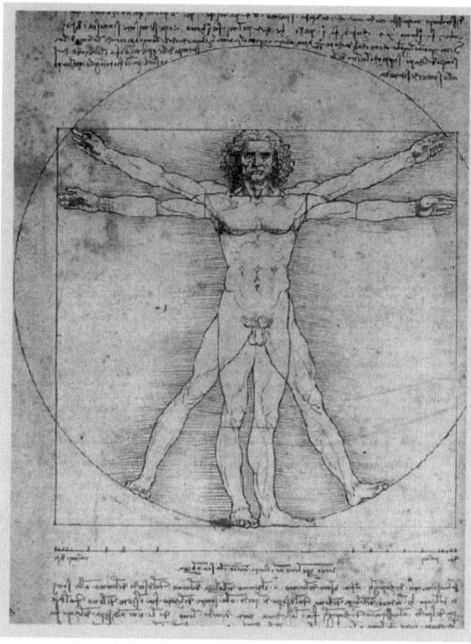

신체도, 1492 Leonardo da Vinci

우리가 자신 안에서 만드는 공간은 단지 '나'만을 위한 공간이 아닙니다. 그 공간을 나의 본능과 욕심만으로 채울 때, 우리는 또 다시 자연의 한 조각으로 전락하고 맙니다. 자신의 내적 공간이 넓을수록, 타인과 자연이 들어올 수 있는 여백을 허락하게 됩니다. 인간이 자신 안에서 열어놓은 공간은 자연이 아니라, 자연을 품을 수 있는 내적 공간을 말하는 겁니다. 바로 이러한 이유 때문에 우리는 호모 사피엔스를 자연의 다른 종(種)과는 구별되는 인격적 존재로 부르는 것입니다.

호모 필로소피쿠스는 타인과 자연을 품을 수 있는 정신적 여유의 소유자입니다. 저자는 정신적 여유를 지닌 자만이 말을 잘할 수 있다는 믿음을 지니고 있습니다. 말을 잘하는 사람이란 인간적 현실을 정확하게 직시하고 언어로 표현할 수 있는 정신적 힘의 소유자를 일컫는 겁니다. 그는 언어를 통해 우리에게 자신과 자연의 세계를 넘어서는 정신적 여유를 보여줍니다. 철학적 사유란 삶의 여유를 배우는 과정인 것입니다. 다시 브레히트의 살아남은 자의 슬픔으로 돌아와 봅시다. 그는 왜 가장 기뻐해야 할 순간에 슬픔을 느꼈을까요? 그의 슬픔은 타인의 희생에 대한 지각입니다. 우리 모두는 타인의 희생을 통해 살아가고 있습니다. 경쟁을 통해 우위를 점하고, 자신이 꿈꾸었던 사회적 지위를 얻는 것은 반드시 누군가의 희생이 달라야만 가능합니다. 경쟁에서 탈락한 사람만을 염두에 두는 것은 아닙니다. 우리가 입고 먹는 것조차도 실은 다른 생명체의 희생을 대가로 이루어지는 것이지요. 브레히트는 자신의 삶이 누군가의 희생을 딛고 세워졌다는 사실에 유감을 표하고 있는 것입니다.

유감을 표하는 마음은 자연적으로 주어진 것이 아닙니다. 자연은 희생자의 몫을 기억해 주지 않습니다. 변함없는 자연의 순환 속에서 누군가는 상처를 입을 것이며, 누군가는 운이 좋아 더 오래 살아남을 수도 있습니다. 하지만 자연에서는 그에 대한 목적이나 보상이 있을 수 없습니다. 사자가 사슴을 사냥하였다고 해서 그에 대한 대가를 치를 필요는 없는 것이지요. 살아남은 자는 기뻐할 것이며, 희생자는 침묵할 뿐입니다.

그런데 인간은 자연적 존재로 그치지 않습니다. 더 정확하게 말하면, 인간의 자연이란 자신의 내부에 여백을 만드는 데 있습니다. 우리는 자신의 내부에 공간을 만들고 자연의 무자비함을 애석해 합니다. 희생자에게 유감을 표하며, 살아남은 자신에게 자부심이 아닌 유감의 마음을 요구합니다. 때로 우리는 유감의 마음을 사회적 의무로 법제화하기도 합니다. 훨씬 유연한 사회를 만들기 위해서지요. 심적 공간이 넓으면 넓을수록, 세계에 대한 우리의 지각은 더욱 섬세해집니다. 우리는 이것을 인간만이 지니고 있는 정신적 여유라고 부릅니다.

우리는 경험을 통해 정신적 여유가 없는 사람과의 대화가 매우 불편하다는 사실을 알고 있습니다. 그 이유는 당연합니다. 그의 마음으로 들어오는 세계가 지극히 한정되어 있기 때문입니다. 마음이 좁은 사람은 자신을 고정된 틀 안에 가둬 버립니다. 다양성과 개성의 실현을 가로막는 자폐 증상에 시달리게 되는 겁니다. 그뿐만이 아닙니다. 마음이 좁아터지게 되면, 타인도 세계도 항상 보잘것없는 존재로 보이기 마련입니다. 정신적 여유가 없는 사람이 매사에 사람을 가르치려고 하는 이유가 바로 여기에 있습니다.

아빠, 철학에서 추구하는 진리가 뭐예요?

호모 필로소피쿠스는 나전어[4](羅甸語)입니다. '인간'을 뜻하는 Homo와 '철학적' 혹은 '철학을 하는'이라는 형용사의 합성어로 철학적 혹은 철학을 하는 인간이라는 뜻입니다. 평범해 보이지만, 이 단어의 의미와 형식적 구조를 들여다보는 일은 흥미를 자아냅니다. 보는 관점에 따라 무한한 해석이 가능하기 때문입니다.

---

4) 나전어는 인도유럽 어족의 하나인 이탤릭(Italic)어파에 속하는 언어입니다. 고대 로마시대의 공통어로서 현대의 프랑스어, 이탈리아어, 에스파냐어, 포르투갈어, 루마니아어 등 로맨스(Romance)어의 근원이 되었습니다. 오늘날 나전어는 일상적으로는 더 이상 사용되지 않는 죽은 언어입니다. 그러나 종교와 학문에서는 여전히 교양어로 위력을 떨치고 있습니다. 근대의 후반에 이르기까지 서양 철학의 많은 저서들도 나전어로 쓰였습니다. '나전'(羅甸)은 '라틴'(Latin)의 음역어입니다.

몇 가지 예만 들어 보겠습니다.

나전어 표기	우리말 해석	최초 사용자
Homo academicus	학문적 인간	Pierre Bourdieu, 1984
Homo aestheticus	미학적 인간	Luc Ferry, 1990
Homo amans	사랑하는 인간	Humberto Maturana, 2008
Homo biologicus	생물학적 인간	Charles Elworthy
Homo creator	창조적 인간	Michael Landmann, 1955
Homo discens	학습하는 인간	Werner Loch, 1967
Homo excentricus	자신의 외부에 있는 인간	Helmuth Plessner, 1928
Homo faber	노동하는 인간	Karl Marx
Homo mensura	만물의 척도로서의 인간	Protagoras
Homo metaphysicus	형이상학적 인간	Arthur Schopenhauer, 1819

눈치 빠른 독자는 위의 경우가 전체의 일부에 불과하다는 사실을 금방 알 것입니다. 알파벳 순으로 서술되어 있으니, 마지막까지 가면 훨씬 더 많은 경우의 수가 우리를 기다리고 있을 것입니다. 이 작업은 완결되지 않았고, 지금도 여전히 현재 진행형입니다.

나전어를 만들어 사용했던 로마인들은 실제로 아주 간결한 단어를 주고받으며 서로 삶의 유희를 즐겼던 것 같습니다. 덕분에 나전어는 상대적으로 짧은 단어 안에 심오한 의미를 담게 되었지요. 철학이 어렵게 느껴지게 된 데에는 초창기부터 그럴만한 이유가 있었나 봅니다. 인간이라는 복잡하기 그지없는 생명체를 두고 이토록 짧은 단어를 통해 날카롭게 해석하고 있으니 말입니다. 더욱이 미묘한 차이로 의해 그 뜻이 달라질 수 있다는 사실을 보면, 철학은 망할지언정 결코 죽지는 않을 것 같습니다.

"audeamus igitur, iuvenes dum sumus!"

나전어의 이 말은 '너의 젊은 날을 기뻐하라'고 해석할 수 있습니다. 멋진 말입니다. 자연의 어떠한 아름다움도 젊음만큼 빛나는 것은 없습니다. 지난 세월을 돌아보면, 이러한 느낌이 더욱 강렬해지곤 합니다. 저자는 젊었을 때 누구보다 열심히 살았습니다. 굳이 자랑할 것까지는 없지만, 많이 놀았다는 뜻입니다. 방황도 많이 하였지만, 지금 생각해 보면 그 방황까지도 놀이의 한 방식이었던 것 같습니다. 그런데도 더 정열적으로 놀지 못한 것이 자꾸 후회가 됩니다. 나이가 들어도 할 수 있는 것들이 여전히 많이 있지만, 인생에는 일정한 시기에만 할 수 있는 것들이 분명 있기 때문입니다.

오랜 역사를 지니고 있는 인류에게도 개인적으로 보면 인간의 시간은 그리 길지 않습니다. 일장춘몽이라고 했던가요? 한여름 밤의 꿈처럼 그렇게 세월도 흘러갑니다. 째깍째깍, 초단위로 움직이는 줄 알았던 시계가 언제부터 주말단위로 가더니, 이제는 해가 바뀌는지도 모르게 지나가게 됩니다. 한 지인은 힘든 시간이 올 때마다 누군가의 말을 떠올린다고 합니다.

"이 또한 지나가리니……."

이 어구는 어렵고 힘든 시간을 보내고 있는 사람을 위로하기 위해 인위적으로 고안된 언어가 아닙니다. 있는 그대로의 사실을 말하고 있을 뿐이지요. 모든 것은 지나가고, 지나가 버린 것은 기쁨도 슬픔도, 행복도 불행도 모두 우리의 추억 속에 찰나로 기억될 뿐입니다.

하지만 이 짧은 운명이 마냥 억울하고 슬픈 것만은 아닙니다. 굳이 그럴 필요도 없습니다. 우리 모두는 언젠가는 다시 자연으로 돌아가야만 하는 운명 공동체입니다. 이 사실을 기억하는 것은 아주 중요합니다. 인생의 유한함이 인생의 특정한 부분을 찾아내어 더욱 돋보이고 가치 있는 것으로 만들어 주기 때문입니다.

'너의 젊은 날을 기뻐하라'는 짧은 문장을 통해 로마인들은 삶의 유한함을 받아들입니다. 그리고 삶의 화려한 정점을 즐길 수 있는 지혜를 공유했던 것입니다. 불투명한 미래를 담보삼아, 그것도 헛된 것을 꿈꾸며 현재를 무자비하게 희생시키는 어리석음을 범하지 말아야 한다는 교훈도 담고 있습니다.

장황한 미사여구가 아니라, 한 마디의 짧은 어구만으로도 우리 마음의 문을 활짝 열 수 있는 언어적 매력은 나전어만의 특징은 아닙니다. 우리의 시대도 역시 언어적 간결함을 선호하는 편입니다. 미국의 대문호 어니스트 헤밍웨이(Ernest Hemingw, 1899~1961)는 어느 날 한 젊은이로부터 당돌하지만 매우 흥미로운 제안을 받았다고 합니다.

"당신이 정말 재능 있는 문학가라면 단 여섯 단어로 이루어진 소설을 한번 써 보세요. 그것을 통해 당신이 나를 감동시킬 수 있다면 나는 당신의 문학성을 진정으로 인정하고 존경하게 될 겁니다."

헤밍웨이는 잠시 사색에 잠겼습니다. 이윽고 그에게 여섯 단어를 써 주었습니다. 제안을 한 젊은이는 그 단어를 읽고 감동의 미소를 지으며 헤밍웨이를 향해 공손히 고개를 숙였다고 합니다. 수백 페이지에 이르는 흥미 진지한 이야기에도 굳게 닫혔던 마음의 문이 어떻게 열릴 수 있었을까요? 헤밍웨이가 쓴 여섯 단어는 다음과 같았습니다.

"For sale : Baby shoes. Never worn."
(팝니다. 아기 신발. 단 한 번도 신지 않았음.)

얼핏 특별한 것이 없는 평범한 말입니다. 그런데 자세히 들여다보면 이 짧은 문장에서 우리는 놀라운 사실을 발견하게 됩니다. 아기 신발이 중고 판매로 나오게 된 배경과 그것을 팔기 위해 내놓은 부모의 마음이 우리

의 시선을 사로잡기 때문입니다. 더욱이 독자에게 다양한 해석의 여지까지 남겨 줍니다.

아마도 아직 태어나지 않은 아이를 위해 부부가 신발을 산 것 같습니다. 그런데 그 신발을 신기도 전에 아이가 세상을 떠나 버린 겁니다. 세

상을 보지도 못한 채, 먼지로 흩어져 버린 자식의 죽음을 그들은 어떻게 받아들일 수 있었을까요? 그 신발을 팔기 위해 내놓은 부부의 행위는 과연 무엇을 의미하는 것일까요?

헤밍웨이는 아이의 죽음을 두고 서로의 마음을 어루만져야만 했을 부부의 비통함을 눈에 보이는 여섯 단어에 정확하게 담아냅니다. 그 신발을 신고서 산과 들판을 누비고 다닐 다른 아이를 보며, 부부는 아마도 이미 세상을 등진 자신의 아이가 계속 이 세상을 살아갈 수 있으리라는 희망을 꿈꾸었을 것입니다.

비록 두 글자밖에 되지 않지만 철학(哲學, philosóphia)이라는 단어에도 시간과 공간을 통과하며 대단히 많은 의미가 층층이 퇴적되어 있습니다. 기원부터 살펴봅시다. '사랑하는 자'라는 인명사인 'Philos'와 '지혜'라는 대단히 추상적인 개념 'Sophia'가 합쳐져 결국 '지혜를 사랑하는 사람'이라는 의미로 전해지고 있습니다. 철학이라는 학문은 결국 '지혜를 사랑하는 학문'이라는 어원적 의미를 지니고 있는 셈이지요.

그런데 어원을 분석하고 나니 철학을 향해 한 걸음 나아간 게 아니라, 오히려 더 난감해졌습니다. 지혜를 사랑하네, 어쩌네 하는 것까지는 좋지만, 지혜가 도대체 무엇인지를 알아야 사랑을 하던 증오를 하던 할 테니 말입니다.

"아빠, 철학에서 추구하는 진리가 뭐예요?"

대학을 다닐 때 동문수학했던 친구가 어느 날 고등학생인 딸에게서 받았던 질문이랍니다. 교육현장에서야 이미 잊혀버린 단어이지만, 철학이 진리를 추구한다는 오래된 속설을 어디선가 주워들었던 모양입니다. 그래도 아빠가 대학에서 명색이 철학을 전공했으니, 딸의 질문은 당연할 수밖에 없습니다.

하지만 친구에게는 이 질문이 당연하지 않습니다. 서당 개 3년이면 풍월을 읊고, 식당 개 3년이면 라면도 끓인다는 말이 있습니다. 다른 전공에는 그런대로 적용되는 속담일 수 있습니다. 그러나 철학은 아닙니다. 진리는 더욱 아닙니다. 대학교 3학년부터 취업에 올인하여 공무원이라는 꿈을 이룬 이 친구에게 철학이란 글자 그대로 무쇠처럼 무겁고 단단한 학문일 뿐입니다. 이 질문을 받은 친구는 어떤 표정을 지었을까요? 여러분이 상상하는 대로입니다.

우리 정도의 연륜이면 어떤 분야의 질문이 와도 대충은 대답할 수가 있습니다. 단 철학만은 예외입니다. 설령 철학을 대학에서 전공했어도, 그것이 자신의 삶으로 굳어지지 않았다면 모든 철학적 언어는 무(無)에서 와서 다시 무(無)로 돌아갈 뿐입니다. 갑자기 의미심장한 표정을 짓더니, 친구는 혼잣말처럼 다짐을 합니다.

"대학원에 가서 철학을 제대로 배워야겠어!"

딸아이에게까지 망신을 당해서는 안 된다는 자각이 들어서였을까요? 복합적인 이유가 작용을 했을 것입니다. 흔히 대학에서 철학을 전공했다고 하면, 상당한 인문학적 내공을 갖추고 있다고들 생각하니까요. 직책이 올라가며, 이 친구도 이러한 편견 아닌 편견에 시달리며 숱한 곤경에 처했을 것입니다.

대학을 어영부영 다녔기 때문에 벌어진 사단(事端)일까요? 반드시 그런 것 같지는 않습니다. 그가 설령 우수한 성적으로 대학을 졸업했다손 치더라도 사태가 달라질 것 같지는 않습니다. 철학이 진리를 추구한다는 말은 역사적으로 검토해 봤을 때 맞는 말일지도 모릅니다. 그러나 철학이 진리를 찾았다는 말은 어떤 책에도 없습니다. 더 비극적인 사실은 앞으로도 없을 것이라는 진리입니다. 이게 도대체 무슨 황당한 상황입니까? 결국 얻지도 못할 것을 찾아서 헤매는 꼴이라니요? 물론 의미가 없는 것은 아닙니다. 차츰 살펴보도록 하겠습니다.

아무것도 배우지 마라

부끄러운 고백이 또 있습니다. 이 책을 쓰고 있는 저자도 앞서 언급했던 친구와 비슷한 질문을 어린 조카로부터 받은 적이 있습니다. 이제 막 독일에서 귀국했을 때의 일입니다. 몇 년 만에 보는 삼촌이 신기하기도 했겠지만, 유독 책 읽는 것을 좋아하는 아이의 눈에 비친 철학박사는 뭔가 신비로움을 지닌 존재였던 것 같습니다.

"삼촌, 철학이 뭐하는 학문이에요?"

당시는 순발력이라곤 제로베이스였던 시절입니다. 표정관리를 못하고 있는 삼촌을 이해해 주었으면 좋았으련만, 아이들의 순진함은 보통 잔인함으로 이어지기 마련입니다.

"왜 대답을 안 해 주세요?"

곧바로 확인사살을 합니다. 궁금한 것은 참지 못하고 자신을 표현하는 데 주저함이 없는 자유로운 세대입니다. 대답을 안 해 주는 것이 아니라 못하고 있는 줄은 모르고, 내가 자신을 무시했다고 생각한 모양입니다. 반평생을 오직 철학만을 붙잡고 학교를 떠나지 못하고 있는 저자에게 아이의 정직한 호기심은 나의 치명적 무지(無知)만을 깨닫게 합니다.

철학이라는 단어에 담긴 어원을 몰라서가 아닙니다. 그 뒤에 얽히고설킨 복잡한 개념사(史)를 잊었기 때문은 더욱 아닙니다. 어떻게 하면 쉬운 언어로 설명할 수 있을지를 고민했던 것도 아닙니다. 시간을 벌려는 전략을 원했다면 그저 질문을 던지면 되었을 것입니다.

우리는 학(學)을 직업으로 삼고 사는 사람들입니다. 즉 철학에서도 프로의 세계에 살고 있는 것입니다. 바둑을 둬도 몇 수는 앞을 내다보며 돌을 놓아야 하듯, 철학적 대화도 마찬가지입니다. 바로 다음 질문에서 대마(大馬)가 비명횡사할 수 있는 수를 둬서는 안 되는 것이지요. 만약 약간의 순발력을 갖추고 있었더라면 어떠했을까요? 아이를 두고 있는 현명한 아빠라면 이때를 놓치지 않을지도 모릅니다.

"철학이 추구했던 지혜를 알려면 책을 많이 읽어야 한단다. 지금까지 철학사에 명함을 올린 뛰어난 철학자들의 저서를 읽어보렴. 어렵겠지만 천천히 이해하려고

노력하다 보면, 철학이 세상에서 무엇을 하려고 했는지를 알게 될 거야. 철학사란 인간정신의 보고(寶庫)인 셈이지."

← 철학을 책으로 배우기란

노후를 무시할 만큼, 자식 교육을 삶의 최우선으로 여기며 살아가는 시대입니다. 아무짝에도 쓸모없다고 여겨졌던(물론 지금도 이 사실에는 변함이 없지만) 인문학 저서들이 갑자기 귀한 몸이 되었습니다. 명저로 알려진 고전을 통해 삶의 지혜와 행복을 배울 수 있다는 사실이 일반화되기 시작한 겁니다. 이 메시지를 아이에게 깨닫게 해줄 수 있다면 아빠는 흐뭇한 미소를 지으며 뿌듯함을 느낄지도 모릅니다. 아이를 스스로 움직이게 하는 '밀당의 법칙'—밀고 당기는 법칙—에서 드디어 유리한 고지를 점하는 순간이기 때문입니다.

바둑으로 치자면 앞으로 집을 차지하는 데 유리하도록 처음에 돌을 벌여 놓는 포석단계가 제대로 된 것입니다. 그러나 이것은 부모가 제일 흔하게 저지르는 착각일 수도 있습니다. 정말 인문학 고전, 그 중에서도 언어의 미학으로 알려진 철학 고전을 많이 읽으면 삶의 지혜를 배울 수 있을까요? 책이 정말 우리의 정신을 풍요롭게 하고 행복한 삶으로 이끌어주는 것일까요?

아빠가 둔 이 수는 정말 좋은 수일 수도 있습니다. 고전 안에는 앞선 세대의 삶의 고민과 고뇌가 고스란히 담겨 있습니다. 지혜를 얻으려는 그들의 노력과 정열을 읽을 때, 우리는 자연적 본능을 넘어 인간적 삶이 무엇인지를 배울 수 있습니다. 과거의 오류를 반성하며, 진리를 향해 한 발 더 나아갈 수 있을지도 모릅니다. 고전을 깊이 있게 이해하는 아이는 오랜 시간 동안 축적된 인류의 유산을 한 몸에 얻을 수 있는 겁니다.

그러나 이 수가 마지막 끝내기를 거쳐 승부를 확인하는 최종 계가(計家)로 이어지기까지는 대단히 험난한 길이 아이 앞에 놓여 있습니다. 바둑으로 치면 처음 한 수를 천원(天元)에 둔 것입니다. 모든 길은 로마로 통하듯, 천원은 바둑판의 중심점입니다. 당연히 특별한 의미가 있습니다. 첫수를 판의 정 가운데에 둠으로써 기세를 과시할 수 있습니다.

그러나 기세는 기세일 뿐입니다. 자칫하면 기세가 허세로 바뀌기도 하지요. 그 대가는 만만치 않습니다. 우선 실리(實利)가 없습니다. 첫수를 화점(花點)이나 삼삼(三三) 혹은 소목(小目)에 착수하였더라면 한 수만으로도 거의 십여 집이 확보될 수 있었을 겁니다. 그런데 허공에 돌을 놓은 겁니다. 첫 수의 이점을 날려 버린 것이지요. 우리의 주제가 바둑이 아니니 이쯤 해두고, 다시 철학으로 돌아와 봅시다.

철학은 대단히 어려운 학문으로 알려져 있습니다. 실제로 철학서들은 하나같이 두껍고 무겁습니다. 거기에 철학자들의 개성과 시대의 차이를 거치며 다양한 생각들이 누적됩니다. 장황한 사유의 논리도 문제지만, 그 논리가 입고 있는 개념이라는 옷도 난해하기는 마찬가지입니다.

호모 필로소피쿠스가 제일 좋아하는 일이란 개념을 만들고 새로운 의미를 부여하는 일입니다. 이 작업에서 실패하는 사람은 철학자는 고사하고, 학자라는 자격증도 얻을 수 없습니다. 그러하기에 철학책에는 온통 개념과 관련된 사유실험들로 가득 차 있습니다. 유명하다고 알려진 저서를 펴 볼라치면, 거기서 쏟아져 나오는 개념들에 당황하여 우리는 입을 다물지 못하게 됩니다. 인생에서 대부분의 첫 경험이 설렘과 희열을 동반하는 반면, 철학에 이르는 첫 발걸음이 대체로 무겁고 지루한 이유가 바로 여기에 있습니다. 우리는 철학서의 첫 장과 함께 아마도 다음과 같은 용어들에 휩싸여 충격을 받을지도 모릅니다.

"형이상학, 존재론, 존재와 시간, 지향성, 지각, 이성과 비판, 존재자, 현존재, 의식과 인식, 인식론, 지평, 장, 현상학, 의지의 철학, 권력과 이성, 이데올로기, 패러다임, 선험, 소외, 전체성, 고유성, 의무, 초월, 합리성, 경험주의, 합리주의, 관념론과 유물론, 구조주의, 포스트모더니즘……."

몇 가지만 나열해도 이 정도입니다. 직장을 다니는 일반인이 행여 호기심으로 위에서 열거된 개념들을 이해하려면 머리 뿌리가 파뿌리가 되어도 어렵습니다. 이러한 상황에 처하는 순간 철학은 갑자기 미움과 증오의 대상으로 변해 버립니다.

"이런 쓸데없는 것들을 왜 하는지 몰라!"

여우의 신포도가 된 것입니다. 그런데 왜 이러는 걸까요? 왜 철학은 일반인들의 관심을 애써 뿌리치려는 걸까요? 이유는 간단합니다. 철학은 체계를 중시하는 학문이며, 그것의 생명은 개별적인 경험적 사실들을 보편적으로 설명할 수 있는 개념의 창조에 있기 때문입니다.

따라서 Homo philosophicus의 유일한 즐거움이 새로운 개념을 만드는 데 있다는 주장은 그리 부당해 보이지는 않습니다. 지금까지 세상에 없던 새로운 개념을 발견할 때, 그는 어린애처럼 행복해 합니다. 이미 존재하는 개념일지라도 거기에 새로운 해석을 부여할 수 있다면, 그것도 역시 커다란 명예가 아닐 수 없습니다. 수많은 동료들의 칭찬과 함께 그는 철학 교과서에 자신의 명함을 등재하게 되는 겁니다.

바로 이러한 이유로 누군가가 철학을 통해 공허한 마음을 달래려고 한다면, 그는 대단히 어려운 코스를 돌아 목적지에 도착해야 합니다. 행여나 피가 되고 살이 되는 메시지를 찾으려고 한다면, 그는 반드시 위에서 열거한 경우의 수를 훨씬 웃도는 개념의 정글을 헤치고 나와야만 합니다. 철학사를 이해하는 과정은 단순히 마라톤을 달리는 꾸준함과 인내만을 요구하지 않습니다. 다시 말하면 아이에게 철학책을 권하는 순간, 사람의 발길이 닿지 않은 태초의 밀림에 그를 던져 놓고 거기에서 빠져나오라고 요구하는 것과도 같습니다.

아이들에게 닥치는 조그마한 장애물에도 물불을 가리지 않고 막아서는 부모들이 왜 이렇게 험난한 길을 자식에게 권하는 것일까요? 우리 대부분은 여전히 철학이 무엇인지를 모르고 있기 때문입니다. 자신의 행위가 부당하다는 사실을 알면서 그 행위를 자발적으로 하는 사람은 아무도 없습니다. 무지가 사람을 용감하게 만든 것입니다.

대체 철학이란 무엇일까요?

2. 호모 필로소피쿠스와 상상력

"내가 소유하고 있는 모든 권위는 오로지 내가 무엇을 모르는지 알고 있다는 사실에 근거를 두고 있다."

— Sokrates —

"모든 인간은 스스로 자신을 인식하고 이성적으로 생각할 능력을 지니고 있다."

— Heraklit —

2. 호모 필로소피쿠스와 상상력

너 자신을 알라

서양 철학서에 등장하는 개념의 방대함과 난해함만이 철학에 대한 일반인의 접근을 어렵게 하는 것은 아닙니다. 더 큰 어려움은 다른 곳에 있습니다. 우리는 그 경우를 서양 철학의 아버지격인 소크라테스(Socrates, 기원전 470~399)에서 읽을 수 있습니다. 소크라테스는 플라톤(Plato, 기원전 428~348), 아리스토텔레스(Aristoles, 기원전 384~322)와 함께 당대를 평정하고 서양 철학사의 기틀을 다진 3대 트로이카 중의 한 사람입니다. 미국 출신의 저명한 형이상학자인 알프레드 화이트헤드(Alfred Whitehead, 1861~1947)는 플라톤을 대단히 존경하였기에 서양 철학사 전반을 플라톤에 대한 주석으로 평가한 적이 있습니다. 그의 의견에 우리가 동의한다면, 엄밀한 의미에서 그 명예는 소크라테스에게 돌아가야 마땅할 것 같습니다. 왜냐하면 플라톤에게 있어서 소크라테스는 단순히 정신적 스승 이상을 의미하기 때문입니다.

소크라테스는 오늘날까지 현인이자 기인으로 알려져 있습니다. 그는 평생을 길거리와 시장을 배회하며 하늘을 이불 삼고 땅을 베개 삼아 살았습니다. 오늘날로 치자면 노숙자와 같은 모양새입니다. 정확하게는 현대의 노숙자보다 한 수 위라고 할 수 있겠네요. 현대의 노숙자는 최소한 신발은 신고 다니니 말입니다. 그나마 옷은 걸치고 다녔으니 다행이라 하겠습니다. 행색이 이렇다보니, 소크라테스가 가화만사성(家和萬事成)을 실천했다는 기록은 어디에도 없습니다.

사람은 누구에게나 한 가지 장점은 있기 마련인가 봅니다. 외모와는 달리 소크라테스의 언변력은 상당했던 것으로 보입니다. 소크라테스는 대중을 달고 다녔습니다. 그는 적극적이고 자발적인 대화를 통해 대중의 무지(無知)를 깨닫게 하는 데 혼신의 노력을 다합니다. 그의 연설 능력은 사람들에게 다소 경이로움으로 느껴졌을 것입니다. 외모의 흉측함과 지적 능력을 직접적으로 연결시키는 근거 없는 인간의 편견은 예나 지금이나 동일한 것이 아니었을까요?

기독교의 경전인 신약성경을 대부분 집필했고 종교적 교리에 철학적 토대를 놓았던 바울(Paulus of Tarsus, ?~65)이라는 인물은 당시 그리스 철학에 정통했다고 알려져 있습니다. 아울러 자타가 공인하는 당대 최고의 문필가이기도 했지요. 이밖에도 그에게는 범상치 않은 특기가 하나 더 있었습니다. 그를 처음 접하는 사람들을 늘 당황하게 만드는 신비한 힘을 지니고 있었다고 합니다. 그 이유가 바로 소크라테스와 같은 경우입니다. 어떻게 저런 몰골의 소유자에게서 이토록 고귀한 언어가 나올 수 있는지가 늘 의문의 대상이었던 것입니다. 차이는 있습니다. 소크라테스는 구어(口語)였고, 바울은 문어(文語)였으니까요. 아! 또 다른 차이도 있군요. 소크라테스는 말을 잘했다고 알려져 있지만, 바울은 말조차도 어눌했다고 합니다.

개인에게 부여된 참된 삶의 역할, 안다는 것과 행한다는 것의 차이, 옳음과 그름의 기준은 소크라테스가 대중들과 나누고 싶어 했던 삶의 지혜들이였습니다. 그가 공자, 예수, 석가와 함께 세계 4대 성인으로 불리는 데는 그럴만한 이유가 있는 겁니다.

일반적으로 동서고금의 현인들은 책을 통해 자신의 발자취를 후대에 남깁니다. 그들이 남긴 방대한 저작들을 통해 우리는 그들의 진정한 정신이 무엇인지를 끊임없이 재해석합니다. 저서의 해석은 우리 자신과 세계를 이해하는 데도 커다란 도움이 됩니다. 그런데 예외도 있습니다. 바로 소크라테스입니다. 그는 단 한 권의 책도 직접 남기지 않았습니다. 심지어 그는 책과 글로 쓰인 문서들에 알레르기 반응을 보였다고 합니다. 언변에 비해 학술적 글쓰기에는 약했던 것일까요? 그런 것 같지는 않습니다. 말을 잘하는 사람은 일반적으로 글도 잘 씁니다. 이것은 의심의 여지가 없습니다. 그런데 왜 그는 글을 남기는 데 그리도 인색했던 것일까요? 심지어 그는 제자들에게 자신에 대해 어떠한 글도 남기지 말라고 간곡히 부탁했다고 합니다.

하지만 참 이상한 일이 있습니다. 어떻게 우리가 소크라테스에 대해서 이렇게 자세히 알고 있는 것일까요? 구전일까요? 구전도 쪽지로라도 기록되어 전해지기 때문에 후대에 흔적을 남기는 법입니다. 여기에는 아픈 비밀이 있습니다. 항상 진정한 적은 내부에 있기 마련입니다. 소크라테스의 최대의 적은 가정에서는 배우자였고, 대외적으로는 제자들이었습니다.

소크라테스를 평소에 흠모하고 따랐던 제자들은 스승이 비극적인 최후를 맞이한 뒤로 정신적인 충격과 방황에서 헤어나지 못합니다. 그중 플라톤이 받은 충격은 그의 일생의 색채를 바꿔놓기 충분했던 것 같습니다. 스승이 억울한 누명을 쓰고 비명횡사한 이후에, 그는 아테네를 떠나 십년을 넘게 떠돌이 생활을 합니다. 귀족으로 태어나 풍요롭게 살았을 그가 방랑자의 삶을 스스로 자처했다는 사실은 그가 받았을 정신적 충격을 충분히 짐작케 합니다. 죽는 순간까지 날카롭게 칼날을 세웠던 민주주의에 대한 뿌리 깊은 반감도 스승의 억울한 죽음에서 유래한 것입니다. 아테네의 민주적 시민정치가 소크라테스에게 부당한 사형을 언도했으니까요.

어쨌든 스승과 영원히 함께 하기 위해, 그리고 그에게 다시 살아갈 수 있는 희망을 안겨 주었던 수단은 스승의 생각을 불멸의 화신으로 만드는 것이었습니다. 글과 책은 목표를 달성하기 위한 가장 효과적이면서도 유일한 수단이었을 것입니다. 그래서 자신에 대해 어떠한 글도 남기지 말라는 스승의 마지막 유언까지도 플라톤은 정확하게 글로 남기게 된 것입니다. 물론 역사는 대단히 아이러니합니다. 플라톤의 이러한 자발적 불복종 덕분에 후대는 인류 역사상 가장 걸출한 사상가를 지적 유산으로 물려받을 수 있게 되었으니까요.

다시 우리의 질문으로 돌아와 봅시다. 소크라테스는 왜 자신의 생각과 행적을 글로 남기려고 하지 않았을까요? 그가 자신의 생각과 행적을 글로 질서정연하게 옮겨놓았더라면 어땠을까요? 확실히 그가 원했던 대중과의 소통은 훨씬 수월했을 것입니다. 경우에 따라서는 '젊은이들을 타락시키고', '도시가 숭배하는 신들을 무시하고 새로운 종교를 끌어들였다'는 억울한 누명을 쓸 필요가 없었는지도 모릅니다. 그랬다면 독배를 마실 필요도 없었겠지요. 재판과정에서 책을 증거로 들이밀면 최소한 사형만은 면할 수 있었을 것입니다.

그런데 소크라테스는 일신의 안락한 길을 거부하고 험난한 가시밭길을 애써 선택합니다. 그러곤 누명을 쓴 채, 지인들이 만들어 준 탈출 기회도 외면하고 독배를 들이킵니다. 예수가 걸었던 종교적 희생의 길도 아니고, 이 무슨 옹고집인가요? 그런데 그의 죽음도 그에게 있어서는 필연적이었는지도 모릅니다. 그래서 우리는 그 이유가 정말 궁금합니다. 예수의 죽음이 지니는 존재론적 상징처럼 수만 권의 신학박사 논문을 양산하지는 못할지라도, 최소한 그의 죽음이 갖는 철학적 의미는 결코 작지 않을 것입니다.

사형을 당하기 직전 소크라테스를 기억하고 있는 플라톤은 대화편인 『소크라테스의 변명 *Apologia Sokratous*』, 『파이돈 *Phaedon*』 혹은 크세노폰의 『회고록 *Memorabilia*』 등에서 스승의 인격과 삶에 대해 기술하고 있습니다. 그럼에도 우리의 질문에 속 시원하게 답변하고 있지는 않습니다. 소크라테스에 관한 후대의 학술적 참고문헌 어디에서도 우리는 소크라테스의 의중을 확인할 수 없습니다. 그 이유를 아는 일은 순전히 독자의 상상력에 맡겨져 버립니다.

가슴에 손을 얹은 채, 조용히 눈을 감고 생각해 봅시다. 소크라테스는 왜 글을 남기지 않았을까요? 소크라테스의 철학에 대해서는 한마디 말도 하지 않으면서, 왜 이렇게 쓸데없는 질문에만 스토커처럼 집착하는지 독자들은 의아할 것입니다. 이 질문을 고집하는 데는 그럴만한 이유가 있습니다. 소크라테스는 철학을 가르친 것이 아니라, 철학하는 법을 가르쳤기 때문입니다. 그에게 있어서 철학에 이르는 길은 책을 통해서가 아니었을 겁니다. 오히려 책이 사유를 고정시켜 철학에 이르는 길을 가로막을 수도 있음을 염려한 것입니다. 철학에 이르는 올바른 길은 어디에 있는 것일까요? 여기서 우리는 그의 명함에 깊이 새겨져 있는 경구를 떠올려야 합니다.

"너 자신을 알라!"

소크라테스 하면 순간적으로 떠올리게 되는 이 문장은 그에 의해 처음 사용된 것은 아니라고 합니다. 하지만 소크라테스가 이 경구를 철학에 이르는 노상에서 항상 기억하고 있었음에는 틀림없어 보입니다. 그는 대중

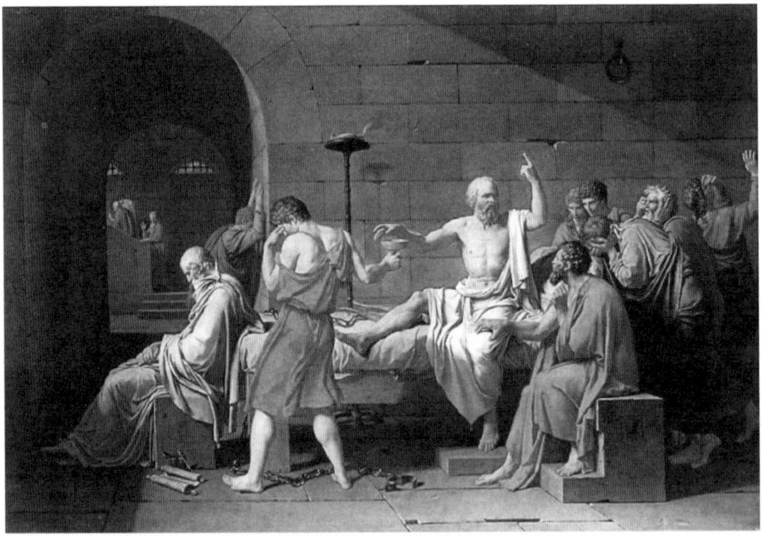

소크라테스의 죽음

에게 철학을 가르쳤던 것이 아니라, 그들로 하여금 스스로 자신의 영혼을 열 것을 요구했던 것입니다.

철학은 취미활동에 필요한 교양이 아닙니다. 교양을 얻기 위해 철학책을 뒤지는 사람은 그것이 의미하는 바를 자신의 삶 속에서 발견해 낼 수가 없습니다. 철학사를 열심히 공부하면 분명 진리를 추구했던 위대한 철학자의 발자취를 따라가 볼 수 있습니다. 그것은 학문적으로도 분명 의미가 있습니다. 하지만 그런 식으로 우리가 철학적 상상력의 중심부로 들어갈 수는 없습니다. 철학적 사색이 나의 삶 한가운데서 이루어지지 않고 이론적인 틀에 얽매일 때, 나의 발자취는 결코 철학적일 수 없습니다. 키스를 책으로 배운 사람은 노련한 애인이 될 수 없듯, 철학이 항상 누군가의 이론으로 남아 있는 한, 철학적 사색이라는 정신의 힘도 자신의 능력으로 전환될 수 없는 것입니다.

철학적 사유가 검은색은 글씨고 흰색은 종이에 불과한 이유가 여기에 있습니다. 가장 비극적인 일은 남의 생각이나 이론에 묻혀 독단에 빠지게 되는 경우입니다. 스스로 생각할 수 있는 힘을 상실하게 되는 것이지요.

인간은 꿈을 꾸는 존재입니다. 그러나 자신이 무엇을 아는지 혹은 무엇을 모르는지를 알려면 스스로 자신을 돌아볼 수 있는 힘이 있어야 됩니다. 그럴 때야 비로소 자신이 정말 하고 싶은 것을 추구할 수 있습니다. 소크라테스는 대중들에게 자신의 철학을 가르치려고 했던 것이 아닙니다. 대중 스스로 철학함에 이를 수 있도록 길을 열어 주려 했던 것이지요.

아무리 훌륭한 생각이나 이론도 스스로 생각해 보려는 결기와 용기가 동반되지 않는다면 말짱 도루묵에 불과합니다. 쉽게 레테의 연가를 건너

허공의 메아리로 사려져 버립니다. 원하는 대학에 들어가기 위해 각고의 노력을 경주하던 척박했던 시간을 떠올려 봅시다. 외우고 또 외우고 그렇게 달달 반복했을 때야 비로소 시험이라는 괴물에 주눅이 들지 않던 시절입니다. 그런데 신기한 일입니다. 그렇게 오랜 시간과 노력을 들여 애써 머릿속에 집어넣었던 지식들이 대학에 진학함과 동시에 감쪽같이 사라져 버린다는 사실 말입니다. 기껏해야 단편적인 정보로 기억의 한 편을 점하고 있을 뿐이지요. 그런 조각난 정보들은 실제로 지식이 아닙니다. 당연히 삶을 움직이는 철학이 될 수도 없겠지요.

독일의 근대 철학자 임마누엘 칸트(Immanuel Kant, 1724~1804)는 서양 철학과 관련된 모든 저서에서 약방의 감초처럼 등장합니다. 서양철학을 양분하고 있는 경험론적 전통과 합리론적 전통이 처음으로 링에서 맞붙었던 시합에서 초대 챔피언에 오르기도 했습니다. 그의 이력 옆에는 행위의 원리로서 정언명령(定言命令)이 항상 따라다니지요. 자기 자신이나 다른 사람의 인격을 항상 목적으로 다뤄야 하며, 결코 수단으로 여기지 말라는 요청이 주된 내용입니다. 그런데 우리가 이러한 윤리적 요구를 아무리 달달 외운다고 해서 철학자가 된다거나, 철학적 사유를 이해하게 될 것 같지는 않습니다.

칸 트

철학의 힘은 상상력에 있다

책을 달달달 암기하는 것이 아니라면, 우리는 언제 그리고 어떻게 철학적 사유를 시작하게 되는 걸까요? 무조건 암기하는 것이 아니라, 현명하고 재미있게 암기해야 되는 걸까요? 철학에 이르는 길은 예상 밖의 곳에서 발견될 수 있습니다.

"언덕 위에서 책을 읽는 언니 옆에 꼼짝 않고 앉아 있던 앨리스는 마침내 지루해지기 시작했다. 한두 번, 언니가 읽고 있는 책을 흘깃 들여다보기도 했지만 책에는 그림 하나, 대화 한 줄 찾아 볼 수 없었다. 앨리스는 '그림도 없고 대화도 없는 책을 도대체 무슨 재미로 읽는 거야?'하고 생각했다……."

우리에게는 아주 익숙한 문장들입니다. 어디서 읽어 본 것일까요? 기억을 떠올려 봅시다. 루이스 캐럴(Lewis Carroll, 1832~1898)의 성공적인 데뷔작 『이상한 나라의 앨리스 *Alice's Adventures in Wonderland*』(1864)가 출발하는 대목입니다. 이 책은 1864년에 출간된 아주 비논리적인 언어로 쓰여진 이상한 이야기입니다. 저자의 이력을 보며 독자는 다시 한 번 놀랍니다. 저자가 영국의 옥스퍼드 대학에서 수학과 논리학을 가르쳤으니까요. 당시 학장의 딸 앨리스 리델를 위해 들려준 이야기가 글의 모태였다고 합니다. 수학과 논리의 달인이 어떻게 가장 비논리적인 이야기를 만들어 아이에게 들려줄 생각을 했을까요? 비밀은 단 한 가지입니다. 상상력을 위해서입니다.

이 책은 엄청난 언어유희와 난해한 내용들로 꽉 차 있습니다. 난해함에 있어서만큼 동병상련을 느낀 탓인지, 많은 철학자들은 이 책을 아주 높게

평가합니다. 매 장면마다 논리와 상식을 뛰어넘는 삽화들에 매료되었기 때문일까요? 단지 그것만은 아닐 겁니다. 이 책은 그림 이상의 의미를 우리에게 던져 주고 있습니다. 이 책 속에는 수천 년에 걸쳐 철학적 사유를 움직였던 태고의 신비함이 감춰져 있는 것입니다. 그것이 무엇일까요? 바로 상상력입니다.

이 책을 읽는 아이들은 첫 장에서부터 시선을 떼지 못합니다. 어디로 튈지 모르는 스토리 때문입니다. 아이들의 흥분을 그들의 눈높이에서 이해하지 못하면, 우리는 이 책에 감춰진 문학성을 영원히 이해하지 못할지도 모릅니다. 책 속의 무엇이 우리를 지루하게 하기도 하고 열광하게도 만드는 걸까요? 책의 내용을 무대 위에 올려놓고 보면, 조금은 쉽게 사태파악이 될 것 같습니다.

세상에서 제일 멍청한 연출자란 누구나가 뻔히 알고 있는 시나리오를 각본 삼아 무대를 꾸미는 사람일 겁니다. 명작도 여러 번 보다보면 지겨워서 못 보게 됩니다. 우려낼수록 감칠맛이 나는 게 곰탕이라고 하지만 너무 우리면 마지막에는 정말 뼈다귀만 남습니다. 그래서 새로운 연출이 필요한 법입니다.

반대로 생각해 봅시다. 우리는 어떤 연극에 열광을 하고 박수를 아끼지 않는 것일까요? 최소한 몇 가지 조건은 필수적일 것 같습니다. 스토리가 시종일관 긴장의 끈을 놓지 않아야 합니다. 그러려면 장면이 넘어갈 때마다 예기치 않은 사건이 우리의 마음에 균열을 일으켜야 됩니다. 과정만이 전부가 아닙니다. 마지막에 관객을 기다리는 반전의 묘미도 연극의 작품성을 결정하는 요소가 될 것입니다.

이것은 무엇을 뜻하는 것일까요? 흥미 있는 연극을 보는 일은 우리에게 아직 알려져 있지 않은 미지의 세계로 들어가는 것과 같습니다. 우리에게 익숙한 세계는 원인과 결과가 확연히 알려져 있는 세계입니다. 별다를 것이 없는 겁니다. 그런 연극을 돈 주고 보러 갈 사람이 과연 몇이나 있을까요? 행여 모르고 예매를 한 것이라면, 관람하는 내내 본전 생각이 간절해질 것입니다.

미지의 세계에서는 우리에게 익숙한 자연적 인과법칙이 더 이상 유효성을 갖지 못합니다. 그러하기에 어떤 일이 벌어질지 아무도 예측할 수 없습니다. 현실과 가상을 넘나들며 우리에게 끊임없이 살아 있는 현실이 무엇인지를 고민하게 만들기도 합니다. 이때 우리의 눈은 커지고, 마음은 상상의 날개를 달고 하늘 높이 비상하게 됩니다.

현대 철학은 이러한 현상을 여러 분야가 종횡으로 연결된다고 해서 '탈영역화의 현상'라고 부릅니다. 개념이 매우 어렵습니다. 무언가가 어렵다고 느껴질 땐, 우리의 실제 모습을 돌아보면 대부분 해결책이 보입니다. 철학적 사유는 어떠한 경우에도 우리에게 주어진 현실을 벗어나지 않습니다. 우리는 이미 탈영역화의 시대에 살고 있습니다.

누구에게나 익숙한 리눅스, 위키피디아, 플리커, 앱스토어, 트위터, 페이스북은 전형적으로 탈영역화의 산물들입니다. 정확하게 표현하면, 디지털 미디어의 시대가 탈영역화의 세계를 상업적으로 적절하게 응용한 것입니다. 고정된 과거의 의식적 경계를 허물고 자유로운 융합으로 만들어진 새로운 현실이 이제는 살아 있는 현실로 인정되기 시작합니다.

철학은 상상력을 먹고 삽니다. 철학에 이르는 길은 각본이 정해져 있지 않은 연극에 초대를 받은 것과도 같습니다. 우리는 정해진 시나리오에 얽매이지 않기 때문에 그 안에서 자유를 느낍니다. 아니, 자유를 느껴야 정상인이 됩니다. 리처드 바크(Richard Bach, 1936 출생)의 『갈매기 꿈 *Jonathan Livingston Seagull*』(1970)은 자유가 무엇인지를 우리에게 이미지를 통해 설명해 줍니다.

평범하지 않은 갈매기 조나단, 그러나 그의 꿈은 소박합니다. 갈매기라면 마땅히 배우고 행해야만 하는 정해진 본능적 틀에서 벗어나, 더 높이 날아오르는 것입니다. 그리고 마침내 하늘을 향해 날아오르게 되었을 때, 그는 진실을 알게 됩니다. 높이 나는 새가 멀리 볼 수 있다는 사실을 말입니다. 그는 의아해 합니다.

"왜 세상에서 가장 어려운 일이 한 새에게 그가 자유롭다는 사실을 확신시키는 일, 그리고 그가 조금만 시간을 내어 연습한다면 그 자신 스스로 그것을 증명할 수 있다는 사실을 믿게 하는 일일까? 왜 그것이 그토록 어려운 일이어야만 할까?"5)

높이 나는 새가 멀리 본다

지면 근처에서 먹을거리를 찾아 헤매는 일이 흔히 자연이 새들에게 요구하는 생존방식입니다. 그런데 갈매기 조나단은 자연의 요구에 저항합니다. 그리고 시종일관 높이 나는 일에만 관심을 쏟습니다. 그 무엇보다 정해진 대본으로 돌아가려는 자신과의 싸움에서 당당히 승리를 거둡니다. 그는 자유를 얻습니다. 이제 그는 살아남기 위해 강자가 된 것이 아니라, 자기 보존의 법칙을 넘어섬으로써 살아남은 것입니다. 그리고 마지막에 이르러서 자유를 얻는 과정이 결코 어려운 길이 아니라는 사실을 말해줍니다.

> "사랑하는 플레처, 그대 눈이 그대에게 말하는 것을 믿지 말라. 그것들이 보여 주는 것은 모두 한계가 있다. 그대의 이해를 통해 바라보고, 그대가 이미 알고 있는 것을 발견하라. 그러면 그대는 나는 법을 알게 되리라."[6]

자유란 곧 자신에 이르는 길이었던 것입니다. 이제 다시 『이상한 나라의 앨리스』로 돌아와 봅시다. 이 안에는 어떠한 보배가 들어 있을까요? 저자로부터 날카로운 철학적 해석을 기대하는 독자에게는 정말 미안합니다. 저자는 실망밖에는 아무것도 줄 것이 없습니다. 저자의 학문적 능력은 탁월한 해석을 제공할 수 있는 정도가 아닙니다. 그런데 다행히도 그럴 필요가 없을 듯합니다.

좁아터진 해석의 틀로 이 책의 의미를 가두는 것은 작가의 집필 의도

---

5) 리처드 바크, 『갈매기의 꿈』, 류시화 옮김, 현문미디어(2003). 96쪽.
6) 앞의 책, 98쪽.

에 정면으로 배치될 것이기 때문입니다. 아무리 훌륭한 학자의 통찰도 그것이 고정된 이론적 해석으로 등장함과 동시에, 앨리스는 아마도 이상한 나라에서 곧바로 아주 정상적인 나라로 추방될 것입니다. 작가가 이상한 나라의 앨리스를 쓰고, 학자는 정상적인 나라의 앨리스로 바꿔 읽어 버리는 것이지요. 이러한 이유로 이론적 작업은 매우 조심스럽게 진행되어야 합니다. 독자의 정신적 여백을 메우지 않고 그의 상상력을 방해하는 원천이 되지 않으려면, 독자에게 고정된 틀을 강요하지 말아야 할 것입니다.

『이상한 나라의 앨리스』는 철학의 기원이 어디에 있는지를 단적으로 보여 줍니다. 철학이란 앨리스가 우연히 방문하게 된 이상한 나라입니다. 이 나라에서는 우리가 지금까지 알고 있던, 더 정확하게 말하면, 우리가 안다고 믿었던 모든 것들이 더 이상 그 효력을 갖지 못합니다. 운명의 수레바퀴도, 물리적인 인과의 법칙도 더 이상 우리의 상상력의 한계가 될 수 없는 것입니다. 이 이상한 나라의 첫 관문에 소크라테스가 서 있습니다. 그곳을 방문하는 모든 이들에게 그는 다음과 같이 선언합니다.

"이 문을 통과하는 자는 알게 될 것이다. 우리가 알고 있는 유일한 것이란, 우리가 아무것도 모른다는 사실을 말이다."

Homo philosophicus : 스스로 생각하는 사람

인간은 정말 아무것도 모르는 자일까요? 그렇다고 대답할 수 있는 사람은 용감한 사람입니다. 대부분은 이 질문이 요구하는 바를 액면 그대로 수용하지 않을 것입니다. 제기될 수 있는 반론도 대부분 타당합니다. 인간이 정말 아무것도 모르는 존재라면, 절대 만물의 영장으로 등극할 수 없었을 테니까요. 도대체 소크라테스는 인간에게 무슨 억한 감정이 있기에 무지(無知)를 호모 필로소피쿠스의 조건으로 묶어 놓은 것일까요?

우리는 여기서 인간의 언어가 지니고 있는 신비한 비밀을 짚고 넘어가야 합니다. 무지라는 단어는 모른다는 뜻입니다. 그러나 우리는 단순히 모른다는 의미로 무지를 사용하지는 않습니다. 무지는 다른 무언가를 지시하고 있습니다. 예를 들어 봅시다.

누군가가 나에게 여기에 책상이 있다고 말합니다. 그는 나에게 단순히 책상이 있다고 말한 것일까요? 경직된 사고에서 벗어나서, 살아 있는 일상적 경험으로 들어가 봅시다. 그는 나에게 '여기에 앉아서 서류를 작성하면 되겠네'라는 의도로 책상을 지시하고 있는 겁니다. 혹은 다른 경우라도 상관없습니다. 중요한 사실은 책상을 통해 다른 삶의 맥락을 지시하고 있다는 사실을 확인하면 됩니다.

"엄마, 배고파!"

방과 후 아이가 집으로 뛰어 들어오며 엄마에게 소리칩니다.

"응? 그래서 어쩌라고?"

이런 답변이 되돌아오면, 아이는 고개를 돌려 분명 엄마를 낯선 사람처럼 쳐다보게 될 것입니다. 배가 고프다는 말은 단순히 배가 고프다는 말을 의미하는 것이 아닙니다. 밥을 달라는 소리지요. 보통의 엄마라면, 그것의 의미를 본능적으로 이해합니다. 그리고 대답할 것입니다.

"손 씻고, 식탁에 앉아. 얼른 밥 줄게."

배가 고프다는 언어가 밥을 차리는 행위로 이어지는 순간입니다. 언어란 단순히 정보를 전달하는 순간을 넘어서 의미를 나누는 본질적 기능을 지니고 있는 겁니다. 우리가 흔히 겪는 언어생활의 단면인데도, 이것을 글로 옮겨 놓으면 갑자기 어려워집니다. 이해할 수가 없는 현상입니다. 이것은 현대철학의 거장 비트겐슈타인(Ludwig Wittgenstein, 1889~1951)이 그의 주저 『철학적 탐구 *Philosophische Untersuchungen*』(1953)에서 논한 언어놀이 이론입니다. 비트겐슈타인에 있어서 언어놀이는 '언어와 그것에 얽혀 있는 행위들로 구성된 총체'입니다. 우리가 사용하는 언어는 단순히 실제대상을 지칭하는 일차적 기능을 넘어섭니다. 책상을 가리키기 위해 책상을 말하는 사람은 아무도 없습니다. 언어의 생명력은 그것이 사용되는 맥락에서 결정됩니다. 책상을 가리킬 때는 최소한 그 책상이 이 상황에서 어떠한 의미를 지니고 있는지를 지시하는 것입니다. 이것을 우리의 주제에 적용시켜 봅시다.

무지가 의미하는 바는 단순히 우리가 무언가를 모른다는 사실에 있지 않습니다. 직접적인 것을 벗어나면 새로운 사실이 보입니다. 바로 스스로 생각하는 것입니다. 신은 모든 것을 알고 있으며, 그에게는 어떤 것도 불가능하지 않습니다. 이는 신의 절대성을 의미하지만, 다른 편에서 보면 그에게는 생각의 필요성이 절대적으로 부재한 것처럼 보입니다. 모든 것이 완벽하기에 그 외의 것은 전부 여분으로 변해 버립니다.

다행인지 불행인지 모르겠지만, 인간은 모든 점에서 완벽하지 않으며, 그가 할 수 있는 것도 매우 제한되어 있습니다. 인식은 더더욱 한정되어 있습니다. 전체적으로 인간은 무언가가 결핍된 존재이지요. 그런데 그 사이를 뚫고 사유가 탄생하게 됩니다. 앎과 무지, 행위의 가능성과 불가능성, 현실과 꿈은 인간이 절대자가 아니기에 지닐 수밖에 없는 존재론적 차이입니다. 이 차이가 인간에게 무언가를 끊임없이 생각하게 만듭니다.

자신을 둘러싸고 있는 세계가 원인과 결과의 법칙으로 구성되어 있다는 사실도 발견합니다. 물리적으로는 대단한 발견이지만, 우리는 곧 인과의 법칙이 자신을 옭아매는 사슬처럼 불편함을 느끼게 됩니다. 예를 들어 볼까요.

콩 심은 데서 콩이 나고 팥 심은 데서 팥이 나는 사회, 개천에서 절대로 용이 날 수 없는 사회는 자연적인 측면에서는 당연한 것입니다. 콩을 심었는데 감자가 나오고, 개천에서 상어가 잡히면 우리는 도통 이론을 세울 수가 없게 될 것입니다. 그런데 이상한 일입니다. 우리는 자연적 법칙이 관통하는 사회를 몹시도 지루하게 여깁니다.

심은 대로 나고 거두는 사회는 지루하다 못해 지겹기 짝이 없습니다. 자연적인 순리에 따라 사는 것이 맞는 것 같긴 한데, 사는 맛이 상당히 떨어집니다. 출발선이 다르다고 해서 영원히 누군가의 뒤꽁무니만 졸졸 따라다녀야 한다면, 정열과 노력은 아무런 의미를 갖지 못할 것입니다. 이때쯤 되면 우리는 자유로움을 꿈꾸기도 합니다. 자신을 옭아매고 있는 사슬에 버거워하며, 하늘 높이 비상하려는 꿈을 지니게 되는 겁니다. 이 꿈이 인간에게 무한한 창조의 가능성으로 기능해 왔다는 사실은 중요합니다. 인간과 동물의 존재론적 차이도 정확하게 여기에서 발생합니다.

동물은 직접적인 존재입니다. 자연이 동물에게 부여한 것은 생존할 수 있는 본능입니다. 사자는 사자로 태어나고, 들소는 들소로 태어납니다. 사슴은 날렵한 두 다리로 강을 건널 수 있도록 설계되었고, 말의 강인한 두 다리는 자신을 추격하는 맹수로부터 스스로를 보호해 줍니다. 낙타의 본능은 사막을 횡단할 수 있는 인내에 있으며, 독수리의 눈은 아주 높은 곳에서도 먹잇감을 포착하도록 설계되어 있습니다. 동물이 태어나서 살아남기 위해 갖춰야 할 유일한 능력이란 자연이 그들에게 선사한 직접적 본능을 완벽하게 실현하는 데에 있습니다.

그럼 인간은 어떨까요? 인간은 누구입니까? 우리는 자신을 대단한 존재로 느낄지 모르지만, 그 대단함이라는 것이 우월함이라고 생각하게 되면 골치 아픈 일이 한두 가지가 아닙니다. 자연이 인간에게 부여한 선물은 다른 종(種)과는 사뭇 다릅니다. 인간은 직접적으로 인간으로 태어나지 않습니다. 인간의 얼굴을 지니고 있다고 전부 인간인 것은 아닙니다. 생물학적인 탄생을 경험하고 나면, 인간은 곧 인격적 탄생을 준비해야 합니다. 이 시기를 놓치게 되면, 그는 영원이 인간이 되지 못할지도 모릅니다. 이와 관련된 경험적 정보도 많이 보고되고 있습니다.

1954년 발견된 인도 소년 라무는 약 6년 가량 늑대에게 길러졌습니다. 약 11세 전후에 부모와 극적으로 상봉했지만, 사람을 극도로 무서워했고, 오히려 늑대에게 애착을 보이는 것으로 알려집니다. 그는 마지막까지 정상적인 사람으로 살지 못합니다. 결국 늑대인간으로 불린 채, 1968년 한 병원에서 비참하게 사망합니다. 사회화(socialization)가 얼마나 중요한지를 가르쳐 주는 대목이라 하겠습니다.

그럼 인간은 교육을 통해 비로소 인간으로 태어나는 걸까요? 칸트가 주장했던 교육철학의 핵심입니다. 칸트만큼 공교육의 중요성을 강조한 철학자는 인류의 역사를 통틀어 그리 많지 않을 것입니다. 공교육이라는 단어를 사용하려니, 갑자기 한국의 교육현실이 눈앞에 아른거립니다. 칸트가 우리 사회에 부활한다면, 그는 어떤 대안을 세울 수 있을까요? 아마도 고개를 설레설레 흔들며 이민준비를 하게 되겠지요.

칸트만이 교육의 중요성을 강조한 것은 아닙니다. 일찍이 『맹자』에서도 사람에게는 도(道)가 있다고 가르친 바 있습니다. 배부르게 먹고, 따뜻하게 입으며, 편안히 살면서 배움이 없으면 짐승과 별로 다르지 않다는 것이 주된 내용입니다. 칸트는 교육과 관련된 강의에서 인간을 교육이 필요한 유일한 피조물로 정의합니다. 본능적인 측면에서 자연으로부터 받은 것이 빈약하기 때문에, 인간은 교육적 능력을 타고 났다고 본 것이지요.

"인간은 교육을 통해서만 인간이 될 수 있다. 교육에 의해 형성되지 않는 인간은 아무것도 아닌 존재이다."7)

칸트의 주장은 일리가 있습니다. 우리가 자신과 세계에 대해 알고 있는 모든 것은 교육을 통해서 온 것입니다. 플라톤과 아리스토텔레스도 스승으로부터의 체계적인 교육과정이 없었다면, 우리가 알고 있는 플라톤과 아리스토텔레스는 존재하지 않았을 것입니다. 그들의 스승이었던 소크라

7) Immanuel Kant, *Schriften zur Anthropologie, Geschichtsphilosophie, Politik und Pädagogik Werke in sechs Bänden, Band VI*, Darmstadt 1983, 699쪽.

테스도 하늘에서 뚝 떨어진 것은 아닙니다.

생각하는 사람

그럼에도 우리는 교육을 인간의 근원이라고 불러서는 안 됩니다. 칸트의 말이 틀렸다는 의미가 아닙니다. 교육을 주고받기에 앞서 먼저 해야 할 일 있습니다.

인간이 인간으로 태어나는 근원적 조건은 자신이 스스로 자신을 만들어 야만 한다는 자각에 있습니다. 자신에 대한 깨달음이란 자신이 무언가를 모른다는 고백으로부터 시작합니다. 고백은 사랑하는 연인에게만 하는 행위가 아닙니다. 자신에게도 해야 합니다. 이 무지에 대한 고백이 바로 사유의 원천입니다. 정확하게 표현하면, 고백하는 행위가 곧 사유의 과정입니다. 누군가에게 사랑을 고백할 때, 사랑과 고백의 선후를 구별하는 것은 의미가 없습니다. 사랑이란 곧 고백이기 때문입니다. 모든 것을 안다면 생각할 필요도 자연스럽게 소멸하고 말 것입니다. 결국 생각을 통해서 인간은 비로소 생각하는 동물로 자신을 이해하게 된 것입니다. 교육을 강조했던 칸트 역시 이 점을 고민했던 흔적이 역력합니다.

그는 다음과 같이 말합니다.

"자연이 원하는 바는 다음과 같다 : 인간은 동물적 본성을 넘어서는 인간적인 모든 것을 자신이 스스로 만들어야만 한다. 본능으로부터 벗어나 자신의 이성을 활용하여 스스로 무언가를 만들어 내지 못한다면, 인간은 어떠한 행복도 완전성도 누리지 못할 것이다."[8]

호기심으로 시작된 저주

인간은 생각하는 존재입니다. 생각은 단순히 물리적 자극에 대한 의식적 반응이 아닙니다. 생각은 눈에 보이는 모든 것에 대한 적극적인 호기심에서 출발합니다. 아이를 키우는 부모는 누구보다 이것을 잘 이해합니다. 아이가 세상을 알아가는 중요한 통로가 바로 사물에 대한 호기심과 의심이라는 사실을 항상 관찰하기 때문입니다.

크리스마스 때마다 벌어지는 해프닝이 있습니다. 언제부터인지는 모르지만, 산타 할아버지가 이 날에 선물을 가져다준다는 신화는 전 세계의 어린이들에겐 꿈과 희망의 상징입니다. 물론 장기적인 차원에서 봤을 때, 그렇게 교육적인 것은 아닙니다.

그럼에도 이날을 활용하는 것은 부모에게 뿌리칠 수 없는 유혹입니다. 산타 할아버지가 모든 것을 알고 있으며, 우는 아이에게는 선물을 가져다주지 않는다고 아이들은 철석같이 믿습니다. 부모에게도 이 우스꽝스러운 믿음이 싫지만은 않습니다. 이 믿음을 잘만 활용하면, 며칠간은 아이를 효과적으로 손 안에 둘 수 있기 때문입니다. 그런데 설레는 마음으로 선물을 풀어 보던 아이가 갑자기 묻습니다.

---

8) 앞의 책, 36쪽.

"엄마, 이거 엄마가 사서 포장한 거 아니야?"

급하게 선물을 싸느라 집에 있던 포장지를 사용한 것이 화근입니다. 눈에 익은 포장지에 아이의 추리력이 발동하기 시작한 겁니다.

"아니야. 산타 할아버지가 가져다 주신 거야. 세상에는 똑같은 포장지도 많이 있단다."

엄마는 당황합니다. 그리고 아이의 눈초리를 피하며 그럴싸한 변명을 늘어놓습니다. 물론 엄마의 설명을 집요하게 물고 늘어지며 진실을 파헤치려는 아이는 없습니다. 누가 가져다주었든 아이는 선물만 받으면 그만인 겁니다. 그러나 얼마 지나지 않아 아이도 진실을 알게 될 것입니다. 의심은 꼬리에 꼬리를 물고 결국 있는 그대로의 현실로 아이를 끌고 갈 것이기 때문입니다.

의심이 생각으로, 생각이 있는 그대로의 현실에 대한 깨달음으로 이어진다는 사실은 인류의 가장 오래된 문서 중 하나인 구약성경에도 정확하게 묘사되어 있습니다. 에덴동산과 선악과의 신화가 그것입니다. 워낙 많이 인용되기 때문에 대부분은 구체적인 내용을 알고 있을 것입니다. 그래도 대충 윤곽만 그려보겠습니다. 신은 자신이 흙으로 빚어 만든 사람을 에덴동산에 두어 그곳을 관리하며 지키게 합니다. 그리고 그에게 다음과 같이 말합니다.

"네가 동산에 있는 과일을 마음대로 먹을 수 있으나 단 한 가지 선악을 알게 하는 과일만은 먹지 마라. 그것을 먹으면 네가 반드시 죽을 것이다."(창세기 2장, 16~17절)

아담과 이브 Raphael 작품

논리적으로 추론해 보면, 우리가 살고 있는 이 세계는 아담의 불복종과 깊은 관련이 있습니다. 이게 무슨 말인가요? 조금은 자세히 묘사해 봅시다. 이브가 뱀의 유혹에 빠져 아담과 함께 선악과를 먹게 됩니다. 그 대가는 매우 혹독합니다. 에덴동산에서 쫓겨나는 것은 물론 노동과 해산의 형벌도 덤으로 받게 됩니다. 그런데 우리의 관심은 통상적인 '죄와 벌'에 있지 않습니다. 우리의 시선을 선악과라고 알려진 나무의 진정한 정체에 맞춰 봅시다.

돌아갈 필요 없이 돌직구를 던져 봅시다. 왜 신은 아담과 이브에게 선악과를 먹지 못하도록 했을까요? 일반적으로 보았을 때, 선과 악을 구별하는 것은 교육의 중요한 목적 중의 하나입니다. 윤리적인 측면에서도, 인간의 자유란 선을 행할 수 있는 자유를 의미입니다. 악을 행하는 것까지 자유의 범주에 넣어 버린다면, 자유를 위해 목숨을 사리지 않았던 인류의 노력이 우스꽝스러워지기 때문입니다.

이러한 이유 때문에 자연적인 본능으로부터 벗어날 수 있는 자유는 조건을 따지지 않고 누군가에게 선의를 베풀 수 있는 의지에 달려 있다고 칸트는 통찰한 바 있습니다. 그런데 왜 신은 인간이 선과 악을 아는 일에 그토록 불편해 했던 것일까요? 그 이유를 상세하게 아담에게 설명해 주었더라면, 아담이 굳이 계명을 어기는 참담한 일까지는 발생하지 않았을지도 모릅니다. 그런데 그 이유를 우리는 이브를 유혹했던 뱀아목에 속하는 뱀이라는 동물의 입을 거쳐서야 비로소 듣게 됩니다.

"너희는 절대로 죽지 않을 것이다. 하나님이 너희에게 그렇게 말씀하신 것은 너희가 그것을 먹으면 눈이 밝아져서 하나님과 같이 되어 선악을 분별하게 될 것을 하나님이 아셨기 때문이다."

뱀의 말은 진실이 아니었습니다. 뱀의 거짓말 탓에 아담과 이브는 에덴동산에서 쫓겨나는 형벌에 처해졌고, 죽음이라는 운명의 수레바퀴도 짊어지게 됩니다. 그런데 이것은 절반만의 사실입니다. 뱀을 악의 화신으로 모는 것은 한쪽만을 봤기 때문입니다. 뱀의 말과는 달리 분명 인간은 신과 하나가 되지는 못했습니다.

하지만 아무런 성과가 없었던 것은 아닙니다. 아담과 이브가 실제로 눈이 밝아졌다는 사실에 주목해 봅시다. 선악과는 참된 앎(episteme)을 추구하는 인식의 나무였던 것입니다. 태초의 인간이 신의 말을 의심한 대가는 무시무시한 것이었습니다. 그 대신 후손은 인식이라는 분별력을 얻게 되고 학문이라는 거대한 정신의 체계를 세우게 된 것입니다.

의심이라는 동전의 뒷면에는 호기심이라는 매우 독특한 인간적 정서가 새겨져 있습니다. 호기심은 신에게 있어서 불순종의 근원이었겠지만, 인간에게는 문화적 창조의 원천입니다. 넘어서는 안 되는 경계를 넘어설 수 있는 상상력의 근원이기도 합니다. 새로운 사태나 사물에 대해 아무런 호기심을 느끼지 못하는 사람은 고정된 시각에서 벗어나기가 쉽지 않습니다. 호기심이 없었다면, 우리가 그토록 자랑스럽게 여기는 인류의 진보도 결코 가능하지 못했을 것입니다.

호기심은 기존의 생각에 대한 도전과 새로운 해석으로 이어집니다. 학문의 역사는 곧 반역의 역사입니다. 천동설에 반하는 코페르니쿠스의 지동설은 분명 시대적 금기를 깨는 저항의 목소리였습니다. 이는 신념에 찬 이단아 조르다노 브루노(Giordano Bruno, 1548~1600)의 기독교에 대한 새로운 해석으로 이어졌고, 결국 그의 화형과 함께 중세는 종말을 고하게 됩니다. 그의 호기심은 단순한 관심이 아닙니다. 호기심이라는 정서는 개별 실존의 색을 바꿔놓는 근본적인 사로잡힘이기도 합니다. 브루노의 최후가 이 모습을 우리에게 상세하게 증언해 줍니다.

브루노

"이러한 일(브루노의 재판)이 진행되는 동안 그(브루노)는 단지 [선고를 받는 나보다 선고를 내리는 당신들의 두려움이 더 클 것이오]라는 말만을 했을 뿐이라오. 이렇게 행정장관의 통제 하에 있는 간수에 의해 감옥으로 끌려간 그에게 그가 자신의 잘못을 철회하기를 바라는 경우가 있을지도 모른다는 기대 속에서 2주일간의 유예기간이 허용되었으나 그것도 허사로 돌아가고 말아 드디어 오늘 그는 화형장에 이끌려 나오기에 이르렀다오. 그가 죽음에 직면할 순간에 그에게 십자가에 못 박혀 돌아가신 우리 주 예수의 조각상을 보여주었을 때, 그는 고개를 돌리고 음울하게 그것에 대한 거부반응을 나타냈다오. 아주 불행하게 그는 그렇게 죽었으며 내가 생각하기로는 로마의 사람들이 불경스러운 신성모독 자들을 항상 처리하였던 방식에 따라서 그가 생각했던 저 다른 세계로 떠나갔다오."[9)]

편지형식으로 기록된 브루노의 최후의 장면입니다. 기존의 관점을 달리 보려는 호기심은 브루노에게 있어서 곧 양심이자 자기의 모습이기도 했습니다. 오늘날 우리는 편협함에 사로잡힌 중세의 암울함에 맞서, 호기심에 가득한 눈초리로 세상을 바라보려는 지식인의 자존심을 결코 부정적으로 바라보지 않습니다. 브루노의 철학적 신념이 절대적으로 옳았다는 의미가 아닙니다. 그의 양심은 틀릴 수 있습니다. 그러나 호모 필로소피쿠스들이 보여주는 양심의 오류들을 딛고 오늘날 우리는 과거보다 풍요로운 삶을 만들어가고 있습니다. 조금 멀리 나갔습니다. 다시 우리의 주제로 돌아옵니다.

철학적 상상력은 호기심으로부터 출발합니다. 소크라테스의 제자였던 플라톤도 철학의 기원을 호기심으로 명명하는 데 주저하지 않습니다.

"호기심은 지혜를 진심으로 사랑하는 자가 취할 수 있는 태도이다. 호기심 이외에 철학의 어떠한 시작도 있을 수 없다."

(Platon: Theaitetos 155 D)

---

9) S. 모리스 엥겔, 『철학의 이해』, 이종철·나종석 옮김, 문예출판사(1998), 304쪽에서 재인용.

스승인 플라톤의 생각을 어떤 식으로든 뒤집어 보려고 했던 아리스토텔레스도 철학의 근원에 있어서만큼은 딴죽을 걸지 않습니다.

"호기심이 인간을 철학으로 이끌었다. 이는 오늘날에도 다르지 않다."
(Metaphysik I, 2, 982 b 12)

이쯤 되면 우리는 철학의 어원을 달리 해석해야 할 필요성을 느끼게 됩니다. '지혜를 사랑하는 자'라는 의미는 조금은 과장된 의역으로 보입니다. 'philos'의 원형인 'philein'은 '사랑하다'는 의미 이외에 '호감을 보이다' 혹은 '호기심을 갖는다'라는 뜻으로도 쓰였다는 사실에 주목해 봅시다. 지혜를 뜻하는 'sophia'도 실은 지식과 연관이 깊은 단어입니다. 즉 철학이란 지식에 대한 열망 혹은 호기심이라고 정의해도 무방하다는 뜻입니다.

철학적 인간이란 호기심을 통해 세상을 바라보고 스스로 생각하는 인간을 지칭합니다. 호기심이 많은 사람은 수동적으로 강요된 관점으로부터 스스로 일정한 거리를 유지합니다. 정신적 힘이 클수록 그 거리도 벌어질 수 있습니다. 거리를 유지하는 정신의 힘을 바탕으로 자신만의 사유에 익숙해진 자를 우리는 호모 필로소피쿠스라고 부르는 것입니다.

간단히 말해서 철학을 한다는 것은 우리를 둘러싸고 있는 세계를 스스로 사유할 수 있는 정신의 힘을 갖추는 과정입니다. 철학이 다른 학문과 다르고 또한 다를 수밖에 없는 이유입니다. 철학자와 그들의 독특한 이론들은 많이 있습니다. 그러나 그 이론을 가르치는 일은 철학을 가르치는 일이 아닙니다. 그 이론을 가르치는 사람을 철학자라고 부르지도 않습니다. 철학에 이르는 길이란 이론을 배우는 과정이 아니라, 그 자신과 세계를 위대한 책으로 삼아 스스로 사유하는 과정을 배우는 것입니다.

바로 이러한 이유 때문에 칸트는 철학이라는 학문을 배울 수도 가르칠 수도 없는 학문으로 지정하고 배움의 영역에서 추방해 버립니다. 현대철학의 가장 강력한 흐름인 현상학에 불을 당겼던 에드문트 후설(Edmund Husserl, 1859~1938)은 칸트의 철학에 대한 견해에 동의하고 정점을 찍습니다.

"그러므로 그 역사적 의도에 따라 모든 학문 가운데 가장 높고 가장 엄밀한 학문이며 순수하고 절대적인 인식(또 이 인식과 불가분적으로 결합된 것, 즉 순수하고 절대적인 평가작용과 의지작용)에 대한 인류의 불멸하는 요구를 대변하는 학문인 철학은 실제적 학문으로 형성될 수 없다. 인류의 영원한 업적에서 소명을 받은 스승[철학]은 결코 가르칠 수 없다. 즉 객관적으로 타당하게 가르칠 수 없다."[10)]

---

10) Edmund Husserl, 『엄밀한 학문으로서의 철학』(고전천줄시리즈), 이종훈 옮김, 지만지출판사(2008), 19쪽.

3. 그림 그리는 인간

다양한 매체를 사용한 덕분에 인간은 오늘날 물리적
자연에서뿐만이 아니라 문화 속에서 살게 되었다.
—Boris Groys—

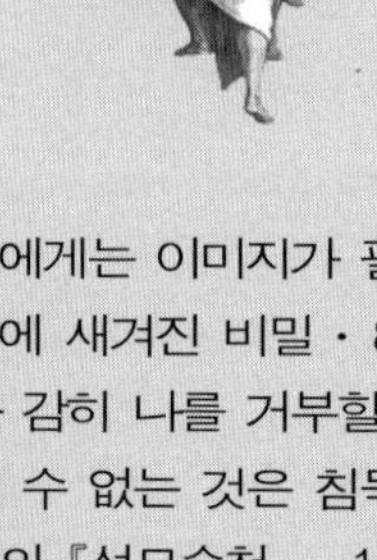

3. 그림 그리는 인간

우리에게는 이미지가 필요하다

호모 필로소피쿠스는 생각하는 사람입니다. 생각의 차이가 인간과 동물을 결정적으로 갈라놓았습니다. 그럼 동물은 생각이 없이 사는 존재인가요? 반려동물과 마음을 나누고 있는 동물 애호가들이 들으면 발끈할 일입니다. 저자 역시 불필요한 무리수를 두고 싶지는 않습니다. 동물도 당연히 생각을 합니다. 하지만 어떠한 생각이냐는 중요합니다.

우리가 강아지의 내부로 들어갈 수 없는 이상, 그가 지니고 있는 생각의 크기를 가늠할 수는 없습니다. 일단 동물은 물리적 자극에 대해 본능적으로 반응하는 자연적 존재라고 가정하고 넘어갑시다. 동물은 삶 자체가 자연과 다르지 않은 것입니다. 인간도 역시 자연에 속해 있습니다. 그러나 자연과 동일하지는 않습니다. '어떻게' 그리고 '무엇'을 생각할 수 있는 능력지인에 인간적 비밀이 감춰져 있습니다.

생각한다는 것은 자연적으로 주어진 상태에서 자신의 내부를 여는 행위입니다. 인간은 자신의 내부를 열어 그 안을 무언가로 채워놓습니다.

'내부를 연다'는 표현은 무엇을 의미하며, 또한 무엇을 채워놓는다는 말일까요? 이 질문에 답하기 위해 우리 모두 시간 화살을 돌려 과거로 여행을 떠나 봅시다. 계기판의 굵은 눈금은 지금부터 대략 3만여 년 전 구석기 시대로 맞춰집니다. 더 정확성을 기하기 위해, 그 당시 오스트리아의 빌렌도르프(Willendorf) 지역으로 장소까지 고정시켜 봅시다.

이제 눈을 감았다 뜨면, 우리는 당시에 살았던 한 예술가를 만나게 됩니다. 그는 이상한 복장을 한 우리를 쳐다볼 여력도 없이 상기된 표정으로 휴식을 취하고 있습니다. 젖가슴과 배, 엉덩이가 풍만하게 묘사된 사랑스런 비너스를 이제 막 끝내고 이마의 땀을 훔치고 있는 중입니다.

Vienna(기원전 28,000~24,000)→

다가가서 살며시 그에게 물어봅시다.

"혹시 이 조각상은 누구를 모델로 만든 것이죠?"

기사마감 시간에 쫓기는 신문기자처럼 호기심으로 가득한 눈초리로 우리가 묻습니다. 조각가의 답변을 기다리는 와중에도, 우리의 머릿속에는 이미 온갖 종류의 해석모델들이 기대치로 교차하고 있을 겁니다. 얀 베르메르(Jan Vermeer van Delft, 1632~1675)가 그랬던 것처럼,11) 이 예술가는 자신이 사랑하는 여인을 형상화한 것은 아닐까요?

그런데 자세히 살펴보니 그럴 것 같지는 않습니다. 실증학문으로 단련된 우리들의 지성이 이 비너스 상에서 사실성을 찾기란 쉽지 않습니다. 단순한 생물학적 사실만으로도, 우리는 그가 자신의 여인을 단순히 모방한 것이 아님을 직감할 수 있습니다. 자연은 비만을 결코 허락하지 않기 때문입니다.

그렇다면 그는 도대체 무엇을 그려낸 것일까요? 현대인의 상징적 의미체계는 다소간의 정보를 알려 줄 수 있습니다. 이 조각은 아마도 다산(多産)과 관련이 있는 듯합니다. 훨씬

Artemis of Ephesus →

뒤의 이야기이지만, 땅과 다산을 숭배하였던 고대 그리스인들이 아르테미스(Artemis)를 풍요의 여신으로 숭배하며 다수의 풍만한 유방을 조각하여 묘사한 사실은 이를 뒷받침하고 있습니다.

그런데 이 같은 우리의 추측에 조각가도 과연 동의해 줄까요? 그럴 것 같지는 않지만, 아무래도 상관은 없습니다. 불과 11cm에 불과한 이 조각상의 상징적 의미가 우리의 주제에 그렇게 중요한 맥락은 아니기 때문입니다. 우리의 관심은 다른 곳을 향하고 있습니다. 우리의 목적은 이 예술

11) 네덜란드의 화가 얀 베르메르의 걸작 『진주 귀걸이를 한 소녀 *Woman with a pearl earring*』(1665)는 트레이시 슈발리에의 상상적 소설을 거쳐 한 폭의 영상으로 옮겨집니다. 베르메르의 그림에 매료된 작가는 그림 가운데 아름답게 묘사된 소녀에게서 베르메르의 깊은 사랑을 읽어냅니다.

가가 어떤 식으로든 자신의 내부를 열어서 그 공간을 상징적으로 이미지화시켰다는 점을 확인하면 그만입니다.

우리에게 매우 익숙한 이상적 여인을 상징하는 그리스의 비너스보다 무려 3만여 년이나 앞서 만들어졌던 이 얼굴 없는 비너스는 고대인들의 세계관을 엿볼 수 있는 중요한 고고학적 자료입니다. 그러나 이 여인상이 남겨 준 인간학적, 철학적 가치에 비하면 그것은 빙산의 일각에 불과합니다. 수면 아래 가라앉아 인간의 본질을 직시하라고 우리의 의식을 압박하는 이 큰 덩어리는 무엇을 의미하는 것일까요?

질문을 달리하여 던져 봅시다. 인간은 언제부터 자연으로부터 자신을 분리시켜 자신만의 인격적 공간을 만들게 되었던 것일까요? 만약 우리가 여기서 인격적 정체성이 출발하는 태초의 수수께끼를 풀려고 한다면, 그 매듭의 고리는 마땅히 이 아름다운 여인상에게서 찾아야 할 것입니다. 그 이유를 설명하는 것은 그리 어려운 일이 아닙니다.

다시 타임머신에 올라 현대로 돌아올 시간입니다. 1940년 현재에 시간을 맞춰 봅시다. 그리고 잠시 뒤에 우리는 프랑스 서남부 몽티냑(Montignac)에 위치한 원시 동굴 앞에 도착하게 될 것입니다. 우리는 거기서 한 마리 개와 한가로운 오후를 즐기고 있는 소년을 보게 됩니다. 지극히 평화로운 목가적 풍경입니다. 그런데 갑자기 개가 짖기 시작합니다. 낯선 타인을 보고 놀란 줄 알았는데, 가만히 보니 동굴을 향해 짖고 있는 것입니다. 진정시키기 위해 개의 목을 쓰다듬으며, 소년도 역시 동굴 입구를 뚫어져라 쳐다봅니다. 오랫동안 이곳에서 살았기 때문에 이 숲의 구석구석을 잘 알고 있다고 생각했는데, 이 동굴의 존재는 소년에게 경이로움을 안겨줍니다. 개를 앞장세우며 소년은 동굴 안으로 조심스럽게 들어갑니다. 우리도 같이 따라가 봅시다.

얼마 지나지 우리는 입을 다물지 못하게 됩니다. 대략 2만여 년 전에 형성됐을 것으로 추정되는 벽화를 관찰하게 된 것입니다. 일명 라스코(Lascaux) 동굴벽화가 그것입니다. 이곳에 살았던 초기 인류는 동굴의 내부를 따라가며 말, 사슴, 산양, 들소, 곰, 새 등 다양한 동물들의 모습을 살아 있는 것처럼 묘사하였습니다. 그 길이가 거의 250미터에 이르고 있습니다. 금방이라도 뛰쳐나올 듯, 땅을 구르거나 뛰어오르는 동물들의 발굽소리가 우리의 발소리와 겹쳐지며 어지럽게 우리의 귀를 흔들어 놓습

Lascaux 동굴벽화

니다.

벽화를 통해 고대인들은 자신의 생활양식 전체를 벽면에 옮겨다 놓았습니다. 다양한 교양으로 무장한 우리들에게 이 벽화의 예술성을 논하는 것은 그리 훌륭한 기획은 아닐 듯합니다. 하지만 우리의 탄성을 자아내기에는 충분합니다. 무엇 때문일까요? 도대체 벽화의 무엇이 우리의 마음에 모종의 균열을 일으키는 것일까요? 우리의 발걸음을 붙잡고 호흡을 늦추게 하는 이 태고의 신비는 대체 어디에서 연유하는 것일까요?

벽화를 보며 불현듯 흘러나오는 놀라움의 탄식은 인간의 근원에 대한 우리의 복잡한 심사를 무의식적으로 반영하고 있습니다. 태초의 신비가 감춰진 이곳에도 발명하고, 생각하며 서로 소통할 줄 아는 인간이 살았음을 증명하고 있는 것입니다. 그런데 문제는 단순히 도구를 사용하고 불을 지필 줄 알며, 무덤을 만들어 의식을 행했던 도구적 이성의 흔적이 아닙니다. 우리를 혼란스럽게 하는 것은 지금까지 우리에게 익숙한 이성적 인간이라는 우리의 본질에 대한 의구심입니다.

"Homo Pictor — 이미지를 만드는 인간"

두 발로 서서 생각하고, 언어를 사용하며, 사회적 관계를 이성의 본질로 여기는데 오랫동안 우리는 익숙해 있습니다. 그런데 이 태초의 벽화는 우리들에게 오랫동안 망각으로 사라진 인간의 근원을 기억시킵니다. 이미지를 만드는 능력이 그것입니다.

궁금한 게 있습니다. 도대체 인간은 언제부터 그리고 무엇 때문에 자신과 세계를 이미지로 표현하기 시작했을까요? 상식적으로 생각해 보면, 그림을 그리는 행위는 생존을 위한 행위는 분명히 아닌 듯합니다. 물질적으로 유래를 찾아보기 힘들 정도로 풍요로운 현대에도 그림은 생계수단이 아닌 단순한 문화적 활동, 즉 여가활동에 불과해 보입니다. 더욱이 당시 인류는 자연적 역경에 노출되어 맞서야만 했기 때문에, 대부분의 시간을 생존을 위한 투쟁으로 보내야만 했을 것입니다. 그런데 피와 같은 시간을 쪼개서 벽화에 무언가를 그렸습니다. 도대체 무엇이 그들로 하여금 그림을 그리게 했을까요?

이름에 새겨진 비밀

인간의 기원을 밝히는 작업이 철학의 한 분과인 형이상학의 과제입니다. 형이상학은 눈에 보이는 현상을 넘어서 눈에 보이지 않는 본질과 기원의 세계에 주목합니다. 눈에 보이는 것도 전부 밝혀내기 어려운 시대에 눈에 보이지 않는 것까지 밝혀내려고 하다 보니, 형이상학적 사유는 자연히 복잡하고 난해한 언어로 전개될 수밖에 없습니다. 더욱이 눈에 보이는 것만을 다루는 자연과학적 법칙으로는 설명의 한계가 너무 뚜렷하기 때문에 본질은 종종 신화나 비유를 통해 해석되곤 합니다. Homo Pictor를 인간 본질의 최상부에서 다루기를 원했던 유태계 독일 철학자 한스 요나스(Hans Jonas, 1903~1993)는 유대의 전승(傳承)에서 그 비밀을 찾습니다. 내용은 구약성경의 어느 대목과 크게 다르지 않습니다.

태초에는 혼돈만이 있습니다. 무슨 생각이 들었는지는 모르겠지만, 신은 이 혼돈을 정리할 계획을 세웁니다. 이렇게 하여 천지가 창조되고 세상이 자신의 웅장한 모습을 드러냅니다. 여백이 부담스러웠는지, 땅에는 동물들이 거주하고, 하늘에는 새들이 삶의 공간을 점하는 창조의 역사가 계속됩니다. 그리곤 이윽고 신은 자신의 형상에 따라 최초의 인간 아담과 이브에게 삶의 권리를 부여합니다. 문제는 여기서부터 발생합니다.

신은 각종 동물들을 아담에게 데리고 와서 이름을 지어 주라고 말합니다. 많은 숫자의 동물들이지만, 아담이 그들을 어떻게 부르는지 보고 싶었던 것입니다. 아담이 임의로 정해 준 바에 따라 동물들은 각자의 이름을 갖게 됩니다. 아담이 이름을 지을 수 있는 대상은 동물과 새에만 국한된 것은 아니었습니다. 자신의 이름, 심지어는 신이 어떻게 불릴 수 있는지까지도 아담의 과제가 된 것이지요. 아담이 어떻게 이름을 짓는지를 관찰한 후에, 신은 천사들 앞에서 아담의 지혜를 칭찬하고 만족한 표정을 짓습니다.

호모 픽토르와 관련된 요나스의 소논문[12]에서 인용된 신화입니다. 신이 아담에게 명했던 이름을 짓는 행위는 다중적인 의미를 지닙니다. 일차적으로는 동물과 새들을 자연의 무자비한 우연에 맡겨두지 않고 아담의 책임과 보호 아래 두었다는 점이 눈에 띕니다. 이름을 지닌 모든 것은 자연적 과정이라는 우연한 소멸에도 흔들리지 않는 자신만의 모습을 지닙니다. 철학사에는 이를 목적의 세계라고 부릅니다. 목적의 세계에서 누군가의 이름은 그 무엇을 '위해' 존재하지 않습니다. 오직 자신만을 위해

12) Hans Jonas, *Die Freiheit des Bildens : Homo pictor und die differentia des Menschen, in : Zwischen Nichts und Ewigkeit*, Zur Lehre vom Menschen, Göttingen 1987, 26~43쪽.

존재하는 존재자는 자신의 이름을 통해 그것을 증명합니다.

한편 이름은 그 무엇에 의해서도 대체될 수 없는 고유성의 상징입니다. 고유성은 이름을 짓는 행위가 보여주는 두 번째 의미입니다. 이것을 이해할 때, 우리는 존재자가 지니고 있는 삶의 자리를 아울러 인정하게 됩니다.

저자는 한때 반려동물로 조그만 말티즈 새끼를 키운 적이 있습니다. 이름을 '수운자'(라고 쓰고, '순자'라고 부릅니다.)라고 지었습니다. 그러던 중 저자가 독일로 유학을 떠나게 됩니다. 누군가에게 분양을 보내야만 했던 겁니다. 키운 지 1년이 채 되지 않았을 때의 일입니다. 그런데 신기한 일입니다. 분양을 보내고 난 뒤에도 한동안 환상에 시달렸던 것입니다. 평소 대소변 때문에 방문을 조금 열어놓고 잤는데, 분양을 보내고 난 뒤에서 여전히 방문을 열어놓고 잤던 것입니다. 가끔은 문 틈새를 비집고 고개를 내미는 '순자'의 환상도 봅니다. 이름이 고유한 자리를 남기고 있는 대표적인 경험입니다.

고유성의 세계는 이름을 짓는 행위를 통해 이 세상으로 들어오는 철학적 상상력의 세계입니다. 눈에 보이는 현상을 탐구하는 자연과학적 분석으로는 절대로 설명할 수 없습니다. 지금 내가 다른 강아지를 분양해 온다고 해서 수운자의 이름과 자리가 잊히는 것은 결코 아닙니다. 나의 의식에 남아 있는 '수운자'의 흔적 때문일 것입니다.

그러나 고유성을 기억시키는 철학적 상상력이 허구인 것은 아닙니다. 어쩌면 상상력이 나와 내가 살고 있는 세계를 더욱 사실적으로 만드는지도 모릅니다. 왜냐하면 고유성을 통해 우리는 이름을 지닌 모든 존재자들에게 삶의 자리를 허락하기 때문입니다. 몇 가지 실례만으로도 우리는 충분히 이 사실을 확인해 볼 수 있습니다. 유아는 엄마와 아빠가 부르는 이름을 들으며 자신의 고유한 자리를 깨달아 갑니다. 또한 사물의 이름을 알아 가며 세계를 대상으로 삼아 자신과 관계를 맺습니다. 인간의 상상력이 빚어낸 최고의 산물은 뭐니 뭐니 해도 법의 정신일 것입니다. 현대법의 정신은 하나밖에 없는 개인의 자리를 존엄성과 권리라는 개념으로 법제화합니다.

여기까지가 이름을 짓는 행위를 통해 살펴본 철학적 의미입니다. 요나스는 여기에 인간학적 의미를 덧붙여 강조합니다. 사물에게 이름을 부여하는 행위란 단순히 말을 하거나 글을 쓰는 것 이상의 의미를 지니고 있다는 겁니다. 그것이 바로 이미지의 창조입니다.

논리적으로 보면 아주 간단합니다. 우리가 이름을 부여하기 위해서는 반드시 그 무엇인가를 전제해야만 하기 때문입니다. 아무리 소리쳐 불러도 허공에 부서져 돌아오는 이름도 있습니다. 그러나 그럴 때조차도 우리가 처음 그 이름을 지을 때는 반드시 대상적 이미지를 필요로 합니다. 이미지를 통해서만 우리는 세계와 사물이 드러내는 있는 그대로의 모습으로 진입해 갈 수 있습니다. 결국 인간이 세계와 맺는 관계의 근원적 질서란 이미지를 만들어 자신과 세계를 이해하는 것이라고 요나스는 결론짓습니다.

물론 우리는 이 신화를 믿지 않을 수도 있습니다. 신화는 그냥 신화일 뿐이니까요. 그렇다고 우리가 처한 인간적 상황이 달라지는 것은 아닙니다. 신화는 현실을 자의적으로 왜곡하는 경우도 있지만, 우리에게 주어진 있는 그대로의 현실을 실증적 방식과는 달리 해석할 수도 있습니다. 어쩌면 인간이라는 생물학적 종은 이미 자신과 세계를 자신의 방식으로 이름 지으며 생존하도록 태어났는지도 모릅니다. 앞서 표현했듯이, 동물은 자연으로부터 정해진 본성을 부여받습니다. 주어진 본성을 실현할 때, 동물은 자연과 완벽하게 하나가 되어 살아가는 것입니다. 하지만 인간에게는 딱히 본성이라는 것이 없습니다. 인간이 선하게 태어났는지 혹은 악하게 태어났는지조차 우리가 임의로 정해 놓은 가치체계를 우리 자신에게 적용한 것에 불과합니다.

자연이 인간에게 부여한 선물은 스스로 자신과 세계를 이름 지을 수 있는 권리였던 것으로 보입니다. 인간이 자연의 직접성으로부터 벗어날 수 있었던 출발점은 자신의 내부에 공간을 만드는 것이었습니다. 그 공간을 다양한 이미지로 채움으로써, 그는 자신을 직시할 수 있는 능력을 얻었던 것이지요. 이 능력이 바로 인간적 자유의 출발점이라고 요나스는 강조합니다.

인간이 인간으로 실현되는 근원적 조건은 자신의 내부에 공간을 만들어 그곳을 다양한 이미지로 채워 넣을 때입니다. 인간이라는 개념은 곧 자유를 통한 실현개념인 것입니다. 다시 말해서 인간이 자신의 정체성에 대해 무언가를 얻는 방식이란 자연이 동물에게 부여한 자기실현의 방식과는 전혀 다릅니다. 인간은 자신의 자연성이 어디에 있는지를 스스로 만들어가야만 하는 것입니다. 그래서 동물의 삶이 단순히 자연적인 '있음'에 있는 것이라면, 인간적인 삶은 자연과 관계를 맺어야 되는 '있어야 됨'에 뿌리를 두고 있다고 말할 수 있습니다.

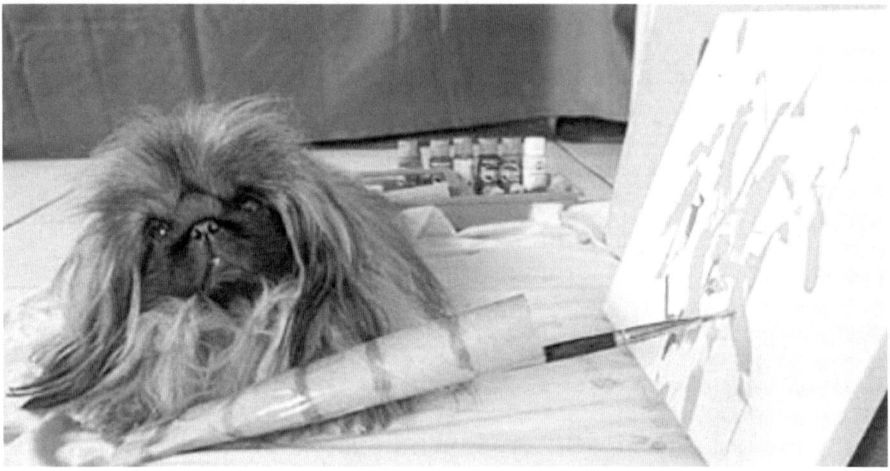

그림 그리는 동물(?)

인간과 동물의 구별은 이렇듯 '있어야 됨'과 '있음'의 구별입니다. 물론 인간만이 이미지를 만들 수 있다는 주장은 대단히 오만하게 들릴 수도 있습니다. 종종 우리는 동물들도 그림을 그릴 수 있다는 학계의 보고를 접하게 됩니다. 하지만 동물들이 보여 주는 이미지의 능력은 인간의 그림과는 사뭇 다릅니다. 지능이 뛰어난 동물은 반복된 훈련을 통해 붓을 쥐고 종이에 무언가를 치덕일 수 있습니다. 그러나 어떠한 경우에도 자신과 세계에 이르는 통로를 상징화한 인간의 그림과는 차원이 다른 것입니다.

인간은 무엇으로 사는 것일까요? 가장 일차적인 답변은 자신을 대상화할 수 있는 능력에 있습니다. 자신의 내부에 열린 공간을 이미지로 채워 넣는 과정이 바로 자기 대상화입니다. 실존주의 철학의 선구자 쇠렌 키르케고르(Sören Kierkegaard, 1813~1855) 이래로 많은 호모 필로소피쿠스들이 인간이라는 존재자를 특별히 '실존'이라는 개념으로 즐겨 표현한 이유도 여기에 있습니다. 동물은 이미 완벽하게 채워져 있는 존재입니다. 반면 인간은 결핍된 존재 혹은 아무것도 아닌 무(無)의 존재입니다. 스스로 자신을 채워야만 될 과제를 안고 태어난 것입니다. 이러한 생각은 철학적인 통찰이기 이전에 대단히 인간학적인 사실입니다.

고대인들은 이 점에서 상당한 수준의 철학적 상상력의 소유자로 간주될 수 있습니다. 용맹함을 증명하려고 할 때, 자신의 머리 위에 사자나 곰을 올려놓습니다. 지혜가 필요할 때는 뱀의 머리를 빌려오기도 합니다. 풍만한 가슴과 불룩한 여성의 배를 조각하여 다산(多産)이 곧 미의 기준임을 선언하기도 하지요. 상처와 소멸 앞에 의식을 행함으로써, 스스로 죽음이라는 자연을 뛰어넘고자 초월의 지평을 열기도 합니다.

이렇듯 인간은 자신을 일정한 이미지로 표현함으로써, 자신이 누구인지를 볼 수 있었고, 그 정체성에 익숙해질수록 더 깊이 이미지에 의존하는 법을 배우게 됩니다. 인간의 근원적 본질은 '이미지를 만드는 존재'였던 것입니다.

누가 감히 나를 거부할 수 있겠어!

호모 필로소피쿠스는 이미지를 만드는 인간을 의미합니다. 철학의 나라에 한번이라도 여행을 해본 사람이라면, 자연스럽게 던지는 질문이 있습니다. 이성적 존재라는 인간과 동물의 전통적인 구별은 어떻게 되는 걸까요? 이미지를 만드는 존재와 이성적 능력은 어떤 연관성을 갖는 것일까요? 이미지를 만드는 인간은 이성적 존재라는 전통적인 인간 이해를 부정하지 않습니다. 솔직하게 말하면, 이미지의 창조와 이성적 능력은 상당부분 서로 겹쳐집니다.

Homo est animal rationale. 인간은 이성적 동물입니다. 이것은 사실입니다. 이성이란 무엇일까요? 가장 일반적인 사전적 정의를 따라가 봅시다. 이성이란 일반적으로 '개념을 통해 사물의 이치를 논리적으로 생각하고 판단하는 이론적 능력'입니다. 다른 곳을 보면, '일정한 원리에 따라 자신의 의지와 행동을 규제하는 실천적 능력', '자연적 본능에서 벗어나 자율적, 도덕적 행위의 주체적 능력' 등으로 표현되곤 합니다. 그런데 이 모든 정의들은 매우 형식적이며 이성의 이차적 특성만을 보여 주는 듯합니다. 실제로 이성이 무엇이며, 어떠한 방식으로 작동하는지는 전혀 언급하고 있지 않습니다.

이성의 원초적 기능은 자신을 표현하는 것입니다. 동물도 자신을 표현합니다. 서로 의사를 교환하고 조직을 구성하며 그에 따른 역할을 수행하기도 합니다. 고등 동물들은 친밀감이나 기쁨과 슬픔, 우울, 고통 등 인간과 비슷한 정서를 표현하기도 합니다. 그런데 그 어떠한 것도 인간의 자기표현과 동일하지는 않습니다. 그 이유는 이성을 통한 인간의 자기표현이란 자기를 대상화하는 과정이기 때문입니다. 자신을 대상화함으로써 인간은 자신을 해석하는 법을 배우며 자신만의 정체성을 찾아갑니다. 아름다운 여인이 화려한 옷을 입고 예쁘게 화장을 합니다. 그리고 거울을 쳐다보며 말합니다.

거울 앞에 서 있는 여인(Édouard Manet, 1831~1883)

"누가 감히 나를 거부할 수 있겠어?"

아침마다 과감한 변신을 꾀한 후에 우리가 스스로에게 확인하는 대사입니다. 이 대책 없는 자신감은 어디서 나오는 것일까요? 이 자신감이 사실에 입각한 것인지 아닌지는 중요하지 않습니다. 이 판단이 근거 없는 과대망상에 기인한 것이 아니라면, 우리는 자신에 대한 이 같은 무한신뢰를 이성의 힘이라고 부를 수 있습니다. 이성은 자신의 이미지를 보고 또 다른 자신을 만들어가는 창조의 원천인 것입니다. 이러한 이유로 인간이라는 생물학적 종에서 '인간'이라는 인격적 존재로 넘어가는 과정을 설명하기 위해서는 이성이 어떻게 작동하는지를 해명하는 것이 절대적으로 필요합니다.

그런데 이성은 대체 어디에서 연유한 것일까요? 눈에 보이지 않는 인간 의식의 기원과 본질을 밝히는 일은 까다롭고 복잡합니다. 가장 오래된 시도는 역시 종교적인 해석모델입니다. 이성은 신이 인간에게 남긴 자신의 흔적이라는 겁니다. 기독교의 전통에 따르면, 인간은 'imago Dei'라고 일컬어집니다. 신의 이미지라는 뜻입니다. 하지만 과학자들에게는 보다 현실적인 설명이 설득력이 있습니다. 진화 생물학자들에게 인간의 이성은 오랫동안 진행된 진화의 산물로서 살아남은 자의 증표입니다. 인간으로 하여금 생존경쟁에서 이기고 자칭 만물의 영장으로 올라서게 만든 자연의 돌연변이인 것입니다.

호모 필로소피쿠스는 이성을 어떻게 이해할까요? 철학사에 이름을 남긴 철학자의 수만큼이나 이성은 다양한 정의를 지니고 있습니다. 하지만 확실한 것은 호모 필로소피쿠스의 과제가 이성의 기원을 추적하는 일이 아니라는 사실입니다. 그것은 할 수도 없고, 할 필요도 없습니다. 중요한 것은 이성이 어디서 유래했는지가 아니라, '지금 그리고 여기'에서 이성이 어떠한 의미를 지니고 있는지를 이해하는 데 있습니다.

인간이 이성적 동물이라는 의미는 오직 인간만이 이미지를 통해 자신을 대상화한다는 사실을 지적하고 있습니다. 우리가 앞서 살펴보았던 벽화의 의미이기도 합니다. 사실 나전어 pictor라는 단어에는 단순히 '그림을 그리는 자'라는 의미만 담겨 있는 게 아닙니다. 우리가 벽화에만 그림을 그리는 게 아니라는 사실을 기억해 봅시다. 화선지에도 그리고, 천에도 그리며 우리 몸에도 그립니다. 무엇보다도 압권은 역시 얼굴입니다. 얼굴에 그림을 그릴 때, 우리는 그 어느 때보다 더 긴장하며 집중합니다. 왜 인간은 형형색색으로 화장을 하고 향수를 뿌려대는 것일까요?

화장한 여인

화장은 자연적 현상입니다. 이성(異性)을 유혹하려는 자연적 본능은 화장을 설명하는 생물학적 근거입니다. 분명 설득력이 있습니다. 하지만 그것이 전부는 아닙니다.

인간이 자신의 얼굴에 그림을 그리기 시작한 지는 실로 오랜 역사를 지니고 있습니다. 아마도 호모 사피엔스의 역사에 버금갈 것입니다. 거기에는 단순히 자연을 모방하려는 본능을 넘어서는 존재론적 비밀이 감춰져 있습니다. 자신만의 정체성을 찾고자하는 인격적 열망이 그것입니다. 화장은 자연으로부터 자신을 구별하려는 자유의 첫걸음인 것이지요. 비록 화장이 자연의 화려함을 모방한 것일지라도, 자유롭게 자신을 꾸밈으로써 자연과 타인으로부터 구별된 자기의식을 형성할 수 있었던 것입니다.

그림을 그리는 행위와 함께 형성된 자의식은 인격적 인간이 출발하는 지점입니다. 인간의 자의식은 동물의 자기보존본능과는 명백히 다릅니다. 인간의 자의식이란 단순히 생명을 유지하기 위한 신진대사를 넘어서 자신의 고유한 삶을 상징적으로 묘사하기 때문입니다.

세상에는 받는다고 해서 마냥 좋아할 수만은 없는 선물이 있습니다. 선물에는 대가가 따르기 마련입니다. 인간이 지니고 있는 자의식(自意識)이 대표적인 경우입니다. 우리가 각자 독립된 인격체로서 서로 공유할 수 없는 자의식을 지니고 있다는 사실이 선물인지 저주인지는 고민해 봐야 되겠습니다. 때론 저주와 같은 자연의 선물도 있기 마련이니까요.

자의식이 자연의 선물인 이유는 그것으로 인해 인간만이 자신만의 고유한 삶을 영위할 수 있게 되었기 때문입니다. 그런데 장점이 종종 최대의 단점이 될 때도 있습니다. 개별자로서의 인간은 원하든 원치 않든 자신의 고유한 삶을 위해 타인 혹은 자연과 마주서야 하는 운명에 처해집니다. 자의식이 저주가 되는 순간입니다. 자의식을 가진 존재는 본능으로 살아가는 동물과는 달리 자신과 타인 그리고 자연과의 관계를 책임의 관계로 해석해야만 하는 과제를 떠안게 된 것이지요.

이 과제를 방기하면 후폭풍이 장난이 아닙니다. 나와 타인의 경계가 폭력적으로 허물어질 때, 우리는 전체주의의 잔인함을 봅니다. 지난 인류의 역사가 우리에게 던져 준 교훈입니다. 인간과 자연과의 경계도 마찬가지입니다. 인간만의 물질적 삶을 위해 우리가 자연이 정해 놓은 경계를 넘어서는 동안, 우리의 행위는 언제든지 자연적 재앙으로 메아리칠 수 있습니다. 이것이 의미하는 바는 명확해 보입니다. 우리에게 주어진 자유란 단순히 '있음'이 아니라, 우리가 어디로 향해야 하는지를 단적으로 보여줍니다.

동물은 자연과 분리되지 않습니다. 따라서 자연으로 돌아갈 필요를 느끼지 않습니다. 하지만 인간은 애초부터 자연으로부터 분리된 존재입니다. 자유는 그 대가로 주어진 자연의 선물인 것입니다. 하지만 인격적 자유의 최고 정점이 자연으로부터의 영원한 분리인 것은 아닙니다. 인간은 자유를 통해 다시 자연으로 돌아가야만 하는 과제를 안고 있는 존재인 것이지요. 이것이 인격적 자유의 의미가 자연과의 의식적 합일에 있다는 표현을 가능케 하는 배경입니다. 즉 그림을 그리는 인간은 자신을 타인과 자연으로부터 구별하는 존재임과 동시에 의식적으로 타인과 자연으로 돌아가야만 존재인 것입니다.

후기 인상주의 학파의 대가였던 폴 세잔((Paul Cezanne, 1839~1906)은 이상할 정도로 사과를 많이 그렸습니다. 그래서 흔히 그는 '사과의 화가'라고 불리기도 합니다. 모양새로만 보면, 배도 있고 바나나도 있는데 왜 유독 세잔은 사과에만 집착을 했을까요? 일설에 따르면 학창시절 왕따를 당하고 있었던 에밀 졸라(Emile Zola, 1840~1903)를 세잔이 도와주었는데, 그에 대한 답례로 사과를 받았다고 합니다. 그 후에 세잔은 한 알의 사과로 당대의 예술계를 평정하겠다며 당차게 파리로 이주하게 됩니다. 운명의 장난일까요? 정작 졸라는 사회현실에는 관심이 없고 주구장창 사과만을 그리고 있던 세잔을 실패한 화가로 묘사하며 절교를 선언했다고 합니다. 또 다시 우리의 주제에서 벗어났군요. 다시 돌아갑니다.

세잔의 예술적 정열은 사과에서 그친 것은 아닙니다. 인생의 노년기에 접어들어 그는 결국 고향으로 돌아갑니다. 화가로서 큰 명성을 얻지 못하고 낙향하여 낙심했을 그의 마음에 새로운 바람을 불러일으킨 대상은 고향의 산 생 빅투와르(Mont Sainte-Victoire)였습니다.

생 빅투와르 산은 그곳 사람들에게는 어머니의 품처럼 친숙한 삶의 터전이었습니다. 그 이유 때문이었을까요? 세잔은 20년에 걸쳐 산의 정경을 셀 수 없이 많이 그리게 됩니다. 계절이 바뀌고, 날씨가 변할 때마다, 그것을 바라보는 자신의 감정의 변화에 이끌려 그의 붓은 매우 민감하게 움직입니다. 그리고 반복적으로 산을 덧칠해 나갑니다.

수없이 반복하여 붓을 움직이면서 그는 무엇을 생각했을까요? 사과를 그릴 때처럼 산의 본질을 그리기 위해 종이와 물감을 얼마든지 사용할 용의가 있었던 것일까요? 작품이 근 100여 점에 이르렀을 때, 그는 비로소 깨닫습니다. 자신의 붓을 움직이는 동력이 순수하게 자신의 의지가 아니라, 바로 생 빅투와르 산의 눈에 보이지 않는 정기였다는 사실을 말입니다.

세잔(Paul Cezanne, 1839~1906)과 **생 빅투와르**

지금까지 세잔이 산을 그리고 있었다는 사실은 착각이었습니다. 산이 스스로 세잔의 붓을 통해 자신을 드러낸 것입니다. 이 진실을 깨달았을 때, 세잔은 그림을 그리는 인간과 그 대상인 자연이 서로 다른 존재가 아니라는 사실을 비로소 알게 되었던 것 같습니다.

세잔은 20년 만에 이 같은 사실을 깨달았지만, 하룻밤 꿈을 통해 이를 통찰한 사람도 있습니다. 그가 바로 장자입니다. 장자(莊子, 기원전 369~289년경)의 『제물론』 편 마지막에 등장하는 호접몽(胡蝶夢)입니다.

"昔者莊周夢爲胡蝶!

(언젠가 장자가 꿈을 꾸어서 나비가 되었다.)

栩栩然胡蝶也!

(기뻐서 훨훨 날아다니는 나비였다.)

自喩適志與不知周也

(너무 유쾌하고 즐거워 자신조차 잠시 잊어버렸다.)

俄然覺則然周也!

(잠시 후 꿈에서 깨어나 별 볼일 없는 자신을 보았다.)

不知周之夢爲胡蝶, 胡蝶之夢爲周與?"

(내가 꿈속에서 나비가 되어 날아다닌 것인지, 나비가 꿈속에서 내가 되어 나타난 것인지 도대체 알 수가 없구나.)

붓을 움직이는 주체가 자신인지 산인지 구별하지 못했던 세잔의 경우처럼, 장자 또한 나비와 자신의 경계가 어디에 있는지를 볼 수 없었던 겁니다. 꿈속에서 장자와 나비라는 실체의 구별은 더 이상 의미가 없었던 것이지요. 너무 멀리 나왔습니다. 논점을 정리해 봅시다.

인간은 이미지를 만들며 의식적으로 자신과 자연을 대상화하는 법을 배웁니다. 이 과정이 자연이 부여한 인간의 본능입니다. 그러나 최종 목적지는 다시 자신과 자연으로 돌아가는 데 있습니다. 동물이 직접적으로 자신 혹은 자연과 구별되지 않는다면, 인간은 의식적으로 자신과 자연을 찾아야 하는 것입니다. 그러한 정신의 힘이 바로 이성의 힘입니다. 인간에게 주어진 자유란 바로 자신과 자연으로 돌아갈 수 있는 정신적 자유인 셈이지요.

그릴 수 없는 것은 침묵하기

호모 필로소피쿠스는 창조적 이미지를 만드는 예술가입니다. 그런데 철학은 왜 일반적으로 어렵게만 느껴지는 것일까요? 철학은 어렵다기보다는 조금 지루하다고 보는 편이 맞을 것 같습니다. 그 이유는 이미지의 달인 호모 필로소피쿠스가 이미지를 개념으로 전환하는 언어의 연금술사이기도 하기 때문입니다.

우리는 앞서 호모 필로소피쿠스가 개념을 만들고 새로운 의미를 부여하는 일에 일생의 행복을 느낀다고 말한 바 있습니다. 결코 틀린 말이 아닙니다. 동일한 개념일지라도 철학자가 세계를 바라보는 성향에 따라 상이한 의미를 지니기도 합니다. 더욱이 일련의 개념들 위에 후대의 주석이 겹겹이 쌓이면서 철학적 언어들은 일반인들이 넘어설 수 없는 험준하고 거친 산이 돼 버린 것입니다. 에베레스트 산을 평생 안내해 온 경험 많은 셰르파조차도 철학사라는 산 앞에서는 깊은 고민에 빠져야 될 것입니다.

하지만 태산이 아무리 높아도 하늘 아래 뫼입니다. 오르고 또 오르면 못 오를 리 없습니다. 아무리 복잡하고 어려운 철학적 사유도 우리가 몸담고 있는 현실을 결코 벗어나지 않기 때문입니다. 순수한 허공을 부유(浮游)하는 개념들은 엄밀한 의미에서 철학적 사유가 될 수 없다는 의미입니다. 이것을 우리에게 누구보다 정확하게 지적해 준 사람이 이미 앞서 언급했던 현대 철학의 기인(奇人)인 비트겐슈타인입니다. 기인이라고 표현한 이유는 그의 생이 남다르기 때문입니다. 잠시 살펴볼까요?

비트겐슈타인은 오스트리아의 성공한 제철업자의 아들로 태어납니다. 부유한 어린 시절을 보냈던 반면, 그의 일생은 결코 부유해 보이지는 않습니다. 평생에 걸쳐 초등학교 교사, 정원사, 건축가, 음악가, 포병장교, 병원 연구원, 철학교수 등 다양한 직업을 소화하며 떠돌아다닙니다. 철학자들이 대체로 방랑벽을 지니고 있다는 사실은 역사가 증명하고 있습니다. 물론 비트겐슈타인의 발자취가 선명하게 찍혀 있는 곳은 역시 철학분야입니다.

그는 영국 사상계를 통틀어 가장 영향력 있는 철학자 가운데 한 사람으로 기억되고 있습니다. 특히 논리학과 언어철학에 관한 그의 이론은 매우 독창적인 것으로 인정됩니다. 모든 천재 철학자들이 그렇듯, 비트겐슈타인도 『논리-철학 논고 *Tractatus Logico-Philosophicus*』(1992)라는 단 한 권의 저서로 일약 철학계의 혜성으로 떠오릅니다. 인생의 후반기에는 젊은 시절의 생각을 다소 수정했다고 알려져 있지만, 저자의 경험에 비춰보면 사람은 그렇게 쉽게 변하는 동물이 아닙니다. 소위 전문가들이 변했다고 말하니 하는 수 없는 받아들여야 되겠지만, 찜찜한 마음을 금할 수 없습니다. 여하튼 일반적인 견해에 따라, 우리의 논점을 전반기에 머물게 하겠습니다.

이 책의 구성방식은 대단히 흥미롭습니다. 말을 잘하는 사람의 전형적인 특징을 두루두루 갖추고 있습니다. 일차적으로 말을 많이 하지 않습니다. 간결한 명제들로 구성된 100쪽이 채 되지 않는 소책자에 불과한 것입니다. 하지만 다루고 있는 내용을 보면 실로 대단히 현실적입니다. 주제의 폭도 삶의 광범위한 분야를 망라하고 있습니다.

그는 우리가 말할 수 있는 것과 말해서는 안 되는 것을 구별합니다. 무엇이 논리적인 것이며, 무엇은 윤리적인 것이지도 설명합니다. 인과의 법칙과 귀납을 통해 과학적 지식의 한계도 지적합니다. 자아와 의지의 문제나 죽음 그리고 선과 악 등 전통적인 형이상학의 주제들에 대해서도 기존의 방식과는 다른 자신만의 견해를 피력하기도 합니다.

말을 재미있게 한다는 면에서는 어떨까요? 최소한 저자의 눈에 비친 그의 언어는 정신적 여유로 가득 채워져 있습니다. 그의 펜을 움직이는 동력은 이론적으로만 구성된 전통 철학에 대한 비판이자, 자신이 몸담고 있는 현실세계에 대한 반성이기도 합니다. 특히 『논리-철학 논고』의 핵심적인 물음은 우리가 사용하는 일상 언어에 집중되어 있습니다. 우리는 이미 알고 있는 어휘를 통해 문장을 만들고 서로를 이해합니다. 그런데 이러한 의사소통이 어떻게 가능한 것일까요? 비트겐슈타인이 던진 핵심적인 질문입니다.

독자들에게 이 질문은 매우 어리석어 보일 것입니다. 어려서부터 언어를 배웠고 그 의미를 알기 때문에, 우리는 서로 아무런 문제 없이 의견을 주고받을 수 있는 것이지요. 그런데 자세히 살펴보면, 문제가 그리 간단한 것이 아닙니다. 왜냐하면 아무리 우리가 언어를 배웠다고 하지만, 단어들이 조합되어 만들어지는 문장들의 경우의 수는 실로 방대하기 짝이 없기 때문입니다. 심지어 우리가 하루 동안 사용하는 문장의 구조도 매번 동일한 것이 아닙니다. 어쩌면 대부분의 문장들이 처음 만들어지는 것일 수도 있습니다. 이 글을 쓰고 있는 저자의 문장들도 대부분 독창적인 언어들의 조합일 수밖에 없습니다. 남의 글을 모방하지 않고 창작을 경험해 본 사람이라면, 저자가 무슨 말을 하고 있는지를 단번에 이해할 수 있을 겁니다. 단 한 번도 들어본 적이 없는 문장들을 우리들은 어떻게 이해할 수 있는 것일까요?

비트겐슈타인은 이 비밀을 언어가 지니고 있는 현실세계와의 관계에서 찾습니다. 우리가 사용하는 모든 단어들은 누구나가 공통적으로 볼 수 있는 실재 세계와 논리적으로 정확하게 일치한다는 겁니다. 문장을 구성하는 문법의 체계는 곧 사실세계에 대한 이미지가 됩니다. 문장의 의미는 곧 실재를 있는 그대로 묘사한 그림이라는 것이지요.

비트겐슈타인의 질문과 답변이 독자들에게는 의아하게 들릴 수도 있습니다. 너무나 당연한 것을 왜 비싼 밥 먹고 장황하게 설명하고 있는 걸까요? 그것도 신비스러운 암호까지 써가면서 말입니다. 철학사는 또 왜 그의 설명에 찬사를 보내며 박수를 치는 것일까요? 일반인의 눈으로 봤을 때, 철학의 세계는 정말 앨리스가 우연히 방문한 신비스러운 나라임에는 틀림없는 것 같습니다.

그러나 비트겐슈타인에게도 나름대로의 현실적 근거가 있습니다. 얼핏 당연해 보이는 논리이지만, 비트겐슈타인은 이러한 당연한 규칙이 철학사에서 종종 지켜지지 않았다고 본 것입니다. 특히 형이상학은 눈에 보이지 않는 사물의 본질을 추구하다보니, 이미지를 벗어난 단어들을 마치 실제로 존재하는 세계의 일부로 착각했다는 것입니다. 이러한 문법의 혼란이 철학사를 생산성 없는 소모적 논쟁으로 끌고 갔다고 비판하기도 합니다. 그의 논점은 『논리-철학 논고』의 첫줄과 마지막 줄에 선명하게 요약되어 있습니다.

> "1. 세계는 일어나는 일의 총체이다[……]."
> 7. 말할 수 없는 것에 관해서는 우리는 침묵하지 않으면 안 된다."

비트겐슈타인은 우리의 모든 언어와 생각은 사실세계의 이미지와 결부되어 있다고 주장합니다. 이것이 지시하는 바는 언어의 한계입니다. 비트겐슈타인은 무엇 때문에 언어에 재갈을 물리려는 것일까요? 굳이 추측해보자면, 말 많은 놈들을 경계하기 위해서입니다. 재갈을 물림으로써, 입을 함부로 놀리지 못하게 하려는 겁니다. 말을 많이 하는 사람은 말을 해야 될 때와 침묵해야 될 때를 구별하지 못합니다. 한마디로 된장과 고추장을 구별하지 못하기 때문에, 그의 레시피로는 제대로 된 음식을 만들 수가 없습니다.

네로의 『성모승천』

우리는 언제 침묵해야 되는 것일까요? 비트겐슈타인에 따르면, 삶의 의미를 증명하려고 할 때입니다. 의미의 세계에 대해 당연히 우리는 언어를 사용하여 설명할 수 있습니다. 그런데 사변적인 언어로 의미로부터 유래하는 감정의 미묘함을 증명하려고 한다면 문제는 달라집니다. 예술작품을 감상할 때 찾아오는 감동과 숭고함 그리고 마음의 균열은 좋은 예가 될 수 있습니다.

어린 아이들의 심금을 울리는 위다(Maria Louise Ramé, 1839~1908)의 동화 『플란더스의 개 *A Dog of Flanders*』(1872)는 소년 네로와 파트라슈라고 불리는 개에 관한 이야기를 그리고 있습니다. 제목만 떠올려도 여전히 가슴이 먹먹해지는 슬픈 동화입니다. 내용은 익히 알려져 있기 때문에, 처음과 마지막 장면만 스캔해 봅니다. 할아버지와 주인에 의해 버려졌던 파트라슈라는 개와 함께 사는 가난한 네로는 지극히 소박한 두 가지 꿈을 지니고 있습니다. 그림을 그리는 것과 피터 폴 루벤스(Peter Paul Rubens, 1577~1640)의 그림 『성모승천』을 보는 것입니다. 안타깝게도 소년의 꿈은 죽음의 그림자가 드리울 때쯤에야 비로소 이루어지게 됩니다.

이 작품이 부와 가난 사이에서 무참히 짓밟히는 인간성의 문제를 다루고 있다는 사실은 분명해 보입니다. 그러나 저자의 눈에는 네로와 그림 『성모승천』의 관계가 유독 눈에 띕니다. 소년에게 성당에 걸려 있던 그림은 어떠한 의미를 지니고 있는 것일까요? 작품이 지니고 있는 미학적 보편성을 거론한다면, 이는 번지수를 잘못 짚어도 한참 잘못 짚은 것입니다. 우리가 버려야 할 강박관념 중에 하나는 우리의 마음을 움직이는 그 무엇의 이면에 필연적인 본질이 있다는 착각입니다.

실제로 그림은 소년에게 이미 세상을 등진 엄마와 소통할 수 있는 유일한 통로입니다. 엄마와 함께했던 추억이 서려 있는 것이지요. 그러나 그림으로부터 오는 마음의 움직임은 그냥 감동일 뿐입니다. 그림을 보고 싶어 했던 소년의 마음은 그의 꿈이자 실존 자체입니다. 거기에는 어떠한 이유가 있는 것이 아닙니다. 그 꿈을 이루며 소년은 마지막의 길을 행복하게 걸을 수 있었던 것입니다. 비트겐슈타인도 자신의 경험을 네로와 동일한 맥락으로 언급합니다.

"나는 내 저서에서 음악이 내 삶에 어떠한 의미를 던지고 있는지에 대해 한마디 말도 할 수 없습니다. 그러니 어떻게 사람들이 나를 이해해 주리라고 바랄 수 있겠어요?"

방학 중이라 저자는 매일 아침 산으로 산책을 나갑니다. 물론 학기 중에도 틈만 나면 산에 올라갑니다. 기쁠 때나 슬플 때, 눈이 오고 비가 와도 산으로 향하는 발걸음은 늘 가볍기만 합니다. 그래서인지 누군가와 대화를 하다보면, 꼭 이와 관련된 질문을 받게 됩니다. 왜 매일 산에서 방황을 하는지 말입니다. 그럴 때면 그냥 건강에 도움이 되기 때문이라고 대충 둘러댑니다.

그런데 돌아서 생각해 보면 당최 이해가 되지 않을 때도 있습니다. 산에 올라가는데 꼭 무슨 이유가 있어야 되는 건가요? 나는 그냥 산이 좋을 뿐입니다. 그 이상도 이하도 아니지요. 누군가가 여전히 어떠한 이유 때문에 산을 즐겨 오르고 있다면, 그는 산을 좋아하는 게 아닙니다. 그저 산을 이용하고 있는 것뿐이지요.

우리가 다음 장들에서 살펴보게 될 인간의 다양한 감정에도 동일한 맥락이 적용될 수 있습니다. 사랑, 약속, 용서, 유감, 이해 등은 인격체의 전형적인 특징들입니다. 아울러 의미의 세계에 속하는 인격적 행위들이지요. 그럼에도 우리가 자연 속에서 그 실재를 보는 일은 결코 쉽지 않습니다. 생존을 위한 투쟁의 한 가운데서 우리는 인격적 행위에 상응하는 이미지를 찾기가 쉽지 않은 것입니다. 당연히 우리의 언어는 그에 대해 말할 수 있는 자격을 갖추지 못하게 됩니다. 인격적 삶은 언어를 통해 증명될 수 없습니다.

비트겐슈타인은 자연적 질서에서 벗어나는 삶의 의미를 부정하고 있는 것일까요? 이것은 그의 철학에 대한 치명적인 오해입니다. 『논리-철학논고』가 집필되던 장소는 삶과 죽음이 교차하던 전쟁터였습니다. 그러한 급박한 상황에서 가장 논리적인 저서를 집필할 수 있었다는 것은 참으로 놀라운 평정심이 아닐 수 없습니다.

그런데 그 평정심에도 나름 비밀이 감춰져 있습니다. 냉철한 사유를 진행하는 와중에도 가장 풍요로운 정서가 농축된 생의 담론이 그의 마음을 어루만지고 있었던 것입니다. 삶의 의미를 추구했던 러시아의 문호 톨스토이(Lev Nikolaevich Tolstoi, 1828~1910)의 책을 비트겐슈타인이 항상 품고 다녔다는 사실은 익히 알려져 있습니다. 전투의 긴박감으로부터 그의 마음을 지켜주었던 것은 사람은 무엇으로 사는지에 대한 끊임없는 질문이었던 것입니다.

비트겐슈타인은 삶의 의미에 대해 침묵해야 된다고 단호하게 선언합니다. 그의 얼굴에는 비장함까지 묻어납니다. 그는 평범하게 일상을 살아가는 이들에게 삶의 의미가 무의미하다고 말하는 것일까요? 여기서 약간의 오해의 소지가 생길 수도 있습니다. 그의 비장한 비수는 그저 말로만 삶의 의미를 외치는 사변철학자들과 종교인들에게 향하고 있기 때문입니다.

말만 앞서는 사람은 종종 착각에 빠지곤 합니다. 말을 통해 무언가를 입증함으로써, 스스로 의미 있는 삶을 살고 있다고 자신을 속이는 것이지요. 이러한 자기기만이 현대인의 삶을 그 어느 시대보다 정신적으로 빈곤하게 만들었다고 할 수 있습니다. 비트겐슈타인에게 있어서 삶의 의미란 말을 통해 증명되는 것이 아니었습니다. 마음의 평화를 얻고 인생을 행복하고 의미 있게 이끌어가기 위해서는 침묵의 노력이 필요합니다. 삶의 의미란 침묵으로 각자의 실존을 스스로 그려가는 존재의 사건입니다.

이미지는 진실이 아니라 허상일까?

언어와 사유 그리고 세계와의 관련성에 대한 비트겐슈타인의 논의는 틀린 것이 아니었습니다. 사실 세계를 묘사한 듯 보이는 그의 언어는 실은 근원적 인간을 지시하고 있는 것입니다. 이미지를 만드는 존재가 그것입니다.

그런데 이상한 일입니다. 전통적으로 보면, 호모 필로소피쿠스는 지혜와 진리를 추구하는 자입니다. 그의 주장은 언제나 한결같습니다. 있는 그대로의 세계에 도달하기 위해서는 이미지의 세계를 벗어나야 한다고 말입니다. 나의 존재와 세계에 대한 이해를 이미지의 세계에서 분리시켜 초월적 영역에 정박시키려는 노력은 호모 필로소피쿠스의 평생에 걸친 정열입니다. 비트겐슈타인은 이러한 철학의 고집스러움을 언어사용 중에 발생하는 문법적 편견일 뿐이라고 폄하합니다. 그의 말이 옳다면, 정말 철학사는 애초부터 잘못 설계된 불행한 소프트웨어에 불과한 것일까요? 단순히 버그(bug)를 잡는 선에서는 해결할 수 없고, 근본적인 사고의 전환이 필요한 것일까요?

실제로 우리는 비트겐슈타인이 주장하는 것처럼 문법의 치명적 오류(?)를 이미 서양 철학의 초기 단계에서부터 찾아볼 수 있습니다. 플라톤에 의해 제기된 동굴의 비유는 아마도 이러한 사유의 전형적인 알레고리일 것입니다. 동굴의 비유를 자세히 들여다보는 것은 매우 흥미로운 작업입니다. 이를 통해 우리는 2,500년의 서양 철학사에 가장 깊이 뿌리를 내린 전형적인 사유방식을 보게 됩니다.

플라톤의 동굴의 비유는 『국가론 *Politeia*』(기원전 370) 제7권 514a-517c에 걸쳐서 묘사되고 있습니다. 플라톤은 먼저 우리가 살고 있는 동굴의 모습을 자세하게 설명합니다. 아래로 향하고 있어서 한번 들어가면 쉽게 빠져나올 수 없는 동굴이 보입니다. 이 동굴 안에는 어릴 적부터 고개조차 돌릴 수 없을 정도로 사지가 묶여 있는 죄수들이 앉아 있습니다(이하 앞의 책 514a-b). 바로 우리들의 모습을 상징하고 있습니다. 그 뒤에는 화려하지는 않지만 은은하게 타오르는 모닥불이 있습니다. 죄수들이 자신과 세상에 대해 알 수 있는 유일한 원천은 벽에 비친 그림자입니다. 어려서부터 벽에 비친 이미지들만을 봤기 때문에, 그들에게는 인위적인 사물들의 그림자 이외에 다른 어떤 것도 생각할 여지가 없습니다(515c). 벽에 비

플라톤의 동굴

친 그림자만이 그들이 인식할 수 있는 세계의 전부였던 것입니다.

그런데 갑자기 알 수 없는 원인에 의해 누군가의 족쇄가 풀리게 됩니다. 그는 눈을 돌려 모닥불을 보게 되고(515c), 미지의 힘에 이끌려 밖으로 나가게 됩니다(515e). 밖으로 나간 죄수는 처음에는 빛에 익숙해지는 과정을 거칩니다. 오랫동안 어둠에 묻혀 있던 눈은 태양의 강렬한 빛에 고통스러움만을 느낍니다.

하지만 적응기간이 지나고 곧 태양 아래 펼쳐지는 동굴 밖의 아름다움을 볼 수 있게 됩니다. 그러곤 깨닫게 되지요. 자신이 참이라고 믿었던 세계가 단지 그림자에 불과했다는 사실을 말입니다. 자신과 타인의 모습도 물속에 비친 이미지(eidolon) 그 이상을 의미할 수 없다는 사실도 알게 됩니다(516b). 마침내 그는 우리에게 계절과 세월을 가져다주고, 눈에 보이는 모든 것을 지배하며, 그가 지금껏 보았던 모든 것의 원인인 태양을 직시하게 됩니다(516c).

동굴의 비유에 등장하는 다양한 상징적 표현들은 많은 의미를 지니고 있습니다. 특히 동굴에서의 그림자는 있는 그대로의 세계가 아니라, 주관적이고 편협한 독단(doxa)으로 간주됩니다. 반면 동굴의 바깥쪽은 이성을 통해서만 도달될 수 있는 있는 그대로의 세계입니다. 이 세계를 직시할 때야 비로소 우리는 진리(episteme)에 도달할 수 있다고 플라톤은 주장하는 것입니다. 이 모든 것을 가능케 하는 태양은 모든 사물의 근원인 진정한 원인, 즉 영원한 진리를 상징한다고 볼 수 있습니다.

비트겐슈타인의 소박한 현실론에 취해 있는 독자들에겐 놀라운 반전입니다. 심지어는 터무니없기까지 합니다. 플라톤은 벽에 비친 그림자를 통해 자신을 이해할 수밖에 없는 인간적 조건을 편협한 경험적 오류로 폄하한 것일까요? 그는 정말 있는 그대로의 나의 모습이란 이성적 통찰을 통해서만 직접적으로 주어져야 한다고 주장하는 것일까요? 이미지를 통해 매개된 자기의식이란 플라톤에게는 진정한 에피스테메가 아닌 극복해야 될 허상(doxa)에 불과한 것처럼 보입니다.

얼핏 보면, 자신 안에 공간을 열어 이미지를 통해 자신을 만들어가야만 하는 Homo piktor를 플라톤이 전혀 고려하지 않은 것처럼 보입니다. 그런데 의문입니다. 약간의 상상력만 있다면, 누구나 볼 수 있는 인간의 근원적 모습을 논리와 추론의 달인이 간과했을 리가 만무합니다. 더욱이 이미지의 화룡점정(畵龍點睛)인 신화와 예술의 세계는 플라톤이 종종 자신의 사유를 퍼 올리던 신비한 원천이었습니다. 이미지의 세계를 부정하는 것은 플라톤에게도 자가당착에 불과했던 것입니다. 그렇다면 플라톤은

'그림자'라는 부정적 어구를 통해 무엇을 노리고 있는 것일까요? 왜 그는 이미지에 이토록 본능적인 알러지 반응을 보이고 있는 것일까요?

가장 일반적인 설명은 사물을 모방하며 살아가는 예술세계에 대한 그의 독특한 견해에 입각하고 있습니다. 흔히 자신이나 세계를 이미지로 표현할 때, 우리는 두 종류의 방식을 사용한다는 것입니다. 하나는 있는 그대로의 세계를 재현하는 방식(mimesis eikastike)이 있습니다(앞의 책 610d, 소피스트 219a). 그것은 주관적으로 보이는 한 부분을 모방하는 것이 아니라, 사물의 본질을 드러내는 기능을 담당합니다. 플라톤의 비판은 사물의 본질과 아무런 연관을 맺지 못하는 허구적 모방(mimesis phantastike)에 맞춰져 있는 것 같습니다. 이로움을 목적으로 세계를 조작하고 변형시키는 모방은 잘못된 기술적 모방에 불과하다는 것입니다. 자연을 조작의 대상으로 보고 발전한 현대의 과학기술문명에 대한 선구자적 비판이기도 합니다.

우리는 여기서 더 근본적인 이유를 추측해 봐야 됩니다. 우리의 이해가 틀리지 않다면, 플라톤은 아마도 이미지 사이에서 방황하는 인간의 미성숙을 아쉬워하고 있는지도 모릅니다. 아니, 어쩌면 자신과 이미지 사이에서 불안해하는 우리의 모습을 정확하게 지적하고 있는 듯합니다.

엘리베이터를 타면 대부분 거울을 보게 됩니다. 엘리베이터 안에 거울이 설치된 이유는 '빨리빨리'라는 우리의 문화가 만들어낸 우연의 산물입니다. 그런데 다행인지 불행인지 몰라도, 엘리베이터의 이동속도가 느리다는 불평을 잠재우기 위해 부착된 거울이 이제는 강제로 자신을 돌아보게 하는 책과 글이 되었습니다. 허둥지둥 올라타면, 시뻘건 얼굴에 숨을 헐떡이는 나의 모습이 보입니다. 우울한 날에는 나잇살에 어느덧 선명해진 코 옆의 팔자주름이 더욱 나를 서글프게 합니다. 산을 돌아다니며 마음의 평온을 얻은 날은 세월의 흔적이 온화한 미소로 변하기도 합니다. 가끔은 에너지와 광기로 번뜩이는 눈을 볼 때도 있습니다. 거울 속에 비친 이미지의 의미는 '나'라는 동일자의 귀환에 있습니다.

문제는 이 귀환이 거울 속에 비친 자신을 보는 것처럼 쉽지 않다는 사실에 있습니다. 하루에 몇 번이나 자신의 모습을 돌아보게 되는지 확인해 보면 분명해집니다. 어쩌면 우리의 일생은 자신으로의 귀환을 위한 거칠고 긴 투쟁의 여정인지도 모르겠습니다. 인간의 이러한 치명적인 운명을 가장 탁월한 시적 언어로 표현한 인물이 한국이 낳은 천재 시인 이상(1910~1937)입니다.

거울 앞의 소녀
피카소(Pablo Picasso, 1881~1973)

인용해 보겠습니다.

"거울속에는소리가없소.
저렇게까지조용한세상은참없을것이오.

거울속에도내게귀가있소.
내말을못알아듣는딱한귀가두개나있소.

거울속의나는왼손잡이오.

내악수를받을줄모르는악수를모르는왼손잡이오.

거울때문에나는거울속의나를만져보지를못하는구료마는
거울아니었던들내가어찌거울속의나를만나보기만이라도했겠소.

나는지금거울을안가졌소마는거울속에는늘거울속의내가있소
잘은모르지만외로된사업에골몰할께요.

거울속의나는참나와의반대요마는또꽤닮았소.
나는거울속의나를근심하고진찰할수없으니퍽섭섭하오."(이상, 거울)

맞춤법도 띄어쓰기도 엉망이지만 우리의 미간을 찌푸리게 하지는 않습니다. 나와 그림자라는 현대인이 지니고 있는 두 자아의 분열, 그리고 그것이 낳은 심리적 불안감을 어떤 국문학자의 언어보다 더 섬세한 문법으로 그려내고 있습니다. 두 자아의 분열과 그 사이에서의 기나긴 방황은 인간에게만 부과된 자연의 저주입니다. 처음 출발할 때의 장밋빛 환상이 끝이 보이지 않는 칠흑 같은 터널에서 멈춰 버리게 될 때, 우리는 악몽을 떠올립니다. 꿈이 악몽으로 변하는 순간의 끔찍함이 나와 이미지 사이에서의 방황과 같지 않을까요?

하지만 이 저주가 마냥 부정적인 것만은 아닙니다. 이 분열이 바로 인간의 실존적 조건이기 때문입니다. 이 분열을 딛고 인간만의 삶의 조건을 만들어가는 과정이 바로 문화의 탄생입니다. 우리는 물리적 자연에서만 사는 것이 아닙니다. 인간의 다양한 문화적 특징이 곧 인간의 자연적 본성이 된 것입니다.

우리는 이제 플라톤의 동굴의 비유가 어떠한 지평에서 움직이고 있는지를 현대적 의미에 비춰서 재해석해 볼 수 있습니다. 이미지를 통해 자신을 확인하는 것은 그에게나 우리에게나 문제될 것이 없습니다. 그러나 이미지로 자신을 환원시키는 것은 다른 차원의 문제입니다. 두 실존방식 사이에는 건널 수 없는 깊은 골이 존재합니다.

우리는 거울에 비친 이미지를 통해 우리 자신을 봅니다. 하지만 그 이미지가 우리 자신인 것은 아닙니다. 그 이미지를 바라보며 생각에 잠기는 자신의 모습을 기억하지 못할 때, 우리는 자신을 잃어버리게 됩니다. 이러한 두 종류의 존재양식을 구별하려는 의도가 이른바 플라톤적 이원론의 결정적 배경입니다. 이것은 의심의 여지가 없어 보입니다.

순수 이성의 사유 : 진정한 나를 찾아서

플라톤의 동굴의 비유를 어떻게 해석할지는 이 저서의 주제는 아닙니다. 그럼에도 애써 이를 상세하게 거론한 이유는 한 가지 사실을 확인하기 위해서 입니다. 플라톤 이래로 서양 철학사에 남겨진 순수 이성적 사유의 흔적을 살펴보기를 원했기 때문입니다.

플라톤의 의도와는 상관없이, 철학사에 남겨진 순수 이성의 뿌리는 깊고도 넓습니다. 단순한 이미지에서 벗어나 이성을 통해 자신과 세계를 직접적으로 사유하라는 강력한 요청이 그것입니다. 누군가가 자신이 누구인지에 대해 견고한 인식의 토대에 이르고자 한다면, 그는 거울에 비친 이미지를 통해서가 아니라 직접적으로 자신을 통찰해야만 한다는 겁니다. 화폭에 담겨진 산을 보고 잘 그렸니 못 그렸니 논평하기보다, 산의 맑은 공기와 정기를 직접 마셔 보라고 추천하기도 합니다.

이미지로부터 벗어난 순수 관념이나 직관이 과연 존재할 수 있을까요? 자신이 누구인지에 대한 인식은 어떠한 매개를 허용하지 않고도 직접적으로 얻어질 수 있는 것일까요? 이에 대한 답변은 결코 쉽지 않습니다. 우리가 거울을 거치지 않고 자신의 모습을 떠올리기란 사실상 불가능해 보입니다.

산에는 나무와 풀, 바위가 있습니다. 온갖 종류의 동물과 곤충도 관찰될 수 있습니다. 쉴 새 없이 움직이는 생명의 근원인 물도 산에게는 반드시 필요한 요소입니다. 하지만 산 전체를 한 폭의 그림에 담아낼 수 없다면, 우리는 결코 산을 볼 수 없습니다. 풍경이란 곧 전체에 대한 이미지인 것입니다.

더욱이 초기 인류의 행동방식이었던 Homo pictor의 확인은 직접적인 자기통찰의 가능성마저 부정하는 듯 보입니다. 그런데 왜 철학사는 굳이 어려운 길을 선택하여 후대의 비난을 자초하고 있는 것일까요? 고대 인류에 비해 현대인의 지적 능력이 월등히 진화한 것일까요? 과학기술의 영역에서는 그럴지 모르지만, 철학은 아닙니다. 현대철학이 고대철학에 비해 월등히 앞서 있다고 단언할 수 있는 사람은 용감한 자입니다. 그런데 대체로 뭘 모르는 사람들이 용감한 법입니다.

다행히 우리보다 앞서 이 질문을 던지고 고민했던 철학자가 있습니다. 그의 이야기를 들어 보면 불필요한 수고를 덜지도 모릅니다.

다시 타임머신을 타고 1640년 네덜란드로 이동해 봅시다. 그곳에서 우리는 이제 막 자신의 주저인 『성찰 *Meditationes de Prima Philosophia*』(1641)을 탈고하고 출판을 고민하고 있는 르네 데카르트(René Descartes, 1596~1650)와 조우합니다. 불혹을 넘어 인생의 성숙기에 접어들고 있는 이 비상한 철학자는 아마도 이성적 확신이 이미지로부터 독립적으로 고찰될 수 있는지를 우리보다 앞서 고민했던 가장 탁월한 철학자일 것입니다. 순수관념(idee)에 대한 철학사적 논의에서 우리가 그의 이름을 발견하지 못한다면, 우리는 아마도 대단히 궁색한 처지에 놓이게 됩니다.

데카르트는 1596년 프랑스 브르타뉴 지방의 법관의 아들로 태어납니다. 당시 대부분의 천재 철학자들이 그랬던 것처럼, 데카르트도 철학을 전공으로 삼아 대학을 다니지 않았습니다. 오늘날처럼 학문이 극도의 세분화 과정을 거치기 전이었기에, 그 또한 인간과 사회 그리고 자연을 거대한 책으로 삼아 학문을 시작합니다. 대학에서는 의학과 법학을 주로 공부하였지만, 정작 그의 학문적 이력에 지대한 영향을 행사한 분과는 수학의 세계였습니다.

근대 철학의 아버지로 불리는 데카르트는 철학자라기보다는 오히려 수학자에 가깝습니다. 『성찰』보다 앞서 출간된 『방법서설 *Discours de la methode*』(1637)의 부록인 「기하학」(*La Geometrie*)에서 그는 '좌표계'라는 새로운 개념을 소개합니다. 이는 대수학과 기하학이 종합적으로 고찰될 수 있는 토대를 마련했다는 점에서 일종의 혁명에 비견됩니다. 노벨수학상이라 일컬어지는 필즈상(Fields Medal)이 당시에 있었더라면, 당연히 데카르트도 수상자의 목록에 자신의 이름을 당당히 올렸을 겁니다.

좌표를 도입해 직선상에 양수, 음수, 영을 나타냄으로써, 기하학에 새 길을 연 것입니다. 유클리드 기하학 이후 별다른 진전이 없이 수학의 변방으로 밀려나 있던 기하학입니다. 그런데 데카르트와 함께 새로운 해석 기하학의 시대로 접어들며, 기하학은 또 다른 전성기를 맞이하게 됩니다.

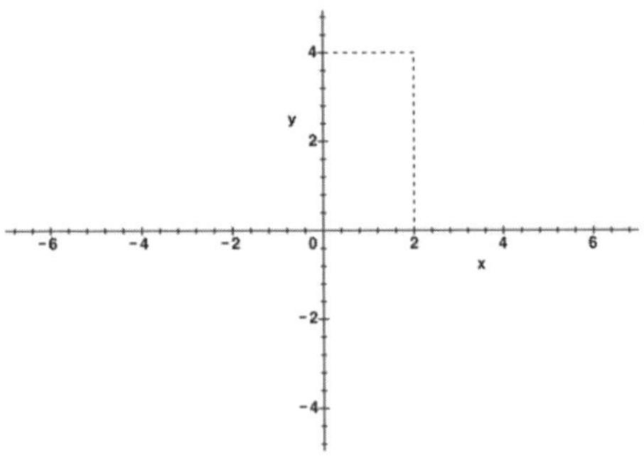

수학이 얼마나 데카르트의 정신세계에 깊은 영향을 미쳤는지는, 이후 그의 철학적 여정에서 고스란히 나타납니다. 수학은 누구나가 수긍할 수 있는 명백한 증명을 생명으로 살아갑니다. 이러한 수학적 명석함이 인간과 사회 그리고 자연에 관한 학문체계에도 그대로 적용될 수 있다는 믿음이 데카르트의 사유를 평생에 걸쳐서 동행합니다. 그는 수학적 영감을 근거로 학문의 확실한 토대를 세우려고 한 것입니다.

데카르트는 플라톤과는 다소 다른 이원론적 세계관을 통해 가장 확실한 인식의 세계에 접근합니다. 우리는 어떻게 나와 세계에 대한 참된 인식에 도달할 수 있을까요? 중요한 것은 가장 기초가 되는 첫 단추를 잘 선택하는 것입니다. 보편타당한 진리의 기준으로서 명석하고 판명한 인식(perceptio clara et distincta)이 그것입니다.

이를 위해 데카르트는 세계를 존재자와 그가 지니고 있는 속성으로 통크게 양분합니다. 한 손에는 물체(res) 혹은 실체(substantia)를, 다른 손에는 양상(modus) 혹은 속성(attributum)를 쥔 채, 그는 전통적 형이상학을 자기방식으로 통 편집합니다.

데카르트의 생각을 짧은 지면 위에 옮겨 놓는 것은 쉽지만은 않습니다. 하지만 핵심을 짚어놓고 보면 불가능한 것도 아닙니다. 실체란 자신의 존재를 위해 다른 어떠한 존재자도 필요치 않습니다. 자기 자신이 자신을 존재케 하는 첫 번째이자 마지막 원인이 되는 것입니다.

엄밀한 의미에서 본다면, 오로지 신만이 그에게는 유일한 실체가 될 수 있습니다. 신은 모든 것이며, 그의 도움이 없이는 어떠한 존재자도 존속할 수 없다는 종교적 신념이 이 근대 철학자가 그의 시대와 공유했던 사유 지평이었습니다.

인간의 존재는 여기서 다소 예외적인 경우입니다. 데카르트에게 있어서 인간은 신의 완벽한 이미지(imago Dei)이기 때문입니다. 물론 결정적인 차이가 있습니다. 신은 무한하지만, 인간은 유한한 존재입니다. 이를 바탕으로 실체와 속성의 관계를 계속 정리해 봅시다.

실체는 스스로 존재합니다. 실체가 자신을 드러내기 위해 일정한 속성을 지녀야 하지만, 그 속성들이 실체의 존재조건이 될 수는 없습니다. 반면 속성은 실체에 의존합니다. 실체를 벗어나 실재할 수 있는 속성이란 있을 수 없는 것입니다. '나'는 배우자에 충실할 수도, 때로 다른 여자와 바람을 필 수도 있을 것입니다. 그러나 가정에 충실하거나 바람을 피우는 행위의 속성은 '나'라는 실체가 없으면 아무것도 아닙니다. 바람을 피우는 주체가 없이, 어떻게 바람을 피우는 행위가 있을 수 있겠습니까?

그 반대는 성립하지 않습니다. '나'라는 실체는 내가 나를 의식하고 있다는 사실만으로도 존재할 수 있다는 것, 이것이 데카르트가 철학사에 선명하게 남긴 자신만의 발자취입니다. 바야흐로 "나는 생각한다, 나는 고로 존재한다"—Cogito ergo sum—라는 공리가 근대의 제일원리로 등극하는 순간입니다.

데카르트가 여기서 행하고 있는 실체와 속성의 엄격한 구별은 이론적으로 논란의 여지가 있습니다. 그러나 이것도 역시 우리의 주제는 아니기 때문에 넘어갑니다. 문제는 자아와 관련된 순수관념입니다. 순수관념은 실체일까요, 아니면 속성일까요?

이 질문에 대한 답변은 중요합니다. 전자가 맞는다면, 이미지를 만드는 인간은 더 이상 근원적이지 않습니다. 후자의 경우에 우리가 손을 들어준다면, 자아와 관련된 본유관념이란 거울에 비친 이미지에 불과할 것입니다. 데카르트는 어느 쪽을 선택할까요? 우리의 관심이 그에게도 여전히 중요한 것일까요? 우리의 답변은 '그렇다'입니다.

데카르트에게 있어서 '나'의 의식(Cogito)이란 우리가 자신의 존재를 확신할 수 있는 알파이자 오메가입니다. 하지만 사유에서 존재로 이행되는 과정이, 철학교과서의 단순화된 요약처럼, 일사천리로 진행된 것은 결코 아닙니다. 선한 신이 아무리 나의 의식을 보증한다손 치더라도, 나의 의식이 무엇을 향하고 있는지가 여전히 불분명하기 때문입니다. 데카르트의 성찰이 실은 막다른 골목에서 좌초 위기에 처했다는 사실은 그리 주목되지 않았습니다. 하지만 다음의 인용문에서 우리는 데카르트가 겪었을 심적 곤경을 충분히 짐작할 수 있습니다.

"이제 내가 순서에 따라 [……] 이 문제를 검토하기 위해서는, 먼저 내 모든 생각들을 몇 종류로 나누고, 그 중 어떤 것에 본래적인 진리와 거짓이 있는지를 살펴보아야 한다. 내 생각들 가운데는 흡사 사물의 상과 같은 것이 있는데, 이것만이 본래적인 관념이라고 명명될 수 있으며, 가령 내가 인간, 키마이라, 하늘, 천사, 신과 같은 것을 생각할 때 나타나는 상이 그것이다."[13](제3성찰 VII 37)

이 인용문에서 우리는 '명석하고 판명한 지각'(clara quaedam disncta perceptio)이라는 그의 명함에 어울리지 않는 어색한 문구를 발견합니다. '흡사 사물의 상과 같은 것'이라는 언표가 그것입니다. 가장 확실한 인식의 토대라는 기치를 걸고 화려하게 근대를 수놓았던 이 철학자에게 도대체 무슨 일이 일어난 것일까요? 우리는 이것을 어떻게 이해할 수 있을까요?

이 문제를 자신과 이미지의 관계에 적용시켜 봅시다. 우리가 어떠한 관념을 지니고 있다는 것은 우리가 마치 그에 대한 이미지를 지니고 있다는 것으로 생각해야 된다는 것입니다. 나의 존재가 나의 의식으로부터 연역된다면, 그 과정은 직접적일 수 있습니다. 그러나 우리는 이 과정을 '마치 이미지를 지니고 있는 것처럼' 생각해야만 한다는 것입니다.[14] 이성을 통한 순수관념이 근대의 사유에서도 결코 '명석하고 판명'하게 진행되지 않았다는 사실을 단적으로 보여주는 장면입니다. 다시 우리의 주제로 돌아가 봅시다.

---

13) 인용은 이현복의 번역을 참조하였습니다. 르네 데카르트, 『성찰』, 이현복 옮김, 문예출판사(2011), 59쪽 이하.

14) 이러한 확인이 단순히 지엽적인 언어의 불철저성에 기인한 것이 아님을 우리는 이어지는 다음 문구에서 재확인하게 됩니다. "그러므로 다음과 같은 것이 자연의 빛에 의해 나에게 아주 분명해진다. 즉, 내 속에 있는 관념은 상과 같은 것이고, 게다가 이것은 자신이 기인하는 사물의 완전성을 잃어버리기는 쉬우나, 이 사물보다 더 큰 것 혹은 더 완전한 것을 가질 수는 없다."(VII 42)

인간은 자신 안에 공간을 열어 이미지를 만드는 존재입니다. 그것이 인간이 자신을 볼 수 있는 유일한 존재론적 방식이었던 것입니다. 철학사에 등장하는 순수관념이 이미지와 결부된 표상으로부터 독립적으로 고찰되고 있다는 인상은 면밀한 검토를 필요로 합니다. 때로 순수관념이 윤리적 사유나 권력을 향한 의지로 변형되어 등장할 때조차도, Homo pictor가 부정되는 것은 아닙니다. 오히려 동일자의 귀환과 그에 대한 향수가 확장된 사유를 추동할 뿐입니다.

이런 저런 논쟁을 피하고 싶다면, 이미지 속에 근원적 인간을 묶어두는 것이 가장 속편한 선택일 수도 있겠습니다. 앞서 언급하였던 요나스는 이미지의 가능조건이 곧 현존재가 지니고 있는 자기의식의 가능조건과 정확하게 일치한다고 논평한 바 있습니다.[15] 제일 편한 길을 선택한 것이지요. 이미지를 지닐 수 있는 주체만이 상상력을 통해 자신을 인간존재로 만들 수 있었다는 것입니다. 이는 자연의 직접성으로부터 인간이 자신을 분리시키고 세계를 대상으로 직시하기 시작한 첫 걸음입니다. 동시에 그것은 인간적 자유의 시작을 알리는 서곡이기도 하였습니다.

---

15) Hans Jonas, "*Die Freiheit des Bildens. Homo pictor und die differentia des Menschen*", in : ders., Zwischen *Nichts und Ewigkeit. Drei Aufsätze zur Lehre vom Menschen*, Göttingen 1987.

4. 이미지로 속고 속이는 사회

소비인간은 자기 자신을 향유를 의무로 삼는 존재로,
향유와 만족을 꾀하는 존재로 간주한다. 달리 말하면 행복해야 하고
귀여워하거나 귀여움을 받아야 되고, 유혹하거나 유혹받아야 하며,
또 활력에 가득 차야 하는 존재로 간주한다.
— Jean Baudrillard —

4. 이미지로 속고 속이는 사회

우리가 소비하는 건 상품이 아니라 이미지이다

호모 필로소피쿠스는 이성을 지니고 있는 사람을 말합니다. 이성의 근원적 의미는 이미지입니다. 현대는 그 어느 때보다 이성의 근원적 모습을 자신의 근원에 더 가깝게 실현시켰습니다. 진화는 생물학의 전용어구만은 아닌 듯합니다. 철학사가 그토록 자랑스럽게 여기는 이성도 진화한 것입니다. 4만 년 전의 이성이 자연의 모습을 단순히 모방하였다면, 오늘날 현대인은 이미지를 소비하는 방식과 전략을 근본적으로 수정합니다. 소비되는 이미지는 양적으로 다양해졌고, 질적으로도 고도의 추상화 단계를 거쳐서 기호화되었습니다.

이제 2012년 우리의 '지금'과 '여기'로 돌아와 봅시다. 우리는 이제 우리에게 가장 익숙한 방식으로 이성이 어떻게 이미지를 통해 인격적 정체성을 실현시켰고 또한 실현시키고 있는지를 고찰할 수 있게 됩니다.

자본주의 꽃이라 불리는 마케팅의 세계를 분석하는 것은 우리가 목적지에 가장 빨리 도달할 수 있는 지름길입니다. 광고의 세계는 현대인이 자신 안에서 어떠한 이미지를 만들어 자신을 확인하고 있는지를 가장 함축적으로 묘사해 놓고 있습니다.

현대의 자본주의 광고시장은 제품의 기능을 강조함으로써 승부수를 띄우지 않습니다. 물론 허접한 물건이 포장만 잘한다고 팔리는 것은 아니겠지요. 당연히 품질은 기본입니다. 기술적인 차원이 평준화되었다는 점을 가정하고 갑시다. 과거에는 기술적인 차원에서 선진국과 후진국, 대기업과 중소기업의 경계가 비교적 명확했습니다. 그런데 오늘날은 이러한 경계가 뚜렷하지도 않고, 별다른 의미도 없습니다. 교육의 평준화와 기술공학의 접근성이 대중화되었기 때문입니다. 글로벌 시대는 자유롭게 해외여행을 하고 다른 문화권과 자유롭게 서로 소통을 하도록 우리의 일상생활만 글로벌로 바꿔 놓은 것이 아닙니다. 치열한 경쟁도 다국적으로 진행되고 있습니다.

기술공학이 평준화된 시대는 글로벌 마케팅의 전성시대로 이어집니다. 대박은 상품의 질이 아니라, 마케팅에 의해서 결정된다는 속설은 시장경제의 곳곳에서, 그것도 모든 분야에 걸쳐 감지되고 있습니다. 여기서 결정적인 역할을 하는 것이 이미지입니다. 우리의 경우를 예로 들어 봅시다.

마케팅의 세계는 특정한 이미지를 지니고 있는 연예인을 섭외하여, 상품에 덧씌웁니다. 조금 지난 광고이지만, 소녀시대의 이미지를 활용한 삼양라면의 광고전략은 이미지 광고의 전형을 보여 줍니다. 광고에서 라면의 맛이 어떤지, 어떠한 영향성분이 함유되어 있는지, 그것이 우리의 건강과 어떻게 작용하는지는 중요치 않습니다. 중요한 것은 귀엽고 밝은 소녀의 이미지입니다. 소녀시대가 지니고 있는 날씬한 이미지도 한 몫을 합니다.

삼양라면의 진부함이 오랜 친구로 변신한 성공적 사례

이 라면을 아무리 먹어도 살이 찔 것 같지 않은 분위기를 연출하는 겁니다.

라면의 주 소비층이 청소년과 생산 활동에 종사하는 사람들이라는 점도 중요합니다. 주 소비층에게 친구와 우정이라는 단어는 여전히 삶의 강력한 키워드입니다. 거기에 애국심, 순수함, 섹시함, 한가로움이라는 친숙한 이미지들이 건빵에 들어 있는 별사탕처럼 감미로움을 자극합니다. 스토리를 활용하여 감성을 자극하는 광고는 매우 효과적이지요.

대중적 호감도가 CF계의 서열로 이어지는 시대입니다. 최근의 덴마크 드링킹 요구르트 광고는 좋은 예입니다. 요구르트를 마시는 수지의 입가에 하얀 자국이 남습니다. 그 자국을 바라보며 멋있고 매력적인 남성이 웃으며 말합니다.

"너 여기 뭐 묻었다."

수지가 엉뚱한 곳을 닦자, 남성이 직접 닦아 주기 위해 가까이 다가갑니다. 그러곤 서로의 눈이 맞춰지게 되고 수지의 동그래진 눈을 뒤로 한 채, 그들은 달콤한 입맞춤을 나누게 됩니다.

광고의 화룡점정은 역시 마지막 멘트입니다.

"사랑은 맛있어, 덴마크 요구르트처럼"

이 광고를 제작한 연출자는 무엇을 노리고 있는 것일까요? 고작 몇 천원짜리 요구르트를 판매하고자, 수천 아니 수억의 모델료를 지급하며 광고를 제작하는 것은 과연 자본주의적 이해타산(利害打算)에 부합할 수 있을까요?

광고주는 경험상 이런 종류의 마케팅이 대단히 효과적이라는 사실을 알고 있습니다. 성공한 여배우를 광고의 전면에 내세우는 것이 소비자의 지갑을 여는데 결정적인 역할을 한다는 사실을 말입니다. 문제는 소비자의 마음일 것입니다. 광고를 보며 무의식적으로 요구르트를 집어드는 소비자는 과연 무엇을 소비하는 것일까요?

우리가 소비하는 것은 과연 단순히 요구르트일 뿐일까요? 우리의 입은 분명 요구르트를 마시고 있습니다. 하지만 우리의 의식과 무의식은 그렇지 않습니다. 단순히 요구르트만이 문제라면, 굳이 기업이 비싼 모델료를 지급할 필요가 없겠지요. 웰빙시대에 요구르트가 얼마나 중요한 건강음료인지를 강조하면 그만입니다. 그러나 오늘날 상품의 특별한 기능을 강조하며 승부를 거는 마케팅 전략은 부도 처리되는 어음과도 같습니다. 대박의 보증수표로 가려면 오늘날 우리 시대에 어떠한 이미지가 선호되는지를 정확하게 알아야 합니다. 상품의 질은 그 뒤에 생각하면 됩니다.

우리가 마시는 것은 요구르트가 아니라, 요구르트와 결부된 수지의 이미지들입니다. 정확하게 말한다면, 우리가 보고 또한 닮고 싶어 하는 자신의 이미지들인 것입니다. 우리는 요구르트를 마시는 대신, 수지의 풋풋함과 순수함을 소비합니다. 첫사랑의 강렬함과 첫 키스의 설렘은 요구르트의 맛에 감춰진 우리의 이미지들입니다.

피겨스타 김연아도 우리 시대의 이미지 메이커입니다. 한동안 우유만 마시면서 청순함을 뽐내던 김연아가 커피를 통해 세련미와 성숙미를 드러냅니다. 뭇 남성들의 마음을 흔들어 놓은 것이지요. 자기 일에만 몰두하는 정열의 기호에서 성숙한 여인의 감미로움으로 이미지 변신을 꾀한 겁니다. 그러더니만 이제는 맥주까지 권하며 우리를 유혹합니다. 우리도 드디어 술을 마시며 정열과 살아 있는 깨끗함을 소비할 수 있게 되었습니다.

자동차는 자타가 공인하는 광고계의 블루칩입니다. 오늘날 자동차를 단순한 이동수단으로 소비하는 사람은 아무도 없습니다. 이동수단이 문제라면 버스나 지하철 등 대중교통이 더 효율적입니다. 이미 오래전부터 자가용에는 현대인의 소비심리를 자극하는 가장 강렬한 이미지가 감춰져 있습니다. 말하지 않아도 이미 독자는 눈치챘을 것입니다. '가장 강렬함'이라는 수식어는 성적 코드에게만 붙여질 수 있는 호칭입니다.

명품 자동차에서 내리는 남성을 바라보며, 여성은 어떠한 이미지를 떠올리는 것일까요? 우리가 상식적으로 떠올릴 수 있는 답변은 부유한 이미지일 것입니다.

"좀 있는 사람이 명품차도 타는 게 아닐까요?"

이렇게 답하는 사람은 지극히 정상적인 마인드를 소유한 자임에는 틀림없습니다. 그러나 마케팅 업무에서는 손을 떼야 합니다. 수십 초 만에 시속 200km를 돌파하는 기술력은 개인용 승용차에게 어울리지도, 운송수단으로 적합하지도 않습니다. 하지만 명품이라는 타이틀을 얻으려면 반드시 도달해야 할 기술적 조건입니다. 속도는 섹스라는 자연적 행위에 담겨진 힘과 정열을 상징하기 때문입니다. 고급 승용차에 오르내리며, 우리는 이미 자신을 성적 매력의 결집체로 이미지화시킨 것입니다.

혹자는 고개를 갸웃거릴 수 있습니다. 우리가 소비하는 것이 상품이 아니라, 상품을 덧씌우고 있는 이미지라는 표현이 지나치게 과장되었다는 것입니다. 이미지는 부차적인 것이며, 상품이 지니고 있는 기능을 소비하는 것이 결국은 주가 아니냐며 반문합니다. 당연히 우리는 상품을 소비합니다. 하지만 상품을 선택하고 결정하는 과정은 우리가 생각하는 것과는 상당히 다르게 진행됩니다. 이와 관련해서 저자의 개인적 경험이 좋은 예를 제공해 줍니다.

수업을 마치고 나면 점심식사를 할 곳이 마땅치 않은 날도 있습니다. 이곳저곳을 기웃거리던 중에 우연히 가정식 백반집을 발견했습니다. 집에서 먹던 종류의 반찬과 국이 제공되고 식당 할머니도 편안해 보입니다. 밥을 다 먹고 나니, 할머니가 친절하게도 후식으로 조그만 요구르트 한 병을 갖다 주십니다. 평소 요구르트를 좋아하기 때문에 아무 생각 없이 한 병을 거침없이 들이킵니다.

그런데 불현듯 뭔가 기분이 찝찝해집니다. 맛은 별반 달라 보이지 않는데, 한 번도 본 일이 없는 상표가 딱 눈으로 들어오는 겁니다. 때 이른 노안으로 인해 잘못 본 것이 아닌가 싶어 다시 한 번 자세히 살펴봅니다. 역시 처음 보는 상호입니다. 갑자기 배도 아픈 것 같은 느낌이 엄습합니다. 저자의 장(腸)은 기능적으로 매우 특화되어 있습니다. 남들에게는 아무런 문제가 없는 음식도 저자의 장에만 걸리면 우레와 같은 소리로 변하기 일쑤입니다. 꼼꼼히 살피지 못하고 늘 거침없이 저지르고 후회하는 저자의 성격이 다시 한 번 미워지는 순간입니다.

하지만 딱히 대안이 없었기에, 그 뒤로도 그 식당을 찾는 데는 변함이 없습니다. 물론 나름대로 대책을 세웠습니다. 식사를 끝내고 시계를 보며 재빨리 일어섭니다.

"어! 벌써 시간이 이렇게 됐네. 할머니 여기 돈 있습니다."

식탁 위에 돈을 올려놓고 민첩하게 일어섭니다. 할머니에게 요구르트를 가져올 시간을 허용하지 않기 위해서입니다. 예상대로 작전은 대성공입니다. 할머니에게 상처를 주지 않고, 나도 역시 요구르트를 마시지 않아도 됐으니까요. 그런데 이게 웬일입니까? 그 다음날 받은 밥상 위에 요구르트가 미리 놓여 있는 겁니다. 순간적으로 당황해서 쳐다봅니다. 그때 할머니의 얼굴에는 미소와 함께 비장한 각오가 서려 있습니다. 반드시 요구르트를 마시게 하고야 말겠다는(……).

바쁘다는 핑계로 허둥지둥 요구르트를 들고 나와 책상 위에 올려놓습니다. 그리고 생각에 잠깁니다. 이 요구르트가 내 장을 긁을 것이라는 근거 없는 믿음은 어디서 오는 것일까요? 내가 집에서 만든 요구르트가 대기업이 만든 요구르트보다 더 나쁠 이유는 전혀 없습니다. 오히려 반대인 경우가 많지요. 그런데 왜 나는 할머니표 요구르트에 알러지 반응을 보이는 것일까요? 이유는 명확합니다. 그것에는 아무런 이미지도 덧씌워져 있지 않기 때문입니다. 내가 소비할 수 있는 이미지가 없다는 사실은 그 상품의 질마저 의심케 만드는 것이지요. 이것이 우리 시대를 지배하고 있는 소비의 심리입니다.

과거에는 상품의 구매가 그것의 기능을 소비하는 것이었다면, 현대의 소비는 자신을 표현할 수 있는 어떠한 이미지를 구매하는 겁니다. 이제 소비는 사물과 그것에 담긴 이미지를 통해 우리가 자신의 정체성을 확인하는 과정인 셈입니다. 근대의 정신을 대변하고 있는 데카르트는 의식(cogito)이 나의 존재(sum)를 보증한다고 단언했습니다.

하지만 현대는 소비가 존재를 대체하는 시대로 변했습니다. 소비가 없는 정신은 단팥 없는 붕어빵보다 더 맛없는 풀빵이 돼 버립니다. 이 같은 사태를 누구보다 잘 분석한 인물이 현대 프랑스 사회학자 장 보드리야르(Jean Baudrillard, 1929~2007)입니다. 그는 주저 『소비의 사회 *La société de consommation*』(1970)에서 소비에 대해 다음과 같이 정의합니다.

> "소비는 형식적 규칙에 의해 지배되는 것보다는 개인 수준의 욕구와 무질서에 맡겨져 있는 것처럼 보이기 때문에 아노미적으로 여겨진다. 그러나 소비는 일반적으로 생각하는 것처럼 결코 불확정적이고 주변적인 것은 아니다. 그것은 적극적이고 집단적인 행동이며, 강제이고 도덕이며 제도이다. 소비는 하나의 가치 체계이며, 체계가 포함하는 집단 통합 및 사회 통제 기능의 모든 요소를 지니고 있다. 소비 사회는 소비를 학습하는 사회이기도 하며, 소비에 대해 사회적 훈련을 하는 사회이기도 하다."16)

자본주의 사회에서 소비란 단순히 생존을 위한 물건의 구매가 아닙니다. 근대의 정신이 교육을 통해 사회화의 기능을 충족시켰다면, 현대는 소비를 통해 사회화를 강요하는 시대입니다.

일반적으로 사회화란 단순히 가능성만을 가지고 태어난 인간을 그가

---

16) Jean Baudrillard, 『소비의 사회』, 임문영 옮김, 계명대학교 출판부(1998), 98쪽.

속한 사회의 건전한 구성원으로 성장시키고 발달시키는 모든 의식화 과정을 말합니다. 사회에서 공유하고 있는 언어, 사고, 감정, 행동 등을 포함하는 제반 생활양식을 학습하는 과정이기도 하지요.

문제는 이러한 사회화가 단순히 언어와 이론만으로는 학습될 수 없다는 점에 있습니다. 보드리야르는 사회화의 실질적인 기능을 소비가 담당하고 있다고 주장하는 셈입니다. 소비의 사회적 경향이 어떻게 진행되는지를 추적하면, 소비의 사회적 기능을 훨씬 쉽게 이해할 수 있습니다.

이론이 단순히 글에 불과하다면 소비는 나의 욕구를 실현하는 실천입니다. 나는 누구인가요? 호모 필로소피쿠스가 그토록 해결해 보려고 했던 이 이론적 질문은 오늘날에는 별다른 흥미를 이끌어낼 수가 없습니다. 왜냐하면 내가 무엇을 소비하고 있는지를 물어보면 바로 답이 보이기 때문입니다. 내가 어떠한 사회적 정체성을 지니고 있는지를 알기 위해서, 우리는 더 이상 거울을 통해 자신을 비춰볼 필요가 없습니다. 거리 쇼윈도의 안쪽에 무수히 진열되어 있는 상품을 고르면 그만입니다. 어떤 종류의 상품을 고를 수 있느냐가 그의 사회적 서열도 결정합니다. 계층의 차이는 소비할 수 있는 능력의 차이로 이어지는 것입니다.

상품의 구매는 단순히 개인적 기호에 따라서 진행되지 않습니다. 나중에 상세하게 살펴보겠지만, 이성은 이미지를 만들기도 하지만 무언가를 일반화시키고 그것에 권력을 씌우는 원천이기도 합니다. 일반화를 즐겨하며 권력을 좋아하는 이성이 욕구와 연결된 소비와 만나게 되면, 서로의 눈에서 불꽃이 튑니다. 소위 말하는 유행이 형성되는 것이지요. 그 뒤부터는 모든 것이 자연스럽게 진행이 됩니다.

소비자들이 상품을 구매함에 있어서 상품이 지니고 있는 기능보다도 이미지나 스토리에 초점을 맞추는 일은 매우 당연한 현상으로 받아들여집니다. 그 이유는 유행하는 이미지를 쫓지 못하면 찌질이로 변하기 때문입니다. 더 정확하게 말하면, 스스로를 찌질이로 느끼게 되는 것입니다. 눈을 뜨고 감을 때까지 자의든 타이든 우리가 마주하게 되는 광고는 이미지를 특화시키는 홍위병입니다. 이렇게 보편화되어 있는 이미지들은 거부할 수 없는 권력의 상징으로 우리의 삶을 둘러싸게 됩니다.

이러한 사회적 경향에 역행하려면 대단한 용기가 필요합니다. 사회적 왕따를 감수해야 하기 때문입니다. 왕따는 종종 개인을 매력적이지 않은 사람으로 낙인찍기도 합니다. 오늘날 우리는 누구를 매력적이지 않은 사람으로 느끼는 걸까요?

거꾸로 말해 봅시다. 오늘날 누가 자신을 매력적인 사람으로 어필할 수 있을까요? 이성이 오늘날 우리에게 부여하고 있는 매력적인 이미지들은 어떤 것들이 있을까요? 셀 수도 없이 많습니다. 개인이 지니고 있는 개성을 매력의 원천으로 지목하는 사람은 아직 사회생활에 경험이 없는 사람일 겁니다. 개성과는 상관없이 사회가 선호하는 이미지가 개인적 매력에 있어서 결정적인 역할을 담당합니다.

여성에게는 상쾌함, 친근함, 섹시함, 풋풋함, 순수함, 아련함, 청순함,

부드러움, 발랄함, 단정함, 우아함, 수수함, 귀여움 등이 전형적인 권력형 이미지들로 통합니다. 남성성도 역시 이미지에서 벗어나지 못합니다. 젊음, 야성, 건강, 용감함, 세련됨, 매너, 성실, 신뢰, 책임 등은 남성성의 매력을 결정하는 조건들입니다. 결국 일반적 이미지로부터 거리를 두는 행위란 스스로를 매력적이지 못한 사람으로 자연도태시키는 비사회적 태도가 되는 겁니다.

페르소나의 이미지는 옷이다

인간은 동물처럼 본성으로 사는 존재가 아닙니다. 우리는 이미지를 통해서 자신을 해석하고 있습니다. 특히 현대사회에서는 소비를 통해 이미지를 생성하고 있고, 특정 이미지가 깃든 상품을 소비함으로써 자신의 이미지를 스스로 만들어 갑니다. 스스로 자신을 이미지로 포장하여 인격적 존재로 탈바꿈한 것입니다.

예부터 인간은 자신에게 동물과 다른 격을 부여했습니다. 인격이라는 단어는 오랜 역사를 지니고 있는 만큼 한 가지 의미로만 사용될 수는 없습니다. 철학사에서는 인격을 '이성적 본성을 지닌 개별적 존재자', 혹은 '도덕적 행위의 주체로서, 참과 거짓, 선과 악을 판단할 수 있는 능력과 자율적 의지 등을 지닌 존재' 등으로 묘사합니다.

앞부분은 아리스토텔레스의 영향을 받았던 중세시대 철학자 보에티우스(Anicius Manlius Severinus Boethius, 470/475~524)의 정의이고, 뒷부분은 칸트의 윤리적 선험철학에서 유래합니다. 크게 보면 인격을 이성을 지닌 윤리적 존재로 이해하고 있는 겁니다. 이기적인 나를 버리고 보다 고차원적인 삶을 실현할 때, 인간은 이성적 인격체로 탈바꿈한다는 것입니다.

동물과 구별되는 인격을 윤리적으로 이해하는 것은 동양에서도 크게 다르지 않습니다. 인격의 내용은 곧 인륜이며, 인륜은 천륜에 예속된 것으로 하늘과 맞닿아 있다는 것이지요. 인륜에 따라 사는 것은 곧 하늘의 이치에 따라 산다는 의미를 내포하고 있습니다.

그런데 인간이 자연적 본능에서 벗어나는 것은 실제로 불가능합니다. 다만 우리는 본능적으로 살지 않기 위해 노력할 뿐이고, 그 노력은 우리가 사회적 역할에 담긴 각종 사회적 의무를 행할 때 정당한 대가를 받게 됩니다. 칸트가 서양 철학사에 남긴 의무라는 개념은 이러한 맥락에서 등장합니다. 호모 필로소피쿠스는 법을 지키고 의무를 행하는 인간입니다. 자신이 만든 법을 준수할 때, 인간은 동물과 구별되는 품격을 갖게 된다는 것입니다. 이에 대해서는 이후에 자세히 논할 것입니다.

인격에 대한 법철학적 이해는 대체로 인간에 대한 학문적 이해에 속합니다. 이론적으로 인간을 이해한 것이지요. 이보다 좀 더 현실적인 이해는 사회적 가면으로 확대 해석될 때 발생합니다. 어느 누구도 사회가 요구하는 모든 의무를 지고 갈 수는 없습니다. 개인의 삶이 제한적이듯이 사회적 의무도 제한적일 때만 실현될 수 있는 것입니다. 어느 누구도 국가를 책임질 수도, 책임지라고 강요할 수도 없습니다. 각자가 쓰고 있는 사회적 가면이 각각 어떠한 의무를 행해야만 하는지를 결정해 줍니다. 사회적 가면이란 좁은 의미에서 보면 직업적 의무이며, 넓은 측면에서는 가정과 지역사회 더 나아가 국가와 인류에 대한 개인적 책임의식까지 포함할 것입니다.

인격을 가면으로 이해한 것은 오래전부터입니다. 기록으로 볼 때, 고대 그리스 로마에서 인격으로 사용했던 페르소나(Persona)라는 단어는 연극배우가 얼굴에 걸쳤던 가면을 가리키는 말이었습니다. 경우에 따라 재판 과정에서 법관들이 걸치는 옷과 가발로도 사용됩니다. 페르소나의 의미는 현대에 들어와서 상당히 확장됩니다. 인생이라는 연극에서 일정한 역할을 맡고 있는 순수한 개인을 가리키는 중성적 단어로 사용된 것입니다.

오늘날 페르소나라는 단어에서는 가면의 이미지가 소멸해 버린 것일까요? 이것은 착시현상입니다. 가면이라는 이미지는 소멸된 것이 아니라, 다른 옷으로 갈아입었을 뿐입니다. 오늘날 페르소나에 대한 물음은 정확하게 그가 무엇을 걸치고 있는지를 묻는 것입니다. 하루하루의 분위기, 감정의 변화, 자리가 요구하는 예의, 그리고 각자 자신의 개성을 표현하기 위해 우리는 매일매일 적당한 옷을 선택해야 합니다.

아담이 선악과를 따먹은 후에, 중요한 부위를 무화과나무로 가렸다는 기록은 의미심장한 메시지입니다. 인간에게 자유가 있다면, 그 첫 번째 사용이 옷을 고르는 장면이었다는 사실을 지시하고 있는 겁니다. 우리는 이것을 옷이 지니고 있는 존재론적 의미라고 부릅니다.

내가 걸치고 있는 다양한 옷들이 어쩌면 나의 모습보다 더 먼저 나를 보여주고 있는지도 모릅니다. 집에서 입는 옷은 대체로 편안함이라는 이미지를 지니고 있습니다. 외출복은 그 보다는 단정함이라는 이미지를 드러내야 합니다. 등산복과 트레이닝복은 활동성이라는 기능적인 측면에서

당연히 구별됩니다.

그러나 옷이 단순히 기능적으로만 생산된다고 믿게 되면, 우물 안에 갇힌 개구리 신세를 면하기 어렵습니다. 기쁨과 슬픔, 축하와 애도, 희망과 절망이라는 가장 인간적인 기분과 정서도 옷을 입을 때야 비로소 구체화됩니다. 성적인 매력도 옷을 통할 때 극대화를 꾀할 수 있습니다.

상(喪)을 당한 지인에게 파스텔조의 화려한 옷을 입고 애도를 표하면 어떻게 될까요? 말을 해도 진심을 전달하기 어렵고, 침묵하고 있으면 싹수가 없어 보입니다. 어느 결혼식에서 하객 중에 긴 머리를 풀어헤치고 하얀 소복을 입고 등장하는 여성이 있다면, 신혼여행이 신랑에게는 추억의 이별여행이 될 수도 있습니다. 입에 칼까지 물고 등장한다면, 결혼식조차도 열리지 못하겠지요.

이 글을 쓰고 있는 현재는 연예인들을 위한 각종 시상식이 진행되는 시기입니다. 이는 무엇을 의미하는 걸까요? 여배우들의 시상식 패션이 각종 매체에 눈요깃거리로 등장하는 시기라는 의미입니다. 연일 인터넷을 수놓는 공항패션은 연예인들의 세련된 감각을 가늠하는 잣대로 비춰집니다. 대통령과 노숙자는 자신의 옷을 통해 사회적 지위를 드러내기도 합니다.

옷이 상징하는 바는 존재론적으로 확대 해석될 수 있습니다. 인간은 옷의 의미를 대단히 특별하게 생각했던 것 같습니다. '나'라는 존재가 자연으로 되돌아갔을 때조차도, 내가 서 있던 그 자리에 나의 옷가지들이 나의 분신처럼 남겨져 있다고 생각한 겁니다. 불교적 전통은 이것의 의미를 정확하게 구전시키고 있습니다.

옷이란 그것을 걸치고 있는 자가 이생에서 남겨놓은 존재의 흔적이라는 것입니다. 죽은 자의 명복을 빌고 그가 편안히 돌아가기를 원한다면, 우리는 그가 걸쳤던 옷을 태워 이승에 대한 집착을 끊어 내야만 합니다. 이는 옷이 단지 몸을 덮기 위한 도구 이상임을 상징하는 의례입니다.

흥미로운 사실이 또 있습니다. 한 인격체가 옷을 통해 연출할 수 있는 이미지의 다양성입니다. 인생이라는 연극에서 우리가 하나의 가면만을 쓰는 것이 아니듯, 우리는 평생을 걸쳐 하나의 이미지만을 입지는 않습니다. 한때 섹시함의 상징이었던 사람이 한 순간 세련되고 지적인 커리어우먼으로 변신한다고 해서 그리 놀랄 일은 아닙니다. 동일한 인물이 두꺼운 안경에 짙은 색의 패딩을 입게 되면, 영락없는 푼수 아줌마로 변신합니다. 그뿐이 아닙니다. 수수한 옷차림에 유기견을 돌보는 그녀를 보면, 일정한 시간과 공간을 통과하며 한 인격체에게 상이한 정체성이 스쳐 갈 수 있음을 직감하게 됩니다. 여기서 우리는 연극배우가 걸쳤던 가면인 페르소나의 의미가 옷의 이미지를 통해 정확하게 오늘날로 이어지고 있음을 확인하게 됩니다.

기호로 대체되어 버린 존재

지금까지의 논의가 이미지 소비의 양적인 논의에 그쳤다면, 현대는 분명 질적인 차원에서도 이미지의 혁명을 이뤘다고 볼 수 있습니다. 소비가 사유를 대체하는 시대는 곧 존재가 기호로 대체되는 시대입니다. 초기 자본주의의 소비가 생존을 위한 단계에 머물렀다면, 현대의 소비는 분명 문화적 소비가 대세입니다. 그 정점에는 아마도 고급 브랜드의 소비가 자리하고 있을 것입니다. 약간의 부연설명은 계속되는 논의에 필수불가결합니다.

사유가 존재의 확신으로 이어지던 시대는 아쉽게도 벌써 종말을 고했습니다. '의식의 학'인 철학서들이 서점의 한쪽 구석에서 먼지나 풀풀 날리며 대박세일로 처리되는 것을 보면, 확실히 사유는 한물 간 듯합니다. 앞서 언급했듯이, 오늘날은 소비가 존재를 대체하는 시대입니다. 우리는 소비를 통해 자신의 존재감을 드러냅니다. 소비를 많이 할 수 있으면 능력 있는 자로 인정됩니다. 반면 소비할 능력이 없는 자는 심한 정체성의 빈곤에 시달릴 것입니다. 그가 어떠한 상황에서도 흔들리지 않고 안주할 수 있는 내면의 성채를 간직하고 있지 않다면 말입니다.

물론 소비가 존재를 대체하기까지 단순한 양적 확대만으로는 충분치 않습니다. 질적 변화는 기호의 소비와 그것의 대중화와 함께 등장합니다. 보드리야르는 상품이 상징체계를 넘어 기호로 소비되는 현실을 다음처럼 묘사하고 있습니다.

"우리가 상징적인 물건(선물, 그리고 또한 장식에 의해 만들어져 의례에 쓰이는 전통적인 물건)에서 감지하는 것은 완전한(양면성을 지니며 그렇기 때문에 완전한) 욕망 관계의 구체적인 발현일 뿐만 아니라, 이원적인 관계 또는 통합된 집단 관계 안에서 한 물건의 단일성을 가로질러 나타나는 여러 사회관계의 투명성이다. 우리가 상품에서 지각하는 것은 사회적 생산관계의 불투명성과 분업의 현실이다. 물건-기호들, 곧 소비의 대상들이 넘쳐흐르는 현행의 현상에서 우리가 감각으로 포착하는 것은 불투명성, 곧 사회적 가치를 지배하는 약호의 전적인 속박, 교환의 사회적 논리를 지배하는 기호들의 특유한 무게이다."[17]

사회학자들이 지니고 있는 학적인 열정이라고 불러야 할까요? 불필요할 정도로 어렵게 조합된 문장들입니다. 그렇다고 내용까지 이해가 불가능한 수준은 아닙니다. 다행한 일입니다. 간단히 말하면, 오늘날 우리는 상품을 단순히 소비하는 것이 아니라 그 상품에 부착된 기호를 소비한다는 의미입니다. 예를 들어 봅시다.

우리는 의식주를 위해 무차별적으로 상품을 구매하지 않습니다. 다양한 기업들이 존재하고, 같은 기능일지라도 다양한 종류의 상품들이 생산됩니다. 이 상품들은 각기 다른 상표를 달고 있으며 백화점의 진열대에 놓이게 됩니다. 소비자의 눈은 상품을 보는 것과 동시에 그 상품에 붙어 있는 상표를 봅니다. 이 상표가 이른바 '기호'입니다.

상호, 즉 기호는 한 회사의 제품을 다른 회사의 것과 구별하기 위해서 사용됩니다. 특허와 지적 재산권을 보호하기 위한 법적 기능도 지니고 있습니다. 차이를 목적으로 하는 것이지요. 하지만 이 차이는 상품의 품질

17) 장 보드리야르, 『기호의 정치경제학 비판』, 이규현 옮김, 문학과 지성사(1992), 60쪽.

정품과 짝퉁의 차이

보증을 넘어서 그 기호를 소비하는 자의 계층적 차이로 이어집니다. 현대인들은 다른 사람이 쉽게 구매할 수 없는 유명 브랜드를 소유할 때, 스스로 남다른 사회적 품격을 소유하고 있다고 생각하게 된 겁니다.

이와 관련하여 아주 좋은 실험이 있습니다. 쇼윈도의 안쪽에 수백만 원을 호가하는 유명 브랜드의 가방들이 진열되어 있습니다. 이 상점에는 항상 부유해 보이는 많은 사람들로 북적됩니다. 다른 편에 있는 상점에도 역시 가방들이 진열되어 있습니다. 그것도 정확하게 맞은 편 브랜드 가방을 제작한 장인의 상품들입니다. 그런데 이곳은 늘 파리가 날립니다. 이것이 의미하는 바는 무엇일까요?

현대인들이 이렇게 생각하고 행동하는 것 속에는 아무런 근거가 없는 것은 아닙니다. 모든 인간은 인격적 존재이며, 그에 상응하는 동등한 지위를 지니고 있다는 생각은 인류의 오래된 진실입니다. 하지만 오래된 진실일수록 허우대만 멀쩡한 저질체력의 소유자일 가능성이 높습니다. 우리의 눈은 인격체가 입고 있는 옷을 봅니다. 그가 걸치고 있는 가방은 품격을 대변하며, 차고 있는 시계는 인품(人品)입니다.

"요즘 어떻게 지내냐는 친구의 물음에, 그랜저로 대답했다."

조금 오래된 광고 카피입니다. 이 광고는 소비자 보호원으로부터 과대 광고로 제재를 받지 않았습니다. 타고 다니는 차를 통해 우리는 자신의 지위와 성적 매력을 드러내는 것입니다.

기호의 차이를 소비함으로써, 오늘날 우리는 인격의 차이를 증명하는 시대를 열어 놓았습니다. 단순히 외적으로만 그런 것이 아닙니다. 기호의 소비는 확실히 내면화되었습니다. 우연히 저자의 형제와 대화를 하는 중에 재미있는 일화를 들었습니다. 직장에서 함께 근무하는 여직원이 수백만 원을 호가하는 가방을 샀다고 합니다.

"근데, 꼭 그렇게 비싼 가방을 사야 되는 건가요?"

남성 직원들이 수군대다가 참다못해 결국은 물었답니다. 남성들에게는 이해가 되지 않는 소비형태입니다. 겨우 가방 하나 사려고 월급의 절반을 지불한다는 것이 도저히 제정신으로는 보이지 않습니다. 과시욕이나 허영심이 아니라면, 그 같은 행위를 설명할 마땅한 단어가 떠오르지 않습니다. 그런데 예상 밖의 답변이 돌아오며 상황이 반전됩니다.

"예전에는 모임에 나갈 때마다 외모에 신경이 많이 쓰였어요. 옷도 그렇고, 머리도 미장원에서 해야 되고, 신발도 늘 마땅치 않았어요. 그런데 이 가방을 산 뒤로는 모든 것이 편해졌어요. 옷을 대충 입어도 머리를 하지 않아도 이 가방 하나만 내 옆에 있으면, 그렇게 마음이 편해져요. 내 존재에 대한 자부심을 느낄 수 있게 된 거예요. 처음에 비용이 들 뿐이지, 장기적으로 보면 오히려 합리적인 소비라고도 할 수 있어요."

역시 세상은 반전이 있어야 재미가 있나 봅니다. 여직원의 침착한 설명에 남자직원들은 입을 다물 수밖에 없었습니다. 브랜드 가방 하나에 이렇게 깊은 뜻이 담겨 있을 줄을 누가 알았겠습니까?

Louis Vuitton, Chanel, Gucci, Tiffany, Benz, Audi, BMW 등은 더 이

상 특권층의 전유물이 아닙니다. 인천공항에 입점한 루이비통의 조그마한 한 매점에서 2012년 한 해 동안 1,000억이 넘는 매출을 올렸다면, 이는 해당 브랜드가 대중에게 어떠한 이미지를 지니고 있는지를 반영합니다. 루이비통은 길거리에서 3초에 한 번씩 볼 수 있다고 해서 3초백이라는 대중적 별칭도 지니고 있습니다.

원가가 5백원 안팎이라는 불편한 진실이 알려진 뒤에도, 밥보다 더 비싼 STRBUCKS 커피의 매출은 줄어들지 않습니다. 그 이유는 간단합니다. 우리는 커피를 소비하는 것이 아니라, STRBUCKS라는 기호를 소비하고 있기 때문입니다. 정확하게 말하면, 기호가 나타내는 이미지를 소비하기 위해, 우리는 기꺼이 원가의 몇 배에 해당하는 돈을 지불하고 있는 셈이지요. 아무것도 아닌 종이컵을 하루 종일 들고 다니는 대학생의 모습은 단순한 과시욕으로 설명할 수 없습니다. 기호를 통한 자기 정체성의 차별적 확인이 중요한 몫을 하고 있는 겁니다.

소위 말하는 명품 기호가 소비자들에게 상징하는 바는 무엇일까요? 명품 브랜드의 차이가 계층의 차이로 이어지고, 계층의 차이가 인격의 차이로 이어진다는 사회학적 진단은 틀린 것 같지는 않습니다. 우리의 현실을 보면 더욱 그러합니다. 하지만 명품의 소비가 단순히 과시욕이나 허영심에 기인한 것이라고 말한다면, 이는 번지수를 잘못 짚어도 한참 잘못 짚은 것입니다. 명품을 소비한다고 해서 모두 된장녀와 된장남이라는 오물을 뒤집어 쓸 필요는 없는 겁니다. 소비는 개인적 기호와 성향의 문제이지 윤리적 판단의 대상은 될 수 없습니다. 더욱이 이렇게 해서는 특정한 사회적 현상이 왜 등장하게 되었는지에 대해 전혀 학문적 고찰을 할 수 없게 됩니다.

단순한 허영심이 아니라면, 왜 사람들은 명품 브랜드에 목을 매는 것일까요? 호모 픽토르의 잘못된 이해가 주원인일 수 있습니다. 호모 픽토르는 그림을 그리는 인간, 이미지를 만드는 인간, 기호를 사용하는 인간을 뜻합니다. 인간은 처음부터 인간으로 태어나는 것이 아니라, 자신을 그림과 이미지 그리고 기호를 통해 만들어 가는 존재인 것입니다. 이렇게 인간이 자신의 내부에 만들어 놓은 공간을 호모 필로소피쿠스는 '존재의 지평'이라고 부릅니다.

대단히 어려운 개념처럼 보이지만, 그 내용을 이해하면 전혀 문제가 없습니다. 우리 모두는 자신이 열어 놓은 내부의 공간에서 살아가고 있는 겁니다. 그 속을 무엇으로 그리고 어떻게 채워 넣을지는 전적으로 개인의 자유에 달려 있습니다. 그렇게 자신만의 공간을 자유롭게 채워가는 존재를 우리는 인격체라고 부르는 겁니다.

사람은 무엇으로 사는 걸까요? 이 질문은 인격체가 자신의 내부에서 열린 공간을 무엇으로 어떻게 채우고 있는지를 묻는 겁니다. 문제는 현대인들에게 있어서 존재의 지평이 매우 빈곤해져 있다는 사실에 있습니다. 소비를 통해 안개처럼 사라져 버리는 상품으로 자신을 대부분 채우다 보니, 이래저래 우리는 정신적 공허함으로부터 쉽게 벗어날 수가 없습니다.

소비가 존재를 대체한 시대는 그리 문제가 아닐 수도 있습니다. 하지만 그 소비가 아무런 의미를 지니고 있지 못한 채 그저 소모품이라는 늪 속에 빠져 버리게 되면, 인격체의 의미는 티끌만도 못한 자연의 조각들로 분해되어 버릴 수 있습니다. 이 초라함과 공허함을 메우기 위해 우리는 더욱 강렬한 기호와 색채를 필요로 합니다. 마약에 중독된 사람이 약기운이 빠지면 허둥댈 수밖에 없는 것처럼, 자아를 잃어버린 현대인은 끊임없이 명품 브랜드에 집착할 수밖에 없는 이유입니다.

우리는 우리의 내부에 열린 존재의 공간을 무엇으로 채워야 하는 것일까요? 우리의 내부에서는 어떠한 존재의 목소리가 올라오고 있는 걸까요? 이 질문에 효과적인 답변을 하기 위해, 호모 필로소피쿠스는 이론과 실천의 역사를 검토하며 고민해야 합니다. 그런데 무(無)에서 시작할 필요는 없습니다. 고맙게도 글로벌 기업들의 마케팅은 이 부분을 이미 집요하게 공략하고 있기 때문입니다. 날카로운 관찰력만을 갖추고 있다면, 누구나가 볼 수 있는 것이 이미지의 의미입니다.

소비를 통해 존재를 빼앗긴 사람들에게 자신의 고유한 얼굴을 되돌려 주려는 일이 마케팅이 이미지를 통해 달성하려는 전형적인 목표지점입니다. 익명으로 살아가는 사람들에게 자신만의 개성을 돌려주기 위해 '한정판'이라는 이벤트는 글로벌 마케팅의 필수코스입니다. 끊임없이 자신과 타인을 비교하지만, 비교당하기 싫어하는 존재의 목소리를 대변하기 위해 훨씬 더 강렬한 색채로 자신을 무장하기도 합니다.

그런데 유감스럽게도, 마케팅이 내놓은 이러한 각종 약속들이 개인이 열어 놓은 내부의 공간을 살아 있는 의미로 채워 주는 것은 아닙니다. 명품가방들이 이윽고 '3초백' 혹은 '5초백'으로 불리게 되면서, 마케팅의 약속은 이윤추구를 위한 교묘한 술수에 지나지 않았음이 밝혀진 것입니다. 양치기 소년의 참담한 운명을 되풀이하지 않기 위해서라도, 오늘날 브랜드 업체들은 끊임없이 존재의 또 다른 모습을 찾아내고, 그것을 이미지로 만들어 소비자의 마음을 훔쳐야 합니다. 기호가 인격체의 모습을 대신할 수 없다는 사실을 마침내 소비자들이 알아차리기 전에, 그들은 소비자보다 일찍 일어나 전시장의 메뉴를 새롭게 세팅해야 될 것입니다.

장막을 걷고 신화 파헤치기

이제 우리는 본격적으로 존재를 대체한 이미지의 시대가 인간의 인격적 모습을 실현시켰는지를 검토해 볼 것입니다. 우리가 거울에 비친 자신을 통해 스스로를 확인한다는 사실은 분명해 보입니다. 관념과 이미지의 불가분성을 역설했던 비트겐슈타인의 사유는 여전히 유효해 보입니다. 그렇다면 인격적 존재는 과연 무엇을 원하는 것일까요? 우리는 자신의 내부에서 어떠한 존재론적 공간을 떠올릴 수 있을까요?

갑자기 머리가 복잡해집니다. 독자의 예상대로 이 질문에 대한 답변은 고도의 철학적 상상력을 필요로 합니다. 나와 세계를 경계 짓고 있는 이데올로기로부터 벗어나 양자가 어떻게 겹쳐지는지를 지각할 수 있는 능력도 요구됩니다. 문제는 그 겹쳐짐의 지각을 방해하는 인식론적 혹은 존재론적 오류들입니다. 특히 존재를 대체한 이미지의 시대는 우리가 자신 안에서 열어 놓은 인격적 공간을 근본적으로 메워 버렸습니다. 존재론적 해석의 가능성이 애초부터 불가능해져 버린 것입니다. 도대체 무슨 일이 발생한 것일까요?

우리 모두는 이미지를 입고 살아갑니다. 하지만 그 이미지가 우리 자신과 동일한 것은 아닙니다. 옷의 첫 단추가 잘못 끼워져서, 그 옷을 입고 있는 인격체들을 우스꽝스럽게 만들어 버린 겁니다. '나'라는 존재가 감정에 따라 시시각각 춤추는 단순한 얼굴표정이 아니듯, 나의 정체성도 이미지로 환원될 수는 없습니다. 내가 내 안에 열린 공간 속에서 나의 존재를 이해하기 위해 이미지를 필요로 하지만, 내가 그 이미지인 것은 결코 아닙니다. 동전도 앞면과 뒷면이 같아지면 불량품이 돼 버리는 것입니다. 비록 희귀본으로 경매에서 높은 가격이 책정될지는 모르겠지만, 어떠한 경우에도 그것이 동전이 될 수는 없습니다.

자연적 욕구와 연결된 다양한 이미지들은 우리의 인격적 공간을 화려하게 수놓을 수 있습니다. 그러나 이리저리 떠다니는 친숙한 이미지를 조합하여 소비를 자극하는 자본의 힘이 인격적 공간이 무엇인지를 진정을 담아 고민하는 것은 아닙니다. 손연재가 지니고 있는 '깨끗함'과 '활동성'이라는 이미지를 '테이크아웃 밀크'(Take-Out Milk)와 결합시켜 판매량을 증가시켰던 우유회사는 성공적이고 창의적인 마케팅으로 알려져 있습니다. 하지만 우리는 이것을 우리가 열어 놓은 인격적 공간의 정수로 감동하지는 않을 것입니다. 욕구와 연결된 기존의 이미지들을 단순히 외적으로 연결시켜 만든 혼합물은 분명 우리의 소비욕구를 자극할 수는 있겠지만, 자신 안에 공간을 열어 자연으로부터 분리된 인격적 삶을 설명할 수는 없기 때문입니다.

우리의 존재는 그렇게 가볍게 조합된 아바타들에게 쉽게 마음의 문을 열지는 않습니다. 그럼에도 우리가 이미지를 소비하기 위해 지갑을 여는 이유는 무엇일까요? 이 질문을 답하기 위해, 우리는 과거 어느 시대보다 더 폐쇄적이고 잔인하게 우리의 존재를 옭아매고 있는 현대의 신화를 파헤쳐야만 합니다. 물론 이 과제는 이 저서에서 집중적으로 다뤄질 수는 없습니다. 여기에서는 장막을 걷고 우리의 좁은 눈으로 인격적 공간의 지평을 열기 위한 서론만을 전개해 보기로 합니다.

자신 안에 공간을 열어 이미지를 생산하는 인간은 자유로움의 상징입니다. 세상에서 어느 생명체도 이 같은 정신의 힘을 보이지는 못했습니다. 그러나 누군가의 강점이 그의 최대 약점이라고 했던가요. 이미지는 소비라는 코드와 함께 새로운 시대를 열었습니다. 사유가 존재를 보증하던 시대가 지나고, 바야흐로 우리는 소비를 통해 자신을 확인하는 시대로 접어들었습니다. 내가 나를 생각하는 속도보다 더 빠르게 우리는 소비를 통해 나를 드러냅니다. 그것의 결과는 인격체와 이미지의 동일화로 이어집니다. 이 점은 우리가 앞서 언급한 바와 같습니다. 문제는 인격체와 이미지의 동일화가 어떻게 인격적 공간을 메워 버리게 되는지를 밝히는 것입니다.

이미지의 소비가 디지털 미디어와 굳게 손을 잡은 시대는 확실히 대중의 시선을 사로잡았습니다. 그 이유는 디지털이라는 공학이 우리의 생물학적 말초신경을 자극했기 때문만은 아닙니다. 아마도 그것이 열어 놓은 현실이 우리의 삶을 생동감 있게 만들었기 때문일 것입니다. 특정한 이미지에 정박된 기존의 인격적 공간은 개인의 삶을 폐쇄된 공간에 고정시킬 수밖에 없습니다. 결과는 삶의 분절화로 이어집니다.

반면 부유하는 이미지를 어떻게 결합시키는지를 터득한 디지털 미디어의 능력은 확실히 특정한 이미지에 연계되어 추상화된 삶의 경계들을 과감하게 허물어 버렸습니다. '생각대로, 느끼는 대로'가 우리의 구호가 되고, 우리는 자신을 자유롭게 꾸밀 수 있는 권리를 얻게 됩니다. 현실과 가상의 경계는 더 이상한 유효한 패러다임이 아닙니다. 현실과 가상의 융합, 갑과 을, 주체와 객체의 구별을 뛰어넘는 탈영역화는 이미지의 시대가 우리에게 약속한 장밋빛 인생입니다. 그러나 그 약속의 땅으로 들어가기까지 우리가 치러야 할 대가는 결코 만만치 않습니다.

우리 모두는 이미지를 입고 살아갑니다. 그런데 오늘날 우리는 특정한 이미지를 강요당하고 있습니다. 이미지가 개인의 개성과 정체성을 자유롭게 드러낸다고 믿는 자는 대단히 순진한 자입니다. 우리가 입고 있는 모든 이미지 속에는 이성의 보편성과 권력성이 아마존의 거머리처럼 들러붙어 인격체의 피를 빨고 있습니다. 아이들이 흔히 걸치고 있는 The NorthFace 패딩이 학교에서 그들의 서열을 보여 준다고 알려져 있듯, 여성성을 상징하는 비주얼과 남성성이 걸치고 있는 사회적 가면이 사회적 권력으로 간주된 지는 이미 오래입니다. 예쁨, 섹시함, 우아함, 따뜻함, 단아함, 깨끗함, 순수함, 귀여움, 씩씩함, 용감함, 사려 깊음, 믿음직스러움, 사교성, 유머러스함 등은 전형적인 권력형 이미지들입니다.

이미지의 권력화는 곧 바로 이미지의 가치, 서열화로 이어집니다. 새로운 신화가 탄생하는 순간입니다. 예쁘다는 이미지는 평범함이라는 자의적 기준점을 설정하고 그 건너편의 삶을 잔인하게 잘라내 버립니다. 섹시함과 단아함은 얼핏 삶의 절반씩을 해석하고 있는 듯 보이지만, 성의 권력화를 증명할 뿐입니다. 호모 사피엔스의 역사만큼이나 오랫동안 인간적 상상력의 정점을 차지하고 있었던 변신(Anthrophomophism)의 신화는 더 이상 인격적 삶을 존재론적으로 해석할 수가 없습니다. 이미지의 시대가 약속한 탈경계의 세계를 누리는 대가로, 우리는 우리에게 주어져 있는 그대로의 삶을 갈가리 찢어 버린 것입니다.

이는 인격적 삶의 분열로 이어집니다. 우리가 지각할 수 있는 실존이란 더 이상 상호인정을 통한 존재의 발생이 아닙니다. 있는 그대로의 삶은 인격체와 벌레, 그리고 벌레만도 못한 놈으로 분열을 겪게 됩니다. 양적, 질적으로 극대화된 이미지의 시대에서 우리가 그 어느 시대보다 더 극심한 정신적 빈곤에 시달리게 된 이유입니다.

도대체 이러한 역설은 어떻게 가능하게 된 것일까요? 이쯤에서 우리는 철학이 빈곤한 시대를 통과하는 일이 얼마나 삶을 피곤하게 하는지를 고백해야만 합니다. 정신의 빈곤을 야기한 원천은 이미지와 인격체를 동일시한 철학의 부재에 있습니다. 자기의식과 이미지는 서로 떨어질 수 없다면서 전통 철학과 날카로운 대립각을 세웠던 비트겐슈타인도 사태가 이렇게 진전될 줄은 전혀 예상치 못했을 겁니다.

이미지의 시대가 존재의 세계를 대체하며, '나'의 존재는 심각한 기억상실증에 시달리고 있는 것입니다. 우리가 자유롭게 선택할 수 있는 유일한 사다리는 자연적 욕구와 연결된 사디즘과 마조히즘 사이에서 길을 잃고 방황하는 일뿐입니다. 하지만 자연적 이끌림은 인격적 공간의 의미가 될 수는 없습니다. 바야흐로 주체의 죽음이 선언된 것입니다.

주체의 죽음과 의미의 소멸은 동전의 양면입니다. 의미가 소멸된 공간은 쉽게 이데올로기로 메워지기 마련입니다. 디지털 세계에서 펼쳐지는 화려한 이미지의 융합이 인격적 공간을 그만큼 넓혀 놓았다고 생각한다면, 우리는 맑스(Karl Marx, 1818~1883)의 화려한 부활을 결코 막을 수 없을 것입니다. 우리 시대에 생산수단을 통제하고 있는 소수이거나, 혹은 부르주아 사회의 특권층만이 자신의 이미지를 통해 자신만의 인격을 드러내는 자유로운 정신의 소유자일 수 있는 겁니다.

오늘날 우리가 우리 자신의 내부에서 열어 놓은 이미지의 공간은 자신만의 개성과 매력을 드러내는 인격적 공간이 아닙니다. 오히려 그 풍요로움은 우리 시대의 '보이지 않는 손'이 자신의 목적을 관철시키기 위한 꿈의 낙원으로 변해 버립니다. 부유하는 이미지들은 우리가 감히 거부할 수 없는 권력의 편린(片鱗)들입니다. 각종 정치적, 경제적 이해집단들은 그 조각들로 마법의 옷을 지어 입고 자신들을 '생각대로, 느끼는 대로' 변신시킵니다.

프랑스의 구조주의 철학자이자 롤랑 바르트(Roland Gérard Barthes, 1915~1980)는 탁월한 문화비평가이기도 합니다. 그의 현대 신화분석은 우리의 주제와 관련하여 많은 부분에서 시사점을 던져 주고 있습니다. 그는 우리가 자명하게 여기는 일상이 얼마나 많은 허구적 신화로 둘러싸여 있는지를 폭로합니다. 우리는 자유와 평등이라는 권리를 누리고 살고 있습니다. 아니, 그렇다고 믿고 있습니다. 이 점을 의심하는 사람은 아무도 없습니다. 이론적인 정당화가 필요치 않을 정도로 직접적인 생활경험이기 때문입니다. 성문화된 법률은 이러한 신념을 뒷받침해 주는 가장 강력한 사회적 도구입니다.

예컨대 갤럭시 노트를 살지, 애플의 아이폰을 살지는 전적으로 개인의 취향에 달려 있으며, 누구든 자유롭게 선택할 수 있는 권리가 있습니다. 여기에서 '보이지 않는 손'이 우리의 선택을 강요하고 있다고 주장하는 것은 억지춘향식의 논리일 뿐입니다.

그런데 바르트는 이렇게 자명한 사실에도 의심의 눈초리를 거두지 않습니다. 일상에 묻혀 지내는 동안 각종 사회적 이데올로기들이 어떻게 우리의 의식과 무의식을 잠식해 가는지를 알기 때문입니다. 특히 그는 현대 부르주아 사회에서 일상적 생활 뒤에 숨어 교묘히 자신을 관철시키는 보이지 않는 권력적 신화의 의미작용을 폭로하기로 결심합니다. 그의 대표작인 『현대의 신화 *Mythologies*』(1957)에는 좋은 예가 등장합니다. 먼저 바르트가 신화를 어떻게 정의하고 있는지부터 살펴봅시다.

"처음부터 단호하게 제기해야 하는 것은 바로 신화가 하나의 의사소통 체계, 곧 하나의 메시지라는 것이다. 그러므로 신화는 하나의 대상, 하나의 개념, 혹은 하나의 관념이 될 수 없을 것이라는 것을 알 수 있다. 신화는 의미작용의 한 양식이고 하나의 형식이다. 나중에 이 형식에다 역사적인 한계, 사용 조건들을 설정하고, 그 형식 속에 사회를 재투여해야 할 것이다."[18]

바르트에게 있어서 신화란 곧 파롤(parole)입니다. 파롤이란 스위스 출신의 탁월한 언어학자 페르디낭 드 소쉬르(Ferdinand de Saussure, 1857~1913)의 개념입니다. 그는 우리의 언어생활에는 두 종류의 축이 있음을 간파합니다. 하나의 축은 랑그(langage)입니다. 랑그란 문법을 통해 전달되는 우리의 언어체계 일반을 지칭합니다. 그런데 우리의 언어는 일반적인 의미로만 사용되는 것은 아닙니다. 동일한 단어도 누가 사용하느냐에

18) 롤랑 바르트, 『현대의 신화』, 이화여대학교 기호학연구소 옮김, 동문선(1997), 264쪽.

따라, 어떠한 억양으로 발음되느냐에 따라 그리고 어떠한 맥락에서 쓰이느냐에 따라 천차만별의 의미를 띠게 됩니다. 소쉬르는 언어의 이러한 주관적 측면을 파롤이라고 지칭한 것입니다.

신화가 언어의 개별적이고 주관적인 측면인 파롤과 무슨 연관이 있단 말인가요? 구체적인 예를 통해 확인해 봅시다. 사진은 프랑스의 유명잡지인 「파리 매치」(*Paris Match*)의 표지에 실린 것으로서 바르트가 자신의 분석을 위해 지속적으로 인용하는 현대 신화의 전형적 모델입니다.[19] 청소년으로 보이는 한 흑인소년이 무엇인가를 향해 거수경례를 하고 있는 모습입니다. 군복과 베레모를 쓰고 있는 것을 봐서는 상관이나 국가를 상징하는 국기 등에 경의와 충성을 맹세하는 것으로 보입니다. 최소한 한국에 살고 있는 우리들에게는 그저 평범한 사진입니다. 이 사진이 표현하고 있는 랑그는 정확하게 '흑인이 프랑스식 거수경례를 한다'입니다. 하지만 프랑스의 국민이라면 어떨까요?

이 이미지가 드러내는 의미작용은 사진을 바라보는 프랑스 국민들의 사회적 판단에 의식적, 무의식적으로 일정한 영향을 행사합니다. 유럽의 대부분의 국가들이 그렇듯, 제국주의 시대를 거치며 프랑스는 많은 유색 이민자들을 자국민으로 받아들입니다. 그 후 프랑스에는 반세기 동안 끊임없이 이민자들이 밀려들었고, 이들의 직접적 사회통합은 오늘날까지 프

19) 앞의 책, 274쪽.

랑스 사회가 해결하지 못한 곤욕스러운 숙제로 남아 버렸습니다.

이민 1세대가 본인의 선택에 따른 책임감으로 인해 인종차별이나 부당한 사회적 대우를 마냥 참아냈던 반면, 이민 2세대 혹은 3세대는 뿌리 깊은 정치적, 경제적 소외에 적응하지 못하고 사회적 갈등의 핵으로 떠오르고 있는 것입니다. 프랑 내의 잦은 폭력적 소요사태에서 이들이 주된 역할을 하고 있다는 사실은 실증적으로 증명되고 있습니다. 다문화 정책의 성공 여부가 프랑스 정치의 뜨거운 감자로 부상하고 있다는 사실은 분명해 보입니다.

이러한 맥락을 숙지한 상태에서 다시 사진을 관찰해 봅시다. 사진은 더 이상 단순한 일반적 이미지가 아닙니다. 흑인소년의 거수경례는 프랑스 국민에게 무언가를 말하고 있습니다. 프랑스는 피부색에 따른 부당한 차별이 없으며, 다양한 인종이 서로 공존하는 다문화 국가라는 것, 그 속에서 살고 있는 사람들은 누구나가 국가에 충성을 맹세하고 있다는 메시지를 뚜렷하게 보여 주고 있는 것입니다. 이해관계가 얽혀 있지 않은 소년의 순수하고 진지한 표정은 국가에 대한 경의가 그의 진정한 마음이라는 점을 강조하고 있습니다.

위의 사진은 우연히 주간지의 표지로 선택된 것이 아닙니다. 그것은 대단히 의도적이며 또한 정치적이기도 합니다. 프랑스 제국주의의 역사가 잘못된 것이 아니며, 현실은 그 속에 살아가는 사람들의 태도에 따라 얼마든지 긍정적으로 변할 수 있다는 가치관을 표방하고 있는 겁니다. 편집인들의 의도는 과연 성공할 수 있을까요? 경험상 상당한 효과를 거두게 될 것입니다. 더욱이 주간지가 지니고 있는 사회적 이미지는 권력이 되고 거부할 수 없는 신화가 되어 사람들의 의식을 주관하게 됩니다. 바르트는 결론짓습니다.

> "신화는 지칭하면서 통고하고, 이해시키면서 강요한다."[20)]

우리는 프랑스 국민이 아니기 때문에, 바르트의 설명이 다소 과장돼 보일지도 모릅니다. 일개 잡지에 나오는 사진 한 장으로 현대사회를 권력을 지닌 음융한 이미지 따위나 만드는 신화로 규정하는 것은 철학자의 과대망상에서 비롯된 것처럼 보입니다. 그러나 바르트의 신화분석에 우리 사회의 한 단면을 적용시켜 보면 생각이 많이 달라질 것입니다.

한때 우리 사회에서 사회지도층의 군복무가 문제시된 적이 있습니다. 갖은 수단을 동원하여 사회적 의무를 피해 가기 급급했던 상류층의 부도덕성이 술자리의 안주로 각광받던 때입니다. 이때 고위 정치인들의 군부대 방문이 유행처럼 번져 나갔습니다. 일정한 기간 동안의 횟수로만 산정한다면, 한국은 이 분야에서도 당연 세계 랭킹 1위에 등극했을 것입니다. 정치인들이 군복을 입고 적에게 총을 겨누며, 사병들과 전의를 불태우는 사진들이 연일 주요 일간지의 사회면을 장식했던 것입니다.

얼핏 가식적인 이미지를 떠올리기도 하지만, 엄청난 광고료를 지불하면서 부정적 이미지를 선전하려는 사람은 아무도 없을 것입니다. 특권층의 군복무 회피가 빚어낸 사회여론을 무마하기 위해 고안된 권력적 제스처인 것이지요. 일반적으로 그러한 의도는 성공리에 관철되기 마련입니다.

---

20) 앞의 책, 275쪽.

선거철만 되면 시장 바닥에서 서민음식 먹기 코스프레를 연출하는 정치인들도 신화를 연출하고 있기는 마찬가지입니다. 순대와 떡볶이 그리고 어묵을 입안에 가득 넣고 지나가는 행인들에게 깍듯이 절을 하는 모습을 보고 있노라면, 민주주의 시대에 있어서 설득의 기술은 이미지를 창조하는 기술에 다름 아니라는 사실을 새삼 깨닫게 됩니다. 선거철마다 이미지를 만들기 위해 애쓰는 장면이 등장한다는 사실은 그만큼 탁월한 이미지가 표를 긁어모을 수 있는 쌍끌이 그물이라는 사실을 증명합니다. 언어를 통한 주장과 설득이 설 자리를 잃어 가는 이유이기도 합니다.

이미지의 공간은 경제적인 측면에서도 황금알을 낳는 거위입니다. 소비자의 지갑을 열기 위해 상품의 질과 효율성을 강조하는 방식은 이미 구시대의 유물로 전락했습니다. 이미지가 경쟁하는 시대는 소비자의 마음이 어떻게 열릴 수 있는지도 다각도로 연구하고 있습니다. 불치병에 걸린 아이와 엄마의 삶을 향한 간절한 소망을 부각시킴으로써 판매실적과 사회적 공헌을 비례시키는 대기업의 광고전략은 이미 새로운 판매 전략이 된 것입니다.

소주 광고는 어떨까요? 실제로 소주는 거칠고 조야한 술임에 틀림없습니다. 막노동에 지친 심신을 달래기 위해 빈속에 들어부었던 차가운 소주가, 이제는 성공한 여배우들의 환한 미소와 어우러지며 가장 깨끗하고 따뜻한 기호로 소비되고 있는 것입니다. 처음처럼 부드러우며, 센스가 넘치는 산뜻한 도시 남성을 꿈꾸며 우리는 연간 30억 병이 넘는 소주를 마셔대고 있습니다.

5. 의미로 살아가는 존재

5. 의미로 살아가는 존재

호모 필로소피쿠스, 잊혀진 존재를 찾아서

우리는 앞서 호모 필로소피쿠스란 이미지를 만드는 사람이라고 정의한 바 있습니다. 이미지를 통해 정체성을 확인하고 자아를 찾습니다. 이미지는 곧 정체성을 설명하며, 그 정체성은 인간 존재의 이유인 것입니다. 따라서 인간이 삶을 영위하는 과정 중에 이미지를 만드는 일은 자신의 존재 이유를 확인하려는 자연적 욕구라고 할 수 있겠습니다.

그런데 방향이 이상하게 흘러갑니다. 우리는 이미지를 소비하는 대가로 '나'라는 주체를 잃어버리게 된 것입니다. 고도로 추상화된 코드가 인격체인 나를 대신하게 됩니다. 오늘날 우리가 무엇으로 인식되고 있는지를 보면 명확해집니다.

대형 교양강좌를 진행하다 보면 종종 동명이인(同名異人)이 있습니다. 그렇다고 출석을 확인하는 데에 문제가 발생하지는 않습니다. 그 이유를 정확하게 설명할 필요는 없습니다. 오늘날 우리가 사회 내에서 인식되는 코드란 더 이상 이름이 아니기 때문입니다. 학교에는 학번으로, 회사에서

는 사번으로 통하지요. 군인이 전쟁 중에 사망하면 목에 걸려 있는 인식표를 이빨 사이에 끼우게 됩니다. 백골이 되어도 그가 누구인지를 확인할 수 있는 유일한 증거인 것입니다.

잊혀진 것은 단순히 이름뿐이 아닙니다. 나의 얼굴도 이제는 인격체를 상징하는 고유한 영역이 아닙니다. 일반화된 이미지들을 자신과 타인에게 강요하는 시대는 우리의 얼굴마저도 하나의 고정된 스펙으로 만들어 버립니다. 웹툰 작가 마인드C의 '강남언니'이라는 만화는 지나친 성형으로 인하여 인공적이고 획일적으로 변해 버린 얼굴을 풍자하며 한때 큰 이슈가 된 적이 있습니다.

얼굴하면 생각나는 수업이 있습니다. 희망 네트워크의 주선으로 청소년 쉼터에서 철학 강좌를 하던 때의 일입니다. 주로 어린 청소년들이 참여하였는데, 엄밀한 의미에서 수업이라기보다는 철학적 대화가 더 어울릴 것 같습니다. 마침 수업의 주제가 얼굴이었습니다. 얼굴이라는 단어에서 떠오르는 이미지들에 대해 아이들에게 물었습니다. 대체로 아이들은 직설적이고 솔직하기 때문에 그들의 답변을 수업의 출발점으로 삼기가 편하기 때문이지요. 역시 나의 기대는 어긋나지 않습니다. 대략 정리해서 칠판에 적어 봤습니다.

"매력, 크다, 독특함, 개성, 성격, 두 얼굴, 예쁘지 않음, 위로, 냉소, 이중인격, 감정, 눈매, 방어, 쓸쓸함, 평범함, 지루함."

가만히 보니, 모두가 자신의 얼굴에 빗대어 만들어 낸 자화상들입니다. 대체로 익숙한 단어들이지만, 쉽게 우리의 상식과 연결되지 않는 단어들도 언뜻 보입니다. 두 얼굴과 이중인격입니다. 뭔가 심오한 뜻이 들어 있는 듯하여, 답변을 한 아이들에게 물어 보았습니다. 답변은 지극히 아이들답습니다. 두 얼굴이란 화장을 한 얼굴과 하지 않은 얼굴을 가리키며, 이중인격이란 자신의 마음을 숨기려고 할 때, 얼굴을 사용한다는 것입니다. 철학의 '철'자도 배우지 않은 아이들이지만, 벌써 호모 필로소피쿠스의 면모를 보입니다. 개념을 사용할 줄 아는 것이지요. 그것도 쉬운 내용을 가지고 어려운 개념으로 포장하는 것까지 참 많이도 닮았습니다.

두 얼굴과 이중인격에 대한 아이들의 답변은 평범합니다. 그런데 위로와 방어라는 단어는 정말 추상적입니다. 아무리 생각해도 앞선 답변보다는 더 복잡할 것 같습니다. 이미 시간이 많이 지났지만, 그래도 궁금해서 견딜 수가 없습니다. 그런데 답변이 전보다 더 가관입니다. 얼굴이 위로가 되는 이유는 자신이 더 예뻐지고 있기 때문이며, 방어란 타인의 공격으로부터 자신을 보호하기 위해 효과적으로 얼굴을 사용할 수 있기 때문이라고 하네요. 이럴 때는 어떻게 반응을 해야 될지, 정말 순발력이 필요한 시대입니다.

얼굴에 대한 나의 견해를 말해 주었습니다. 얼굴은 자신만의 삶의 이야기가 드러나는 고유한 장소입니다. 누군가의 이야기를 보고 들으며, 우리는 때로 같이 웃기도 하고, 때로 같이 울기도 합니다. 절망을 나누기도 하지만, 희망으로 들뜨기도 합니다. 이렇게 감정을 나눌 때, 우리는 그의 얼굴이 자신만이 지닐 수 있는 매력을 발산하고 있음을 불현듯 깨닫게 됩니다. 각자의 얼굴이란 자신만의 매력을 드러내는 인격체의 통로인 것입니다.

매력이란 무엇일까요? 눈망울이 퍽이나 초롱초롱한 아이에게 물어 보았습니다. 설명을 했으니, 피드백을 받기 위한 모종의 보상심리가 작동한 겁니다.

"어떤 사람이 매력적이라고 생각하니?"

마냥 수동적이라고만 생각했는데, 생각보다 적극적으로 답변합니다.

"예쁘고, 귀엽고, 고혹적이며, 귀티가 나고, 지적인 사람이요."

평소 나도 모르는 성형용어를 즐겨 써서 나를 당황케 하던 아이의 답변입니다. 지극히 자연적인 생각입니다. 그런데 저자에게는 왜 이렇게 낯설게만 느껴지는 것일까요? 오랫동안 개념의 밀림에 갇혀 생각을 꽈배기처럼 꼬다보니 자연적인 것이 오히려 자연스럽게 받아들여지지 않는 것 같습니다. 어색함을 메우려고, 얼떨결에 대미를 장식하려고 남겨두었던 대사를 미리 누설해 버렸습니다.

"매력적인 사람이란 자신의 이야기를 말할 수 있는 사람이야. 매력은 자신의 얼굴을 통해 자신의 이야기를 말하는 사람이 풍기는 일종의 향수와 같은 거란다."

결론적으로 선포를 하고 나니 내 마음은 편합니다. 하지만 자신의 답변이 받아들여지지 않아서일까요? 대답을 한 아이가 갑자기 기도하는 모드로 돌변합니다. 그것도 고개를 숙이고 간절히……. 이럴 때는 어떻게 해야 하는 걸까요? 저자의 운영의 묘가 부족한 탓일 겁니다.

매력적이라는 말은 남녀노소를 막론하고 누구에게나 호감을 얻을 수 있는 좋은 언어입니다. 매력이라는 단어는 원래 생물학적인 용어입니다. 모든 살아 있는 개체들은 상호간 의사소통의 수단으로 체외로 분비되는 물질인 페로몬(pheromone)을 지니고 있다고 합니다. 페로몬이 몸 밖으로 분비될 때, 종(種)간에 구애나 집합, 길 안내, 경고등의 다양한 의사표현이 함께 이루어집니다. 다른 종들 사이에서 페로몬은 위협의 의미를 지닐 수도 있겠지요.

인간도 역시 자연의 한 조각입니다. 의사소통의 수단이 언어나 몸짓 혹은 기호에 국한되어 있지 않습니다. 각자의 몸에서 분비되는 페로몬이 그 사람만의 색채를 더 강하게 드러낼 수 있습니다. 엘리베이터에 같이 타면 호흡곤란을 야기하는 서양인들의 암내도 일종의 페로몬이며, 남자의 자취방에 가면 으레 코를 자극하는 홀아비 냄새도 역시 남성의 풍기는 페로몬의 일종입니다.

페로몬은 종종 성적 매력의 생물학적 근원이 되기도 합니다. 미량의 페로몬 성분이 함유되어 있는 향수를 사용함으로써, 남성이나 여성이 이성을 효과적으로 유혹할 수 있다는 사실은 인류의 오랜 된 지혜입니다. 향수가 지니고 있는 자연의 향기와 더불어 페로몬이라는 성분은 개인을 더욱 아름답고 섹시하게 보이게 합니다. 따라서 향수를 뿌리는 행위는 화장을 하는 것과 마찬가지로 자신을 타인보다 훨씬 효과적으로 아름답게 보이게 함으로써, 원하는 이성 상대를 찾는 데 도움을 주는 겁니다.

그러나 페로몬에서 유발되는 성적 매력이 인간적 매력의 전부는 아닙니다. 특히 생물학적 매력이 얼굴에서 풍기는 인격적 매력을 대체할 수는 없습니다. 오히려 자연적 매력이 인격적 얼굴 속으로 내면화될 때, 그의 성적 매력은 극대화될 수 있습니다.

우리가 누군가에게 이성적 감정을 느낀다고 생각해 봅시다. 그 출발점은 분명 페로몬의 영향일 수 있습니다. 하지만 그 감정이 단순히 짝짓기 게임으로 끝나지 않으려면, 상대방의 삶에 담긴 진정한 매력을 볼 수 있어야 합니다. 이것은 자신만의 고유한 이야기가 담긴 상대방의 얼굴을 받아들이는 차원으로 승화되는 과정이기도 합니다. 이때 우리는 있는 그대로의 모습으로 상대방을 사랑하게 됩니다. 그리고 이 순간 우리는 생물학적 인간에서 인격적 인간으로 다시 태어나게 됩니다.

매력의 조건이 무엇인지를 묻는 나의 질문에, 예쁘고 날씬한 것이라고 답했던 아이가 있었습니다.

"그럼 예쁘지 않고 날씬하지 않은 아이는 아무도 안 좋아하겠네?"

갑자기 갈 때까지 가보고 싶은 욕망이 생겼습니다. 그런데 결말은 싱겁게 끝나 버리네요.

"비슷한 급을 가지고 있는 아이들끼리 서로 좋아하겠지요."

순간적인 나의 무표정한 침묵은 얼굴의 당황함을 감추려는 자기 보존 본능의 한 방식입니다. 같은 유치원에 다니는 여자애를 보며 '너는 마녀야!'라고 놀리는 어린 아이의 심사처럼, 사소한 것일 수도 있습니다.

그럼에도 이 모든 것이 얼굴과 관련하여 권력 지향적 이성이 빚어낸 참극이라는 점에는 분명해 보입니다. 외모가 곧 능력이자 경쟁력으로 통하는 사회에서 누구나가 선호하는 이미지는 거부할 수 없는 유혹입니다. 이러한 위로에도 아이의 목소리가 귀가길 내내 발걸음을 무겁게 합니다. 내 딸이 그 말을 하였다면, 나는 어떻게 행동했을까요?

얼굴에 새겨진 저주

호모 필로소피쿠스는 인간에게 걸려 있는 심각한 저주 중에 하나가 얼굴에 대한 집착이라는 사실을 알고 있습니다. 그리스 로마 신화는 이미 이 저주를 프시케와 에로스의 에피소드를 통해 구전시키고 있습니다. 워낙 유명한 사랑 이야기라 다양한 버전들로 시중에 유통되고 있지만, 공통된 내용은 다음과 같습니다.

어느 왕국에 딸이 셋이 있는데, 그 중에서도 셋째인 프시케가 가장 아름다웠다고 합니다. 동서양을 막론하고 딸이 셋이 있으면 왜 항상 셋째가 제일 예쁜지는 알 수 없습니다. 문제는 그녀의 아름다움이 미의 여신 아프로디테의 질투를 사게 되면서 발생합니다. 여자가 한을 품으면 오뉴월에도 서리가 맺힌다는 속담은 신에게도 적용되나 봅니다. 그녀는 아들 에로스를 시켜 프시케를 야수와 미녀의 주인공으로 만들 계획을 세웁니다. 하지만 세상이 마냥 신의 뜻대로 돌아가는 건 아닙니다. 그랬다면 세상이 이토록 혼란스럽지는 않겠지요. 하여튼 에로스는 프시케의 아름다움에 취하게 되고, 둘은 사랑에 빠져 세상에 둘도 없는 달콤한 시간을 보내게 됩니다.

몰래 하는 사랑이 더 아찔하다고 했나요? 둘만의 꿈같은 세월이 지나갑니다. 그러나 호사다마(好事多魔)는 어디에나 있기 마련입니다. 어머니 아프로디테의 눈을 피해 밤에만 몰래 사랑을 나누던 그들의 애정행각은 결국 파국을 향해 치닫게 됩니다. 몰래 하는 사랑에는 반드시 아픈 결말이 있기 마련입니다.

"놀라지 말아요, 프시케. 그리고 나의 사랑을 의심도 하지 말아요. 그대의 의심으로 나를 보려고 하지 말아요."

에로스는 처음부터 조건 없는 사랑이라는 조건을 요구합니다. 자신의 얼굴을 절대로 봐서는 안 된다는 것이었지요. 이유는 알 수 없지만 어머니의 눈을 피할 수 있는 유일한 방법이기도 했던 것 같습니다. 그러나 의심과 호기심은 인간의 조건입니다. 호기심을 제어할 수 있는 가장 효과적인 방법은 그 호기심을 해소하는 것뿐입니다. 프시케는 한 손에는 초와 다른 손에는 칼을 들고 밤에 잠든 에로스의 모습을 훔쳐보기로 결심합니다.

극의 긴장은 그녀가 침대 위에 누워 있는 젊고 멋있는 외모의 에로스를 발견하면서 정점을 찍습니다. 프시케는 넋을 잃은 채 자신의 연인을 바라보느라고 초가 기울어지는 것도 눈치채지 못합니다. 뜨거운 초 한 방울이 에로스의 어깨 위로 떨어지고, 그에 놀라 잠이 깬 에로스는 연인의 조건적 사랑에 실망하고 분노합니다. 그러곤 아픈 이별을 고하며 하늘로 올라가 버립니다. 사랑의 보금자리가 황량한 들판으로 변했을 때, 프시케는 뼈아픈 후회의 눈물을 흘리지만, 버스는 이미 떠나고 없습니다. 삼류

영화처럼 끝나는가 싶었는데, 그녀는 새로 올 벤츠를 기다리는 대신 떠나버린 버스를 찾아 거친 여행을 떠나는 것으로 이야기를 이어갑니다.

호모 필로소피쿠스는 이미지를 추구하는 인간에게 걸린 운명적 저주를 풀려고 합니다. 방식은 아마도 두 가지가 있을 수 있습니다. 하나는 마법을 건 주술사를 찾아내어 제거하는 것입니다. 소비가 존재를 대체하고, 인격체가 기호로 환원된 시대에서는 우리의 목줄을 죄고 있는 '보이지 않는 손'이 마법의 주범일 겁니다. 그러나 사회체계를 바꾸는 것은 혁명가에게는 어울릴지 모르지만, 호모 필로소피쿠스가 할 수 있는 일은 아닙니다.

두 번째는 인격체에게 자유가 무엇인지를 가르쳐 주는 일입니다. 자유라니요? 전근대적 사회구조에서 벗어났다면, 그 사회는 이미 자유로운 시민사회입니다. 어느 누구도 자유를 억압하지도, 누구도 구속되어 있지 않습니다. '자유를 찾아서'라는 표현이 대단히 허구적으로 보이는 이유입니다.

그러나 이는 착시현상일 수 있습니다. 우리는 그 어느 시대보다 더 억압적인 굴레에 묶여 있는지도 모릅니다. 상품의 소비가 존재를 대체한 시대에서 우리가 누리고 있는 자유란 실은 상품을 고를 수 있는 자유에 불과합니다. 선택의 자유 역시 우리의 기호에 맞춰져 있는 것은 아닙니다. 권력 지향적 이성이 만들어낸 현대의 신화가 우리의 의식을 옭아매는 굴레이며, 의식적으로 그 신화를 내면화하여 몰개성적으로 변해 버린 인격체 자신이 바로 또 다른 굴레인 것입니다.

얼마 전에 방송인 사유리와 관련된 일화를 인상 깊게 읽은 적이 있습니다. 자유로운 연애관을 지니고 있음에도 오랫동안 남자친구가 없는 사유리를 두고 사람들이 설왕설래 한마디씩 거들었다고 합니다. 눈높이가 이마로 올라가다 못해 머리꼭지를 넘어서 뒤통수에 붙었다는 거지요. 수군대는 소리가 스트레스가 되었는지, 사유리는 자신의 의견을 솔직하게 고백합니다.

"솔직히 어느 나라 사람인지도 상관없고, 학교 안 나와도 어쩌라고, 차 없어도 오케바리, 키가 미라클 작아도 궁디팡팡."

여기까지만 들으면, 글쎄요. 솔직하지 않아 보입니다. 그런데 반전이 있습니다.

"난 딱 한 가지만 심하게 따진다. 남자가 정신에 자유가 있는지. 사실 그것이 제일 어려운 조건인지도 모른다."

사유리가 정말 자유의 의미를 알고 사용하고 있는지는 확실치 않습니다. 하지만 만약 정확하게 알면서 쓰고 있는 거라면, 앞으로도 오랫동안 사유리는 남자친구가 없는 세상을 살아야 할 것 같습니다. 자유로운 정신의 소유자란 호모 필로소피쿠스의 전형적인 특징입니다. 호모 필로소피쿠스라는 지위가 대단히 낮은 가격으로 거래되는 우리 사회에서 그를 찾기란 절대로 쉽지 않을 것입니다.

호모 필로소피쿠스, 자유를 찾아서

누가 자유로운 정신의 소유자일까요? 일반적으로 가장 높이 날 수 있는 사람이 자유로움도 느낄 수 있습니다. 치열한 경쟁과 마지

못해 행하는 노동은 속박의 상징입니다. 화석화된 사회적 규율과 평가 속에서 톱니바퀴의 일부분으로 살고 있다면, 우리는 자신에 대해 소모품 이상의 감정을 느끼지 못할 것입니다.

이로부터 역설이 발생합니다. 자유를 갈망하는 사람은 축복을 받은 사람이 아닙니다. 그 이유는 자유가 부재한 곳에서야 비로소 자유의 소중함을 알게 되기 때문입니다. 대자연의 혜택 속에서 사는 사람들은 자연의 소중함을 느끼지 못합니다. 깨끗한 물과 맑은 공기에 취해 있는 사람은 물과 공기의 고마움을 입에 올리기 어렵습니다. 어려운 가정환경에서 자란 아이가 부모의 존재감을 더 잘 느끼는 것도 같은 이치입니다. 자유가 없는 곳에서야 비로소 자유는 자신의 존재감을 드러냅니다.

어떤 측면에서 호모 필로소피쿠스는 누구보다 섬세한 감정의 소유자입니다. 평범한 일상에서도 자유롭지 못함을 느낄 수 있는 감성의 소유자입니다. 그러기에 생존을 위해 살아가야 할 시기에 그는 자유를 향해 힘껏 날갯짓을 시작합니다. 우리 시대에서 최고로 꼽는 자유의 철학자는 알베르 까뮈(Albert Camus, 1913~1960)입니다. 그가 남긴 불후의 명작 『이방인 *L' etranger*』(1942)은 실존주의 문학의 정수로 통합니다. 행여 우리가 이 책 속에서 자유로움에 대한 단상을 떠올리지 못한다면, 우리는 절대로 이방인의 문학적 비밀을 만난 것이 아닙니다. 작품으로 들어가 봅시다.

내용은 우리에게 지극히 낯선 자의 낯선 이야기입니다. 주인공 뫼르소는 별다른 꿈이나 야망 없이 그저 타고난 성향에 충실하며 기계처럼 살아가는 평범한 직장인입니다. 아니, 그런 것처럼 보입니다. '평범한'이라는 표현은 조금 어울리지 않을지도 모르겠습니다. 오늘날 우리는 항상 꿈

과 야망에 불타올라야 건전한 젊은이로 간주하는 시대에 살고 있으니까요. 어쨌든 작품 속에 묘사된 뫼르소의 삶은 지극히 비정상적입니다. 특히 오늘날 우리가 함께 살아가는데 반드시 필요한 인간적 정서에서 그는 치명적인 결함을 보입니다. 시종일관 이해할 수 없는 그의 태도에 독자는 고개를 갸웃거리게 됩니다. 우리에게 익숙한 일상적 삶의 범위를 벗어나는 것이지요. 마치 인격적 감정에 무감각한 사이코 패스처럼 말입니다.

작품은 어머니의 죽음 앞에서 인간적 감정을 드러내지 못하는 주인공의 무심함에서 시작합니다. 반복되는 하루일과에서 일탈한 잡무를 마지못해 처리하듯, 담배를 피우고 졸면서 시신을 지킬 뿐입니다. 그 후엔 우연히 만난 옛 직장동료 마리와 희극영화를 보며 희희덕거리고 사랑을 나누며 즐거운 한때를 보내기도 합니다. 일상을 깨며 마음을 흔드는 돌발사태란 애초부터 없다는 듯이 뫼르소의 행동은 지극히 자연스럽습니다. 그가 사랑에 대해 보이는 정서는 이보다 한술 더 뜹니다. 조금 길지만 인용해 보겠습니다.

"저녁에 마리가 찾아와서, 자기와 결혼할 마음이 있느냐고 물었다.

나는 그건 아무래도 좋지만 마리가 원한다면 결혼해도 좋다고 말했다. 그러자 그녀는 내가 자기를 사랑하는지 어떤지 알고 싶어했다. 나는 이미 한 번 말했던 것처럼 그건 아무 의미도 없는 말이지만, 아마 사랑하지는 않는 것 같다고 대답했다.

'그렇다면 왜 나하고 결혼을 해요?' 하고 마리는 말했다.

나는 그런 건 아무 중요성도 없는 것이지만 마리가 정 원한다면 결혼해도 좋다고 설명했다. 게다가 결혼을 요구한 것은 그녀이고 나는 승낙을 했을 뿐이다. 그때 마리는 결혼이란 건 중대한 일이라며 나무라는 투로 말했다. 나는 그렇지 않다고 대답했다. 그녀는 잠시 말없이 나를 쳐다보더니 말을 이었다. 자기와 같은 관계로 맺어진 다른 여자로부터 같은 청혼이 있었어도 승낙을 했을 것인가, 다만 그것만을 알고 싶어했다. 나는 '물론'이라고 대답했다. 그러자 마리는 자기가 나를 사랑하는지 어떤지를 생각해 보는 듯하였으나, 나는 그 점에 관해서는 아무것도 알 길이 없었다. 잠시 또 묵묵히 있다가 그녀는, 나는 이상스러운 사람이어서 아마 그 때문에 자기가 나를 사랑할 테지만, 바로 그 같은 이유 때문에 내가 싫어질 때가 올지도 모른다고 말했다."[21]

두 사람의 대화를 듣고 있자니, 우리가 이상한 나라의 앨리스가 된 느낌입니다. 사랑하지 않는 사람과 즐거운 한때를 보낸 사건이 이상한 일은 아닙니다. 요즘처럼 사랑학 전성시대에는 흔한 일이니까요. 문제는 뫼르소의 태도입니다. 자세히 보면, 그의 행동은 우리에게 익숙한 대화의 범주를 완전히 벗어나 있습니다. 그의 사랑관이 일반인들과 달리 독특하기 때문이 아닙니다. 그는 애당초 사랑에 대한 어떠한 사회 규범적 견해도 지니고 있지 않은 듯 보입니다. 어머니의 죽음처럼, 그에게 사랑이라는 감정은 평온한 호수에 파장을 일으킬 수 있는 특별함이 묻어 있지 않은

21) 알베르 카뮈, 『이방인』, 이휘영 옮김, 문예출판사(1999), 57쪽.

겹니다.

권태와 허무일까요? 이 감정을 통해서도 우리는 작품 속으로 제대로 녹아들어갈 수가 없습니다. 2차 대전 이후 이성이 붕괴된 자리를 메우기 위해 유행했던 찰나적인 향락주의나 무관심한 이기주의 등 퇴폐적 니힐리즘이 카뮈의 지적 활동무대는 아닙니다. 작품속의 뫼르소는 분명 허무주의의 신봉자가 아닙니다. 우리는 다른 각도에서 뫼르소의 세계에 대한 태도를 진단해 볼 필요가 있습니다.

그에게는 딱히 고정된 신념이라는 것이 없습니다. 그는 다만 우리가 일컫는 어떠한 종류의 인격적 감정이나 정서에도 발을 담그고 있지 않을 뿐입니다. 이러한 사실은 뜨거운 태양과 반사된 빛에 동요되어 그와는 아무 상관도 없는 사람에게 권총을 발사할 때도 정확하게 재현됩니다.

뫼르소가 보이는 삶의 단면들을 무심함이나 냉정함 혹은 잔혹함이라는 비윤리적 태도와 연관시키려는 시도는 개념적 해석을 즐겨하는 학자들의 단견(短見)일 뿐입니다. 뫼르소는 어떠한 경우에도 무심함이나 냉정함을 보인 것이 아닙니다. 그저 물리적 자극이라는 원인에 따라 자신이 어떤 식으로 살아있는지를 증명한 것일 뿐입니다. 사형을 선고받기 직전 변호사의 발언은 이러한 사실을 뒷받침해 줍니다.

"이 사건은 전부가 이 모양입니다. 모든 것이 사실이라지만, 사실인 것은 하나도 없습니다."[22)]

---

22) 앞의 책, 112쪽.

뫼르소는 어느 누구에게도 자신을 이해시키려고 하지 않았기에, 달리 말하면 어느 누구도 그를 이해하려고 하지 않았기에 법정은 그에게 사형을 선고합니다. 그 사형 또한 그에게는 그리 특별할 것이 없습니다. 자연적인 측면에서 고찰해 보면, 우리 모두는 이미 사형선고를 받고 살아가고 있다는 진리가 그의 침착함을 확인해 줄 뿐입니다. 유일한 차이가 있다면, 남아 있는 시간에 대한 약간의 생의 약동일 뿐이라고 뫼르소는 고백합니다. 하지만 누군가가 생으로부터 오는 유혹을 적절히 통제할 수 있는 정신적 힘을 지니고 있다면, 시간에 대한 미련도 별것이 아닐 수 있다고 말하기도 합니다. 그는 죽음을 담담히 받아들입니다.

소위 전문가들은 이 작품에서 고립되고 무력한 그리고 일상에 묻혀 의미를 상실한 현대인의 소외를 그리고 있다고 진단합니다. 부조리한 현대인의 삶을 뫼르소의 비정상적 삶을 통해 역설적으로 표현해 냈다는 겁니다. 그러나 이러한 해석은 상당한 비약을 안고 있습니다. 우리는 뫼르소를 이해하려고 하지 말고 있는 그대로 볼 필요가 있습니다.

그를 불쌍하게 여기며 신앙과 구원을 받아들이기를 원했던 신부와의 면담은 작품의 클라이맥스를 형성하고 있습니다. 뫼르소는 겉으로 보이는 무관심에서 벗어나 드디어 자신에 대한 최후의 변론을 시작합니다. 자신을 위해 기도를 하려는 신부의 옷깃을 부여잡고 그는 처음으로 평정심을 잃어버립니다.

"너는 어지간히도 자신만만한 태도다. 그렇지 않고 뭐냐? 그러나 너의 신념이란 건 모두 여자의 머리카락 한 올만한 가치도 없어. 너는 죽은 사람처럼 살고 있으니 살아 있다는 것에 대한 확실한 자각조차 없지 않느냐? 나는 보기에는 맨주먹 같을지 모르나, 나에게는 확신이 있어. 나 자신에 대한. 모든 것에 대한 확신. 그것은 너보다 더 강하다. 나의 인생과 닥쳐올 이 죽음에 대한 명확한 인식이 내게는 있어. 그렇다 내게는 이것밖에 없다. 그러나 적어도 나는 이 진리를 그것이 나를 붙들고 놓지 않는 것과 마찬가지로 굳게 붙들고 있다. 내 생각은 옳았고 지금도 옳고 언제나 또 옳으리라. 나는 이렇게 살았으나, 또 다르게 살 수도 있었을 것이다. 나는 이런 것을 하고 저런 것을 하지 않았다. 어떤 일은 하지 않았지만 이러저러한 다른 일은 했다. 그래 어떻단 말인가? 나는 마치 저 순간, 나의 정당함이 인정될 저 새벽을 여태껏 기다리며 살아온 것만 같다."[23]

재판 과정 내내 주위 사람들을 놀라게 하고 분노케 했던 잔인한 평정심은 대체 어디로 간 것일까요? 죽음에 임박하자 뫼르소의 인생관에 모종의 변화가 생긴 것일까요? 아닙니다. 처음의 뫼르소는 지금의 뫼르소와 별반 차이가 없습니다. 그를 바라보는 독자가 손바닥 뒤집듯 자신의 마음을 바꿨을 뿐입니다.

뫼르소가 처음부터 시종일관 견지했던 태도는 자연적 인과법칙으로부터 벗어나려는 인격적 개성이었습니다. 우리는 그것을 인격적 자유로움이라고 부릅니다. 정해진 틀에서 살아가야만 한다고 생각하는 사람들에게 이러한 자유는 눈에 보이지 않는 환영입니다. 어쩌면 사람들은 자유의 본모습을 보려고 하지 않는지도 모릅니다. 보는 것만큼 우리가 믿는 것이 아닙니다. 믿는 것만큼 보일 뿐이지요.

어머니의 죽음 앞에서 느끼는 인격적 감정은 다양할 수 있습니다. 인격

23) 앞의 책, 146쪽.

적 감정은 획일화되고 권력화된 이미지 안에 갇힐 수 없는 것입니다. 파리에 지점을 내고 책임자로 발령을 내겠다는 사장의 제안을 뫼르소가 거절했다고 해서, 그를 야망이 없는 한심한 놈이라고 취급할 권리를 지닌 사람은 아무도 없습니다.

뫼르소가 보여 주고 있는 사랑의 방정식도 마찬가지입니다. 언뜻 이상한 나라에서만 통용될 수 있는 사랑의 수식 같지만, 사랑을 독점적 관계로 이해하는 우리 시대의 공식을 적용하고 있지 않을 뿐입니다. 특화된 사회적 지위와 권력형 이미지로 바래 버린 사랑의 조건에 그는 무관심한 냉정함을 보일 뿐입니다. 독점과 조건적인 사랑을 넘어서면, 자신과 상대방의 전체가 보입니다. 뫼르소의 사랑은 마리의 있는 그대로의 모습을 받아들이는 것입니다. 유일한 조건이 있다면, '네가 원한다면'이라는 단서입니다. 마리는 뫼르소의 이상한 사랑에 마음의 상처를 입지만, 이내 편안함을 느낍니다.

모르소와 관련된 모든 사람들은 자신의 틀에서 그를 이해하려고 노력합니다. 그러나 결국 그러한 시도는 실패할 수밖에 없습니다. 당연합니다. 그 이유는 우리 모두가 자신의 관점에서 서로를 이해하려고 하는 한, 우리는 서로 공유될 수 없는 수평선을 달리고 있기 때문입니다. 어떠한 경우에도 있는 그대로의 모습을 보려고 하지 않습니다.

반면 뫼르소는 자신의 모습이 있는 그대로의 모습임을 주장하고 있습니다. 어머니의 죽음, 마리와의 사랑, 우연한 살인, 그리고 죽음 앞에서의 담담함에 이르기까지 그에게는 오직 자신으로 살아가고자 하는 소망만이 있을 뿐입니다. 딱히 자신의 것이 무엇인지 알지 못하는 혹은 알려고 하지도 않는 사람들에게 뫼르소는 영원한 이방인으로 남을 수밖에 없는 이유입니다.

삶의 치명적 유혹

호모 필로소피쿠스는 자유를 추구하는 이방인입니다. 정상인은 이방인을 이해하려고 하지도, 이해할 수도 없습니다. 그런데 그 반대는 아닙니다. 이방인은 정상인을 너무나 잘 알고 있습니다. 자신이 어디로부터 빠져 나왔는지를 정확하게 직시하고 있기 때문입니다. 그런데 이방인으로 산다는 것은 퍽이나 어려운 일입니다. 뫼르소가 단지 자신으로 있고자 했다는 이유로 냉혹한 킬러로 변신해 사형선고를 받은 것처럼, 이방인은 언제 사회적 안전망에서 쫓겨나 벌레 같은 존재로 전락할지 모르는 일입니다.

무엇 때문에 호모 필로소피쿠스는 애써 어려운 삶의 여정을 선택하는 것일까요? 도대체 왜 남들이 가는 길을 함께 걸어가지 않고, 한번뿐인 인생에 애써 무거운 짐을 올려놓으려 하는 것일까요? 운명과 방황, 광기와 불운, 열정과 분노 등은 일반적으로 호모 필로소피쿠스가 피해 갈 수 없는 어두운 역운(逆運)들입니다. 이것들은 자유를 향한 필연적 조건들인가요?

호모 필로소피쿠스가 추구하는 자유란 그렇지 않아도 피곤한 일생에 돌을 올려놓는 작업이 아닙니다. 철학의 호소가 아니라도, 이미 우리는 충분히 무거운 돌을 짊어지고 걸어가고 있습니다. 그렇지 않은가요? 살아남은 자가 강자로 군림하며, 강자의 삶이 정당화되는 시대입니다. 이것은 지극히 자연적인 현상입니다. 사자는 사슴을 사냥할 수 있지만, 어떠한 경우에도 사슴이 사자를 추격할 수는 없는 노릇입니다. 강자가 되기 위해 노력하는 수밖에는 다른 길이 없어 보입니다.

살아남기 위해 오늘날 우리가 어떻게 투쟁하고 있는지를 돌아보면 분명해집니다. 우리는 인생의 대부분을 배우는 데 힘써야 합니다. 어느 사회든 직업전선에 뛰어들기까지 평균 교육시간이 일생의 3분의 1에 해당한다고 합니다. 그나마 경쟁에서 뒤쳐지면 삶은 더없이 버거워집니다. 우리를 둘러싸고 있는 특화된 이미지에 따라 인격이 서열화되기 때문에, 정상적으로 살아남기 위해서는 화려한 외적 조건들이 반드시 필요하게 됩니다. 존재는 가벼워서 참을 수 없는 게 아니라, 지고 가지 못할 정도로 버거워진 것입니다.

"세이렌의 노래는 삶이 부르는 치명적 매력일 뿐"

우리가 자신의 내부에 채워 놓은 화려한 조건들이 삶의 무게를 덜어 줄 거라고 생각하면 삶이 그대를 속이게 됩니다. 어렸을 때는 몰랐습니다. 채워도 끝이 없는 것이 인생이라지만, 채울수록 무거워지는 것도 인생이라는 사실을 말입니다. 이것만 끝내면 행복이 올 줄 알았는데, 그렇게 노력해서 얻은 성과의 기쁨도 며칠을 채 넘기지 못합니다. 그 뒤로는 곧 바로 새로운 목표지점이 우리의 발걸음을 재촉하게 됩니다. 무엇을 위해서 사는 삶이란 끝이 보이지 않는 계단을 오르는 것과도 같습니다.

세이렌의 유혹이 아무리 거세도 우리는 흔들리지 않고 꿋꿋하게 나아가야 합니다. 때로는 오디세이의 가면을 쓴 채 이를 악물어야 하며, 때로는 그의 명령에 의해 움직이는 선원들처럼 그저 반복하여 노를 저어야 합니다. 그렇게 우리는 스스로 만들어 놓은 신화의 굴레에 젖어 가게 되는 것입니다.

생존을 위한 자연적 삶은 자신을 차곡차곡 외부의 조건과 신화들로 채우는데 있습니다. 호모 필로소피쿠스는 산을 넘고 강을 건너 그 외피들을 하나하나 자신에게서 들어냅니다. 자유란 어쩌면 무언가를 비울 때마다 자신 안에 새겨지는 생의 나이테인지도 모릅니다. 굴레로부터 벗어나는 것이 자유라면, 나이테의 크기만큼이나 자유의 크기도 커질 것입니다.

그러나 굴레로부터 벗어난다고 해서 자유가 우리에게 저절로 주어지는 것은 아닙니다. 여전히 남는 문제는 무엇을 향한 자유일 겁니다. 호모 필로소피쿠스는 어디로 향해 가고 있는 것일까요? 이 질문은 쉽게 답변할 수 있는 성질의 것이 아닙니다. 아마도 우리는 철학사 곳곳에서 그와 관련된 참고사항들을 발견할 수 있을 것입니다. 그중 오늘날까지도 여전히 강력한 영향을 미치고 있는 디오니소스의 정신이 우리의 귀를 솔깃하게 합니다. 니체(Friedrich Nietzsche, 1844~1900)는 짜라투스트라의 입을 빌려 자유인이란 과연 누구인지를 이야기합니다.

> "그대는 자신이 자유롭다고 생각하는가? 나는 그대가 멍에로부터 벗어났다는 말을 듣고 싶은 것이 아니라 그대를 지배하는 사상에 대해 듣고 싶은 것이다.
>
> 그대는 예속으로부터 벗어날 능력을 지니고 있는 자인가? 자신의 예속을 던져 버릴 때, 자신의 마지막 가치까지도 팽개친 자들이 수없이 많다.
>
> 무엇으로부터의 자유인가? 이것은 짜라투스트라의 관심사가 아니다. 그러나 그대의 눈빛은 나에게 분명히 고백해야 한다. 무엇을 위한 자유인가를.
>
> 그대는 그대 자신에게 자신이 만든 선과 악을 부여하고, 그대 자신의 머리 위에 그대의 의지를 율법으로 걸어놓을 수 있겠는가? 그대는 그대 자신의 재판관이 되고 그대의 율법의 복수자가 될 수 있겠는가?"[24)]

자유와 의미의 세계

니체의 말을 단번에 이해하기란 매우 어렵습니다. 『차라투스트라는 이렇게 말했다 *Also sprach Zarathustra*』(1883~1885)는 니체의 사상이 한껏 무르익은 원숙기의 작품입니다. 그래서인지 대중에게 익숙한 '니체'의 핵심부분이 고스란히 들어 있습니다. 더욱이 이 저서가 출판되고 몇 년 뒤에 정신병이 발병한 걸로 보아 이미 이 작품에서도 인간의

---

24) 니체, 『짜라투스트라는 이렇게 말했다』, 사순옥 옮김, 홍신문화사(2011년), 84쪽.

운명을 향한 비극적 광기가 어느 정도 스며 있을 거라는 추측도 충분히 가능합니다.

일반적인 저서가 마치 지인에게 보내는 편지처럼 자상한 이해를 구하고 있는 반면, 니체의 작품은 타인의 시선에 전혀 아랑곳하지 않는 안하무인(眼下無人)의 극치를 보여 줍니다. 문체에서부터 그는 자유인이 누구인지를 스스로 증명하고 있는 셈이지요.

그런데 무엇을 향한 자유일까요? 이론적으로 답변을 찾아내려는 시도는 성공하기 어렵습니다. 니체가 스스로 행하고 있듯이, 이럴 때는 자신을 돌아보는 것이 가장 현명한 방법입니다. 이미 우리의 삶은 자유로움을 향해 나아가고 있는지도 모릅니다. 자유란 일차적으로 속박이나 굴레로부터 벗어남을 의미합니다. 그러나 그것이 전부는 아닙니다. 니체는 자유에 이르는 길을 세 단계에 걸쳐서 설명합니다.

첫 번째 굴레는 사회화를 위한 교육과정과 함께 주어집니다. 우리는 묵묵히 사회가 부여하는 과제들을 수행해야만 합니다. 현대 교육학의 아버지라 일컬어지는 존 듀이(John Dewey, 1859~1952)는 사회화와 의사소통을 다음처럼 설명하고 있습니다.

"사회는 전수에 '의해서', 의사소통에 '의해서' 존속할 뿐만 아니라 보다 정확하게 말하자면 전수 '속에서', 의사소통 '속에서' 존속한다고 말할 수 있다. '공동', '사회', '의사소통'에 해당하는 단어들 사이의 관련은 순전히 문자 상의 유사성에 국한되는 것이 아니다. 사람들이 '사회'에서 살아가는 것은 그들이 무엇인가를 '공동'으로 가지고 있기 때문이며, '의사소통'은 그 '공동'의 것을 가지게 되는 과정을 나타낸다. 사람들이 사회를 이룩하기 위하여 공동으로 가지고 있어야 하는 것은 목적, 신념,

포부, 지식—공동의 이해—또는 사회학자들이 하는 말로 '비슷한 마음가짐'이라고 하는 것이다."[25]

서로 비슷한 '마음가짐'으로 공동의 과제를 수행하는 것을 통해 우리는 사회에서 함께 살아갈 수 있는 자격을 획득합니다. 이때 교육이 결정적인 역할을 수행하고 있다는 사실은 분명해 보입니다. 이것을 니체는 어떤 의미에서 짐을 지고 사막을 횡단하는 낙타에 비유합니다. 목표지점에 도달하기 위해서는 우직함도 필요합니다. 꿈을 향한 노력과 극복의 인내를 배울 수 있는 자만이 이 공동의 사회에서 성공의 열쇠를 거머쥡니다. 이때 사회적 권력이라는 부산물도 얻게 될 것입니다.

두 번째 단계에서부터는 더 이상 묵묵히 인내만 할 필요는 없습니다. 오랜 기간 수고하고 노력하여 얻어낸 결실은 오아시스의 물처럼 달콤한 것입니다. 한 손에 권력을 쥐고 다른 손에는 법전을 펼쳐 보이며, 우리는 스스로 선과 악의 재판관이 됩니다. 젊음의 초상입니다. 사자처럼 밀림을 향해 포효하며, 스스로 가치판단의 척도가 됩니다. 이성의 힘이 의식과 무의식을 통제하는 시기이니만큼, 우리는 자신을 대단히 합리적이라고 생각하게 됩니다. 이데올로기에 불과한 조잡한 이론을 판단의 최종적 근거인 양심으로 받아들여 절대화시키는 시기도 이때부터입니다.

그러나 이 시기도 언젠가는 지나갑니다. 사자의 날카로운 발톱도 시간의 잔혹함을 넘어서지는 못합니다. 젊은 사자에 쫓겨 벼랑 끝에 서 있는 자신을 보기까지 그리 오랜 시간을 기다릴 필요가 없습니다. 삶을 위한

25) 존 듀이, 『민주주의와 교육』, 이홍우 옮김, 교육과학사(2008), 43쪽.

자연적 투쟁이란 그 종말이 늘 이렇습니다. 화무는 십일홍(花無十日紅)이요, 달도 차면 기우는 법입니다. 자연은 살아 있는 모든 것에게 종국에는 생의 허무함을 던져 줄 뿐입니다.

이때부터 우리는 권력이라는 굴레에서 빠져나올 준비를 해야 합니다. 권력은 생이 거부할 수 없는 가장 강력한 유혹입니다. 하지만 그 유혹이 깊을수록 절망의 심연도 끝없이 깊어집니다. 그리스의 신화에 등장하는 이카루스의 날개는 좋은 예입니다. 자신이 만든 미로에 갇힌 데이달루스와 그의 아들 이카루스는 온갖 기지를 발휘하여 하늘을 나는 날개를 발명합니다. 날개를 밀랍에 녹여 몸에 붙이고, 그들은 마침내 미로를 탈출하게 되지요. 이때 아버지는 아들에게 주의사항을 당부합니다.

"바다와 태양의 중간을 날아야 한다. 너무 높이 날아오르지 마라. 너무 높이 날면 태양의 열기에 네 날개의 밀랍이 녹아서 떨어지고 만단다. 그러나 너무 낮게 날지도 마라. 너무 낮게 날면 파도가 날개를 적실 거야."

이카루스는 어떻게 됐을까요? 아버지의 조언에 따라 중용(中庸)의 길을 걸었더라면, 신화로 우리에게 알려지지 않았겠지요. 어느 누구도 권력의 유혹을 피해 갈 수는 없습니다. 운명에 이끌리듯, 이카루스는 태양을 향해 자신만만하게 솟구쳐 오릅니다. 결과는 아버지의 경고대로입니다. 날개는 떨어지고, 그는 바다에 추락하여 아버지의 노력을 무색하게 만들어 버립니다.

권력은 벗을 수 없는 굴레입니다. 사회화라는 멍에가 우리에게 인내를 요구한다면, 권력이라는 메커니즘은 칼을 지닌 굴레입니다. 인간이 만든 아름다운 이미지들이 권력의 탈을 쓸 때는 우리의 삶을 갈가리 찢어 놓습니다. 권력을 지닌 자와의 만남은 그 칼에 베여 늘 상처만 남습니다. 권력을 지닌 나의 얼굴은 타인에겐 두려움의 상징입니다. 권력은 인격적 매력의 통로가 될 수 없는 겁니다. 인간의 지식도 그것이 힘으로 묘사되는 한, 자연에게는 재앙의 메아리로 돌아옵니다. 권력을 통해 만들어지는 새로운 가치체계란 더 큰 질곡으로 인간의 삶을 무겁게 합니다. 권력을 폐기할 수 있는 유일한 수단은 더 큰 권력을 통해 그것을 대체하는 것입니다.

이때쯤 되면 우리는 자유가 무엇인지를 다시 한 번 생각하게 됩니다. 굴레로부터 벗어난다고 해서 자유가 주어지지는 않습니다. 어차피 일생은 끊임없이 굴레로부터 벗어나고 있습니다. 낙타에서 사자로 사자에서 더 용감무쌍한 맹수로 우리는 자신을 얼마든지 변신시킬 수 있습니다. 그렇지만 변신을 거듭하면서 우리가 자연스럽게 더 자유로운 세계로 나아간다고 생각하면 큰 코를 다칠 수 있습니다. 변신이 종종 우리에게 더 무겁고 커다란 굴레를 씌울지도 모르기 때문입니다. 자유는 점점 요원해질지도 모르는 일입니다.

여기서 니체는 우리에게 이해할 수 없는 언어를 가르쳐 줍니다. 현실에 굳게 뿌리를 둔 내재적 긍정과 디오니소스적 정열입니다. 굉장히 어렵습니다. 이론적으로 살펴보면 이렇습니다. 니체는 서양철학의 정신이 크게 아폴론적 문화와 디오니소스적인 문화가 엎치락뒤치락 서로 뒤섞이며 발전해 왔다고 봅니다. 아폴론적 정신은 이성을 통한 분석력과 연관이 있습니다. 이 정신적 뿌리가 모든 것을 나누고 쪼개어 사물의 기원에 이르는 실증과학의 토대가 되었다는 것입니다. 반면 디오니소스적 정신은 혼합과 통합을 상징합니다. 오늘날 흔히 사용하는 부분과 전체를 대비시키면 이해가 빠를 것입니다.

인간은 이성과 다양한 감정을 지닌 총체적 존재입니다. 우리 자신을 이해하기 위해 학문은 종종 분석적 방법을 사용합니다. 정신과 육체는 기본적 구별입니다. 정신은 욕구와 효율, 쾌와 고통, 소통과 인정 등 다양한 의식적 요소들로 이루어져 있습니다. 이에 근거하여 최근 생명공학과 유전공학 등은 인간의 본질을 유전자라는 최소단위로 환원시키기도 합니다.

그러나 인간을 구성하는 부분들의 합이 인간이라는 존재 전체를 의미할 수는 없습니다. 전체는 부분의 합을 넘어서는 신비한 무엇을 통해 인간의 삶을 매우 풍요롭게 만들어 줍니다. 인간의 과학적 이해는 틀린 것은 아닙니다. 하지만 복잡하고 다양한 인간이라는 존재의 전체를 간단한 물리적 요소로 단순화시키는 오류를 범해서는 안 됩니다.

니체는 인간이 자유를 추구하면서 정작 스스로를 굴레에 가둬 버린 원인이 아폴론적 문화의 득세에 있다고 주장합니다. 나눠질 수 없는 것을 인위적으로 나누어 버린 결과입니다. 분리해서는 안 되는 것을 분리시켜 존재의 세계에서 추방해 버린 겁니다. 삶의 한쪽은 권력의 상징으로, 다른 쪽은 잉여의 존재로 묘사되면서 말입니다. 인간과 자연, 선과 악, 남성과 여성, 서양과 동양, 선진국과 후진국 등은 이성이 폭력적으로 분리한 존재의 세계입니다. 여기서 니체는 치유를 주장합니다. 디오니소스적 정신의 회복은 치료에 이르는 유일한 통로임을 강조하면서 말입니다.

어린아이의 삶은 니체에게 커다란 영감을 줍니다. 티핑 포인트는 삶의 유희에 있습니다. 어린아이는 본능적으로 주어진 삶을 받아들입니다. 어린아이가 받아들인 세계는 이론적 이성이 주장하듯, 질서정연하게 구성된 시나리오에 따라 구성되거나 돌아가지 않습니다. 어린아이의 삶으로 들어오는 세계는 실로 다채롭다 못해 무질서하기까지 합니다. 혼돈은 감정의 혼돈이며, 동시에 세계의 혼돈이기도 합니다.

기쁨과 슬픔, 절망과 희망은 아이에게는 분리된 감정이 아닙니다. 그뿐일까요? 질투, 부러움, 용서, 자만, 우울, 편안함, 부정 등은 아이를 통해 세계가 자신을 드러내는 화려한 통로들입니다. 있는 그대로의 모습으로 세계가 자신을 드러낼 때, 아이는 자신과 세계가 분리되기 이전인 태고의 상태로 돌아갑니다. 그때 무엇이 발생하는 것일까요? 우리가 지나온 시간을 돌아보는 것은 매우 어렵습니다. 그러나 문학작품의 곳곳에서 우리는 삶이 지나온 흔적을 발견할 수 있습니다.

> "진정한 행복이란 이런 것. 야망이 없으면서도 세상의 야망은 다 품은 듯이 말처럼 일하는 것. 사람들에게서 멀리 떠나, 필요로 하지 않되 사랑하며 사는 것. 크리스마스 잔치에 들러 진탕 먹고 마신 다음, 잠든 사람들에게서 홀로 떨어져 별을 이고 뭍을 왼쪽, 바다를 오른쪽에 끼고 해변을 걷는 것, 그러다 갑자기 인생은 마지막 기적을 이루어 동화가 되어 버렸음을 깨닫는 것."[26]

그리스가 자랑하는 문호 니코스 카잔차키스(Nikos Kazantzakis, 1885~1957)의 작품 『그리스인 조르바 *Zorba the Greek*』(1942)의 한 구절입니다. 니체에 깊은 영향을 받았다고 고백하는 카잔차키스는 주인공의 가공되지 않은 정신을 빌어 자유를 노래합니다. 그의 묘비명에 씌어 있다는

26) 니코스 카잔차키스, 『그리스인 조르바』, 이윤기 옮김, 고려원(1980), 143쪽

'나는 자유다'라는 구절은 얽매이지 않으려는 인간의 의지입니다. 자신을 옭아매는 사슬은 외부에서만 오는 것은 아닙니다. 더 무서운 그물은 내부로부터 옵니다.

세상을 욕망의 그물에 가두려는 노예적 근성에 맞서 조르바는 모든 것을 늘 새로운 호기심으로 대합니다. 마치 어린아이가 그런 것처럼, 그는 풍부한 감성으로 순간순간을 영원처럼 살아갑니다. 미래를 걱정하지 않고, 과거에 얽매여 불면증에 시달리지도 않습니다. 얼핏 현실을 소비하며 일회성 쾌락에 몸을 맡기는 듯 보이지만, 그는 있는 그대로의 세계와 함께 호흡하려는 최후의 자연적 인간이기를 고집하고 있는 것입니다.

태초에 의미가 있었다

우리의 어린 시절을 기억해 봅시다. 하지만 아무리 노력해도 성공할 수 없습니다. 시간을 거스르지 못하듯, 권력에 취해 흩어져 버린 기억을 다시 모을 수는 없는 노릇입니다.

나와 세계가 묶여 있는 태초의 신비로운 관계란 무엇일까요? 다행히도 자신의 어린 시절의 기억을 여전히 마음에 담아두고 있는 호모 필로소피쿠스가 있습니다. 생텍쥐페리(Antoine de Saint-Exupéry, 1900~1944)입니다. 『어린 왕자 *Le Petit Prince*』(1943)는 그 기억을 사막여우의 입을 통해 말해 줍니다.

"내 생활은 너무 단조롭지. 나는 닭을 쫓고, 사람들은 나를 쫓고, 닭은 모두 그게 그거고, 사람들도 모두 그게 그거고. 그래서 난 좀 지겨워. 그러나 네가 날 길들이면 내 생활은 햇빛처럼 눈부시게 될 거야. 네 발 소리는 다른 발소리와 완전히 다르게 들리고, 난 그걸 구별할 수 있게 돼.

다른 사람의 발소리를 들으면 나는 땅 속에 숨지. 그러나 네 발소리는 음악처럼 나를 굴 밖으로 불러낼 거야. 저기, 밀밭이 보이지? 나는 빵을 먹지 않아! 밀은 내

게 전혀 소용이 없어. 그래서 밀밭을 봐도 아무 생각도 들지 않아. 그건 슬픈 일이야! 네 머리칼은 금빛이지. 그래서 네가 나를 길들이면 정말 놀라운 일이 생기게 돼. 금빛 밀밭을 보면, 네가 생각날 거야. 나는 밀밭에 스치는 바람 소리를 사랑하게 될 거야."

우리가 세계와 맺는 관계는 권력에 의해 파편으로 조각난 관계가 아닙니다. 이성에 의해 분리된 세계는 여전히 우리의 무의식 속에 남아 있는 태초의 기억을 거치며 다시 복원돼야 합니다. 태초의 관계를 복원하는 과

정은 서로가 서로를 길들이는 과정입니다. 그렇게 복원된 세계를 우리는 '의미의 세계'라고 부릅니다.

의미의 세계는 검은색과 하얀색으로 이뤄진 흑백사진이 아닙니다. 조각조각 붙인 모자이크 창문을 뚫고 영롱한 무지갯빛이 공간을 가득 채울 때, 우리는 세상의 모든 존재자가 오로지 자신의 자리만으로 각자의 의미를 지니고 있음을 알게 됩니다. 그래서 의미의 세계에서는 관계를 위해 서로에게 어떠한 조건도 요구하지 않습니다.

조건은 부정입니다. 반면 관계는 있는 그대로를 긍정하며 자라납니다. 관계란 상대방의 실존에 조건 없이 대답하는 행위입니다. 사막여우는 그 대답을 책임(responsibility)라고 부릅니다. '대답하다'라는 어원을 지닌 단어입니다.

긍정 속에서 복원돼야 할 관계는 인간과 자연, 나와 타인과의 관계만이 아닙니다. 우리가 자신과 맺는 관계도 있는 그대로의 모습으로 돌아가야 합니다. 인간은 실존하는 유일한 존재자입니다. 이게 무슨 말입니까? 이성은 단순히 권력을 만드는 인간만의 심원이 아닙니다. 이성의 일차적 기능은 개인이 자신 안에 공간을 여는 차이의 발생에 있습니다. 이미지를 만드는 존재란 곧 차이를 만드는 존재인 것입니다.

그래서 우리가 관계를 맺어야 되는 일차적 대상은 자기 자신입니다. 길들이고 그 실존에 대답하며 책임져야 할 시원적 세계도 일차적으로는 자기 자신에 있습니다. 호모 필로소피쿠스는 인간적 자유의 출발점과 종착역을 바깥세상에서 찾지 않습니다. 세상을 한 번에 뒤집어엎으려는 철학자도 분명히 많이 있었습니다. 그들의 열정은 더 나은 세상이라는 명분과

등가교환되며 오랫동안 추종자들의 기억 속에 살아남습니다. 그러나 대부분의 혁명가들은 스스로 자충수를 두며 역사의 뒤안길로 사라져 갑니다. 권력을 권력으로 이긴 자는 결코 권력으로부터 벗어날 수 없습니다. 자유가 지니고 있는 형식적 구조란 자신으로부터 벗어나서 자신으로 돌아가는 과정에 있다는 사실을 망각한 결과입니다.

우리는 끊임없이 내부의 분열과 갈등을 겪으며 의미를 추구합니다. 이는 동물처럼 단순히 본능으로 살아갈 수 없는 존재가 감당해야 할 운명적 저주입니다. 어디서 왔는지, 어디로 가는지 모른 채 우리는 늘 또 다른 나를 바라보며 삽니다. 인간실존의 시작을 불안이라는 정서 속에서 보았던 하이데거의 통찰은 틀린 것 같지는 않습니다.

동물의 불안은 본능적입니다. 자신을 압도하는 다른 동물이나 자연적 재앙 앞에서 그저 죽음의 공포에 직면하여 움츠리고 있을 뿐입니다. 그러나 인간의 불안은 거울에 비친 자신을 보며 느끼는 기괴한 감정입니다. 삶의 한 가운데서 갑작스럽게 발생하는 자신의 깨어남인 것입니다.

절규 1895년 작

에드바르트 뭉크(Edvard Munch, 1863~1944)는 실존적 분열로부터 야기되는 원초적 불안을 여러 작품을 통해 묘사해 내었습니다. 실존이 처한 원초적 고통을 형상화한 《절규 *Geschrei*》(1895)는 통제할 수 없는 공허함이며, 기괴함이

자 삶의 역설이기도 합니다. 우리의 이러한 느낌은 분명 작가의 정신분열과 관련이 있습니다. 하늘의 곡선과 작품 속 인물의 흐르는 듯한 신음이 서로 어우러져 삶의 원초적 혼돈을 보여 주는 듯합니다. 뭉크는 모두 4편의 절규 시리즈를 남겼는데, 그 배경인 피오르드 해안이 지닌 특별한 의미는 우리의 추측을 더욱 그럴싸하게 만들어 줍니다.

언덕 아래에는 정신병원이 있고 화가의 동생 로라도 정신분열로 고통을 받다가 이 병원에서 사망합니다. 친한 친구 역시 이 근처에서 자살을 시도하였다고 하니, 피오르드 해안은 뭉크에게 있어서 절규 그 자체였던 것으로 보입니다. 물론 중요한 것은 화가가 삶을 대하는 태도입니다. 뭉크는 선천적으로 공포와 슬픔, 죽음으로부터 자유롭지 못했습니다. 유전되었던 가족병력이 원인입니다. 그는 자신이 일기장에 인류에게 가장 두려운 두 가지 운명을 기록한 바 있는데, 바로 자신이 둘 다를 물려받았다고 쓰고 있을 정도입니다. 병약함과 정신병이 그것입니다.

뭉크는 인간의 실존이 처한 운명적 정서를 극단적으로 경험한 것으로 보입니다. 종종 우리는 정신의 이러한 외출을 심각한 증후군으로 규정하고 혐오하는 경향이 있습니다. 오늘날 우리가 정상적 삶이라고 간주하는 범주에서 크게 벗어나기 때문에 당연한 처사일 수 있습니다. 정신분열자의 절규는 정상인들에게는 그저 공포로 보일 뿐입니다.

그런데 이상한 일입니다. 정신분열자가 만들어낸 혐오의 산물을 오늘날 정상인들이 못 배워서 안달이니 말입니다. 각종 콩쿠르에서 서로 경합하는 음악 작품들, 옥션에서 천문학적인 금액으로 거래되는 미술품들이 적지 않은 경우에 극단적 정신분열의 산물이었다는 사실에는 아무도 주목하지 않습니다.

베토벤, 슈만, 라흐마니노프의 아름다운 선율은 그들이 정신분열로 고통 받지 않았다면, 결코 아름다운 보석으로 가공되지 못했을 겁니다. 우아한 곡선으로 태고의 신비로움을 간직하고 있는 『별이 빛나는 밤』(1889)은 반 고흐(Vincent van Gogh, 1853~1890)가 일상적인 삶의 경계선 너머에서 홀로 처절하게 싸우며 만들어낸 걸작입니다. 그의 정신적 분열과 자신으로 돌아오고자 하는 고통의 몸부림이 없었다면, 현대 예술사는 아마도 작품성에서 치명적 빈곤함을 면하게 어려웠을 겁니다. 문학이나 철학도 사정은 다르지 않습니다. 수많은 정신적 왕자들이 펼쳤던 자신으로부터의 일탈을 딛고, 오늘날 우리는 우리가 무엇으로 살아가고 있는지를 되새길 수 있게 되었습니다.

인간은 내부의 불안과 관계를 맺는 존재입니다. 역으로 말하면, 불안과 어떠한 연관을 맺는가에 따라 그의 삶의 방식도 달라집니다. 실존의 내부는 아름다움과 희열로 채워지며 본래의 자아로 돌아갈 수 있습니다. 예술작품을 감상하면서 느껴지는 숭고함, 비트 있는 음악을 들으면서 만끽하는 삶의 생동감 등은 나도 모르는 사이에 나 자신과 하나가 된 순간에 형성되는 감동입니다. 실존적 분열이 메워지는 순간이 곧 행복의 순간인 것입니다. 나와 또 다른 나 사이의 간극이 좁을수록 자기 만족감도 커지는 법입니다.

때로 우리의 자아는 영원히 자연적 본능이라는 미로에서 벗어나지 못할 지도 모릅니다. 그때 우리가 선택할 수 있는 삶의 사다리는 정확하게 두 방향으로 향하고 있습니다. 한쪽이 사디즘(sadism)이라면, 다른 쪽은 마조히즘(masochism)입니다. 사디즘은 상대방의 고통을 보고 만족을 느끼는 심리상태를 말하며, 마조히즘은 그 반대입니다. 자신에게 스스로 고통을 가함으로써, 자기만족에 이르는 왜곡된 자기실현이지요.

사디즘과 마조히즘의 뿌리는 동일합니다. 자아의 분열을 의미의 세계로 메우지 못한 정신적 빈곤함인 것입니다. 그 어느 때보다 치정 관련 살인사건이 많은 요즘의 세태를 보면, 우리의 주장은 충분히 설득력을 지니고 있습니다. 이제는 '우리 헤어져!'라고 말할 때, 목숨을 걸어야 되는 시대에 살고 있는 겁니다.

칸트는 인간의 행복을 자연을 관통하는 인과법칙, 즉 적자생존과 약육강식의 법칙으로부터 거리를 둘 수 있는 정신의 힘에서 찾았습니다. 자연적 욕망으로부터 벗어날 수 있어야 자신의 주인이 될 수 있는 법입니다. 자유로운 사람이란 단순히 욕구를 충족시킬 수 있는 사람이 아닙니다. 그는 오히려 욕망의 노예로 전락할 뿐입니다. 자유로운 사람은 실존적 분열을 극복한 자아가 새로운 모습으로 다시 태어나는 것을 뜻합니다.

동물에게는 자유로움을 말할 수 있는 근거가 없습니다. 실존적 분열을 겪지 않기 때문입니다. 동물은 그저 살아가기 위해 살고 있을 뿐입니다. 욕구하며 그것을 충족할 뿐입니다. 단순히 본능적으로 살아가는 동물에게 우리는 의미를 부여하지 않습니다. 그들이 살만한 가치가 없다는 말이 아닙니다. 동물은 단지 삶을 위해 삶을 살아가는 자연이라는 말입니다.

반면 인간은 그렇게 살아갈 수 없습니다. 아무런 의미가 없이 살아가는 인간을 볼 때, 우리는 정신적 곤궁함을 느낍니다. 왜 그럴까요? 누군가가 기계적으로 호르몬 주사를 맞으며 평생을 쾌락침대에 누워 있다고 가정해 봅시다. 그는 행복한 사람인가요? 우리 중 어느 누구도 단순한 쾌(快)를 행복과 혼동하지 않을 것입니다. 나이가 먹어서 돈과 권력에 미쳐 대소변을 여전히 못 가리는 사람을 보면, 우리는 그가 인격적 존재의 얼굴을 지니고 있다고 생각지는 않습니다. 그에게 느끼는 연민은 인간이란 의미를 먹고 사는 존재임을 다시 한 번 일깨워 줄 뿐입니다.

인간이 자연에서 벗어나 자유로운 삶을 구현하기 시작한 경계점은 의미의 창조와 깊은 관련이 있습니다. 만약 신이 인간을 자신의 형상에 따라 창조하였다면, 그리고 인간에게 어떤 신적인 요소가 존재한다면, 그것은 의미창조의 능력이 될 것입니다. 의미의 세계에 슬며시 한 발을 밀어 넣을 때, 인간은 단순히 '있음'의 세계에서 벗어나 '있어야 됨'의 세계로 나아갑니다. 이는 조건의 세계에서 무조건의 세계가 열리는 통로이기도 하지요.

호모 필로소피쿠스, 드디어 진리를 추구하다

호모 필로소피쿠스는 자신 안의 공간을 의미의 세계로 열어 가는 존재입니다. 그런데 의미의 세계가 자연적 공간의 건너편에서 열리고 있다고 생각하게 되면, 갑자기 커다란 블랙홀에 빠지게 됩니다. 호모 필로소피쿠스는 자연을 넘어서는 초인이 아닙니다. 그 또한 사랑하고 질투하며 눈물을 흘릴 줄 압니다. 분노하지만 후회하고 용서를 구하며 유감을 표하기도 합니다. 죽음을 말하지만, 어느 철학자도 죽음을 넘어설 수는 없습니다. 호모 필로소피쿠스는 절대자가 아니며, 그렇게 되려고 노력하지도 않습니다. '너희도 신처럼 되리라'는 불경스러운 구호는 너무나 인간적으로 살고픈 에리히 프롬(Erich Fromm, 1900~1980)의 소박한 꿈을 담고 있을 뿐입니다.

자연을 넘어선다는 표현은 인격을 강조하기 위한 과장된 표현기법입니다. 우리는 자연에서 와서 자연으로 돌아갑니다. 자연적 욕구에서 벗어나는 것이 자유의 첫걸음이라고 선언했던 칸트조차도 단 한 번도 인간을 순수한 이성적 존재로 묘사한 적이 없습니다. 기껏해야 '대지의 구부러진 나무'라는 표현이 칸트가 인간에게 부여한 최고의 찬사였습니다.

그러나 인격으로 살아가는 인간은 자연과 동일하지는 않습니다. 그러고 싶어도 그럴 수가 없습니다. 이것이 바로 인간이 지니고 있는 자유의 의미입니다. 자연으로서 존재하는 자신과 다시 한 번 관계를 맺는 것이지요. 구부러질지언정 하늘을 향해 계속 올라갑니다. 관계맺음의 정점에서 의미의 세계가 열리는 겁니다. 칸트에 있어서 자유의 의미는 자연적 욕구에서 벗어나는 것이 아니라, 어떠한 경우에도 의무를 행하고자 하는 선한 의지에 있었습니다. 행여 선한 신이 존재하여 인간에게 인과응보에 따라 미래의 새로운 세계를 약속한다면, 그 기준은 선한 의지에 있어야 한다고 주장하는 이가 바로 칸트입니다. 결과를 놓고 생각하면, 어느 누구도 자연적 이기심에서 벗어날 수 없기 때문입니다.

흔히 호모 필로소피쿠스는 진리를 추구하는 자로 통합니다. 틀린 말은 아닙니다. 그런데 조심해야 합니다. 자칫하면, 의미를 추구하는 존재에서 크게 벗어날 수 있기 때문입니다. 한때 호모 필로소피쿠스는 진리를 우리가 살고 있는 세상의 피안(彼岸)에서 찾은 적이 있습니다. 우리가 살고 있는 이 세상은 너무나 변화무쌍하기 때문에 진리에는 어울리지 않는 것처럼 보입니다. 태어나서 죽고, 온갖 괴로움과 슬픔으로 채색되어 있는 현실에서 무슨 특별한 것이 나올 수 있겠습니까? 우리의 자연적인 생각은 가난하지도 않고, 실연도 없으며, 죽음의 공포도 없는 영원한 세계를 동경하기 마련입니다. 본질의 세계란 이러한 염원을 딛고 탄생한 에덴동산입니다.

나의 존재는 현상과 본질로 나눠지는 것일까요? 이 세상은 허상이며, 진정한 세상은 다른 곳에 있는 걸까요? 눈에 보이는 나의 신체는 어차피 흙으로 돌아갈 물질에 불과하며, 눈에 보이지 않는 영원한 실체는 따로 존재하는 영혼의 세계일까요? 독자에게는 따분한 시간이겠지만, 잠시 철학사를 검토해 보겠습니다.

이 숱한 물음을 품고 전통적 형이상학은 삶의 미로에서 벗어나 화려하게 비상합니다. 모든 외적 원인을 걷어차고 스스로가 자신의 원인이 되는 '실체'를 발견했을 때, 형이상학은 환호합니다. 그리고 이전과 이후를 통틀어 어느 철학적 사조도 넘볼 수 없는 어마어마한 부와 명예를 거머쥐게 됩니다. 변화무쌍한 현상의 세계를 넘어 불변의 세계를 캐내려는 불굴의 의지가 이뤄낸 성과라 하겠습니다.

아리스토텔레스, 토마스 아퀴나스(Thomas Aquinas, 1225~1274), 스피노자(Baruch Spinoza, 1632-1677), 데카르트, 칸트 등 쟁쟁한 철학자들의 손을 거치며 실체는 근대까지 철학계에서 최고의 메뉴로 통했습니다. 여기까지인가 싶을 때, 헤겔(Georg Wilhelm Friedrich Hegel, 1770~1831)을 징검다리 삼아 절대정신으로 거듭나면서, 종교적 색채를 벗고 이미지

변신에도 성공합니다. 신의 죽음을 만천하에 공포하며 다방면으로 공감을 얻어냈던 니체의 등장 이후엔 절대자의 이미지까지 벗어던져 버립니다.

그러고는 기어이 우주의 질서, 존재의 역운, 타인의 얼굴 등과 같은 신비스러운 철학적 개념으로 무장한 채 자신의 이름이 명불허전임을 증명합니다. 화이트헤드, 하이데거, 엠마누엘 레비나스(Emmanuel Lévinas, 1906~1995), 질 들뢰즈(Gilles Deleuze, 1925~1995) 등이 형이상학의 퇴장을 온몸으로 가로막고 있는 현대의 맹장들입니다.

개인적인 호불호(好不好)를 배제하고 객관적으로 평가하자면, 불변의 세계를 추구하는 형이상학은 불같은 매력을 지닌 철학의 분과는 아닙니다. 그러나 딱히 전성기라 할 시기도 없이 늘 철학이라는 나무의 뿌리를 점하고 있었기에, 어떤 경우에도 외면할 수 없는 것이 사실입니다. 철학이 아무리 망해도 죽을 수 없는 이유 중의 하나가 바로 형이상학이 추구하는 영원한 세계에 대한 염원 때문입니다.

형이상학이라는 용어 자체가 처음으로 사용된 배경은 아리스토텔레스가 세상을 뜨고도 훨씬 후인 기원전 70년경 그의 원고를 편집하는 과정에서 비롯됩니다. 안드로니우스(Andronius of Rhodes)라는 인물이 편집일을 담당하고 있었는데, 아리스토텔레스의 원고들 중에서 어떠한 제목도 달려 있지 않은 일련의 작품들을 발견합니다. 아리스토텔레스의 영향력 있는 저작들은 대체로 자연을 다루는 것들이었기에, 그는 무심히 자연학 뒤에 이 무명의 저작들을 배열합니다. 글자 그대로 '자연학 뒤에 있는 것'(ta meta ta physika)이라는 의미를 지닌 형이상학은 이렇게 탄생하게 됩니다.

그럼 언제부터 형이상학이 만물의 근원학으로 불리게 되었을까요? 내용상으로만 보면, 이미 아리스토텔레스에서부터 형이상학은 제1철학(prōtē philosophia)으로 간주됩니다. 그러나 단순히 뒤에 있다는 'meta'의 의미에 '넘어서는' 혹은 '초월적'이라는 수식어를 부여한 것은 엄밀한 의미에서 후대 철학자들의 공적입니다. 그 중에서도 지금까지 여전히 인구에 회자되는 형이상학에 대한 전형적인 정의는 데카르트에서 유래합니다.

> "철학 전체는 한 그루의 나무와 같다. 그 뿌리는 형이상학이며, 그 줄기가 자연학, 그리고 이 줄기로부터 뻗어 나온 가지들이 여타의 다른 학문들이다. 분과학문들은 세 부류로 나눠서 고찰될 수 있다. 의학, 공학 그리고 윤리학이 그것이다."[27)]

데카르트는 『철학 원리 *Principia philosophiae*』(1644)에 들어 있는 피코에게 보내는 서신에서 형이상학과 제반 학문과의 관계를 위계질서를 통해 설명합니다. 그 뒤로 형이상학은 신의 존재, 세계의 원리, 인간적 의지의 자유, 영혼의 불멸성 등과 같은 주제를 포괄하며 철학 내에서 최대의 주주로 자리매김합니다. 진리를 삶의 피안, 즉 모든 경험과 욕망을 넘어서는 영원불변의 세계에서 찾으려는 이론적 시도는 사막에서의 삶에 지친 현대인에게 정신적 오아시

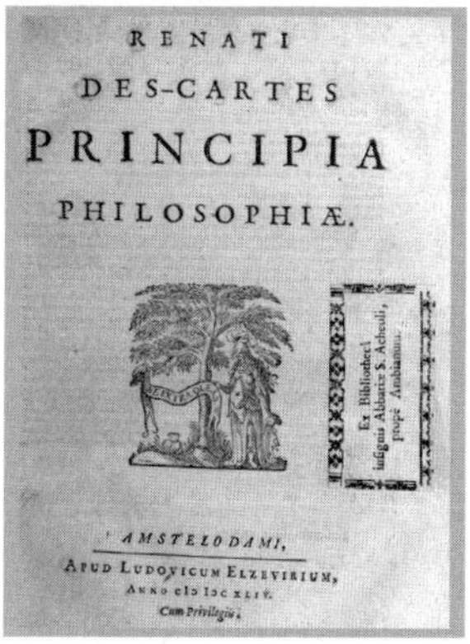

27) René Descartes, *Die Prinzipien der Philosophie*, Hamburg 1955, XLII.

스를 제공할지 모릅니다. 물질적 필요를 채우기 위해 동분서주하고, 살아남기 위해 남을 이겨야 하며, 때로 자신을 이긴 강자에게 무릎을 꿇어야 하는 현대인에게 정신적 피난처가 될 수 있기 때문입니다.

힐링, 자신으로부터 오는 혁명

우리는 토머스 홉스(Thomas Hobbes, 1588~1679)가 지적했듯이 'Homo homini lupus'의 세계에서 완전히 벗어난 것은 아닙니다. 직역해 보면 '인간은 모든 인간에게 늑대'라는 의미입니다.

그런데 홉스가 살았던 시대에는 동물의 생태와 습성에 대한 연구가 그리 발달하지 않았던 모양입니다. 실제로 늑대는 너무도 인간적인 면모를 지니고 있습니다. 한번 짝짓기를 하면 평생에 걸쳐 서로 파트너를 바꾸지 않으며, 수컷은 자신의 암컷과 새끼를 위해 목숨을 거는 유일한 포유류라고 합니다. 인간이 늑대를 두려워하고 무자비하게 사냥한 이유는 자신과 너무도 닮은 동물에 대한 시기에서 비롯된 것이 아닐까요?

어쨌든 오늘날은 늑대라는 동물에 대한 편견이 마음에 걸렸는지, 홉스의 경구는 '만인에 대한 만인의 투쟁'으로 의역되고 있습니다. 생존투쟁에서 지친 사람들은 삶의 의미가 어디에 있는지를 갈망하게 됩니다.

이러한 심리적 욕구 때문에 대중은 정신적, 종교적 스승의 출현을 항상 목말라 합니다. 위로 받기를 원하고, 지친 심신이 치료되기를 소망합니다. 결핍된 정신을 현실 너머의 초월적 세계가 채워 주기를 바라는 것입니다. 최근 몇 년간 힐링과 공감 그리고 상생이 우리 시대의 최대 화두로 떠오른 데는 그럴만한 이유가 있는 것 같습니다.

그런데 상처받은 영혼의 치료가 그렇게 간단할 수 있다면 얼마나 좋겠습니까? 힐링과 관련된 베스트셀러 서적을 몇 권 읽거나, 유명인들의 솔직한 대담에 공감하고 종교인들의 주관적 신념을 받아들여 영혼의 자유를 얻을 수 있다면, 저자도 그 행렬에 동참하고 싶은 생각이 간절합니다. 저자 역시 삶이 무겁기는 마찬가지입니다. 쉬운 길을 놔두고 어려운 정신적 여정을 반복할 하등의 이유가 없는 것입니다.

하지만 진리의 문은 그렇게 쉽게 열리지 않습니다. 급한 마음에 몇 가지 처세술을 익힌다 하여, 우리의 정신이 진리를 보는 것도 아닙니다. 이는 마치 철학자 몇 명을 안다고 해서, 철학자 행세를 하는 성급한 자의 삶의 태도로 비유될 수 있습니다.

호모 필로소피쿠스는 일시적인 갈증을 해소함으로써 자신의 정신을 마비시키는 주술사가 아닙니다. 정신이 마비되면, 진리를 찾으려는 지속적인 물음도 사라지고 맙니다. 우물은 하늘에서 내리는 비로 채워지는 것이 아닙니다. 마르지 않는 우물은 자신 안에서 끊임없이 올라오는 샘물에 의해서만 유지될 수 있습니다. 우물을 깊이 파야 하는 이유가 바로 여기에 있습니다.

호모 필로소피쿠스가 형이상학이 추구했던 초월을 경계하는 이유도 마찬가지입니다. 형이상학적 초월은 자신의 의도와는 달리 진리에 대한 물음을 스스로 제거해 버립니다. 형이상학은 절대적 지식을 추구합니다. 누군가가 자신이 알고 있는 혹은 알고 있다고 믿는 지식이 절대적이라고 생각하게 되면, 그때부터 그는 무모하고 잔인한 권력의 시녀가 됩니다.

절대적 지식은 자신을 벗어나는 어떠한 시도도 용납할 수 없기 때문입니다. 그가 윤리적으로 문제가 있어서가 아닙니다. 앎이 그를 무지한 자로 변신시키는 역설이 발생한 탓입니다.

얼마 전에 우연히 《아고라 Agora》(2009)라는 영화를 본 적이 있습니다. 로마제국이 멸망하기 직전 그 격변의 한 단면을 천재 여류 천문학자이자 철학자였던 히파티아(Hypatia, 370~415)의 눈으로 조명해 내었습니다. 당시 이미 대부분의 정치권력을 장악했던 기독교인들은 그녀의 과학적 지식을 이교신앙과 같은 것으로 간주합니다. 그녀의 철학적 마인드는 기독교의 절대지식을 위협하는 극단적 불신앙의 뿌리로 배척됩니다. 결국 히파티아는 마녀로 몰려 처참한 죽임을 당하게 되지요. 주교로 임명된 제자에게 던졌던 그녀의 마지막 대사가 두고두고 저자의 귓전에 남습니다.

"신념은 강요하는 것이 아니다."

진리는 외부로부터 오는 것도 강요될 수 있는 것도 아닙니다. 진리는 개인의 실존을 채우고 흘러넘칠 수 있는 존재의 심연입니다. 이것을 이해하지 못하면, 진리에 대한 인식이 곧 폭력의 원천이 되어 진리를 말살하게 되는 것입니다. 간단한 논리입니다. 내가 진리라면, 나와 동일하지 않은 모든 타인은 악의 근원이 되고 맙니다. 마녀사냥으로 얼룩진 서구 중세의 역사가 이것을 정확하게 증명해 주고 있습니다.

진리를 추구하는 행위가 진리를 말살하는 역설을 피하려면, 진리를 개인이 취할 수 있는 상대적 지식과 혼동하지 말아야 합니다. 진리는 스스로 드러납니다. 진실은 언젠가는 밝혀진다는 통속적인 맥락에서 이해해도 무방합니다. 개인의 주관적 신념이 강하다보면, 항상 스스로 드러나는 진리를 가로막기 일쑤입니다. 신념이 권력과 서로 연결이라도 될라치면, 진리는 가장 비인간적인 역사에 자신의 발자취를 남기게 됩니다.

하이데거의 경우를 들어 이 문제를 좀 더 접근해 보겠습니다. 전통적인 형이상학의 이러한 오류를 극복하기 위해 하이데거가 선택하는 길은 조금은 독특합니다. 진리란 무엇일까요? 하이데거에게 있어서 진리는 이 질문을 던지는 자와 분리되어 고찰되지 않습니다. 그는 심지어 진리란 그것을 묻는 자의 삶과 함께 드러난다고 주장합니다. 굉장히 이해하기 어려운 암호처럼 느껴질지 모르지만, 그리 어려워할 일도 아닙니다. 진리를 묻는 자를 배제하고 어떻게 진리에 대한 의미를 물을 수 있겠습니까?

이것을 설명하기 위해 하이데거는 현존재(Dasein)라는 개념을 인위적으로 만들어냅니다. 말도 많고 탈도 많은 개념입니다. 그의 주저 『존재와 시간 *Sein und Zeit*』(1927)은 현존재에 대한 실존적 분석이라고 간단히 요약해도 과장이 아닙니다. 현존재란 대체 무엇일까요? 어원적으로 볼 때, 현존재는 '거기(여기) 있음' 정도로 번역될 수 있습니다. 갑자기 머리가 아파옵니다. 무엇이 거기에 혹은 여기에 있다는 말인가요?

주어는 존재입니다. 여기에 있는 것은 존재입니다. 그런데 주어를 알아도 사태가 달라지지는 않습니다. 밑도 끝도 없이 존재가 여기에 있다는 말은 무엇이며, 그것과 진리는 무슨 연관이 있다는 말일까요? 굉장히 어려운 것처럼 보이는 질문이지만, 우리의 관심이 고상한 답변을 찾는 데 맞춰지게 되면 그때부터 이론의 미로 속에 갇혀 버리게 됩니다. 우리에겐 이카루스의 날개가 필요합니다. 열쇠는 우리 자신 안에 있습니다.

진리가 드러나기 위해서는 그것이 무엇인지를 묻는 자가 반드시 있어야 합니다. 내가 없는 곳에서 진리가 있다한들 무슨 소용이란 말인가요? 진리가 '나'로부터 유래한다는 말이 아닙니다. 나의 존재가 없다면, 어차피 진리를 물을 자도 그에 대한 답변을 기다릴 자도 어떠한 이름을 갖지 못할 것입니다. 익명으로 던져지는 질문에 답변할 필요를 느끼는 사람은 아무도 없을 것입니다.

하이데거는 이제 주장합니다. 진리란 해명이자 이해이며, 그런 의미에서 일종의 드러남이자 발견됨이라는 겁니다. 중요한 것은 진리를 묻는 최초의 순간을 확인하는 것입니다. 진리는 누가 묻는 것일까요? 최초의 질문자는 바로 '나'입니다. 진리를 묻고 답하거나 받아들이는 사람은 유명연예인도 심오한 종교인도 아닌 바로 평범한 '나'인 것입니다.

혹자는 반문할지도 모르겠습니다. 먹고 사느라 정신이 없는 범인들보다 성공한 유명인사나 신비스러운 종교인이 훨씬 심오한 삶의 메시지를 전달해 줄 수 있지 않느냐고 말입니다. 맞는 말입니다. 그러나 이 또한 진지한 물음을 던지는 나의 존재가 없다면, 말짱 도루묵입니다.

"Quod est Veritas? — 진리란 무엇인가?"

지금부터 2000년 전 빌라도가 예수에게 던졌던 유명한 질문입니다. 이 단 하나의 질문으로 그는 인류 역사라는 무대에서 가장 악명 높은 조연으로 자신의 이름을 알릴 수 있었습니다. 시시때때로 자신을 길이요, 진리이자 생명으로 묘사하며 신성모독으로 일관했던 예수입니다. 그런 그에게 빌라도는 진리에 대해서 묻습니다. 하지만 어느 누구도 그가 진지한 태도로 진리에 대해 관심을 가졌다고 생각하지 않습니다. 행여 그가 진심으로 예수에게 진리를 구했더라면 어땠을까요? 아마도 기독교의 역사는 상당히 달라져 있을 겁니다.

하이데거가 출발하는 지점이 바로 여기입니다. 현존재란 '내가 여기 있다'는 사실을 일차적으로 말합니다. 내가 여기에 있음은 동시에 진리가 드러나는 첫 순간을 지시하고 있습니다. 행여 진리가 무엇인지 내가 진심을 담아 물을 수 있다면, 진리는 이미 나의 '여기에 있음'을 통해 자신의 모습을 드러내기 시작합니다. 질문을 던질 수 있는 존재로서의 인간은 이미 진리의 도정에 서 있는 것입니다.

그렇다면 하이데거는 나의 실존과 진리가 드러나는 과정을 동일시하는 것일까요? 전통적인 형이상학은 개인의 신념과 진리를 암묵적으로 동일시하였습니다. 그 결과가 대단히 치명적이었다는 사실은 이미 지적한 바 있습니다. 여인의 치명적 매력이 남자를 유혹하는 데 그친다면, 인간의 지식이 지니고 있는 치명적 힘은 시퍼렇게 날이 선 칼처럼 호령하고 휘두르기 일쑤입니다. 그래서 하이데거는 현존재가 곧 진리라는 사실에는 확실히 동의하지 않습니다. 여기서 하이데거의 실존론적 존재론은 기존의 형이상학과 여전히 한 배를 타고 있습니다.

그럼에도 하이데거는 현존재가 진리 '안'에 있다는 사실에는 한 치의 의심도 품지 않습니다. 혹은 진리가 현존재와 '함께' 있을 수도 있습니다. 어떤 식으로 표현하든 현존재와 진리는 서로에게 중요한 의미가 되고 있습니다. 그 이유가 무엇일까요?

우리는 앞서 진리의 형이상학적 본질이 초월에 있다고 밝힌 바 있습니다. 그런데 이 세상에 존재하는 어떤 것도 초월의 영역에서 자신을 드러낼 수는 없습니다. 돌멩이, 식물, 동물, 인간에 이르는 생태계의 위계질서에서 모든 존재자들의 생존방식이란 자기보존이라는 자연적 욕구에서 벗어날 수 없습니다. 진리와 더불어 살았다고 추앙받는 성인조차 현실적 욕구를 충족시킬 때에만 삶을 연명해 갈 수 있다는 사실에는 변함이 없습니다.

물론 범인(凡人)이 악착같이 움켜지려고만 하는 반면, 성인은 평생에 걸쳐 버리고 비우는 연습을 하고 있는지도 모릅니다. 그러나 정도의 차이가 영원을 상징하는 초월의 세계를 불러올 수는 없답니다. 그렇다면 초월이란 도대체 어디에 있는 것일까요? 대체 그러한 것이 있기는 한 걸까요? 호모 메타피지쿠스(Homo metaphysicus, 형이상학적 인간)는 혹시 멍청한 공상가는 아니었을까요?

우리는 최소한 전통적 형이상학의 오류를 반복해서는 안 됩니다. 현실을 직시하며 살아가는 사람은 무엇이 진정으로 있는 그대로의 세계인지에 대해 늘 궁금함을 지니고 있습니다. 그러나 자신이 초월적 세계에서 살아가고 있다고 착각하는 사람은 무엇도 보거나 들으려고 하지 않습니다. 자신을 닫아 버림으로써 독단에 빠지는 것입니다. 형이상학이 오늘날 예전의 명성을 되찾지 못하는 가장 큰 이유는 초월의 세계가 거짓된 환상이어서가 아닙니다. 인간적 조건을 무시함으로써 우리가 지금 어디에 있으며, 그리고 어디로 가고 있는지를 망각해 버린다는 사실이 오히려 더 치명적입니다.

하이데거는 진리를 인간적 조건을 넘어서는 신비한 영역에서 찾지 않습니다. 제한된 인간적 삶을 벗어나는 초월의 세계란 그에게는 애당초 존재하지 않습니다. 설령 존재한다손 치더라도, 우리는 그것을 결코 볼 수 없습니다. 진리를 보았다고 말하는 사람은 무언가를 착각하고 있거나, 일정한 목적을 위해 자신과 타인을 기만하고 있을 뿐입니다.

하이데거는 진리를 한 개인이 자신과 맺는 관계 속에서 펼쳐내는 존재의 선물로 이해합니다. 진리란 있는 그대로의 세계이며, 우리는 그 속에서 자신을 찾을 수 있을 뿐입니다. 혹은 진리는 현존재가 자신과 세계를 이해하는 정도에 따라 열리는 존재의 세계일지도 모릅니다. 바로 이러한 이유 때문에 하이데거는 진리에 대한 물음은 자신에 대한 진지한 반성으로부터 출발해야만 한다고 목소리를 높이는 것입니다.

우리 모두는 일정한 시간과 공간을 살아갑니다. 타인과 함께 사회의 한 구성원으로 주어진 업무를 수행하는 그저 평범한 일인에 불과합니다. 우리의 삶은 일차적으로 공공(公共)의 삶인 것입니다. 그런데 여기에서도 중요한 사실을 잊어서는 안 됩니다. 익명의 삶이 던져 주는 편안함이란 '나'의 존재가 드러나는 지평이라는 사실을 말입니다. 우리는 종종 대중 속에서 고독을 느낍니다. 산업화의 시대가 고독한 개인에 대한 인간적 연민을 자아내었던 시대였다면, 지금은 고독한 대중이 사회문제로 대두되고 있는 시대입니다. 함께 있어도 우리 모두는 외로운 개인으로 모여 있을 뿐입니다.

그런데 우리는 여기서 중요한 사실을 잊어서는 안 됩니다. 외로움 자체를 굳이 두려워할 필요는 없다는 사실입니다. 홀로 있을 때, 우리는 진정한 자신을 발견하기도 하니까요. 있는 그대로의 세계에서 나의 존재란 있는 그대로의 모습으로 드러나야 합니다.

외로움은 단순히 홀로 있음이 아닙니다. 외로움은 자신을 돌아볼 수 있는 사람에게 그의 내부에서 새로운 옷을 입고 비상합니다. 우리는 외로움이 전해 주는 소리 없는 목소리를 통해 자신의 흔적을 발견하기 때문입니다. 반복해서 지워도 지워지지 않는 나의 존재는 어디서 온 것일까요? 이 질문을 던질 수 있는 권리는 외로움을 느낄 수 있는 사람에게만 있습니다. 이 질문을 통해 그는 자신의 존재가 대체할 수 없는 존재의 흔적이라는 직접적인 확신을 얻게 됩니다.

호모 필로소피쿠스는 상상력을 지니고 있는 사람을 뜻합니다. 상상력은 자신을 되돌아보는 여백을 갖는 사람에게만 주어지는 권리입니다. 그 권리의 의미는 무엇이 진정으로 참된 것인지를 묻는 데 있습니다. 그로부터 우리는 세상에 대한 자신만의 눈을 갖게 됩니다. 인간에게 있어서 진리란 이렇듯 자신을 통해 세상을 여는 것이며, 나의 존재가 세상에 모습을 드러내는 과정이기도 합니다. 이것이 타인에게 나의 신념을 강요할 수 없는, 혹은 강요해서도 안 되는 이유입니다.

6. 사랑이 무어냐고 물으신다면……

"진정으로 사랑한다면, 자유롭게 풀어 주거라.
그가 돌아온다면, 영원히 네 것이 될 것이다."
—공 자—

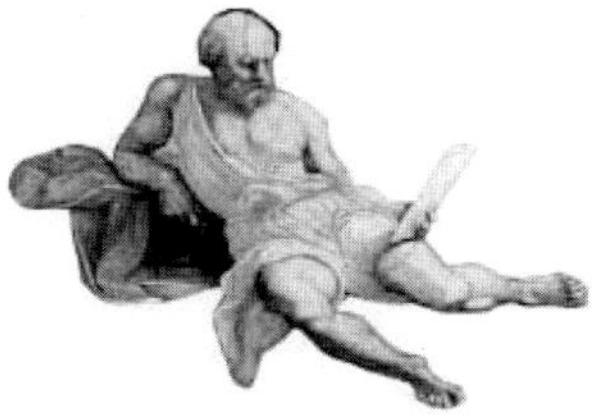

6. 사랑이 무어냐고 물으신다면……

사랑(amor), 그 잊혀진 의미

바야흐로 우리는 사랑의 시대에 살고 있습니다. 거리거리마다 사랑하는 사람들이 넘칩니다. 사랑 때문에 울고 웃는 사람들, 사랑 때문에 함께 하고, 사랑 때문에 헤어지는 사람들, 사랑이라는 이름으로 행복해 하며, 동일한 이름으로 남을 해하는 사람들, 우리 주변에는 사람들의 이름만큼이나 사랑의 종류도 많은 것 같습니다.

노래의 태반이 사랑을 부르며, 영화, 연극, 드라마와 같은 각종 영상매체의 주제도 사랑이 없으면 시나리오조차 쓰기 어려운 시대입니다. 설령 막이 올라도 흥행과는 아무런 관련이 없는 마니아만을 위한 다큐멘터리가 되고 맙니다. 문학과 예술, 심지어는 종교조차도 사랑을 노래하며 글로벌 시대가 야기한 경제위기를 슬기롭게 버텨 내고 있습니다. 조금 오래되었지만, 저자가 유일하게 알고 있는 대중가요인 김광석의 <거리에서>도 슬픈 사랑을 그리고 있습니다.

"그리운 그대 아름다운 모습으로 마치 아무 일도 없던 것처럼
내가 알지 못하는 머나먼 그 곳으로 떠나 버린 후
사랑의 슬픈 추억은 소리 없이 흩어져
이젠 그대 모습도 함께 나눈 사랑도 더딘 시간 속에 잊혀져 가요."

그런데 어디에나 이방인은 있기 마련입니다. 유독 호모 필로소피쿠스만이 고고하게 사랑에 무관심한 것처럼 보입니다. 철학이 우리 사회에서 흥행에 실패한 이유가 바로 이러한 도도한 인상 때문은 아닌지 조심스럽게 진단해 봅니다.

하지만 철학이 사랑에 무관심하다는 인상은 일종의 편견에서 비롯된 것임이 명확합니다. 저자가 산 증인입니다. 철이 들고 난 이후로 철학의 언저리만을 맴돌고 있는 저자는 사랑에 무척이나 관심이 많습니다. 사랑도 많이 하였고, 정확하게 그만큼 실패도 경험하였습니다. 아주 예외적인 경우라고요?

아닙니다. 사랑에 대한 경험이 없다면, 호모 필로소피쿠스도 있을 수 없습니다. 서양 철학의 아버지격인 플라톤의 저서 『향연 *Symposion*』은 온통 사랑 이야기로 가득합니다. 사랑에 대한 다양한 시각도 훌륭하지만, 사랑의 단계(Scala Amoris)를 논할 때는 교양미가 펄펄 넘칩니다. 아버지가 이럴진대, 유전자가 변형되지 않은 이상 망나니 같은 자식들이 나오지는 않는 법입니다.

사랑과 관련된 명언들만 몇 개 간추려 보겠습니다.

"우리가 살고 있는 이 땅을 사랑이 지배한다면, 모든 법규는 필요가 없어질 것이다."

—아리스토텔레스

"사랑으로 행하는 자는, 가장 높은 지위에 올라 자유롭게 행동하는 자이다."

—토마스 아퀴나스

"한 방울의 사랑이 태평양의 이성보다 더 넓을 것이다."

—파스칼

"사랑으로 행해진 일은 항상 선과 악의 피안에서 발생하는 사건이다."

—니체

"더 이상 사랑하지도 방황하지도 않는 자는, 이미 무덤으로 들어가는 자이다."

—괴테

"인생에서 중요한 것이 하나 있다면, 그것은 우리가 자연으로 돌아갈 때 남기는 사랑의 흔적일 것이다."

—슈바이처

사랑과 관련된 철학자들의 경구를 찾을라치면, 이 저서 전체를 메워도 부족한 판국입니다. 호모 필로소피쿠스가 사랑과 무관하다는 인상은 절대 사실이 아닙니다. 그들이 추구했던 사랑은 어떤 종류의 것이었을까요? 말이 나왔으니, 플라톤의 경우를 징검다리 삼아 나가 보겠습니다.

플라톤의 『향연』은 문학적 구성이나 내용 면에서 그의 작품 가운데 가장 뛰어난 걸작으로 분류됩니다. 제목으로 번역된 향연(Symposion)은 오늘날에는 주로 학술적 토론회나 간담회를 의미하는 단어로 쓰이고 있습니다. 그런데 당시에는 주로 만찬을 하며 철학적 대화를 나눴다고 하니, 틀린 번역도 아닌 듯합니다.

만찬의 주제는 '사랑이 뭐냐고 물으신다면'입니다. 이런 종류의 질문을 받게 되면, 누구나가 할 말이 많을 겁니다. 이 당시에도 난다 긴다 하는 사람들이 등장하여 사랑에 대한 자신만이 고견(高見)을 내놓습니다. 물론 대미를 장식하는 일은 언제나 소크라테스의 몫입니다. 정열과 풍요의 신으로 유명한 에로스(eros)의 이야기가 등장하는 시기도 바로 이때입니다. 소크라테스는 만티네아의 현녀 디오티마의 입을 빌려 에로스를 다음과 같이 묘사합니다.

"에로스는 포로스와 페니아의 아들이었기 때문에 다음과 같은 성격을 지니게 되었답니다. 첫째로 가는 언제나 결핍 상태에 놓여 있어서, 일반인들이 생각하는 것과는 달리, 부드러움이나 아름다움과는 거리가 멀답니다. 그러한 것과는 정반대로 그는 조야하고 더럽고 맨발로 집도 절도 없이 떠돌아다니며, 언제나 땅바닥 위에서 덮을 것도 없이 드러누워 있습니다. 또 남의 집 대문 앞이건 길가이건 가리지 않고 하늘을 이불 삼아 잠을 자는데, 그것은 그가 어머니의 본성을 이어받아 언제나 결핍과 함께하기 때문이랍니다. 반면에 그는 다른 한편으로 아버지의 성격도 이어받아 아름답고 훌륭한 것을 획득하기 위해 계책을 잘 꾸며내기도 한답니다. 그는 용감하기 때문에 진취적이고 전력투구하는 빼어난 사냥꾼이고, 끊임없이 계략들을 짜냄으로써 현명한 지혜를 얻고 새로운 수단을 개척해내며, 평생 동안 지혜를 탐구하며 삽니다. 하지만 다른 한편으로는 대단한 협잡꾼이자 마술사이며 소피스트이기도 하답니다. 그는 본성상 불사적인 존재도 가사적인 존재도 아닙니다. 그는 단 하루 동안에도, 어떤 때는 꽃처럼 피어올라 생생하게 살아 있는가 하면 어떤 때는 죽어 있다도 합니다. [……] 그럼에도 불구하고 그는 단 한 번도 풍족한 상태에 있는 법이 없지요."[28]

이 이야기는 사랑과 관련된 인생사의 편린들을 한 눈에 읽어낼 수 있

---

28) 플라톤, 『향연』, 박희영 옮김, 문학과 지성사(2006), 120~121쪽(*Symposion 203 d-e*)

도록 우리를 안내합니다. 인간은 결핍된 존재입니다. 결핍은 단순히 부정이 아닙니다. 결핍으로 인해 인간은 끊임없이 아름다움과 지혜를 추구하는 자가 된 것입니다. 그렇다고 인간이 지혜로운 자라고 말하는 것도 아닙니다. 인간이 지혜를 지닌 존재라면, 그에게는 무엇을 추구할 욕구가 전혀 생기지 않을 테니까요.

사랑, 즉 에로스란 결핍을 채우려는 인간의 내적 욕망입니다. 인간은 처음부터 선과 악뿐만이 아니라, 좋음과 나쁨, 아름다움과 추함까지 구별할 줄 안다고 합니다. 아름다움이 사랑을 유혹하는 주된 대상입니다. 그런데 아름다움에도 단계와 서열이 있다고 합니다. 그때나 지금이나 등급을 매기는 일은 인간의 본능이 아니었나 싶습니다.

첫째는 당연히 육체의 선에서 뿜어져 나오는 아름다움일 것입니다. 사랑에서 비롯된 그리움은 아름다운 그대의 모습에 대한 애타는 마음입니다. 그러나 외적인 아름다움은 금방 시들어집니다. 일생을 통해 생물학적 미가 위력을 발휘하는 시간은 불과 몇 년에 불과합니다. 그 뒤에 에로스는 눈에 보이지는 않지만 영원히 사라지지 않는 영혼의 아름다움에 시선을 돌립니다. 악기에서 최고의 선율을 낼 수 있는 사람은 연주의 달인이 아니라, 아름다운 영혼을 지닌 사람이라는 말이 있습니다. 진정한 아름다움이란 내면의 목소리에서 울려나온다는 사실을 에로스가 알게 된 겁니다.

물론 내면의 아름다움도 우연히 생기는 것은 아닙니다. 온실에서가 아니라 거친 인생의 파도를 헤치며 온갖 역경을 견딘 자에게만 주어지는 자연의 선물인 것입니다. 내면이 아름다운 사람은 의지가 강하고 웬만한 파도에도 흔들리지도 않습니다. 눈에 보이지 않는 보편성을 추구하는 학

(學)이 탄생하는 시점이 바로 지금입니다. 에로스가 학문에 관심을 보이기 시작하면서, 아름다움은 개별적인 사물을 넘어서 아름다움의 이면으로 파고들기 시작합니다.

무엇이 누군가를 매력적으로 보이게 하는 것일까요? 이러한 질문을 던질 수 있는 자는 누구일까요? 아마도 진정한 아름다움을 사랑하는 사람일 것입니다. 아름다움의 이면에는 지혜가 자리하고 있습니다. 이렇게 하여 에로스는 마침내 아름다움 자체를 사랑하는 지혜자의 단계에 도달하게 됩니다. 그리고 호모 필로소피쿠스는 끊임없는 탐구를 통해 눈에 보이는 아름다움에서 눈에 보이지 않는 아름다움 자체를 사랑하는 지혜로운 자라는 이름을 얻게 됩니다.

티지아노(Tiziano Vercellio, 1485~1576)의 **천상의 사랑과 세속적 사랑**(1515)

여기까지 읽은 독자는 갑자기 맥이 풀릴 것입니다. 예상하고 있습니다. 뭔가 특별한 것을 기대했는데, 호모 필로소피쿠스가 말하는 사랑이란 고작 자신의 이름을 설명하는 것이라니요. 도대체 사랑이 뭐라고 말한 건가요? 차라리 '눈물의 씨앗'이라는 해묵은 유행가의 가사가 훨씬 설득력이 있어 보입니다. 보편적 아름다움 혹은 지혜라는 단어에는 뭔가 거부할 수 없는 고상한 교양이 담겨 있는 듯 보이지만, 실전에서 불꽃 튀는 대중적 사랑과 만나면 1회전도 못 버티고 링을 떠나야 될 것 같습니다. 이런 종류의 논의로는 대중에게 호모 필로소피쿠스의 사랑을 설득력 있게 전달할 수는 없겠습니다.

지혜로움, 그 치명적 매력

우리는 이제 철학자가 어떻게 에로스를 지혜와 연결시키는지 다른 예를 통해 살펴봐야 합니다. 에로스가 어떻게 우리가 생각하는 외적 조건을 넘어서 지혜를 선택하게 되는지를 보는 겁니다. 우리에게 도움을 줄 숙련된 조교는 존 스튜어트 밀(John Stuart Mill, 1806~1873)입니다. 대부분의 호모 필로소피쿠스들이 천부적인 재능을 타고났다고 하지만, 그 중에서도 밀은 보기 드물 정도로 뛰어난 천재였습니다.

다섯 살이 채 되기도 전에 라틴어를 배웠고 인문고전들을 원어로 읽는 성숙함을 드러냅니다. 10살이 넘었을 때는 아리스토텔레스의 논리학을 익혔으며, 곧이어 영국의 고전 경제학을 통달하여 아버지의 간담을 서늘하게 합니다.

오늘날 같으면 의대나 법대 혹은 경영학과를 보내서 장밋빛 인생을 도모해야 마땅하겠지만, 밀의 아버지는 역시 학자다운 선택을 합니다. 그 또한 저명한 정치 경제학자였기에 자신을 능가하는 훌륭한 학자로 아들을 키우려고 결심한 것입니다. 그런데 밀에게 학자적 자질을 갖춰 주기 위해 사용했던 그의 훈육방식이 조금은 혹독했던 것으로 보입니다. 청소년 시기부터 밀은 신경과민으로 고생을 하며, 또래와는 다른 혼자만의 생활방식에 익숙해지게 됩니다. 천재라고 해서 인생이 마냥 좋은 것만은 아닌 것 같습니다.

그러던 어느 날 밀에게 운명적인 시련이 닥칩니다. 24세가 되던 해, 그는 해리엇 테일러라는 아름다운 여성과 일생을 가르는 조우를 하게 됩니다. 그녀는 밀에게 치명적인 매력을 지닌 여성으로 비춰집니다. 원초적 본능에 입각한 매력은 아닙니다. 그녀는 학문과 예술에 탁월한 조예를 보였고, 풍부한 감성의 소유자이기도 했습니다.

여성의 정치참여가 제한되어 있었던 당시 영국의 사회적 분위기에도 불구하고, 그녀는 사회정의에 깊은 관심을 보였던 지혜로운 여성이었습니다. 천재성으로 인해 일치감치 또래관계에 어려움을 겪었고 정서적으로 메말라 있었던 밀에게 그녀와의 만남은 평생 동굴에 갇혀 살았던 사람이 바깥으로 나와 처음으로 느꼈을 감동으로 다가왔을 것입니다.

하지만 이 무슨 운명의 장난인가요? 문제는 그녀가 유부녀였다는 사실에 있습니다. 그뿐이 아닙니다. 자식이 이미 둘이 있었고, 그녀의 남편은 밀과 친한 친구였습니다. 아무리 계산기를 두드려도 이뤄질 수 없는 사랑임에는 틀림없어 보입니다. 사회적 관습으로부터 비교적 자유로운 요즘에도 밀의 경우는 윤리적 지탄을 면하기 힘들 텐데, 당시는 엄격한 사회적, 종교적 규범이 여전히 시대정신을 지배하던 때입니다. 밀은 어떠한 선택을 했을까요?

드라마로 만들면 대박을 칠 장면이 우리를 기다립니다. 밀은 기다립니다. 기다리고 또 기다립니다. 무언가를 바라고 기다린 것은 아닙니다. 그녀와의 대화를 통해 끊임없이 영감을 받았고, 그 영감을 통해 세상을 글로 그려내며 밀은 아름다움과 지혜를 사랑한다는 것이 무엇인지를 알아갑니다. 물론 이러한 정신적 교감이 있기까지는 해리엇의 남편인 존 테일러의 배려도 큰 몫을 차지하고 있습니다. 친구와 아내의 자유로운 서신교환을 이해했으며, 둘만의 해외여행도 허락했다고 하니 그의 정신력도 범상치는 않아 보입니다.

그렇게 시간은 흐르고 대략 20여 년이 지났을 즈음 불행히(?) 그녀의 남편이 병사합니다. 그리고 둘은 마침내 사회적 제약으로부터 벗어나 떳떳하게 결혼식을 올립니다. 당시 밀이 남긴 결혼 서약서는 호모 사피엔스의 역사를 통틀어 가장 충격적인 내용으로 채워져 있습니다. 남녀평등이라는 대의를 놓고 본다면, 앞으로도 불멸의 혼으로 남아 있게 될 것입니다.

"그녀의 동의를 얻어 한없이 기쁜 나는, 나의 생애에서 알았던 유일한 여인과 결혼의 관계로 들어간다는 것, 즉 그 상태로 그녀와 들어간다는 것을 선언한다. 그리고 기존의 법률이 규정하고 있는 결혼관계의 모든 성격을, 그녀와 나는 우리의 양심을 걸고 완벽하게 거부한다. 기존의 법적 성격은, 무엇보다도 계약된 쌍방 중 일방에게 타방의 행동의 자유와 재산과 인격을 그녀의 소망과 의지에 무관하게 제어할 수 있는 법적 권리를 부여하고 있기 때문이다. 나는 이러한 가증스러운 권리를 법적으로 제거시킬 수 있는 수단을 현재로서는 가지고 있질 못하기 때문에, 기존의 결혼법에 대한 정식적 창의를 문서화시켜 남겨둘 의무를 느낀다. 이것은 이러한 권리가 부여되는 한에 있어서는 어떠한 상황에 있어서도 그러한 권리를 사용하지 않겠다는 신성한 맹세이다. 테일러 부인과 나 사이에서 성립하는 결혼의 계제에, 나는 다음의 선언이 나의 의지와 의도에 적합하며 우리 둘 사이의 계약의 조건에 합당하다고 생각한다. 그녀는 그녀 자신과 그녀에게 속하고 앞으로 속할지도 모르는 모든 것의 처분의 자유와 완전한 행동의 자유를 나와 동등하게 지니며 결혼이라는 사건이 일어나지 않은 것과도 동일한 모든 개체로서의 권리를 지닌다. 그리고 나는 그러한 결혼이라는 사건의 덕택으로 얻어진다고 생각되는 모든 권리의 허울을 완전히 부정하고 포기한다."[29] — 1851년 3월 6일 존 스튜어트 밀

참으로 명문입니다. 아울러 기발한 발상이기도 합니다. 결혼을 통해 법적 관계로 맺어지는 것이 아니라, 오히려 결혼을 매개로 여성을 묶고 있었던 기존의 모든 법적 관계의 무효를 선언하고 있으니 말입니다. 호르몬의 장난으로 밀의 눈에 콩깍지가 씌었던 것일까요? 밀의 에로스는 무엇을 보고 있는 것일까요? 사랑의 완성에는 조건이 필요하다며 엄격한 잣대를 들이대는 요즘의 세태가 결코 이해할 수 없는 비밀이 있습니다. 바로 눈에 보이지 않는 영혼의 아름다움입니다.

밀과 해리엇 테일러

영혼의 아름다움을 본 사람은 시간의 구애를 받지 않습니다. 오히려 그 시간을 즐깁니다. 시간이 지나면서 눈에 보이는 외적인 아름다움은 퇴색할지 모르지만, 그와는 반대로 영혼은 더욱 성숙해집니다. 밀이 해리엇에게서 보았던 아름다움은 외적인 조건이 아니었습니다. 아이가 둘 딸린 미망인이

29) 김용옥, 『여자란 무엇인가』, 통나무(2007), 98쪽에서 재인용.

라는 사회적 핸디캡은 밀에게 있어서는 오히려 삶의 연륜으로 느껴졌을지도 모릅니다.

더욱이 밀은 곧 자신이 보았던 영혼의 아름다움이 단지 해리엇의 영혼에 국한된 것이 아님을 깨닫게 됩니다. 운명의 여신은 밀에게 또 한 번의 시련을 허락합니다. 결혼 후 몇 년이 채 지나기도 전에 해리엇도 세상을 등지게 된 것입니다. 둘의 정신적 유대를 알고 있는 주위 사람들은 밀도 곧 세상과 이별할 거라고 예측하지만, 놀랍게도 밀은 자리를 박차고 일어나 왕성한 저술 활동에 돌입합니다. 그렇게 탄생한 책이 바로 자유주의 이론의 고전인 『자유론 *On Liberty*』(1859)과 여성해방 운동의 영원한 바이블 『여성의 종속 *The Subjection of Women*』(1869)입니다. 『자유론』의 서문에 첨부돼 있는 구절이 퍽 인상적입니다.

"지난 오랜 세월 동안 내가 저술했던 다른 글과 마찬가지로, 이 책 역시 그녀와 내가 같이 쓴 것이나 다름없다. 그러나 불행하게도 이 책은 그녀가 수정을 하지 못했다. 특히 가장 중요한 몇몇 부분은 그녀의 세심한 재검토를 받기 위해 일부러 남겨놓았는데, 그만 뜻하지 않은 그녀의 죽음 때문에 이 모든 기대를 접을 수밖에 없었다. 그 무엇과도 비교할 수 없을 만큼 소중한 기회를 놓쳐 버리고 만 것이다. 그녀는 참으로 깊고 그윽한 지혜의 소유자였다. 이제 그와 같은 도움을 받지 못한 채 쓰는 글이란 얼마나 보잘것없는 것일까."[30]

밀은 해리엇의 영혼에서 아름다움을 보았고, 그 아름다움을 자신의 삶의 이유로 승화시킬 수 있었던 겁니다. 플라톤이 보았던 에로스와 밀이

---

30) 존 스튜어트 밀, 『자유론』, 서병훈 옮김, 책세상(2008).

보았던 에로스는 대상이 다릅니다. 그러나 그 속에 들어 있는 보편적인 아름다움은 다른 것이 아닙니다. 정의와 인격 그리고 자유로움이란 모든 개별 실존이 존재하는 이유이자 아름다움 그 자체였던 것입니다.

이렇게 장황하게 밀의 에로스를 설명하고 나니, 갑자기 이상한 느낌이 듭니다. 호모 필로소피쿠스는 사랑에 무관심했던 것이 아니라, 일반인과는 전혀 다른 방식으로 사랑을 풀고 있는 듯합니다. 그것도 대단히 교양미를 풀풀 풍기면서 말입니다. 철학은 사랑과 관련이 없다는 인상은 근거 없는 오해는 아닌 듯합니다. 사랑을 할 때 교양과 지혜가 필요하다고 생각하는 사람은 아무도 없으니까요. 시간이 흐르고 나이만 먹으면 누구나가 알 수 있는 이상야릇한 감정을 철학은 왜 지혜니 실존이니 아름다움이니 하며 어렵게 풀고 있는 것일까요?

'인생 뭐 있어!'를 수시로 외치며, 생각대로 마음먹은 대로 걷고 있는 감각의 제국에서는 철학의 고상한 행보가 달갑게 보일 리가 없습니다. 그러나 한번쯤은 진지하게 생각해 봐야 합니다. 사랑이 넘치는 인플레이션의 시대에서 우리는 서로에게 애틋한 감정을 전달하지 못하는 스태그플레이션의 시대를 지나가고 있기 때문입니다.

'사랑이 사라진 사회', '온정이 없는 사회', '회색빛 인간관계가 만연하는 사회'라는 어두운 시대적 진단은 과장된 표현이 아닙니다. 표현 자체도 매우 부정적이지만, 더 심각한 사실은 현대를 살아가는 사람들에게 이러한 수식어들이 더 이상 아무런 자극이 되지 않는다는 사실입니다. 스마트 폰의 시대는 부드러운 터치감과 속도, 빠른 화면 전환처럼 사랑에도 스마트한 가벼움을 요구하고 있습니다. 깃털처럼 가벼워진 사랑이 언제 날아가 버릴지 모르는 불안에 떨면서도 말입니다. 사랑의 의미나 긍정적인 힘은 더 이상 필요하지도 가치도 없는 구시대의 유물로 전락해 버렸습니다.

그런데 우리 사회는 정말 온정이 사라진 사회일까요? 현대는 정말 사랑이 메마른 시대일까요? 이 질문은 좀 더 자세히 고찰할 필요가 있습니다. 거리마다 사랑이 넘치고, 조금만 한적한 곳을 거닐라치면 러브호텔이 즐비한 사회에서 사랑이 부족하다는 표현은 뭔가 어색해 보입니다. 철학자의 사랑만 진실이고, 일반인의 사랑은 허접한 감정의 유희인가요? 이것은 오해입니다. 우리는 여기에서 자연의 세계와 의미의 세계를 구별함으로써 이 오해를 풀 것입니다.

It's not your fault

우리는 자연에서 출발하여 다시 자연으로 돌아갑니다. 생물학적 인간이든 호모 필로소피쿠스든 자연적 운명을 거스르지 못한다는 점에서는 동일합니다. 그런데 호모 필로소피쿠스는 자신의 자연적 운명과 다시 한 번 관계를 맺습니다. 자연으로부터 와서 다시 자연으로 돌아가는 종류와 방식이 동물과는 다른 것입니다. 우리는 누차 이 부분을 강조해 왔습니다.

인간의 실존의 특징은 자신을 돌아보는 데 있습니다. 자신의 내부에 공간을 열고 그곳을 의미의 세계로 채움으로써 자신을 이해하는 것입니다. 인간이 몸담고 있는 세계란 정확하게 두 종류로 나눠져 있다는 뜻입니다.

인간의 사랑도 역시 자연과 의미라는 두 세계에서 고찰해 볼 수가 있습니다. 먼저 사랑에 있어서 자연의 세계란 무엇인지에 대해 알아봅시다.

자연을 탐구하는 학문을 자연과학이라고 부릅니다. 더 넓은 범주는 실증학문입니다. 실증학문은 객관성과 경험적 검증 가능성을 기준으로 인간을 이해하고, 인간에 의해 구성된 사회, 더 나아가 자연을 이해하는 학문의 분야입니다. 저자는 자연과학자가 아니기에, 자연과학에 대한 전문적 지식을 전달할 수는 없습니다. 그러나 자연과학이 자연을 관통하는 일련의 보편적 법칙을 발견하고 그것을 통해 생명의 탄생과 소멸, 생명유지를 위한 섭생, 종족번식을 위한 생식 등을 설명하려 한다는 사실은 분명해 보입니다.

생물학적 인간은 말 그대로 자연적인 인간을 뜻합니다. 생물학과 같이 경험과 관찰을 주된 방법론으로 삼고 있는 학문은 눈에 보이는 것을 오로지 눈에 보이는 차원에서 이해합니다. 따라서 생물학적 인간관은 수치와 경험, 관찰 등 아주 객관적이고 실증적인 차원에서 인간을 이해하려고 하지요.

"인간의 모든 행동에는 생물학적인 이유가 있다"

생물학적 인간관이 전제로 삼고 있는 문장입니다. 과학은 어떤 사실의 원인을 밝히는 데 있어서만큼은 포기라는 단어를 모릅니다. 인과법칙을 밝히려는 시도는 오랜 진화의 과정에서 복잡하게 얽혀 있는 인간의 다양한 행동양식을 그것이 출발했던 기원을 추적해서 단순화하려는 노력입니다. 이 분야에서 가장 혁혁한 공을 세우고 있는 선봉장은 이미 오래전부터 유전공학이 담당하고 있습니다.

대략 10여 년 전 인간 게놈 프로젝트(Human Genome Project)가 완성되었습니다. 일반인에게도 매우 익숙한 용어로 자리 잡은 인간 게놈 프로젝트란, 1990년에 시작해서 미국, 영국을 비롯한 전 세계 6개국에서 약 2,000명이 넘는 과학자들이 다년간에 걸쳐 진행한 학술 공동연구입니다. 이 연구가 밝혀낸 바에 따르면, 인간게놈의 염색체 속에는 30억 개의 DNA 염기쌍이 질서정연하게 자리 잡고 있으며, 이들의 조합에 따라 키와 피부색깔, 생김새 등 인간의 유전형질이 결정된다고 합니다. 인간 게놈 프로젝트는 십만여 개에 달하는 유전자의 지도와 이를 구성하는 모든 염기서열을 밝히는 것을 목적으로 진행되었습니다.

이 공동연구에 의해 밝혀진 사실들은 놀랍기도 하고 실용적이기도 합니다. 일차적으로 염색체 상에서 유전자의 위치를 파악함으로써, 질병에 대한 정확한 이해와 조기 확인 및 새로운 진단방법을 확립할 수 있게 된 것입니다. 질병을 근원에서부터 치료하는 새로운 의약품의 개발과 나아가 유전자 치료법도 도입할 수 있게 되었지요. 생로병사(生老病死)라는 자연의 질서에 직접적으로 개입하고 조작할 수 있는 여지를 얻게 된 것입니다.

물론 원하지 않았던 사실의 확인은 우리를 매우 실망스럽게 하기도 합니다. 전통적으로 인정되어 왔던 인간의 고상한 지위가 상당부분 와해되었기 때문입니다. 우리가 생물학적으로 보잘것없는 존재로 취급하는 대장균의 유전자 수에 비해 인간의 유전자 수가 겨우 10배 정도 많은 숫자에 불과하다는 사실은 우리의 자존심을 상하게 합니다.

인간과 원숭이의 유전자가 98% 이상 일치한다는 사실은 우리의 양심을 자극합니다. 겨우 2%의 차이가 어느 종(種)의 얼굴은 안전성 확인을 위한 실험장소로 활용되고, 어느 종은 안정성이 검증된 화장품을 사용하며 아름다움을 뽐낼 수 있게 된 것입니다. "대접받고자 하는 자는 먼저 남을 대접하라"는 만고불변의 황금률(Golden Rule)은 유전자의 극소한 차이가 빚어낸 종간의 불평등 법칙으로 전락해 버립니다. 동물과는 본질적으로 다른 특징을 지니고 있다고 여겨지는 인간 존엄성에 커다란 상처가 아닐 수 없습니다.

한편 인간에 대한 실증적 연구가 인간이 스스로 자신의 얼굴에 먹칠을 하고 있는 것만은 아닙니다. 인간을 큰 틀에서 생태계의 한 종으로 인식하려는 시도는 휴머니즘의 확대에 상당한 기여를 하기도 합니다. 이전까지 윤리적 지탄의 대상이었던 다양한 인간의 행동양식들에게 생물학적 기원을 찾아줌으로써 정상참작이나 정당화될 수 있는 길을 열어 준 것이지요. 다음은 잊을만 하면 종종 등장하는 우리 사회의 어두운 한 단면입니다.

"자신이 낳은 영아를 살해한 뒤 지하철 역사 화장실에 버린 혐의로 여자 고등학생이 경찰에 검거됐다. 서울 구로경찰서는 영아 살해 및 사체 유기 혐의로 A양을 불구속 입건했다고 29일 밝혔다. 경찰에 따르면 A양은 지난 10일 새벽 5시께 자신의 집 화장실에서 낳은 아이를 수건으로 감싸 숨지게 한 뒤 비닐봉지에 넣어둔 뒤 이날 오전 11시25분께 서울 지하철 2호선 신도림역 여자 화장실 휴지통에 버린 혐의를 받고 있다. A양은 경찰 조사에서 '친구나 가족에게 임신 사실이 알려지는 게 부끄러웠다'고 진술한 것으로 알려졌다."(mbn 뉴스, 2012. 08. 29)

영아살해(infanticide)입니다. 이러한 기사를 접할 때마다 가슴이 먹먹해집니다. 본인의 의사와는 상관없이 세상에 와서 다시 자연으로 돌아가는 과정이 허망함의 극치로 느껴지기 때문입니다. 지금까지 우리가 적용시켜 왔던 사회적 척도에 비춰 보면, 갓 태어난 아이를 죽이는 행위는 윤리적 지탄의 대상이 됩니다. 관련된 인터넷의 댓글만 보면, 관련자는 공개처형도 면키 어려워 보입니다. 비록 미성년자이지만, 법적으로도 책임을 피할 수는 없습니다. 그런데 이것이 전부일까요? 영아살해는 인성이라곤 눈 씻고 봐도 찾을 수 없는 막장 아이가 저지른 철없는 행동인 것일까요?

우리는 여기서 문제가 그리 간단하지 않다는 사실을 알아야 합니다. 영아살해는 인류 역사에서 오랜 흔적을 지니고 있습니다. 영아살해는 출산을 통제하기 위한 원시적인 방법으로 사용되기 시작하여 원하지 않는 임신이나 기형아를 제거하는 수단에 이르기까지 광범위하게 사용되기도 하였습니다. 장자를 제물로 바치는 풍습은 근동의 고대 종교에서 일반적으로 발견되기도 합니다. 도대체 왜 그랬을까요? 우리는 원시부족의 미개한 행위에서 그 원인을 찾기보다는 이것을 생물학적인 관점에서 고찰해 볼 필요가 있습니다.

어릴 적 우리 집에서는 마당에서 개를 놓아 키웠습니다. 어릴 때부터 키웠기 때문에 나를 잘 따랐습니다. 어느덧 훌쩍 커서 새끼를 낳게 되었습니다. 기억을 더듬어 보면, 그때마다 아버지가 나에게 거듭 당부하신 말이 있습니다.

“새끼 낳을 때 옆에서 큰 소리 내면서 놀면 안 된다. 환경이 좋지 않으면 신경이 예민해져서 어미가 자기 새끼를 물어 죽일 수 있단다."

아버지는 생물학에 대해서는 문외한이었지만, 오랜 경험을 통해 개의 습성을 잘 알고 있었던 겁니다. 생명현상을 연구하는 생물학, 오늘날 학계에서 생물학의 열풍이 심상치 않습니다. 인간에 대해 무슨 말이라도 할라치면, 언제 어디서든 생물학적 진실과 마주하지 않을 수 없습니다. 생물학의 열풍이 가장 강하게 불어 닥친 곳은 출판업계입니다. 국내외를 통틀어 인간학과 관련하여 가장 많은 베스트셀러를 배출하고 있는 분야가 바로 생물학이 아닌가 싶습니다. 영아살해도 생물학적 사실을 벗어나서 설명할 수 없습니다. 아버지의 경험적 혜안처럼, 생물학은 인간이 지금까지 저지른 영아살해 관습을 무심하고 무정한 자연의 법칙에서 찾습니다.

자연선택이라는 진화론의 원리에 따르면, 영아살해는 개체의 생식적 성공을 위해 필수 불가결한 것으로 간주됩니다. 데이빗 슬론 윌슨(David Sloan Wilson, 1949~현재))은 송장벌레의 생존전략을 예로 들어 이를 정당화합니다. 송장벌레는 주로 작은 동물의 시체를 먹고 살아가는 곤충입니다. 특이한 것은 그들이 환경에 적응하는 방식입니다. 송장벌레는 생존환경이 불리해지면 자신과 남은 새끼들이 지속적으로 생존할 수 있는 환경을 도모하기 위해 새끼의 개체수를 줄인다고 합니다. 자연선택을 위한 그들의 적응전략은 처음에는 알을 과잉으로 낳고 유충단계에서 그 수를 줄이는 것입니다. 오랜 진화가 비용과 효과를 본능적으로 비교하고 판단하도록 그들의 뇌를 프로그램했다는 것입니다.[31)]

---

31) 데이빗 슬론 윌슨, 『진화론의 유혹 *Evolution for Everyone*』, 이미정, 정지영,

이것을 인간사회에서 발생하는 영아살해에 적용해 보면 예상치 못한 결론이 나옵니다. 자연은 생명체에게 버틸 수 있을 만큼의 능력만을 부여한다는 사실이 중요합니다. 그 한계는 일정한 상황에서 본능적으로 드러납니다. 우리 사회에서 여고생이 임신을 하고 출산을 하게 되면, 대부분의 경우는 키울 수 없는 한계상황에 맞닥뜨렸다고 볼 수 있습니다. 그때는 이성적 판단이 아니라 자연적 한계, 즉 본능이 판단과 행동의 유일한 기준이 됩니다. 인간도 자연적 한계 앞에서는 생태계의 한 조각에 불과한 것이지요. 개가 새끼를 물어죽이고 송장벌레가 개체수를 줄이듯이, 애를 낳은 여고생 또한 본능적으로 생존전략을 짜게 되는 것입니다.

이러한 생물학적 진실을 인정하고 나면, 이제 우리의 시야가 확 넓어집니다. 그동안 윤리적으로 비난받았던 행위가 자연적 본능에 따라 어쩔 수 없이 발생한 것이라면, 다소간의 이해와 관용의 길이 열리기 때문입니다. 서론이 길어졌습니다. 지금은 자연적 세계에서 사랑의 문제를 논할 때입니다.

오늘날 생물학은 인간의 사랑을 어떻게 설명하고 있을까요? 인간의 사랑도 진화와 자연선택의 법칙을 벗어나지 못합니다. 어떤 측면에서 그럴까요? 우리가 알고 있는 사랑을 떠올리면 정확한 답이 나옵니다. 흔히 사랑은 감정의 한 종류이자, 어떠한 대상을 좋아하고 아끼며 소중하게 여기는 마음을 총칭하고 있습니다. 보통 사랑이라고 하면 남녀 간의 뜨거운 사랑을 떠올리는 경우가 많은데, 이는 성애가 육체적인 성적 매력을 수반하며 가장 짧은 시간에 가장 강력하게 표현되기 때문입니다.

김영희 옮김, 북스토리(2009), 43쪽.

하지만 사랑의 종류는 연인간의 사랑에만 국한되는 것은 아닙니다. 신의 사랑, 인류애, 모성애 혹은 부성애, 형제애 등 보편성의 정도로 따지면 이성애와는 비교가 되지 않을 정도로 심오한 사랑의 종류도 많이 있습니다. 더욱이 인간만이 고통을 느끼는 것이 아니듯, 비록 제한적이나마 동물에게도 사랑의 감정은 발견됩니다. 살을 에는 듯한 혹한에도 알을 품고 살아가는 수컷 황제펭귄, 한 번 짝을 지으면 평생을 그 짝과 함께하는 늑대 등은 인간의 지고한 사랑과 견주어서 결코 뒤지지 않습니다. 암컷이 먼저 죽으며 가장 높은 곳에 올라 애끓는 마음을 토하는 수컷 늑대의 슬픔은 인간의 장례절차와 크게 다르지 않습니다.

인간의 모든 행동에는 생물학적인 이유가 있습니다. 사랑도 마찬가지입니다. 구체적인 질문으로 들어가 봅시다. 왜 남자들은 여자들의 외모에 집착하는 것일까요? 거리마다 사랑이 넘치지만, 진실한 사랑이 없다고 자조하는 우리들은 외모지상주의에 빠진 사회를 한탄하고 있을 겁니다. 그저 여성의 외모에만 집착하는 철딱서니 없는 남성들이 이 모든 사회악의 근원일까요? 그들의 사회 윤리적 마인드에는 중요한 무엇이 결핍된 것일까요?

생물학은 이에 대해 다른 생각은 가지고 있습니다. 남성이 노소를 불문하고 매력적인 외모의 소유자에게 끌리는 이유는 윤리적 판단의 문제가 아니라는 겁니다. 수천 년 혹은 수만 년간의 진화과정은 더 우월한 유전자를 남기기 위해 젊고 건강한 여성을 본능적으로 선호하도록 남성의 유전자를 훈련시켰기 때문입니다. 출산이 용이한 젊고 예쁜 여성에게 본능적으로 고개가 돌아가는 것은 한 개인의 잘못이 아닙니다. 유전자의 명령은 불가항적인 것입니다.

"재산깨나 있는 독신 남자에게 아내가 꼭 필요하다는 것은 누구나 인정하는 진리다. 이런 남자가 이웃이 되면 그 사람의 감정이나 생각을 거의 모른다고 해도, 이 진리가 동네 사람들의 마음속에 너무나 확고하게 자리 잡고 있어서, 그를 자기네 딸들 가운데 하나가 차지해야 할 재산으로 여기게 마련이다."32)

인용한 문장은 유명한 『오만과 편견 *Pride and Prejudice*』(1813)의 시작 부분입니다. 작가 제인 오스틴(Jane Austen, 1775~1817)은 이 소설을 통해 당시 사랑과 결혼을 둘러싼 세태와 풍속을 고발하고 있습니다. 결혼의 유일한 조건은 낭만적 사랑이어야만 한다는 당시에는 생소하게 느껴졌을 그녀의 신념은 오늘날까지도 여전히 진한 여운을 남기고 있습니다.

하지만 그녀는 결정적인 사실을 놓치고 있습니다. 이 작품에서 등장하는 사랑에 대한 오만과 편견들이란 왜곡된 사회적 가치관에서 비롯된 것이 아니라는 사실입니다. 생물학적 본능으로 움직이는 감정의 곡선에 우리는 윤리적 잣대를 들이대서는 안 되는 것입니다.

유전자의 명령에 불복종하기

유전자는 자신의 우성 유전자를 남기고, 유전적 다양성을 확보하는 것을 목적으로 합니다. 이는 자연스럽게 남성의 외도성향을 생물학적으로 정당화하는 방향으로 이어지기도 합니다. 흔히 외도는 윤리

32) 제인 오스틴, 『오만과 편견』, 윤지관, 전승희 옮김, 민음사(2003), 9쪽.

적으로 지탄의 대상입니다. 하지만 유전자적 관점에서 보면 양상이 매우 달라집니다. 바람을 피우는 것은 남자에겐 최소의 투자를 통해 자신의 우성 유전자를 번식할 수 있는 최선의 방법이기 때문입니다. 최소의 비용에 최대의 효과는 유전자가 즐겨 사용하는 자연의 무기입니다. 약간은 다른 관점이지만, 다음은 이와 관련된 최근의 기사로 외도를 유전자와 밀접히 연관시켜 설명하고 있습니다.

"뉴욕 주립대의 저스틴 가르시아의 박사의 연구진은 젊은 남녀 180명을 대상으로 특정변이 유전자와 바람기의 상관관계를 비교해 보았습니다. 결과는 참가자 중 'DRD4'라는 유전자가 있는 사람들이 그렇지 않은 이들보다 원나잇, 불륜과 외도를 경험한 횟수가 2배 이상 많은 것으로 밝혀졌습니다. 'DRD4' 유전자는 뇌신경 세포의 흥분전달 역할을 하는 도파민 호르몬 수치에 영향을 미치는 유전자이며 이 유전자는 알코올 중독, 도박 중독에도 관여한다는 연구 결과가 있습니다. 저스틴 가르시아 박사는 참가자 중 4분의 1이 이 유전자를 가지고 있으며, 부적절한 성관계는 리스크와 보상 수준이 모두 높기 때문에 이 유전자가 도파민을 자극하는 것으로 보인다고 생각했습니다."

이러한 기사에 접하게 되면, 바람피운 사람을 윤리적 파탄자로 몰아세웠던 그간의 우리의 행적이 미안해질 정도입니다. 태어날 때부터 그러한 변이유전자를 가진 사람에겐 외도가 넘어설 수 없는 자연적 한계일 수 있기 때문입니다. 이렇게 놓고 보니 생각대로, 느끼는 대로 가벼워지고 스마트해진 우리 사회의 사랑법은 윤리적인 문제라기보다는, 자연에 더 가까워진 우리의 모습을 정확하게 반영한 것이 아닌가 합니다.

사랑보다는 조건에 더 마음을 쓰는 여성의 사랑법도 자연적인 것은 마찬가지입니다. 남성이 여성의 외모에 집착하는 반면, 여성은 상대의 성격이나 사회적 조건에 많은 가치를 둡니다. 우리 사회는 이를 두고 조건에 사랑을 파는 '된장녀'라고 비난할지 모르지만, 여기에도 남모르는 생태적 아픔이 있습니다. 여성은 출산의 담당자이자 양육에 있어서 대부분의 생물학적 책임을 떠안기 때문에 일정기간 사회적 울타리가 필요하기 때문입니다.

임신을 비롯하여 태어난 아이를 양육하는 시간 동안 여성들은 든든한 사회적 버팀목을 필요로 합니다. 그 버팀목을 찾아내려는 자연적 본능이 진화를 거듭하며 생물학적 여성으로 굳어진 것입니다. 남성과 여성의 성 차별이 사회문제로 대두되던 시기에는 성 역할의 결정문제에 있어서 사회적 요인이 강조되곤 하였습니다.

시몬느 드 보봐르(Simone de Beauvoir, 1908~1986)의 유명한 경구를 받아들여, 여성은 태어나는 것이 아니라 만들어지는 것이라는 말이 유행어가 되기도 하였습니다. 이는 기존의 성역할에 대한 고정관념을 타파하는 데 분명 상당한 기여를 하였습니다. 그러나 성 역할을 결정하는 데 있어서 생물학적 성이 차지하는 비중을 과소평가한 부분도 없지 않아 있어 보입니다. 확실히 남성과 여성의 유전자는 선천적으로 다르며, 그 차이가 사랑의 방식도 서로 상이하게 결정한 것입니다.

남성의 유전자가 비용과 효과의 법칙에 따라 메뚜기처럼 뛰어다니는 동안, 자연은 여성의 유전자에게 남성의 성격과 사랑의 깊이를 주의 깊게 관찰할 수 있는 첨단 무기를 장착합니다. 상대 남성이 생일이나 크리스마스 혹은 화이트데이를 소중히 여기고 어떠한 선물을 준비하는지를 관찰하고 기록하는 세심함은 모든 여성의 공통된 '촉'에 해당합니다. 그것을 통해 남성이 자신과 자녀에게 견고한 울타리가 되어 줄 수 있는지를 판단하게 되는 것이지요. 남성에게 여성의 외모가 결정적이라면, 남성의 외모는 결혼 적령기에 닥친 여성에게 그리 중요한 것이 아닙니다. 상대의 외모가 오랑우탄만 아니라면 말입니다.

이제 우리는 좀 더 편안하게 우리 시대의 사랑을 진단해 볼 수 있는 배경을 만들어 보았습니다. 각종 사회적 조건에 목매는 사랑을 속물적이고 현실적 사랑이라고 비난했던 철없던 시절의 나의 편협함이 부끄러울 따름입니다. 가난이 앞문으로 들어오면 사랑은 뒷문으로 나간다는 앞선 세대의 혜안이 달리 보이기도 합니다. 그간 우리는 세상의 모든 일들에는 나름대로 그럴만한 이유가 있다는 생각을 충분히 고려하지 않고 살아왔던 것입니다.

그런데 이것이 전부일까요? 이론적인 측면에서는 반박할 여지가 없다손 치더라도, 뭔가 아쉬움이 남는 건 부인할 수 없습니다. 우리는 어느 시대보다 사랑의 홍수 속에서 살고 있습니다. 사랑이 없으면 한시도 살아갈 수 없는 시대입니다. 사람이 곁에 없으면 반려동물이라도 품에 안고 있어야 합니다. 자연을 사랑하는 사람은 자연을 닮는 아름다운 사람으로 변합니다. 그런데 우리는 여전히 사랑이 그립습니다. 아무리 채워도 채워지지 않는 빈자리가 늘 허전한 것입니다.

사랑에 빠진 사람은 우울하다

호모 필로소피쿠스는 그 이유를 의미의 세계가 결여된 곳에서 찾습니다. 호모 필로소피쿠스는 사랑이라는 감정을 어렵게 풀려는 것이 아닙니다. 우월한 유전자의 보존과 번식, 그리고 살아남기 위한 투쟁이 자연적 세계에서 펼쳐지는 사랑의 파노라마라면, 호모 필로소피쿠스는 잊혀진 사랑의 의미를 인격적 인간을 통해 복원해 보려는 겁니다. 본능만으로 살아가는 동물은 자신과 일치하기 때문에 굳이 사랑의 의미를 필요로 하지 않습니다. 하지만 인간은 다릅니다. 그에게는 자신을 해석해야만 하는 본질적인 자유가 주어졌기 때문입니다.

우리는 자신 안에서 또 다른 자신을 발견하며 그 사이를 끊임없이 의미로 채워가는 존재입니다. '사람은 무엇으로 사는 것일까요?' 일찍이 러시아의 대문호 톨스토이가 던졌던 실존적 질문입니다. 그가 찾았던 해답은 사랑이었습니다.

톨스토이

그런데 톨스토이가 찾았던 사랑의 의미가 우월한 유전자의 보존본능에 해당하는 것이라면, 그는 우리에게 영감 있는 문학가로 남지 못했을 겁니다. 그가 남겼던 사랑의 의미는 기념일마다 특별하고 감동적인 이벤트로 꾸며내는 달콤한 행복만을 내용으로 하지 않습니다. 그의 사랑에는 눈물과 슬픔이 있으며 또한 연민으로도 얼룩져 있습니다. 미소로 피어나기도 하며 죽음이 드리워져 있기도 합니다. 톨스토이는 인간에게 허락된 것과 허락되지 않은 것도 사랑의 의미에서 찾습니다. 우리는 사랑을 통해 삶을 배워 가는 것입니다.

그러하기에 호모 필로소피쿠스는 사랑의 의미를 스마트하게만 보지 않습니다. 혹자는 철학이 왜 사랑을 무거운 언어로만 묘사하려고 하는지 묻습니다. 그러나 우리가 정신적 빈곤함에 시달리지 않으려면, 자신의 사랑을 돌아봐야만 합니다. 인간의 사랑은 단순히 보존본능이라는 생물학적인 의미 이상을 내포하고 있기 때문입니다. 요즘 세태만 보면 '과연 그런가' 고개가 갸웃거려지기도 하지만, 최소한 우리는 그렇게 믿고 있습니다. 그것이 무엇일까요.

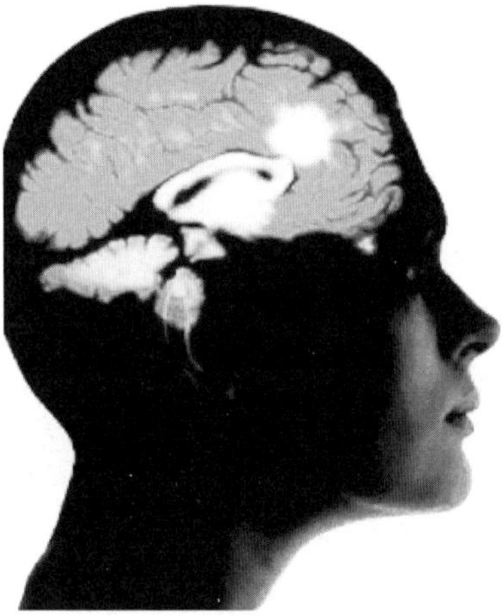

"사랑에 빠진 사람은 행복하다."

어디서나 흔히 보고 들을 수 있는 광고 카피입니다. 프랑스가 자랑하는 문호 빅토르 위고(Victor-Marie Hugo, 1802~1885)는 가장 큰 행복이란 우리가 누군가를 사랑하고 우리 자신이 누군가로부터 사랑받고 있다는 믿음에서 생긴다고 고백한 바 있습니다. 이는 과학적으로도 상당부분 증명되어 있습니다.

최근 시장에서 다방면으로 각광받고 있는 뇌 과학자들은 사랑에 빠진 사람의 뇌는 보통 뇌와는 다르게 활성화된다고 주장합니다. 두려움을 제어하고 부정적 감정을 처리하는 영역이 비활성화된다는 것입니다. 반면 몸에서는 신이 선사한 마약이라고 일컬어지는 신경전달물질 도파민이 분비되고, 상대방에게 모든 관심이 집중되면서 행복감은 극대화된다고 주장하기도 합니다.

우리의 경험에 비춰 보면 이것은 일정부분 사실인 것 같습니다. 주위에서 눈에 띄게 얼굴이 좋아진 사람이 있다면, 그는 분명 사랑에 빠진 사람입니다. 사랑에 빠진 사람은 행복에 겨워 얼굴이 활짝 핍니다. 얼굴에서는 광채가 나고, 그 빛이 얼굴을 더 아름다워 보이게 합니다. 감정의 들뜸이나 고무됨의 정도가 크기 때문에 쉽게 감동을 하며, 이전보다 훨씬 인간적 사고에 마음의 문을 열게 됩니다. 이 정도면 사랑에 빠진 사람은 행복하다는 과학적 결과가 틀린 것 같지는 않습니다.

그러나 과학만 믿고 살다가는 낭패를 보기 십상입니다. 사랑에 있어서는 더욱 그러합니다. 사랑에 빠지면 마냥 행복해질까요? 무조건 '네'라고 대답하는 사람은 아직 사랑에 빠져 본 경험이 없는 사람입니다. 아니면 사태파악이 안 되는 사람이거나 둘 중의 하나일 겁니다. 사랑은 인간의 합리성이 통제할 수 없는 어두운 힘입니다. 사랑에 빠진 사람이 쉽게 자신의 감정을 통제하지 못하는 이유입니다.

일찍이 니체가 간파했듯이, 사랑이라는 감정에는 일종의 광기가 서려 있습니다. 되돌아오지 않는 메아리로 남는 사랑은 고통스럽습니다. 사랑하는 사람을 제외하곤 그 누구도 생각지 못할 때, 사랑은 절뚝거리기 일쑤입니다. 사랑에 빠진 사람이 스스로 자신을 불행하다고 여기는 일도 다반사로 일어납니다.

그뿐이 아닙니다. 사랑에 깊이 빠진 사람은 어느 순간 자신을 사회의 이방인으로 느끼기도 합니다. 어느 누구도 자신의 죽음을 대신할 수 없듯, 사랑은 오직 홀로 감당해 내야만 하는 감정의 소용돌이인 것입니다. 문학과 예술에서 그려내는 사랑을 보면, 우리의 논의가 분명해지기도 합니다. 사랑과 죽음이 마치 연인처럼 두 손을 꼭 잡고 다니는 것입니다.

사랑과 관련된 이 모든 어두운 힘들은 독일의 대문호 괴테(Johann Wolfgang Goethe, 1749~1832)가 1774년 발표한 『젊은 베르테르의 슬픔 *Die Leiden des jungen Werther*』이란 소설 안에 고스란히 녹아 있습니다. 단순한 연애소설이 아니라, 참담했던 자신의 경험담을 일기 형식으로 풀어낸 작품입니다.

줄거리 상으로는 별다른 내용은 없지만, 특별한 정서는 있습니다. 전체적으로 우울하다는 것입니다. 전도유망한 젊은 변호사였던 베르테르는 업무상 방문한 마을에서 우연히 로테라는 이름의 여인을 알게 됩니다. 첫눈에 반해 버린 베르테르는 들뜬 마음으로 고백을 준비하지만, 그녀에게는 이미 약혼자가 있습니다. 그 사실을 알고 베르테르는 절망하지요.

진통제처럼 신속한 효과는 없지만, 시간이 곧 약이라는 말이 있습니다. 오랫동안 보지 않으면 감정도 식을 수 있습니다. 베르테르는 그녀를 잊기 위해 먼 나라로 여행을 떠나지만, 어디에서도 그는 이전의 평화롭던 삶을 재현할 수는 없게 됩니다. 결국 다시 귀국하게 되면서, 일은 더욱 꼬입니다. 이미 다른 사람의 부인이 된 그녀를 바라만 보다가, 결국 그는 홀로 있음의 중압감을 이기지 못하고 권총자살을 하고 만다는 내용입니다.

비극이지만, 어디서든 일어날 법한 이야기가 전 세계인의 심금을 울릴 때는 그만한 이유가 있습니다. 사랑에 담긴 인격적 의미를 그 어느 책에서보다 더 섬세하게 그려내고 있기 때문입니다. 사랑과 관련하여 베르테르가 보고 있는 곳을 우리의 마음도 동일하게 보고 있기 때문이기도 합니다. 우리는 이를 공감(共感)이라고 부릅니다. 일기에서 한 구절을 옮겨 봅니다.

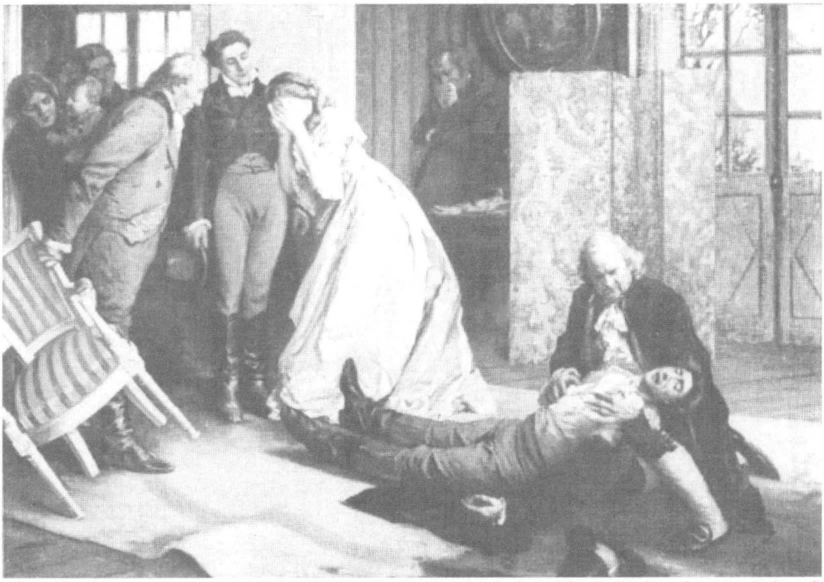

자살로 생을 마감한 젊은 베르테르

"불행한 자여! 너는 정말 천치가 아닌가? 너는 스스로를 속이고 있지 않은가? 이렇게 미쳐 날뛰는 너의 끝없는 정열은 도대체 어쩌자는 것이냐? 나는 이제 기도라곤 그녀에게 바치는 기도밖에 모른다. 나의 공상 속에 떠오르는 것은 오직 그녀의 아리따운 모습뿐이다. 주위 세계의 모든 것이, 오직 그녀와 관련되어서만 내 눈에 비치는 것이다."[33]

공감은 의사소통을 가능케 하는 최상의 무기입니다. 그중에서 당연 제일은 우울함입니다. 사랑에 빠진 베르테르의 우울함이 저자와 독자의 정서를 하나로 묶어 줍니다. 사랑을 심리적 우울함과 연결시켜서 탁월하게 설명한 인물이 독일의 근대 철학자 셸링(Friedrich Wilhelm Joseph von Schelling, 1775~1854)입니다.

그의 설명 방식은 다소 형이상학적입니다. 조금 복잡하기는 하지만, 최대한 일상화된 언어로 그의 논리를 따라가 보겠습니다. 사랑과 관련된 그의 생각이 가장 두드러지게 드러난 저서는 그의 주저 『인간적 자유의 본질 *Über das Wesen der menschlichen Freiheit*』(1809)입니다. 이 책의 주제는 글자 그대로 인간적 자유의 본질에 관한 것입니다. 얼핏 사랑이라는 주제와는 관련이 없는 것처럼 보입니다. 그러나 자세히 들여다보면, 자유와 사랑은 동일한 뿌리를 지니고 있습니다. 자유든 사랑이든 모든 것은 절대자의 본질로부터 유래한다는 사실이 이것을 확인합니다.

셸링은 당시의 일반적 경향처럼 절대자로부터 모든 논의를 시작합니다. 절대자는 그에게 있어서 곧 '절대 자아'입니다. 그는 전지전능이라는 수식어가 필요치 않을 만큼 완벽한 존재입니다. 그가 보는 것은 자신 밖에 있는 대상이 아니라 바로 자신이며, 그런 의미에서 그의 인식이란 자신에 대

33) 요한 볼프강 폰 괴테, 『젊은 베르테르의 슬픔』, 박찬기 옮김, 민음사(2005), 91쪽.

한 인식입니다. 이것은 가치판단이 아니라, 일종의 논리적인 문제입니다.

논리학에서 동일률(The Principle of Identity)은 모든 명제가 그로부터 도출될 수 있는 기본공리입니다. 동일률은 'A는 A이다'라는 형식으로 표현됩니다. 전제 속에 이미 결론이 포함되어 있기 때문에 동일률은 항상 참일 수밖에 없습니다. 그래서 수학의 기본원리가 됩니다. 그러나 부정될 수 없는 최후의 보루이기에 '학'의 기본원리로도 쓰인 것이지요. 셸링도 인간의 학문 또한 이로부터 도출될 수밖에 없다고 주장하는 셈입니다. 절대 자아의 자기인식이 바로 완벽한 학문이 도달해야 할 목적지점인 것입니다.

그런데 절대 자아를 벗어나 어떤 존재자도 존재할 수 없다면 세상의 창조는 어떻게 가능할까요? 또한 자신 밖에 있는 대상을 탐구하고 그것의 운동법칙을 연구하는 인간의 학문은 어떻게 발생할 수 있었을까요? 철학적 호기심이 위력을 발휘하는 순간입니다. 모든 것이 동일한 것이라면, 어떻게 세계의 다양성이 발생할 수 있는지가 셸링의 철학적 질문이 된 것입니다. 나와 너는 어떻게 발생할 수 있었고, 인간과 동물의 차이는 근본적으로 가능하지 않을 것 같습니다. 셸링은 최종적으로 묻습니다. 모든 것이 절대 자아의 완벽한 자기인식에 불과하다면, 선과 악을 선택할 수 있는 인간적 자유는 대체 어떻게 가능할 수 있을까요?

일반적으로는 우리에게 두 종류의 선택지가 가능할 것 같습니다. 하나는 선과 악을 판단하는 인간적 자유란 애당초 없다는 주장이 그것입니다. 다른 하나는 절대자가 실은 불완전하다는 주장도 가능하겠지요. 그런데 어느 쪽을 선택해도 부담감은 매한 가지입니다.

이 딜레마를 벗어나기 위해 셸링이 고안한 장치는 매우 기발합니다. 그는 절대 자아를 스스로를 분열시키는 존재로 묘사합니다. 인간의 형상에 따라 절대자의 모습을 역으로 추적해 가는 것입니다. 분열된 두 자아 사이에는 어두운 심연이 놓여 있습니다. 문제는 그 심연을 메워 가는 과정입니다.

절대 자아는 자신 안에 놓인 심연을 영원한 사랑으로 극복하며 다시 자신으로 돌아가게 됩니다. 인간도 절대 자아를 많이 닮았다고 합니다. 자신 안에 깊고 어두운 심연을 지니고 있다는 점에서는 거의 동일합니다. 그러나 양자가 완벽하게 일치하지는 않습니다. 절대 자아와 피조물을 구별할 수 있는 기준이 사라져 버린다면, 논리적으로 창조가 발생할 수 없기 때문입니다. 인간적 자유가 탄생하는 곳이 바로 여기입니다. 셸링에 따르면, 선과 악의 등장은 불완전한 인간이 갖는 본질적인 특징이며, 인간은 그 사이에서 끊임없이 갈등하고 방황하는 자유의 존재라는 것입니다.

이쯤하고 우리 주제로 다시 돌아와 봅시다. 절대 자아가 완전한 사랑으로 다시 자신으로 돌아가는 반면, 인간은 본질적으로 그럴 수 없습니다. 그것이 그에게 근원적인 멜랑콜리(melancholy)로 남게 됩니다. 유한한 인간은 절대 자아처럼 자신 사이에 놓여 있는 깊은 심연을 사랑으로 극복할 수 없습니다. 그 때문에 그는 지속적인 자책감에 시달립니다. 이 자책이 절망의 장막이 되어 원초적 슬픔으로 남게 된다는 겁니다.

우리는 이제 왜 셸링이 자유로운 인간을 불행한 존재로 여기고 있는지를 이해하게 됩니다. 자신의 심연을 메우기에는 턱없이 부족한 사랑의 깊이에 실망하고 우울증에 빠져 구원을 기다리는 슬픈 존재가 바로 인간인 것입니다. 사랑과 심리적 우울함은 서로 연결된 존재의 기본정서라는 사실이 절대 자아가 이 세상을 창조한 결정적인 의미가 됩니다.

사랑이라는 이름의 오답

호모 필로소피쿠스에게 있어서 사랑은 마냥 행복이 아닙니다. 앞서 우리는 이것을 셸링의 경우에서처럼 이론적으로 풀어 보았습니다. 그러나 키스를 책으로 배우면서는 안 되듯, 이 또한 실습이 필요합니다. 사랑을 해본 사람은 사랑과 우울함이 종종 같은 느낌으로 다가온다는 사실을 알고 있습니다. 물론 모든 사랑이 그런 것은 아닙니다. 단순히 몸 밖으로 분비되는 미세한 호르몬의 장난에 취한 마음은 자신의 내부에 있는 근원적 우울함을 발견하지 못할지도 모릅니다. 그러나 사랑이 자신을 엄습했을 때, 자신의 전부를 던져 그 사랑을 맞이한 사람은 우울함이 무엇을 의미하는지 정확하게 알고 있습니다.

독일의 실존주의 철학자 칼 야스퍼스(Karl Jaspers, 1883~1969)는 사랑을 실존 전체에 균열을 일으키는 존재의 사건으로 정의합니다. 사랑이라는 감정은 단순히 마음의 흔들림이 아닙니다. 사랑은 실존에게 감동과 충격을 안겨 줌으로써, 자신의 내부를 보게 한다는 말입니다. 인격체의 모습이 실존이라면, 사랑이라는 감정은 그 실존이 전체의 모습으로 드러나는 존재의 통로가 됩니다.

불꽃 튀는 현장감은 떨어지지만, 이 문장에는 범상치 않은 의미가 들어있습니다. 다시 베르테르의 예를 통해 설명해 봅시다. 하늘에 파도구름이

휘몰아치듯 사랑이 베르테르를 방문했을 때, 그는 위험천만한 외줄타기 인생을 시작합니다. 그동안 그를 안전하게 감싸고 있었던 모든 사회적 관계에는 심각한 균열이 발생합니다. 사랑에 빠진 사람은 안절부절못하게 되지요. 밤에도 깨어 있는 시간이 길어지며, 그는 사랑과 함께 이 세상에 홀로 던져진 존재라는 사실을 비로소 깨닫게 됩니다. 오롯이 자기 자신이 되는 것입니다.

그가 사용하는 언어는 더 이상 논리적이지도 합리적이지도 않습니다. 사랑이라는 감정이 질서정연하던 일상을 마구 뒤섞어 놓기 때문입니다. 행복과 불행이 교차하며, 기쁨과 슬픔도 자신이 어디에 있어야 될지를 알지 못합니다. 우연의 일치일까요? 이글을 쓰기 직전 행했던 강의에서 한 학생으로부터 시험 답안지로 받은 글이 있습니다. 그 글 속에 정확하게 이러한 감정의 교차가 담겨 있습니다. 실연의 아픔을 딛고 빚어낸 예술적 언어입니다.

"내가 단지 생물학적 인간에서 그치는 것이 아니라, 인격적인 인간으로 깨어날 때가 있다. 어쩔 수 없이 그와 마주치게 되는 순간, 슬프게도 깨닫고 싶지 않은 사실을 깨닫도록 강요를 받게 된다. 그를 보면서 동시에 찾아오는 슬픔과 절망 그리고 행복은 도대체 어떤 종류의 감정의 복선(複線)일까? 일반적으로 슬픔과 행복은 서로 반대편에 놓여 있는 감정의 곡선이기에 이 감정을 받아들이기가 쉽지 않다. 그런데 도파민과 노르아드레날린이 동시에 분비되기 때문이라고 믿기에는, 나 자신이 느끼는 슬픔이 행복하기 때문에 오는 것임을 너무 잘 알고 있다. 너무나 가까운 집, 비슷한 등굣길 덕에 서로 피하려고 부단한 노력을 해도 결국 버스에서 마주쳤을 때의 강렬한 슬픔. 하지만 이렇게라도, 어쩌면 운명의 장난일지라도 얼굴을 볼 수 있음에 느껴지는 행복. 행복해서 느껴지는 슬픔은 호르몬의 작용만으로는 결코 설명할 수 없는 복잡한 성질의 것이다. 결국 어떤 호르몬도 개별 실존이 세상과 관련을 맺으며 드러내는 행복과 불행의 최종 원인이 될 수는 없는 것이다.”

사랑이 한 개인의 실존을 자연의 세계에서 의미의 세계로 옮겨놓는다는 사실은 명확합니다. 그 중심부에는 자신의 전부를 던져 사랑을 맞이하는 실존의 모습이 그려져 있습니다. 슬픔과 기쁨이 공존하고, 행복과 불행이 교차하는 곳에서 사랑하는 자는 상대방을 자신의 존재 이유로 받아들입니다. 홀로 있음과 절망이 그를 오롯이 자신으로 만들어 줄 때, 그는 상대방이 자신을 길들여 주기를 기다립니다. 있는 그대로의 자신이 받아들여지기를 기대하면서 말입니다.

실존의 전체 모습은 사랑에 빠진 사람에게만 해당되는 것이 아닙니다. 사랑에 빠진 사람은 상대방을 전체의 모습으로 볼 수 있게 됩니다. 한 소녀가 한 소년과 사랑에 빠집니다. 불과 7살에 불과하지만 소녀는 자신의 마을로 이사 온 같은 또래 소년의 빛나는 눈에 운명적으로 매료되고 맙니다. 소녀가 자신의 감정을 솔직히 표현하는 외향적 성격의 소유자인 반면, 여전히 어리기만 한 소년은 수년에 걸쳐 소녀의 적극적 눈초리를 피해 다니기 급급합니다. 《플립 *Flipped*》(2010)이라는 영화의 한 장면입니다.

어린 아이들이 사랑을 통해 어떻게 성숙해 가는지를 그려낸 동화 같은 성장기 영화입니다. 우리들에게도 아련히 남아 있는 어린 시절의 추억을 떠오르게 합니다. 한편의 수채화 같은 영상미가 돋보이고, 또한 황순원의 『소나기』(1953)처럼 아이들의 순수함이 묻어나기도 합니다.

등장하는 소년은 자연으로부터 받은 것이 많습니다. 부유한 부모와 훌륭한 외모, 그리고 학교에서도 인기가 많습니다. 반면 소녀는 평범함 그 자체입니다. 너무 평범해서 특별해 보이기까지 합니다. 가난하고 외모도 지극히 평범합니다. 또한 여자아이 치고는 상당히 드셉니다. 집 근처에 있는 무화과나무를 베지 못하게 고집을 피우는 바람에 지역 일간지에 자신의 사진이 대문짝만하게 실리기도 합니다. 그 나무가 그녀에게 어떻게 세상을 바라봐야 하는지를 가르쳐 주었기 때문입니다. 물론 저자는 지금까지 이 소녀만큼 매력적인 얼굴을 본적이 없다고 말했고, 지금도 여전히 그렇게 생각하고 있습니다. 주관적 차이일까요? 누군가의 치명적 매력은 어디에서 나오는 것일까요?

영화 속에는 저자를 매료시킨 소녀의 남다른 매력이 두 장면에 걸쳐 등장합니다. 소녀가 아빠에게 소년에 대한 자신의 마음을 들킨 후, 서로 나누게 되는 대화가 첫 번째 장면입니다. 집 뒤편의 정원에서 언덕 위의 나무를 그리던 아빠가 무심히 소녀에게 묻습니다.

"너와…… 음, 브라이스 로스키는 무슨 사이니?"

마음을 들킨 것 같아 갑자기 소녀의 얼굴에 당황한 기색이 스칩니다.

"무슨 말씀이세요? 아무 사이도 아니에요"

"오, 그래 알았다. 내가 실수한 모양이구나."

겸연쩍은 마음에 소녀는 슬그머니 마음의 한구석을 열어 보입니다.

"갑자기 그건 왜 물어 보세요?"

"이유는 없다. 그냥, 네가 항상 그 남자애 이야기를 하잖니."

아빠는 아무것도 아니라는 듯, 가장 일상적인 방식으로 딸의 마음을 끌어냅니다.

"제가요? 모르겠어요. 아마 그 애 눈에 있는 어떤 것 때문에 그런가 봐요. 아니면 그 애의 미소 때문이던가요."

"그렇구나. 그런데 그 애 전체의 모습은 어떠니?"

"네?"

"항상 전체 풍경을 봐야 한단다."

아빠의 말에 소녀는 호기심어린 눈초리로 되묻습니다.

"그게 무슨 말씀이세요?"

언덕 너머 풍경을 화폭에 담으며, 아버지는 무심히 말합니다.

"그림은 단지 부분들이 합쳐진 게 아니란다. 소는 그냥 소이고, 초원은 그냥 풀과 꽃이고, 나무들을 가로지르는 태양은 그냥 한줌의 빛에 불과하지. 그러나 이 모두를 한 번에 같이 모아 놓으면, 갑자기 마법이 벌어진단다."

소녀는 아빠가 무슨 말을 하고 있는지 처음에는 이해할 수 없습니다. 전체는 단순한 부분의 합의 아니라는 말도, 누군가를 볼 때는 항상 전체를 통해 봐야 한다는 말의 의미도……. 그러던 어느 날 소녀는 마침내 전체가 무엇을 의미하는지를 깨닫게 됩니다. 즐겨 올라가곤 했던 무화과나무 위에서 그녀는 아빠가 말하는 전체를 보게 됩니다. 나무 위에서 바라본 건너편의 풍경은 단순한 나무나 풀, 들짐승들의 총계가 아니었던 것입니다. 노을 비친 대자연의 아름다움에 취해 마침내 전체가 무엇인지를 깨달았을 때, 소녀는 아빠가 무엇을 말하려고 했는지를 정확하게 이해하게 됩니다.

소녀가 소유하고 있었던 부분들은 그리 매력적인 것이 아니었습니다. 얼굴이 예쁜 것도, 가정이 부유했던 것도 아닙니다. 학교에선 인기가 많은 것도 아니었고, 학업성적이 뛰어나서 장래가 촉망되는 청소년도 아니었습니다. 그런데 이상한 일입니다. 그 소녀는 누구보다 매력적인 모습을 하고 있습니다.

수년 동안을 피해 다니기에 급급했던 소년은 마침내 소녀의 매력이 무엇인지를 알게 됩니다. 순진한 호기심과 거리낌 없이 자신을 드러내는 정직함, 그리고 그녀에게 마법이 무엇인지를 보여 주었던 무화과나무에 대한 조건 없는 애착, 지역개발을 위해 그 나무를 베려는 사람들과의 고집스러운 투쟁, 가난한 부모에 대한 깊은 이해와 동정심 등 그녀의 전체를 이해하게 되었을 때, 소년은 자신의 형편없는 모습을 깨닫게 됩니다.

그러고는 소년에게도 사랑이 찾아옵니다. 호르몬의 불꽃 튀는 강렬함은 아니라지만, 그는 자신의 감정을 이해하기 시작합니다. 그에게 사랑이 찾아온 것이지요. 자신과 소녀의 있는 그대로의 모습을 받아들이는 것으로 자신의 감정을 이해하게 됩니다. 사랑은 전체와 전체가 만나서 빚어내는 기적입니다. 부분만 보며 사랑을 하고 있다고 착각하는 사람은 절대로 이해할 수 없는 의미의 세계가 펼쳐지기 때문입니다.

늘 부분만 바라보는 사람은 지극히 편협한 사람이 됩니다. 때로 합이 부분보다 더 아름다운 사람이 있는 반면, 부분보다 전체가 더 형편없는 사람도 있습니다. 부분들이 어우러져 만들어내는 자연의 조화를 볼 수 있는 사람은 넓은 사람입니다. 사람의 인격도 마찬가지입니다. 조금이라도 교양에 발을 담가 본 사람은 누구나 이해할 수 있는 사실입니다. 그런데 왜 유전자는 우리들에게 유독 부분만을 고집하도록 명령하는 것일까요? 우리는 왜 유전자의 편협한 명령에 저항 한번 제대로 하지 못하고, 그저 무조건적인 복종만을 강요하는 것일까요?

물론 여기에도 아픈 사연이 있습니다. 언젠가부터 우리에게 삶의 철학으로 고정된 생활태도가 주범일지도 모릅니다. 이 글을 쓰고 있는 지금도 신문의 한 자락은 미혼 남녀가 배우자를 선택할 때, 어떤 조건을 중시하는지를 일목요연하게 보여 주고 있습니다.

"미혼 남성은 배우자를 선택할 때 성격(25.7%)과 경제력(15.6%)을 중시한다. 신체적 조건(13.5%)도 빼놓을 수 없는 요소다. 미혼 여성 역시 경제력(35.0%)과 성격(18.7%)을 우선하여 따진다. 다만, 여성들에게 예비 신랑의 신체조건(5.3%)은 신뢰와 사랑(9.2%)보다 우선순위가 떨어진다."(연합뉴스. 2013.01.08)

앞서 설명했던 사랑의 생물학적 조건이 얼마나 우리 사회에 깊은 그림자를 드리우고 있는지를 보여 주는 대목입니다. 여기에는 유전자의 지상명령 이외에 또 다른 삶의 철학도 한 몫을 하고 있습니다. 실패에 대한 두려움입니다. 고등 동물일수록 실패에 민감하게 반응합니다. 인간은 아마도 실패 앞에 절망과 좌절을 경험하는 생태계의 유일한 종일 겁니다.

만사불여(萬事不如)튼튼이라는 표현이 있습니다. 가장 안전한 길을 걸어가기 위해 돌다리도 두드려야 하며, 가던 길도 종종 돌아봐야 합니다. 인간이 지니고 있는 합리성은 모든 것을 분해해서 보는 습성이 있습니다. 좋은 것은 취하고 가치가 없어 보이는 것은 과감히 치워 버립니다. 한 치의 허점도 보이지 않고 꼼꼼하게 챙기다 보면, 우리의 인생도 언젠가는 수학의 세계처럼 확실한 정답에 도달하게 될 거라는 믿음을 갖게 되는 겁니다.

그러나 가장 안전하다고 생각되는 곳에서 한방에 훅 떨어지는 수도 있습니다. 늘 정답만을 고집했던 사람은 불현듯 찾아온 인생의 오답에 당황할 수밖에 없습니다. 오직 외길만을 걸었기 때문입니다. 이것이 전부가 아닙니다. 경험에 비추어 보면, 틀리지 않기 위해 공을 들이면 들일수록 실패로부터 오는 실망과 좌절의 크기도 덩달아서 커집니다. 결국 인간은 가장 안전한 길을 찾기 위해 의식적으로 유전자의 명령을 받아들이는 겁니다. 생물학적 유전자는 거부할 수 없는 자연의 명령이 아닌, 인간이 자유롭게 선택하는 삶을 위한 하나의 옵션에 불과하다는 사실을 우리는 이제 인정해야만 합니다.

호모 필로소피쿠스는 삶의 실패를 두려워하지 않습니다. 그는 실패하지 않기 위해 사는 것이 아니라, 살기 위해 실패를 두려워하지 않습니다. 얼굴에 팔자주름이 늘지는 모르겠지만, 아무렇지도 않은 듯이 또 다른 답을 찾아 훌훌 털고 떠날 줄도 압니다. 삶의 오답이 의미하는 바는 실의와 좌절이 아닙니다. 행여나 겪게 되는 인생의 오답은 우리에게 주어진 자연적 삶이 얼마나 풍요롭게 전개될 수 있는지를 알려 주는 지평과도 같습니다. 그렇게 우리는 인생을 배우는 것입니다.

사랑도 마찬가지입니다. 자신의 전부를 던져 사랑을 경험한 사람은 거의 오답을 낼 경우가 많습니다. 그러나 그것이 고통과 회한만을 의미하지는 않습니다. 그로부터 그는 사랑의 깊이를 배웁니다. 그는 인생이라는 심연 속에는 행복만이 아니라 슬픔도 함께 공존한다는 사실을 이해하게 됩니다. 사랑이란 나이만 먹으면 누구나가 할 수 있는 자연적 감정이 아니라, 숱한 고뇌를 통해 깎여진 보석이라는 사실을 깨닫는 것입니다.

잘 깎여진 보석은 자신만의 고유한 굴절률을 지닌다고 합니다. 보석의 내부를 통과한 빛이 굴절되는 정도를 측정하면, 그 보석의 진위도 아울러 구별할 수 있다고 합니다. 사랑도 그런 것이 아닐까요? 자신의 전부를 던져 사랑을 맞이한 사람은 보석을 깎듯 삶의 한 면을 깎아 냅니다. 사랑이라는 보석을 통과한 빛은 개인의 실존을 오롯이 그 사람만의 것으로 만들어 줍니다. 그 고유함이 개인을 그 무엇과도 대체할 수 없는 실존으로 만들어 주며, 그것이 치명적 매력으로 우리에게 느껴지는 것입니다.

『사랑의 기술 *The Art of Loving*』(1956)을 출판하여 사랑학 분야에서 베스트셀러 작가로 떠오른 에리히 프롬(Erich Fromm, 1900~1980)은 자본주의 사회에서 살아가는 사람들의 심리를 어느 누구보다 탁월하게 분석했습니다. 그런데 독자들은 프롬이 세 번의 결혼과 이혼을 반복하며 진정한 사랑을 찾아 방황했다는 사실에는 그리 주목하지 않는 것 같습니다. 쓰디쓴 삶의 경험이 그에게 불멸의 저서를 남길 수 있는 정신의 힘이 된 것입니다. 사랑은 받는 것이 아니라 주는 것이며, 진정으로 누군가를 사랑하는 것은 그 사람을 통해 모든 사람을 사랑하는 것이라는 주장은 수학을 통해 증명되는 것이 아닙니다. 사랑을 하는 사람만이 세계와 삶을 있는 그대로의 모습으로 인식할 수 있다는 주장도 비용과 효과의 법칙에 단련된 머리로는 결코 생각할 수 없는 명제입니다.

우리는 사랑에 실패하지 않기 위해 상대방을 정밀하게 분석합니다. 합리적 이성으로부터 나오는 계산능력을 통해 가장 빛나는 정답을 찾아내고 세상에서 가장 화려한 결합을 꿈꿉니다. 그런데 가장 안전하다고 생각되는 곳에서 삶이 그대를 제대로 속일지도 모릅니다. 빛나는 결합이 오래

갈 것 같지는 않습니다. 아니, 오래갈 수가 없습니다. 마취기능을 지닌 호르몬의 유통기간이 끝나고 콩깍지가 벗겨지게 되면, 사랑을 끌고 갈 힘도 동시에 소진될 것이기 때문입니다. 사랑할 수 있는 진정한 능력을 얻고자 하거든, 우리는 머리가 아니라 자신의 전부를 던져 사랑을 맞이해야 합니다. 이러한 행위는 당연히 매우 위험하며, 종종 오답으로 이어집니다. 하지만 우리는 오답을 두려워하지 말아야 합니다. 아니, 틀리는 것도 나쁘지 않을 듯합니다. 어쩌면 미적거리지 말고 과감하게 틀려야 합니다. 그때에만 사랑은 자신의 흔적을 남길 것입니다. 우리는 그 흔적을 딛고 더 성숙한 사랑을 시작할 수 있는 존재의 힘을 얻게 됩니다.

7. 질투를 위한 소나타

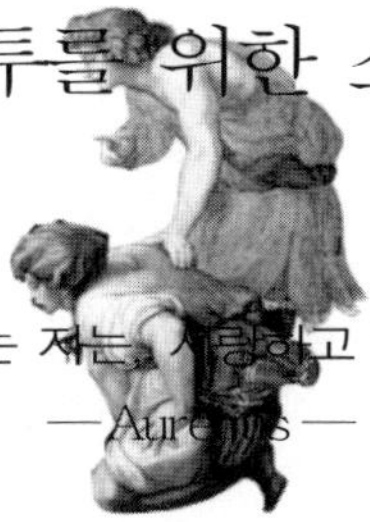

"질투를 하지 않는 자는, 사랑하고 있는 자가 아니다."

— Aurelius —

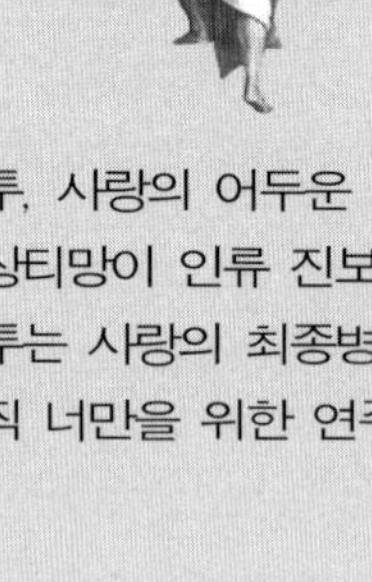

7. 질투를 위한 소나타

질투, 사랑의 어두운 이면

질투라는 감정을 모르는 사람은 아무도 없습니다. 사랑을 할 줄 아는 사람은 질투라는 감정이 무엇인지도 정확하게 이해합니다. 질투는 사랑만큼이나 오래된 인류의 주제이자, 모든 비극의 원천이기도 합니다. 쓰나미가 몰려오듯, 질투가 할퀴고 지나간 자리에는 모든 사회적 관계가 바람 앞에 등불처럼 하늘거립니다. 질투의 대상이 누구인지는 중요하지 않습니다. 연인이 될 수도 있고, 친구가 될 수도 있으며, 때로는 부모가 질투의 대상이 되기도 합니다. 질투를 느끼는 당사자는 공포와 슬픔을 넘어서 참을 수 없는 분노에 자기 통제력을 잃어버리기 십상입니다.

정상적이라면 절대로 하지 않을 행동을 서슴지 않고 할 때는 질투에 불타는 사람이 이미 자신에 대한 통제력을 잃어버렸기 때문입니다. 자신의 주인으로 사는 자가 자유인이라면, 질투하는 사람은 이미 자유인이 아닌 듯합니다. 핸드폰 문자를 뒤져보고, 지워진 카톡을 복원하며, 누군가를 미행하는가 하면, 심지어 폭력을 쓰기도 합니다.

이성간의 사랑이 자연적 조건에 묶여 있는 사회에서 일어나는 질투는 더욱 당사자의 눈을 멀게 합니다. 가장 안전한 곳이라고 몰아 투자했던 곳에서 배신이 일어날 때, 그 분노를 주체할 수 있는 사람은 많지 않습니다. 손해에 대한 분노가 화병으로 이어지는 것입니다. 그래서일까요? 그 어느 때보다 치정과 관련된 살인이 우리 사회에서 눈에 띄게 많아졌습니다. 오늘날 우리는 '헤어져!'라는 말에 목숨을 걸어야 하는 시대를 함께 하고 있는 겁니다.

일상적인 차원을 넘어서서 질투가 심리학적인 영역에서 사용될 때는 조금은 다르게 나타납니다. 사전적으로 질투는 어떻게 정의될 수 있을까요?

> "경쟁자의 실제적 혹은 가정된 이득에 대한 부러움을 의미하며, 특히 대상의 사랑을 차지하는 것과 관련되어 있다. 질투는 종종 사랑하는 사람이 다른 사람을 좋아한다는 의심을 수반한다. 질투는 오이디푸스 상황에 기인하고, 일차적 대상과 독점적인 관계를 맺으려는 소망이 나중에 삶 속에서 다른 대상에게로 옮겨진 것이다. 그것의 목적은 욕구 충족이나 관심만이 아니라 사랑을 얻는 것이다. 여기에는 또한 경쟁자를 제거하고자 하는 무의식적인 소망도 포함된다."
>
> (『정신분석용어사전』, 미국정신분석학회)

간략하지만 질투라는 감정의 스펙트럼이 다소 넓어지고 있습니다. 물론 여전히 부정적인 측면이 강하게 표현되고 있습니다. 사랑이 누군가를 좋아하고 보살피는 마음이나 행위를 의미하는 반면, 질투란 자신의 사랑이 빠져나갈 때 느껴지는 걷잡을 수 없는 감정의 소용돌이를 의미하고 있습니다. 여기서 눈에 띄는 단어는 당연히 독점적인 관계입니다. 질투란 사랑하는 사람과 무조건적이고 절대적인 관계를 맺으려는 소망을 의미하는 겁니다. 사랑하는 사람과의 독점적 관계에 대한 열망은 타인의 존재를 부정할 수 있을 만큼 강렬합니다.

이러한 이유 때문에 종교적인 영역에서 질투는 삶의 고통을 야기하는 주범중의 하나로 간주되기도 합니다. 유교적 전통이 강한 우리 사회에서 여성의 질투를 칠거지악(七去之惡) 중 하나로 간주한 것은 우연이 아닙니다. 서양의 경우도 다르지 않습니다. 기독교 전통에서 등장하는 카인과 아벨의 이야기는 질투의 부정적인 측면을 강조할 때 전가의 보도처럼 사용됩니다. 질투가 어떻게 종국에 인간의 삶을 비극으로 이끌었는지 그 생생한 현장을 연결해 보겠습니다.

창세기에 등장하는 아담과 하와는 선악과를 따먹고 해산을 고통 끝에 두 아들을 얻습니다. 큰 아들 카인은 땅을 경작하는 농부가 되었고, 작은 아들 아벨은 양치기가 되어 각각 농경사회와 유목사회의 시조가 됩니다. 수확의 계절이 되었을 때, 카인은 기쁜 마음으로 땅의 농산물을 야훼에게 바치고, 아벨은 양떼 가운데 맏배들과 기름을 제물로 바칩니다. 여기서 이해할 수 없는 역사적 사건이 발생합니다. 야훼가 아벨과 그의 제물은 기쁘게 받았지만, 카인과 그의 노력의 결실은 끝내 거부한 것입니다. 왜 그랬을까요?

아마도 이는 농경사회와 유목사회의 반목이 빚어낸 해프닝일 가능성이 높습니다. 신화의 저자는 유목민족에 속하였고 신화를 만드는 작업에서 농경사회에 대한 그의 무의식적 반목이 은연중 표현된 것은 아닐까요. 이 문제는 우리의 주제가 아니니 이쯤하고 넘어가겠습니다.

카인과 아벨

중요한 것은 카인이 스스로 통제할 수 없는 감정의 소용돌이를 경험하게 됐다는 사실에 있습니다. 이것이 인간적 질투의 기독교적 기원입니다. 카인은 죄를 짓지 말라는 야훼의 경고에도 불구하고, 동생 아벨을 돌로 쳐 죽입니다. 자신에 대한 통제력을 잃어버린 카인은 더 이상 자유인으로서의 카인이 아닙니다. 분노의 화신으로 변한 것입니다. 야훼와 자신의 독점적 관계를 방해하는 아벨의 존재를 폭력적으로 제거하는 일이 그가 선택할 수 있는 유일한 길이었던 것입니다.

그 뒷이야기도 흥미롭습니다. 야훼는 절대 자아입니다. 카인의 행위를 못 보았을 리 없습니다. 그의 의도까지도 읽었을 것입니다. 그런데 그에게 곧바로 행위에 상응하는 대가를 치르게 하지 않습니다. 카인과 야훼가 나누는 대화 장면은 두루두루 인구에 회자가 됩니다.

"네 아우 아벨은 어디 있느냐?"
"제가 아우를 지키는 사람입니까?"

왜 야훼는 모르는 척 카인을 떠봤을까요? 여기서도 우리는 상상력을 발휘해서 추측해 볼 수 있습니다. 카인의 질투를 유발한 일차적인 동기만 놓고 보면, 야훼도 책임을 면키는 어려워 보입니다. 공평하게 둘의 제물을 받아 주었더라면, 아무런 문제가 발생하지 않았을 테니까요. 행여 반대의 경우라면 어땠을까요? 아벨도 카인 못지않은 질투의 화신으로 변할 가능성을 우리는 절대 배제할 수 없습니다.

그래서일까요? 야훼는 바로 벌을 주는 대신 카인의 뉘우침을 기대합니다. 동기부여에 대한 자신의 책임을 나름대로 통감하고 있는 것입니다. 카인이 자신의 행위를 진심으로 뉘우치고 용서를 구했더라면, 분명 정상참작의 여지가 충분히 있었을 것입니다. 그랬다면 기독교의 역사는 상당히 달라졌겠지요.

그런데 상황은 야훼의 의도대로 흘러가지 않습니다. 카인은 시치미를 딱 잡아뗍니다. 이러한 태도에 야훼는 분노하였고, 마침내 카인은 고향을 떠나 떠돌이로 살아야 하는 형벌을 받게 됩니다. 엄밀한 의미에서 카인에 대한 야훼의 분노는 카인의 살인에 맞춰져 있는 것은 아닙니다. 용서를 구하지 않은 카인의 완고함이 그의 심기를 건드렸던 것이지요.

그러나 이 또한 그리 합리적인 처사로 보이지는 않습니다. 카인에게는 자신의 행위를 돌아볼 수 있는 정신적 여유가 없습니다. 그만큼 그의 질투가 그의 마음을 사로잡아 버린 것입니다. 차라리 평생을 방랑자로 살아갈지언정, 야훼와의 관계에 대한 자신의 감정을 접고 싶지 않았던 것입니다.

기독교에서만 질투를 악의 근원으로 묘사하는 것은 아닙니다. 불교적 전통은 질투를 인생에서 고통을 야기하는 구체적인 원인으로 지목합니다. 붓다는 인간에게 고통을 야기하는 다섯 종류의 번민이 있다고 선언합니다. 분노, 자만, 집착, 혼란, 마지막으로 질투가 그것입니다. 질투란 인간의 자연스러운 감정일 수 있지만, 불행의 최종 원인일 수도 있다는 겁니다. 부처는 세 단계로 나누어 우리가 어떻게 인생의 고(苦)로부터 벗어날 수 있는지를 조언합니다.

첫째, 그는 번민을 야기할 수 있는 상황을 피하라고 말합니다. 말이 아니면 하지를 말고, 길이 아니면 가지를 말라는 옛말이 있습니다. 불필요한 고통을 피하려면, 불필요한 행위를 하지 않으면 된다는 논리입니다. 질투에 적용해 보면 어떻게 될까요? 무엇이 우리에게 불필요한 행동일까요? 이 경우에는 아마도 집착이 해당될 것 같습니다. 상대방에게 집착하지 않는다면, 그로부터 오는 마음의 상처도 한결 가벼울 겁니다.

둘째, 모든 번민은 일시적이며 조건적이라는 사실을 이해해야 한다는 겁니다. 지금까지 지나왔듯이 앞으로도 지나갈 것이라는 시간의 덧없음을 이해할 수 있다면, 현재의 고통도 충분히 인내할 수 있다는 말입니다.

세 번째는 상당히 어렵습니다. 고도의 정신력을 필요로 합니다. 우리가 눈앞에 닥친 일들에 둔감하게 되면 감정에 휘둘릴 일도 없다는 것입니다. 과연 그럴까요? 우리는 정말 감정의 소용돌이를 외면할 수 있을 만큼 강력한 내공을 쌓을 수 있을까요? 이 문제도 그냥 넘어갑시다.

이렇게 놓고 보니까, 질투라고 하는 감정은 사랑을 할 수 있는 능력이 결핍된 상태를 반영하고 있거나, 혹은 홀로 남는 것에 대한 절망적 두려움으로 이해될 수 있겠습니다. 그런데 의문입니다. 정상적인 삶에 치명상을 입히는 질투라는 정서는 도대체 어디서 유래한 것일까요? 선천적으로 타고난 것인가요? 아니면 후천적으로 습득된 것일까요?

일반적으로는 후자가 많이 거론됩니다. 특히 교육학자는 이러한 결핍된 감정의 원인을 어린 시절의 경험에서 찾곤 합니다. 부모의 무관심과 애정

결핍, 애착관계 형성의 실패가 어린 시절 형성되어야 할 자존감의 회의로 이어진다는 겁니다. 이렇게 손상된 자아감이 결국에는 홀로 설수 있는 자율적 존재로의 성장을 치명적으로 방해하고, 병적인 집착으로 이어진다고 보는 것입니다.

교육학자들의 설명은 일면 경험적으로 타당한 실례들을 지니고 있습니다. 하지만 다른 면에서 보면, 유아기의 애착관계가 정상적으로 이뤄진다고 해서 질투의 소용돌이가 완화되는 것은 아닙니다. 질투의 모든 현상을 정서적 결핍으로 보기에는 무리가 따른다는 말입니다. 심리학은 보충설명을 통해 질투를 인간적 조건의 일부로 편입시킵니다.

심리학자에게 질투는 선천적으로 주어진 신비스러운 조건에 근거를 두고 있습니다. 일종의 외디푸스 콤플렉스(Oedipus complex)가 그것입니다. 선천적이라는 단어보다는 본능이라는 단어로 설명하면 훨씬 친숙할 것 같습니다. 외디푸스 콤플렉스는 비록 무지한 상황이었다고는 하나 아버지를 죽이고 어머니와 결혼한 외디푸스 왕의 이야기를 다루고 있는 그리스 신화에서 유래합니다. 이 신화를 토대로 다양한 임상실험을 거쳐 완벽한 이론을 만들어 낸 인물이 바로 지그문트 프로이트((Sigmund Freud, 1856~1939)입니다.

아이가 어떻게 자아 정체성을 형성해 가는지를 설명하기 위해 프로이트는 질투를 생의 중심부에 배치합니다. 부모와의 애착관계를 추구하는 것은 남아와 여아에게 공통적으로 발견됩니다. 그런데 그 관계는 성적으로 분화과정을 거친다고 합니다. 남아는 엄마와의 독점적 관계를 형성하기 위해 아빠를 무의식적 경쟁상대로 지각하고, 강한 반항심을 품게 됩니다.

이 시기를 무사히 마치고 나면, 아이는 자신을 동성인 부모와 동일시하는 단계에 접어들며 정상적인 사회화 과정을 거치게 됩니다. 이 이론에 입각해 보면, 사회화란 어떤 측면에서 스스로 본능적 콤플렉스를 억압하는 과정이기도 합니다. 남아는 아버지를, 여아는 어머니를 도저히 힘으로 극복할 수 없다는 본능적 판단으로부터, 아이가 자신의 연적을 받아들이고 스스로 닮아 가는 역설이 발생하게 된다는 겁니다.

외디푸스 콤플렉스를 근거로 질투를 설명하는 방식은 얼핏 그럴싸해 보이지만, 엄밀한 의미에서 보편적 이론으로 받아들이기에는 무리가 따릅니다. 실제로 프로이트의 정신분석학은 임상실험을 통해 증명된 것이라기보다는, 그의 유아기적 체험을 바탕으로 고안된 것이라고 볼 수 있습니다. 지인에게 보낸 편지에서 프로이트는 직접 이 사실을 고백합니다.

"나는 나의 내부에서 어머니를 향한 사랑의 감정과 아버지에 대한 질투의 감정을 발견했다. 이러한 감정은, 히스테리적인 어린이들에게서처럼 빨리 출현하지는 않더라도, 모든 어린이들에게 공통적으로 나타난다고 나는 생각한다. ……사정이 이와 같다면, 냉혹한 숙명이란 가설을 거부하게 만드는 모든 합리적 반대에도 불구하고, 우리는 오이디푸스 왕의 충격적인 사실을 이해하게 된다. 더불어 우리는 왜 운명에 관한 최근의 모든 희극들이 그렇게 초라하게 실패했는지도 이해할 수 있다. 바로 우리의 감정들이 희곡 'Aieule'에 나타난 것처럼 개인의 자의적인 운명을 강조하는 것에 반감을 갖기 때문이다. 반대로, 그리스 전설에서는 모든 사람이 자신의 내부에서 그 충동을 느끼기 때문에, 각자는 이 전설을 인정할 수밖에 없다. 모든 관객은 한 때 씨앗의 형태로서, 상상 속에서, 오이디푸스 왕이었으며, 자신의 꿈이 실현되어 무대 위에서 현실로 이루어진 것을 보고 두려움에 사로잡힌다. 이 두려움의 크기로 현재의 상태와 유아 시절의 상태를 분리시키는 억압의 크기를 잴 수 있다."
(『정신분석입문』, '플리스에게 보낸 편지', 1897)

결론적으로 보면 질투란 사랑과 함께 태어나지만, 사랑과 함께 죽을 정도로 고귀하지는 않은 것 같습니다. 그 이유는 간단합니다. 질투에 불타는 사람의 마음속에는 무언가를 주고자 하는 의지 보다는, 상대방을 차지하려고 하는 자신의 욕구, 즉 소유욕이 강하게 작용하고 있기 때문입니다.

르상티망이 인류 진보의 원동력이다

얼핏 부정적으로만 보이는 질투라는 원한의 감정(ressentiment)에도 반전은 있습니다. 질투를 삶의 원동력으로 간주하려는 입장이 그것입니다. 현대의 탁월한 종교철학자 르네 지라르(René Girard, 1923~현재)는 르상티망을 인간의 원초적 욕망이자 모방과 창조의 근원으로 해석합니다. 질투와 시기가 무의식적으로 내면화된 르상티망을 품고 있었기에, 인간은 동물과는 다르게 끊임없이 모방을 할 수 있으며 그것을 통해 빛나는 문명을 구축할 수 있었다는 겁니다. 그가 주장하는 르상티망을 통한 인류의 역사를 돌아보는 것은 상당히 흥미로운 일입니다.

지라르는 묻습니다. 우리가 무언가를 기대하거나 원하는 행위는 정말 우리의 마음과 내면의 목소리에서 비롯된 것일까요? 근대를 호령했던 호모 필로소피쿠스들은 주체의 위상에 대해 단 한 번도 의심을 품지 않았습니다. 물론 현대철학은 근대의 주체사상을 새끼발가락에 낀 때만큼도 여기지 않습니다. 이에 영향을 받았는지 모르겠지만, 지라르는 욕망의 주인이 주체가 아닐 수도 있다는 사실에 주목합니다. 그의 저서 『낭만적 거짓과 소설적 진실 *Mensonge romantique et vérité romanesque*』(1961)은 근대와 현대를 대표하는 서양 고전에 담긴 주체의 욕망구조를 해부합니다. 이 문학비평을 통해 그는 소설에 대한 기존의 이해가 진실을 어떻게 외면하고 왜곡할 수 있는지를 보여 주려고 노력합니다.

그의 목적은 일반적인 의미에서의 주체 개념을 해체하는 것입니다. 욕구의 주체는 그에게 있어서 더 이상 자율적 존재로 간주될 수 없습니다. 무언가를 욕구하는 주체는 중개자에 의해 매개된 허구적 환상에 불과하다는 겁니다. 지라르의 저서에 등장하는 세르반테스의 『돈키호테』를 예로 들어 봅시다.

비록 허황되기는 하지만, 돈키호테는 꿈과 사랑을 찾아 현실을 박차고 나아가는 용기 있는 인물로 묘사됩니다. 여기서 지라르는 돈키호테의 정열이 어디서부터 유래하고 있는지를 추적합니다. 이상을 추구하는 그의 모든 행동은 실은 전설의 기사 아마디스를 숭배하며 비롯되었다는 사실이 그에게는 결정적으로 보입니다. 돈케호테는 자신의 이상에 따라 무언가를 욕구하며 꿈꾸었던 것이 아니라, 아마디스의 욕망을 추종하고 모방했을 뿐이라는 겁니다. 지라르는 저서의 첫 페이지에서 돈키호테의 말을 인용합니다.

"산초(Sancho)du, 저 유명한 아마디스 데 가울라(Amadis de Gaule)가 가장 완벽한 방랑기사들 중의 하나였다는 것을 네가 알기를 나는 바란다. 그러나 가장 완벽한 사람들 중의 하나라니 내가 무슨 말을 하고 있는가? 이 세상에 있었던 모든 사람 가운데서 유일한 사람이고, 제일인자이며, 독창적인 사람이고, 우두머리이고, 지배자라 불러야 한다. 어떤 화가가 자신의 예술에서 유명해지고자 할 때는 그가 알고 있는 가장 훌륭한 거장들의 원본을 모방한다고 나는 말해둔다……. 그리고 이와 똑같은 법칙이 공화국의 장식으로 사용되는 중요한 일에나 대부분의 직업에 적용된다. 또한 그리하여 조심성이 있고 인내심이 있다는 명성을 얻고자 하는 사람은, 호메로스가 사람 됨됨이나 하는 일에서 조심성과 인내심의 표본으로 그려놓고 있는 오디세우스를 모방함으로써 그렇게 될 수 있다."[34]

물론 우리는 평생 남이나 흉내 내면서 살지는 않습니다. 지라르는 소설 속의 주인공이 마침내 진실을 깨닫고 자신으로 돌아온다는 사실에도 주목합니다. 그가 자신의 분석을 통해 말하려는 바는 기존의 문학비평이 지니고 있는 단순구도를 확대하는 데 있습니다. 전통적인 방식은 주체의 욕망구조를 주체의 욕망과 대상이라는 2항의 구조로 단순하게 설명한다는 겁니다. 이에 반해 지라르는 주체에게 모방심리를 불러일으키는 타자의 욕망을 매개체로 제시함으로써 3항의 구조를 완성합니다. 이를 가리켜 그는 '삼각형의 모방욕구'라고 부르고 있습니다.

지라르의 소설 분석은 현실을 있는 그대로 반영한 것일까요? 아니면 현실의 일부를 전체로 호도하는 오류를 범하는 것은 아닐까요? 우리는 앞서 데카르트의 코기토를 살펴본 바 있습니다. 자신을 의식하고 있다는 사실만으로도 존재가 연역되었던 시대가 근대입니다. 현대는 소비가 존재

34) 르네 지라르, 『낭만적 거짓과 소설적 진실』, 김치수, 송의정 옮김, 한길사(2001), 39쪽.

를 대체하고, 이미지가 기호로 소비되는 시대를 활짝 열어제친 시대입니다. 타인을 의식하며 우리는 삶의 이유를 찾는 것이지요. 그러나 이를 충분히 감안하여 백번 양보한다손 치더라도, 내가 원하는 것에 있어서까지 내 자신이 없을 수도 있다는 주장은 너무 지나쳐 보입니다.

일상적인 삶의 경험을 통해 우리는 지라르의 주장을 충분히 반박할 수 있습니다.

"너, 커서 뭐가 되고 싶니?"

우리가 어린 시절 가장 많이 접했던 물음 중의 하나입니다. 물론 저자가 주로 들었던 질문은 약간 다릅니다.

"넌 커서 뭐가 되려고 이러니?"

소방관, 경찰관, 간호사에서 시작하여 조금 더 크면 의사, 판사, 대통령에 이르기까지 우리는 일정한 사회적 역할을 욕망합니다. 물론 부모님의 의지가 반영된 것일 수도 있고, 주변이나 교육의 영향일 수도 있겠습니다. 그럼에도 나의 생각, 즉 주체가 전적으로 소멸된 것은 아닙니다. 내가 진정 무엇을 원하는지 모를 때조차도, 그것을 모르는 주체는 여전히 자신의 자리를 지키고 있는 것이지요. 지라르가 말하는 욕망에 있어서 주체의 소멸은 정당화될 수 있을까요? 그렇다면 대체 무엇을 말하는 것일까요?

지라르가 사용하고 있는 맥락을 살펴보는 것이 여기서는 중요합니다. 그는 욕망의 매개를 말합니다. 우리는 직접적으로 어떤 대상을 욕망하는 것이 아니라, 매개자의 욕망을 모방하고 있을 뿐이라는 거지요. 우리는 모두 직업적으로 성공하기를 원합니다. 그러나 지라르는 직업적 성공이 우리에게 직접적으로 매력을 발산하는 것은 아니라고 주장합니다. 이미 직업적 성공을 거둔 사람들의 화려한 삶에 대한 시기와 동경 그리고 질투가 우리로 하여금 직업적 성공을 갈망하게 한다는 겁니다. 사람들로 하여금 물밑에서 선의의 경쟁을 유도하고 더 진보된 사회로 나가게 하는 원동력이란 바로 질투, 곧 르상티망이라는 것입니다.

시기와 질투에 포커스를 맞춘 광고

흥미로운 광고가 있습니다. 화려하고 아름답게 차려입은 여인들이 거리를 지나갑니다. 고급 기호들로 한껏 멋을 낸 모양새입니다. 그런데 자신만의 고유한 매력을 뽐내기보단 다른 여인들의 차림새에 시선을 고정시킵니다. 누가 어떠한 기호들로 자신과 다른 매력을 드러내는지에 온통 관심이 쏠린 것입니다. 이 광고의 컨셉은 정확하게 질투입니다. 자사의 제품과 기호가 타인들에게 얼마큼의 시기심을 유발할 수 있는지를 이미지로 잡아낸 것이지요. 이 광고는 시청자의 공감을 얻으며 성공한 모델로 자리매김합니다.

여기까지 들으니 이해가 될 듯도 합니다. 지라르는 나라는 주체의 죽음을 선언한 것이 아니라, 나의 생각과 행동을 움직이는 동력이 어디에 있는지를 사회 심리적으로 분석해 본 것입니다. 그가 본 바에 따르면, 주체는 실제 대상을 욕망하는 것이 아니라, 매개자의 욕망을 모방하는 것에 불과합니다. 그러므로 주체와 매개자의 욕망은 일반적으로 동일한 것으로 이해될 수 있습니다. 경쟁관계라고 하는 것은 동일한 욕망을 지니고 있는 사람들이 일정한 사회적 룰에 입각하여 사회적 관계에 진입하는 것을 말합니다.

지라르의 매개이론은 현대의 경쟁관계가 왜 이렇게 치열해졌는지를 설명하는데도 좋은 근거를 제시해 줍니다. 현대는 그 어느 시대보다 사회적 르상티망이 보편화된 시대입니다. 강도에 있어서도 이전과 비교할 수 없을 정도로 한껏 고양되었습니다.

과거에는 계급적인 위계질서가 명백해서 어떤 직업을 선택할지 굳이 고민할 필요가 없었습니다. 이미 신분적 지위가 고정되어 있었기에 감히 넘볼 수 없었던 것입니다. 중세는 절대자가 그 자리를 지키고 있었고, 절대 왕정에서는 군주가 하늘을 대신하고 있었으니, 개인이 굳이 선택의 자유를 행사해야만 할 번거로움이 없었던 것입니다.

사람들은 언감생심 오를 수 없는 나무에 시기와 질투로 얼룩진 르상티망을 지니지는 않습니다. 노예가 주인의 자리를 탐내고 경쟁상대로 삼아 자신을 채찍질하지는 않는 것입니다. 농민은 귀족이 될 필요가 없었고, 그에 대한 열등감으로 좌절할 근거도 없었습니다. 모든 것이 질서정연한 곳에서 변화는 없지만, 변해야만 되는 부담감도 지닐 필요가 없었던 것입니다.

그러나 현대사회는 다릅니다. 인권과 인간 존엄성에 대한 생각이 보편화되면서 고정된 신분질서가 무너집니다. 화려한 변신이 개인의 자유로운 선택으로 전가되면서, 우리는 서로가 서로를 라이벌로 느끼게 된 것입니다. 토마스 홉스의 주장처럼, 근대가 만인에 대한 만인의 투쟁 (Homo homini lupus)의 시대였다면, 현대는 '만인에 대한 만인의 경쟁의 시대'로 전환되었습니다. 대상에 대한 외적 욕망이 작아진 대신, 서로 바라보며 시기하며 모방하는 내적 욕망은 극대화되었습니다.

이러한 주장은 우리가 사회 문제를 진단하는데 꽤 쓸만한 이론적 도구를 제공해 줍니다. 우리 사회에는 인기 있는 걸그룹들이 많이 있습니다. 바야흐로 걸그룹 전성시대입니다. 걸그룹이 각광을 받기 시작한 이유는 확실히 상업성 때문입니다. 아름답고 청순하고 섹시한 걸그룹이 아저씨부대, 삼촌부대, 오빠부대 등 각양각색의 군중을 몰고 다닐 수 있기 때문입니다. 섭외에 성공한 방송 프로그램에게는 시청률 보증수표로도 활용될 것입니다.

그러다 보니 많은 청소년들이 연예인을 선망합니다. 부와 명예를 한 몸에 얻고 거기에 대중적 사랑까지 얻을 수 있으니, 이보다 더 화려한 삶은 없어 보입니다. 사회 곳곳에서 활약하는 연예인 기획사의 숫자를 기준으로 삼는다면, 우리의 국가 경쟁력은 명실상부 세계 최강이 될 것입니다.

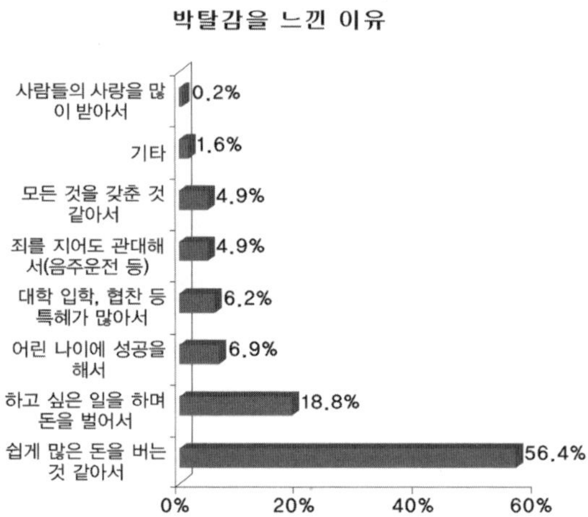

「세계일보」, 2010년 9월 27일

어릴 때부터 기획사에 소속되어 불철주야 땀을 흘리는 청소년의 숫자만 해도 어마어마합니다. 물론 모두가 자신이 원하는 연예인이 될 수는 없을 것입니다. 그 가운데 극소수만이 자신의 목표에 도달하게 되겠지요.

다시 우리 주제로 돌아와 봅시다. 무엇이 아이들을 불나방이 되도록 몰아가는 것일까요? 이미 우리는 그 원인에 대해 언급하였습니다. 부와 명예 그리고 대중의 사랑이 고통스러운 현실을 보상할 수 있는 일반적인 기준일 것입니다. 그러나 이것이 전부는 아닙니다. 실제 걸그룹에 속한 연예인들에게 물어 보면 예상과는 전혀 다른 답이 나옵니다. 새해에 소망이 무엇인지 물어 봅시다. 혹은 행복의 조건이 무엇인지에 대한 질문에 대부분의 걸그룹의 구성원들은 어느 누구도 넘볼 수 없는 국내 정상의 자리에 오르는 것이라고 대답합니다. 대중의 사랑은 그저 표면적 이유에 불과합니다. 그들로 하여금 불철주야 노력하게 하는 근본적인 동력은 더 인기 있는 그룹과의 경쟁인 것입니다. 그럼 자타가 공인하는 국내 정상의 자리에 있는 그룹은 어떻게 되는 건가요? 당연히 목표가 바뀌겠지요. 이제부터는 글로벌로 향해 뻗어나가게 됩니다. 더 이상 경쟁상대를 찾지 못한다면, 자신의 직종이 예전처럼 그렇게 매력적으로 보이지는 않을 것입니다.

언젠가부터 우리 사회의 부정적 모습을 열어 볼 수 있는 키워드인 상대적 박탈감도 지라르의 질투이론에 입각해 보면 쉽게 이해가 갑니다. 신문의 한 자락은 상대적 박탈감을 야기하는 직종이 일반적 직업을 넘어서 전통적으로 소수의 재능 있는 사람에게만 허락되는 직업인 연예인 직종까지 확대되었음을 보여 줍니다. 직장인 10명 중 7명 이상은 연예인을 볼 때 심한 시기심을 느낀 적이 있는 것으로 조사됩니다. 상대적 박탈감을 느끼는 이유를 들어보면 지라르의 논의가 상당히 설득력이 있습니다.

반 이상이 '쉽게 많은 돈을 버는 것 같아서'라는 응답을 했고, 그 다음으로 '하고 싶은 일을 하며 돈도 벌어서', '어린 나이에 성공을 해서', '대학 입학, 협찬 등 특혜가 많아서' 등의 순서였다고 합니다. 이러한 시기와 질투가 우리 사회에서 연예인 열풍으로 이어진 것을 보면, 욕구의 주체가 정말 우리 자신인지 고개가 갸웃거려지기도 합니다.

질투는 사랑의 최종병기

지금까지 우리는 질투를 정상적 감정의 결핍으로 인해 야기된 파괴적이고 죽음을 부르는 무가치한 욕망으로 묘사했습니다. 지라르의 독특한 견해도 소개했지만, 여전히 질투라는 감정에는 나와 타인을 죽이는 어두운 그림자가 드리워져 있습니다. 한국문학도 예외는 아닙니다. 한국 근대시사의 불후의 업적 「님의 침묵」을 우리에게 안겨 준 만해(萬海) 한용운은 사랑이라는 두 글자에서 질투를 살며시 빼 버립니다.

"[……]
잠시라도 같이 있음을 기뻐하고
애처롭기까지 만한 사랑을 할 수 있음에 감사하고
주기만 하는 사랑이라 지치지 말고
더 많이 줄 수 없음을 아파하고
님과 함께 즐거워한다고 질투하지 않고
그의 기쁨이라 여겨 함께 기뻐할 줄 알고
깨끗한 사랑으로 오래 기억할 수 있는
나 당신을 그렇게 사랑합니다.
나 그렇게 당신을 사랑합니다……."
(<나 그렇게 당신을 사랑합니다>)

가슴이 뭉클할 정도로 아름다운 시입니다. 그러나 지금은 냉철해야만 할 시간입니다. 이러한 평가는 과연 공정한 처사일까요? 질투는 인간의 원죄로 인해 야기된 어두운 그림자에 불과한 것일까요? 질투는 해서는 안 되는 금지된 정서적 유희일까요? 이 질문에 답변하기에 앞서 간단한 실험을 한번 해 봅시다.

우리 앞에 한 살배기 아이를 안고 있는 엄마가 있습니다. 그때 아이의 아빠가 다른 아이를 안고 걸어옵니다. 그걸 본 아이는 어떠한 태도를 보일까요? 십중팔구 아빠에게 안기려고 발버둥칩니다. 아빠의 품에 안긴 다른 아이에게 질투를 느끼는 것입니다. 아빠를 엄마보다 더 좋아하기 때문일까요? 그럴 수도 있을 겁니다. 그럼 이제 엄마가 다른 아이를 안고 자신의 아이를 아빠 품에 옮겨 봅시다. 아이는 어떠한 반응을 보일까요? 아이는 투정을 부리며 동일한 반응을 보입니다. 아이는 자신과 부모와의 독점적 관계에 이물질이 끼어들면 그에 상응하는 반응을 보이는 것입니다.

이 사실을 제일 먼저 학문적으로 이론화시킨 인물은 위대한 자연의 관찰자 찰스 다윈(Charles Darwin, 1809~1882)이었습니다. 다윈은 몇 줄로 요약된 학자로 정리되기에는 너무도 매력적인 인물입니다. 그는 우리의 시선을 붙잡아 둘 충분한 자격을 지니고 있습니다. 그런데 인류 역사상 그만큼 사회적 찬사와 비난을 한 몸에 받은 사람도 드물 것입니다. 그의 연구업적은 경이로운 노력과 섬세한 관찰을 통한 성공과 실패의 반복입니다. 그럴 때마다 그는 다짐했다고 합니다. 자연과학에 조금이라도 공헌하는 것보다 더 훌륭한 일생을 보내는 일은 불가능하다고 말입니다.

다윈이 감당했을 오랜 숙고와 인내, 그리고 남다른 노력은 분명 감탄할 만한 것입니다. 하지만 그는 결정적인 부분에서 방심을 합니다. 인생에는 서술과 묘사를 뛰어넘는 더 중요한 무엇이 있다는 사실을 관찰하지 못한 것입니다. 그가 지나왔던 시간을 스스로 돌아볼 수 있었다면, 자신의 인생도 경험과 관찰을 뛰어넘어서 의미의 세계를 통과해 왔음을 깨달았을 것입니다. 하지만 그는 마지막 돌을 올려놓는 일에 결정적인 실수를 범합니다. 다시 우리의 주제로 돌아갑니다.

다윈은 질투와 관련된 중요한 경험을 우리에게 이론적으로 제공합니다. 실험대상은 자신의 아들입니다. 15개월이 채 되지 않은 아이 앞에서 그는 정확하게 아이 크기만한 인형을 안고 지나가 봅니다. 그때 그는 아이가 어떠한 반응을 보이는지를 관찰합니다. 그것은 질투입니다. 이것이 의미하는 바는 무엇일까요? 질투가 애정결핍으로부터 야기된 왜곡된 감정이라거나, 사랑하는 연인 사이에서만 벌어지는 왜곡된 사랑이라는 속설에 대한 반증입니다. 이 경우에는 질투를 선천적으로 타고난 아이의 생존전략으로 이해하는 것이 훨씬 설득력이 있어 보입니다.

다윈에게 큰 빚을 지고 있는 오늘날의 생물학은 인간에 대해 많은 객관적인 정보를 제공해 줍니다. 경험적으로 검증 가능한 것만을 학문의 토대로 쓰기 때문에 객관적이고 설득력이 있습니다. 질투가 어디에서 유래한 것인지를 설명하는 데도 생물학은 혁혁한 공을 세웁니다. 기존의 교육학적, 심리학적 더 나아가 형이상학적 해석의 단점을 정확하게 보완 하면서 말입니다.

생물학자들은 이구동성으로 아이들이 이미 태어날 때부터 질투에 대한 감정을 지니고 있다고 말합니다. 질투란 살아남기 위한 생존전략 가운데 하나로서, 자연선택의 중요한 무기라는 겁니다. 형제가 많은 아이는 본능적으로 질투심이 강합니다. 맛있는 것을 더 얻어내기 위해 부모에게 떼를 쓰는 것도 질투의 일종입니다. 이 전략적 행동은 부모가 아이에게 공평하게 자신의 관심을 나눠줄 때까지 지속 됩니다. 부모와의 관계에서 균형을 맞추고자 하는 본능적 행위입니다.

그런데 우리에겐 여전히 의문이 남습니다. 질투가 후천적으로 습득된 것이 아니라 선천적 본능이라면 남녀 간의 질투는 어떻게 설명될 수 있을까요? 괴테는 세상에는 세 부류의 바보가 있다고 말했습니다. 하나는 자만에 빠진 남성들이고, 다른 이는 사랑에 빠진 소녀들이며, 마지막 세 번째가 질투에 빠진 여인들이랍니다. 질투도 본능이라면, 왜 자연은 여인들을 바보로 만들어 버리는 것일까요?

여기에서도 진화 생물학적 설명은 나름대로의 일관성을 보이고 있습니다. 우리는 앞서 남성과 여성이 보이는 생물학적 사랑법의 차이를 설명한 적 있습니다. 유전자에 빗대서 말입니다. 남성의 사랑은 자신의 우성인자를 남기려는 본능과 연관이 있다고 생물학은 증언합니다. 남성이 여성의 외모에 집착하는 것은 그의 정신상태에 문제가 있어서가 아닙니다. 그도 어쩔 수 없는 본능적 이끌림인 것이지요. 반면 여성은 연인의 사회적 조건을 통해 양육에 대한 부담과 책임의 무거움에서 조금이라도 가벼워지려고 노력합니다. 남성이 사랑받을 수 있는 조건으로 사회적 지위가 굳어진 이유에는 순전히 생물학적 기원이 큰 몫을 차지하고 있는 것이지요.

이러한 생물학적 차이가 남성과 여성의 질투의 차이로 이어집니다. 남성은 언제 질투를 느낄까요? 자신의 연인이 다른 남성에게 눈길을 줄 때입니다. 남성의 유전자에는 대단히 민감한 부분이 있습니다. 자신이 키우는 아이가 자신의 유전자가 아니라, 행여나 다른 남성의 씨앗일지도 모른다는 막연한 불안을 안고 있는 것입니다. 이러한 유전자의 감시망이 인류 역사에서는 가부장적 사회의 규칙, 즉 여성의 정절을 강조하는 윤리적 규범으로 이어질 수 있었던 겁니다. 개인적 감시망을 권력적 구조로 강화시킨 것입니다.

일반적으로 여성의 질투는 남성에 비해 훨씬 강하다고 알려져 있습니다. 여인의 질투는 한이 없고, 여인이 한을 품으면 오뉴월에도 서리가 내린다는 속설은 동서고금을 막론하고 정설로 이어져 오고 있습니다. 한이 맺혀 눈을 감지 못하고 구천을 떠도는 영혼도 여성이 압도적으로 많습니다. 대체 왜 이러는 것일까요?

생물학적으로 보면, 이러한 견해는 오해이자 편견에 불과합니다. 어쩌면 앞서 언급했듯이, 가부장적 사회가 빚어낸 성적 이데올로기일수도 있습니다. 잔인하기로 따지면 여성은 남성을 따라갈 수 없지요. 생물학적 연구는 단지 여성의 질투가 남성과는 상당히 다른 방향으로 진행되고 있음에 주목합니다.

여성도 자신의 연인이 다른 여성을 바라볼 때 질투를 느낍니다. 그러나 여성의 질투는 남성과는 상당히 다른 방향으로 향하고 있습니다. 여성은 자신이 아이의 어머니라는 사실을 정확하게 알고 있기 때문에, 유전자가 누구의 것인지는 그리 중요하지 않을 수도 있는 겁니다. 그렇다면 여성의 질투는 어디를 향하고 있는 것일까요?

여성은 남성의 시선이 아니라 그의 마음이 다른 여성에게 옮겨지고 있을 때 극도로 예민해집니다. 그것이 의미하는 바는 한 가지 입니다. 연인으로부터 제공받고 있는 사회적 울타리를 타인과 나눠야 한다는 사실이 그녀를 불안케 하는 겁니다. 때로 사회적 여유를 위협받을 수도 있다는 신호에 참을 수 없는 분노를 느끼는 것이지요.

이와 관련하여 흥미로운 실험결과가 있습니다. 미시건 대학의 심리학자인 데이빗 버스(David Buss)는 일련의 남성과 여성에게 외도와 관련된 두 가지 상황을 제시합니다. 한쪽은 감정적 친밀감이 없는 순수한 성적 외도이고, 다른 쪽은 성적 관계는 없었지만 자신의 파트너와 다른 사람 사이에서 정서적 혼란을 겪었던 경우입니다. 실험에 참가했던 남성과 여성은 어느 경우를 더 심각하게 받아들였을까요?

우리가 이미 살펴보았듯, 사랑의 차이가 질투의 감정에도 동일하게 반영됩니다. 대부분의 남성들은 자신의 연인이 다른 남성과 실제로 성적 관계를 맺었을 때 분노를 금하지 못합니다. 그러나 여성의 경우에는 다소 달리 나타납니다. 연인의 성적 외도에 있어서는 비교적 관대하게 반응하지만, 정서적인 교감에는 심한 상처와 모멸감을 느낀다고 합니다. 이 차이를 설명하는 것은 어렵지 않습니다. 정서적 교감은 남성의 사회적 능력을 다른 여성과 나눠야만 되는 위협을 의미하기 때문입니다.

불륜영화 《아내가 결혼했다》

결국 생물학적 인간은 질투를 자연의 한 조각으로 이해합니다. 자연은 선도 악도 아니라는 겁니다. 그동안 철학적 상상력과 심리학적 분석이 이 자연적 감정을 윤리적 규범에 묶어두고 고삐를 채우려고 했다면, 생물학은 이제 질투를 인간 진화의 한 축으로 인정해야 한다고 주장합니다. 질투란 자신이 사랑하는 사람을 보호하고 일탈행위에 대해 경고하는 역할을 하며, 서로의 헌신을 안정되게 하기 위해 만들어진 인간 진화의 비밀병기인 셈입니다.

질투를 생물학적으로 이해하려는 시도에 우리가 굳이 비판의 칼날을 세울 필요는 없습니다. 인간에 대한 생물학의 실증적 연구는 종종 유용합니다. 경우에 따라서는 고마워해야 될 일입니다. 자연적 현상을 윤리적으로 비난하는 편협함으로부터 우리를 자유롭게 했기 때문입니다. 그러나 질투의 감정을 자연의 세계에 묶어 둘 경우는 사정이 달라집니다. 우리는 인간이 자신 안에서 열어 놓은 인격적 공간을 생물학적 본능이 전부 메워야만 한다고 주장할 필요는 전혀 없습니다. 자연에 묶인 사랑이 우리를 참을 수 없는 존재의 가벼움으로 이끌듯, 자연에 묶여 버린 질투는 당사자를 자연의 어떠한 맹수보다 더 잔혹하게 만들 수 있기 때문입니다.

오직 너만을 위한 연주

로마의 종교철학자 아우구스티누스(Aurelius Augustinus, 354~430)는 질투하지 않는 사람은 사랑에 빠진 사람이 아니라고 말한 바 있습니다. 대단히 함축적인 의미를 담고 있습니다. 사랑과 질투란 동전의 양면이라는 것이지요. 이러한 해석은 나름대로 설득력을 지니고 있습니다. 질투하는 모습과 통제할 수 없는 것으로 묘사되는 격한 감정표현에서 우리는 당사자의 정열적인 사랑을 객관적으로 읽어낼 수 있는 겁니다. 역으로 말하면, 질투를 전혀 느끼지 않는 사랑은 호르몬의 유통기간이 지나버렸거나 아니면 더 큰 사랑을 얻기 위한 전략적 사랑의 징표일 것입니다.

사랑과 질투, 의미의 세계에서 양자는 어떠한 관계가 있을까요? 그리스 신화에 등장하는 여신 헤라의 이야기로부터 출발해 보겠습니다. 헤라는 질투의 여신으로 유명합니다. 서양문학의 아버지격인 그리스의 시인 호메로스(Homeros)도 헤라의 질투를 즐겨 다룰 정도이니, 그녀의 질투는 가히 문학적 상상력의 보고라고 할 수 있겠습니다.

여신 헤라

그러나 처음부터 헤라의 심성이 질투의 원천이었던 것은 아니었습니다. 그녀의 변신의 원인 제공자는 남편 제우스입니다. 남편인 제우스는 헤라의 미모에 반해 여러 차례 사랑을 고백하지만, 헤라는 그의 마음을 받아들이지 않습니다. 이미 제우스는 바람둥이로 소문이 자자했으니까요. 그런데 불행인지 다행인지 모르지만, 결국에는 제우스의 계략에 넘어가 그와 결혼을 하게 됩니다. 물론 결혼은 제우스의 진정한 뜻은 아니었습니다. 그에게는 헤라의 아름다운 육체만이 필요했는데, 헤라는 결혼과 출산의 여신답게 매우 조신하였고 오직 결혼을 전제로만 몸을 허락한 것이지요.

결혼 후에도 제우스는 타고난 본성을 뿌리치지 못합니다. 당시의 신들은 인간만큼이나 쉽게 변하지 않았던 모양입니다. 물론 제우스는 결혼을 약속한 것이지 외도를 하지 않겠다고 맹세한 것은 아니었으니, 그의 행위로 인해 비난 받을 이유는 없을 듯합니다. 그는 인간뿐 아니라 요정들과 외도를 즐깁니다. 그때마다 헤라는 남편의 정인들에게 무자비한 복수를 가합니다. 때론 가혹하다 할 정도로 제우스와 그의 애인들 사이에 난 아이들에게도 강한 증오심을 보입니다. 자신의 주관 부서인 가정을 팽개치면서까지 말입니다. 결국 헤라는 제우스의 바람기로 인해 자신의 고유한 명칭을 잃어버리고 질투의 여신이라는 오명까지 뒤집어쓰게 된 것입니다.

무엇이 헤라를 이토록 잔인한 질투의 여신으로 몰아세웠을까요? 헤라는 크로노스와 레아의 딸로 올림포스의 여신 중 최고의 여신입니다. 여느 여신에 뒤지지 않는 미를 소유했으며, 출산과 가정을 주관할 만큼 헌신적이었습니다. 그런 헤라를 무엇이 복수의 화신으로 돌변하게 했을까요? 일차적으로는 제우스의 바람기가 질투를 유발했을 것입니다. 하지만 여전히 헤라의 질투가 어디를 향하고 있는지는 의문이 아닐 수 없습니다. 생물학적으로 분석해 봅시다.

제우스의 외도성향은 유전자의 옹고집으로 치부해 버릴 수 있습니다. 그런데 헤라의 질투는 객관적으로 이해하기가 매우 어렵습니다. 헤라는 이미 안정된 자신의 활동구역을 확보하고 있었고, 제우스를 제외하면 어떠한 신보다 막강한 권력을 소유하고 있습니다. 굳이 형식뿐인 제우스의 사랑을 독점해야 할 하등의 이유가 없었던 것입니다.

정략결혼이 횡횡했던 서양역사의 결혼풍습을 돌아보면, 우리의 이러한 의문이 더욱 증폭됩니다. 당시 상류사회에서 결혼은 낭만적 사랑의 결실이 아니었습니다. 이는 두말하면 잔소리입니다. 인류의 결혼사를 통틀어서 낭만적 사랑이 결혼의 결정적 조건으로 간주된 시기는 불과 백년이 채 되지 않습니다.

이전에 혹은 지금까지도 결혼의 주된 목적은 경쟁력을 확보하는 것이 관건입니다. 정확하게 말하면 결혼도 자기 보존본능의 원리가 지배하는 자연의 세계를 반영하고 있는 것이지요. 살아남기 위해 결혼만큼 더 좋은 수단은 없었을 것입니다. 혈연으로 맺어질 수 있으니까요. 경쟁의 구도가 날로 가속화되는 현대사회가 결혼을 조건으로 환원시킨 데도 나름 그럴 만한 자연적 이유가 있는 것이지요.

그럼 사랑은 어떻게 되는 걸까요? 인간에게 사랑이라는 감정은 애당초 본능을 제외하면 허위의식에 불과했던 것일까요? 그렇지는 않은 것 같습니다. 사랑의 흔적은 확실한 족적을 지니고 있습니다. 다만 사랑과 결혼이 필연적으로 연계되어 있지 않을 뿐입니다. 결혼은 결혼이고 사랑은 사랑입니다. 결혼한 남성과 여성이 밤마다 각자 진정한 사랑을 찾아 헤매는 것은 타락한 사회의 전형이 아니었습니다. 오히려 고귀한 사랑의 증표로 간주되었지요. 정략결혼에 의해 사랑이 희생될 필요도 없었고, 지위와 재산이 안정적으로 보장되는 한, 질투의 화신으로 자신과 타인을 괴롭힐 이유도 없었던 것입니다.

다시 헤라의 질투로 돌아와서 질문을 던져 봅니다. 무엇이 그녀의 질투를 유발했던 것일까요? 헤라는 제우스를 진정으로 사랑한 듯 보입니다. 제우스와의 독점적 관계를 꿈꾸고 있는 것입니다. 재산이나 권력 때문이 아니라, 다른 여인과 그 관계를 나눠야만 한다는 자연적 위협이 그녀의 심기를 불편하게 했던 겁니다. 여기까지는 여전히 생물학적 본능으로 해석될 수 있습니다.

우리는 여기서 아주 중요한 사실을 간과해서는 안 됩니다. 헤라의 질투가 제우스의 생의 고유한 자리를 보증하고 있다는 사실이 그것입니다. 안정된 삶의 기반을 바탕으로 헤라도 얼마든지 낭만적 사랑을 찾아 밤의 여신이 될 수 있습니다. 그러나 그녀가 불나방이 되었다는 기록은 그리스 신화 어디에도 없습니다. 그녀의 아름다움이란 오직 제우스의 고유한 삶을 훔치기 위한 매력이었으며, 그 삶을 담아낼 수 있는 그릇이 그녀가 주관했던 관할 영역이었습니다.

역으로 보면, 헤라의 질투를 통해 제우스는 자신의 삶의 자리가 무엇에 의해서도 대체될 수 없는 고유한 존재의 영역임을 보증받게 됩니다. 물론 제우스가 그것을 절실히 깨달았다고 보기는 힘들겠네요. 그랬다면, 그의 외도가 계속되지는 않았을 테니까요. 아마도 제우스는 헤라의 질투가 무엇을 지시하고 있는지를 보지 못했을 수도 있습니다. 자신의 삶 속에 너무 밀착되어 있기에 그의 눈에는 보이지 않았을 것입니다. 마시는 물처럼, 숨쉬는 공기처럼 삶을 위해 절대적으로 필요하지만, 이미 우리의 존재와 함께 있는 생의 고유함이란 쉽게 인식의 영역으로 들어오지 않는 법이지요.

생의 고유성을 테이블 위에 올려놓고 토론의 주제로 삼을 때는 이미 그것의 부재로 인해 우리가 고통을 받고 있을 때일 것입니다. 헤라가 한국적 정서를 지닌 사람에 의해 고안된 신화적 인물이라면, 제우스의 외도를 멈추게 했을지도 모릅니다. 꼬리가 아홉 개 달린 구미호의 마인드를 헤라가 지녔다면, 그녀는 아마도 제우스에게 질투하는 마음을 들키지 않았을 테니까요. 그랬다면 어떻게 됐을까요? 제우스는 자신의 존재가 확인될 수 있는 가장 중요한 존재의 영역을 잃어버리게 될 것이며, 다시 헤라의 사랑을 찾아 동분서주했을 것입니다.

호모 필로소피쿠스에게도 개인이 지니고 있는 생의 고유성은 중요한 의미를 지니고 있습니다. 우리는 모두 자신의 몫만큼의 인생을 살고 있습니다. 누군가의 삶이 타인과 겹쳐질 수 없는 그 무엇을 지니고 있는 때,

우리는 자신만의 고유한 개성을 말합니다. 근대 합리론의 대가 라이프니츠(Gottfried Leibniz, 1646~1716)는 개별자들의 고유성을 그의 삶의 자리를 통해 설명한 가장 탁월한 철학자입니다. 그의 저서 『단자론 *Monadologie*』(1714)은 세계에서 가장 짧은 철학서 가운데 하나이지만, 그 안에 담긴 내용만큼은 여느 저서보다 깊고 넓은 내용을 간직하고 있습니다.

제목에서 느껴지듯, 라이프니츠는 고유한 삶을 자리를 지닌 개별자들을 단자라고 부릅니다. 단자는 분할되지 않으며, 생성되지도 소멸되지도 않습니다. 마치 나의 존재에 대한 자의식이 세상과 함께 주어진 것처럼 말입니다. 특히 그는 세계를 가득 채우고 있는 개별 존재자들의 지각에 주목합니다. 그 지각들이 세계를 구성하고 창조한다는 의미가 아닙니다. 세계가 개별 존재자들의 고유한 지각을 통해 자신을 드러난다는 표현이 더 어울린 듯합니다.

하지만 라이프니츠에게 이 과정은 모든 존재자가 자신의 내부로부터 나오는 고유하고 능동적인 힘(entelecheia)을 통해 세계를 지각하는 과정과 근본적으로 분리되지 않습니다. 세계가 자신을 있는 그대로의 모습으로 드러내기 위해 개별 존재자들의 고유한 생의 자리를 요구해야만 하는 것입니다. 딱딱하고 차가운 이론처럼 느껴지지만, 우리의 일상생활은 구석구석 이러한 이론이 확인되는 생생한 장소입니다.

눈 내리는 풍경을 보며 교차하는 정서들은 그것을 보는 개인의 삶의 맥락에 따라 달라질 수 있습니다. 누군가에게 눈은 슬픔어린 추억이 담길 수 있지만, 누군가에게는 희망의 상징일 수 있습니다. 아이에겐 온통 하얗게 변해버린 세상이 설렘과 유희의 공간이라면, 가족을 위해 새벽부터 운행 중인 버스기사의 눈에는 불안의 현장일 뿐입니다.

경우의 수는 개인들이 처해 있는 삶의 맥락만큼이나 더해 갈 수 있습니다. 그러나 맥락이 어떠하든 우리는 하나의 지각과 경험만을 세계의 진정한 모습으로 단정짓지는 않습니다. 우리는 모두는 고유한 삶의 맥락을 통해 눈이 내리는 세계의 모습을 각각 반영하고 있는 것입니다.

동일자의 고유한 삶의 모습을 이론적으로 정당화하는 과정은 호모 필로소피쿠스에게는 일상적인 일입니다. 아무리 어려운 개념과 복잡한 수사학을 동원한다 해도 머리카락을 세듯 분석해 낼 수 있습니다. 문제는 일반적인 이해입니다. 과연 우리는 각자의 삶이 누구와도 겹쳐질 수 없는 자신만의 시간과 공간이라고 주장할 수 있을까요? 우리의 현실은 정확하게 반대편을 가리키고 있는데도 말입니다.

과연 고유한 삶의 자리라는 것이 있기는 한 것일까요? 라이프니츠의 이론적 정당화는 분명 탁월한 서술입니다. 하지만 자명하지는 않습니다. 우리가 아무리 그의 이론을 알기 쉽게 설명한다 한들, 자본주의 사회 속에서 소비되고 대체되는 우리의 존재가 하나밖에 없는 고유성의 상징으로 되살아나지는 않습니다. 누구나가 자신의 삶을 살라고 말하기는 쉽습니다. 하지만 자신만의 삶이 무엇인지를 아는 것은 결코 쉬운 일이 아닙니다. 자신을 아는 일도 어려운데, 자신으로 산다는 것은 거의 불가능한 수준입니다. 나를 가려 주던 다양한 사회적 울타리가 사라지고 오로지 자신만으로 홀로 남는 순간에 우리는 자신으로 있는 것일까요? 나는 과연 누구일까요?

나만의 삶을 말하고, 나만의 삶의 자리를 주장하는 것은 쉽습니다. 그러나 이것을 자명한 것으로 증명하기는 참으로 어렵습니다. 엄밀한 의미에서 우리의 실존은 해변에 수없이 흩어져 있는 모래알만큼이나 가볍고 우연적일 수 있습니다. 모래알 위에 티끌 하나 더 올린다고 해서 자만할 이유도 없으며, 그것이 필연적 존재가 될 수는 더욱 없는 일입니다. 파도에 밀려다니다가 금방 덧없이 사라질 뿐입니다. 우리 모두는 잉여존재인 것이지요.

그런데 이러한 자연의 세계에 갑자기 균열이 일어납니다. 질투가 불러오는 의미의 세계에 의해서입니다. 질투라는 분노의 감정은 정의의 사도처럼 우리의 삶에 개입을 합니다. 우연적인 관계로 돌아가는 덧없는 자연의 순환에 제동을 겁니다. 그것도 오직 '너만이'라는 선율을 연주해 냄으로써 말입니다.

사랑이란 누군가의 실존을 자신의 전부를 던져 맞이하는 숭고한 행위입니다. 전체와 전체가 만나서 만들어내는 기적이기도 하지요. 그러나 이 기적은 '네가 아니라면'이라는 감정이 동반되지 않는다면, 울리지 않는 소나타에 불과합니다. 네 발걸음이 머무는 곳에 원래부터 내가 있었고, 내가 뒤돌아보는 순간 네가 나를 쳐다보는 그러한 관계가 바로 사랑인 것입니다. 질투란 이러한 절대적 관계를 통해 나와 너의 자리를 고유하게 만드는 존재의 통로이자, 가장 인격적인 선율일 수 있습니다.

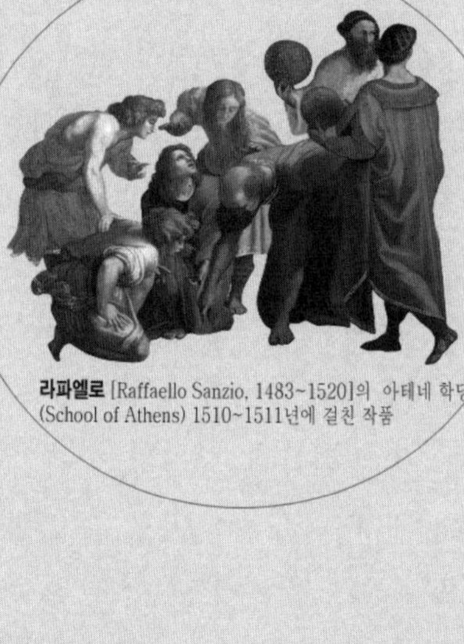

라파엘로 [Raffaello Sanzio, 1483~1520]의 아테네 학당(School of Athens) 1510~1511년에 걸친 작품

8. 약속을 행하라, 그러면 너희도 신처럼 되리라

"너무 많은 것을 약속하는 자나,
그로부터 너무 많은 것을 기대하는 자나 모두 상처를 입게 될 것이다."

—Le-ssing, Gotthold Ephraim—

8. 약속을 행하라, 그러면 너희도 신처럼 되리라

완전한 세계를 향한 발걸음

우리의 삶은 확실히 자연적으로 주어진 것입니다. 태어나서 죽는 것은 자연의 이치입니다. 오래 살기 위해 섭생(攝生)을 하고 후대를 기약하기 위해 자손을 남깁니다. 이 과정에서 운명의 여신은 누군가에게 특혜를 부여하며, 누군가에게는 장난을 걸어 험난한 인생을 예고합니다. 안타까운 일이지만, 출발지점이 다르면 도착지점도 다를 수밖에 없습니다.

철학과 종교를 막다른 골목으로 몰아 당황케하는 주제가 있습니다. 바로 불현듯 찾아와 우리를 힘들게 하는 인생의 역경과 시련입니다. 이론적으로만 보면, 삶의 고통은 그 존재가 증명될 수 없는 아포리아 중의 최고의 난제였던 것입니다. 철학과 종교의 역사를 살펴보면 이 문제가 더욱 확연하게 드러납니다. 잠시 살펴보겠습니다.

옛날부터 형이상학의 오랜 숙원 중의 하나는 세계의 조화로운 질서를 증명하는 일입니다. 고대 그리스의 뛰어난 수학자이자 철학자였던 피타고라스(Pythagoras, 기원전 580~500)는 세계의 본질을 수학으로 증명하려 했던 최초의 인물입니다. 오늘날 세계를 뜻하는 코스모스(Kosmos)라는 단어는 그에 의해서 처음 사용되었으며, 원래는 질서와 조화로 이루어진 세계라는 의미를 지니고 있습니다. 얼핏 우리의 눈에 변화무쌍하게 비춰지는 자연의 변덕도 수(數)로 형성된 기호적 질서에서 벌어지는 다양성이라는 겁니다. 수의 질서가 사물의 원리이며 소재이자 본질이기도 하다는 주장이 피타고라스의 논점입니다. 아리스토텔레스는 피타고라스의 철학에 대해 다음처럼 전하고 있습니다.

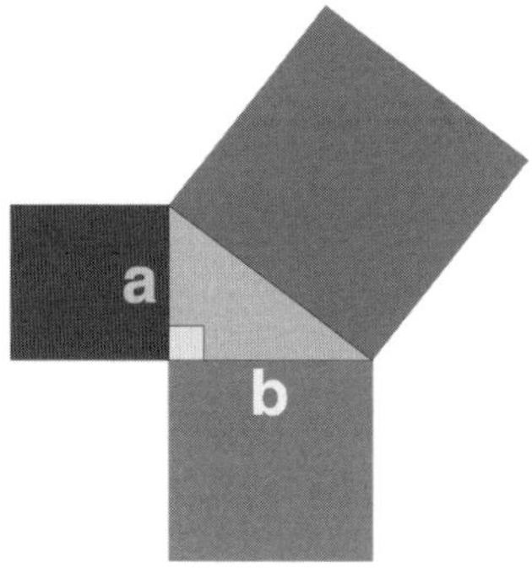

"피타고라스학파에 따르면 모든 존재는 그 본성에 있어서 수를 본받으며 수 자체는 자연 전체 가운데 최초의 것이다. 수의 구성 요소들은 곧 모든 사물의 구성 요소들로 간주되며 온 하늘은 곧 하나의 음악적 음계이자 하나의 수이다."

(Met. 1권 5장 986 a3)

피타고라스의 정리(Pythagorean theorem)로 우리에게 더욱 익숙한 피타고라스는 수의 세계를 통해 세계의 질서를 연역해 내려고 했던 뼛속까지 철저한 수학자입니다. 철학은 처음 태동의 시기부터 오늘에 이르기까지 그리 커다란 변화를 겪은 것 같지는 않습니다. 수를 통해 세계의 조화를 꿈꾸는 것은 호모 필로소피쿠스의 역사에 길고도 넓은 흔적을 지니며 오늘에 이르고 있으니 말입니다.

특히 근대 철학의 커다란 두 지류 중 하나인 합리론은 수학에 대한 이해가 없다면, 그것의 발생경로를 추적하는 일부터 우리는 미로에 빠지게 됩니다. 앞서 언급했던 데카르트는 수학과 자연를 동일하게 관통하는 논리를 구해내기 위해 사유실체와 정신실체라는 두 종류의 실체를 가정하는 터무니없는 이원론을 펼치게 됩니다. 데카르트와 함께 근대의 세계는 철저하게 이원화된 실체로 분열된 것입니다. 후대는 이러한 데카르트의 기계적 상상력을 보며 헛웃음을 칠지 모르겠습니다.

그는 머리가 나빴던 것일까요? 그런 것 같지는 않습니다. 최소한 그는 그를 비난하는 사람들보단 훨씬 비상한 머리를 타고난 것은 사실입니다. 다만 우리는 데카르트를 비난만 하기에 앞서 왜 그가 세계를 비상식적으로 분리할 수밖에 없었는지 그 맥락을 살펴봐야 합니다. 그때야 비로소 우리는 호모 필로소피쿠스를 움직이는 정신의 힘이 대단히 질서정연하다는 사실을 이해할 수 있을 것입니다.

데카르트에게 있어서 참된 지식이란 오직 수학적으로 증명 가능한 것으로 제한됩니다. 명석하고 판명한 지식이란 오직 스스로 자신을 증명하는 지식 밖에는 있을 수 없다는 겁니다. 결국 자연을 움직이는 힘은 인과적 메커니즘으로, 정신의 근본적인 출발점은 나의 의식으로 대체하는 것만이 그가 꺼낼 수 있는 유일한 카드였던 것입니다.

자연을 수학적 도식으로 설명하는 것은 어렵지 않습니다. 그럼 정신세계에 대한 증명은 어떻게 할까요? 합리론적 사고는 이에 대해서도 만만의 준비를 갖추고 있습니다. 서양 철학계의 이단아 스피노자는 수학에 대한 경외심을 저서의 곳곳에 남겨 둡니다. 특히 그의 유작(遺作)으로 출간된 『윤리학 *Ethica*』(1662~1665)의 원제가 '기하학적 질서에 따라 증명된 윤리학'이라는 사실은 우리를 더욱 놀라게 합니다. 그는 데카르트의 실체에 대한 이원적 생각을 극복하게 위해 정신과 물질이 통일되어 등장하는 일점(一點)을 구상한 것입니다. 스피노자가 선택했던 최고의 전략은 데카르트 보다 더 철저하게 수학적 증명을 행하는 것입니다. 실체에 대한 그의 정의로부터 출발해 봅시다.

"나는 실체란 자신 안에 있으며 자신에 의하여 생각되는 것이라고 이해한다. 즉 그것의 개념을 형성하기 위하여 다른 것의 개념을 필요로 하지 않는 것이다."[35]

스피노자의 실체개념에 따르면, 실체는 자기원인(causa sui)이자 모든 사물의 근거가 되기 때문에 데카르트의 이원론은 자기모순에 빠지게 됩니다. 그는 오직 하나뿐인 실체를 가정하고 그것을 만물의 근원인 자연 혹은 신이라고 통칭함으로써 세계의 질서를 하나의 사다리 위에 세울 수 있게 된 것입니다.

실체에 대한 수학적 설명이 출발점이라면, 인간적 자유는 종착역입니다. 처음으로 스피노자의 『윤리학』을 손에 쥔 독자는 자유에 대한 그의 논리에 당혹할 수밖에 없습니다. 왜냐하면 그는 우리의 상식을 뛰어넘어 인간적 자유를 정의하고 있기 때문입니다. 날개를 달고 허공을 힘 있게 날아오르는 자유 의지는 스피노자에게 있어서 쓸모없는 공상에 불과합니다. 혹은 향정신성 약품을 투약하며 자유로움을 만끽하는 자의 착각일 수

35) B. 스피노자, 『윤리학』 강영계 옮김, 서광사(1990), 13쪽(I, 정의3).

도 있습니다. 그에게 있어서 인간적 자유란 오직 필연성에 대한 인식을 통해서만 도달될 수 있습니다. 스피노자는 또 왜 이러는 걸까요? 간신히 데카르트를 넘어섰는데 또 다른 산이 우리를 가로막고 있습니다. 『윤리학』에서 70회가 넘게 등장하는 필연성이라는 개념은 대체 무엇을 의미하는 것일까요?

저자는 종종 과거로 돌아가고 싶은 마음이 간절할 때가 있습니다. 사회적 조건에 크게 개의치 않고 하고 싶은 일들은 그저 하면서 살다보니, 이제는 내가 무엇을 할 수 있으며 무엇을 해서는 안 되는지를 대충은 알게 되었습니다. 그래서인지 과거로 되돌아갈 수만 있다면, 지금보다는 더 나은 삶을 살 수 있으리라는 희망을 절로 갖게 됩니다. 한마디로 표현하면, 인생을 다시 한 번 제대로 살아보고 싶은 것입니다. 문득 지인에게 이와 같은 나의 소망을 흘린 적이 있습니다. 그런데 그때 돌아온 답변이 걸작입니다.

"과거로 되돌아가서 인생을 다시 한 번 산다고 해도, 아마 결론은 지금과 동일할 겁니다. 우리가 과거와 현재에 내린 결정이 언제라도 우리가 선택할 수 있는 유일무이한 행동이 아닐까요?"

혜안(慧眼)입니다. 우리 모두는 단 한 번뿐인 인생을 필연적으로 살고 있다는 말이지요. 스피노자의 필연성이란 바로 이와 같습니다. 모든 사물이 자연적 본성인 필연성에 따라 움직이는 것이라면, 인간의 의지도 역시 그 필연성에 따라 움직일 것입니다.

내가 과거로 돌아가고 싶다는 소망을 갖는다면, 그것은 지금보다 더 나은 행복을 향한 의지일 것입니다. 그런데 그 행복은 내가 할 수 없는 일을 하거나 혹은 해서는 안 되는 일을 행함으로써 성립하지는 않을 것입니다. 여기서 스피노자는 자연의 본성에 따라 사는 것이 얼마나 중요한지는 역설합니다.

"이 이론은 운명에 관한 것 또는 우리들의 힘 안에 없는 것에 관해서, 곧 우리들의 본성에서 생기지 않는 것에 관해서 우리들이 어떤 태도를 취하지 않으면 안 되는지를 가르쳐 준다. 즉 우리는 운명의 두 측면을 태연한 마음으로 기다리고 참지 않으면 안 된다. 왜냐하면 삼각형의 본질에서 세 각의 합이 2직각과 같다고 하는 결론이 나오는 것과 동일한 필연성을 가지고 모든 것은 신의 영원한 결정에서 생기기 때문이다."36)

스피노자가 우리에게 전해 주고자 하는 메시지는 분명해 보입니다. 인간은 이성과 정서를 지니고 있는 존재입니다. 행복은 어디에 귀속된 것일까요? 둘 다입니다. 그러나 정서가 단순히 과장된 열정을 넘어 행복감으로 이어지기 위해서는 이성적 직관이 필요하다는 것입니다. 그것이 바로 자연 혹은 신에 대한 인식이자 사랑입니다. 자연에 대한 사랑은 우리가 이성의 계명에 따라 취할 수 있는 최고의 선이라는 것이 스피노자의 결론입니다.37)

질서의 틈새를 뚫고 자라나는 고통

---

36) 앞의 책, 125쪽.
37) 앞의 책, 125쪽.

수학적 질서에 따라 세계의 조화를 노래하고 찬양했던 호모 필로소피쿠스는 철학사에서 다수를 점하고 있습니다. 스피노자와 거의 비슷한 시기에 활동했던 세기의 천재 라이프니츠도 수학의 신봉자라는 점에서는 다르지 않습니다. 근대 철학을 완성했던 헤겔은 거의 땅속에 묻혀 있었던 스피노자를 발굴하여 철학 교과서에 부활시켰던 인물입니다. 양자는 자유를 필연성에 대한 인식으로 본다는 점에서 동일한 인식론적 지평위에 서 있습니다. 사회가 역사적 필연성에 의거하여 발전한다는 칼 맑스도 본인의 의사와는 무관하게 합리론적 전통에 입각해 있다는 점은 분명해 보입니다. 그 외에도 버트란트 러셀(Bertrand Russell, 1872~1970), 비트겐슈타인, 화이트헤드, 후설 등 현대철학을 쥐락펴락하는 인물들이 몽땅 수리철학자들입니다.

그중 가장 알기 쉬운 해설이 라이프니츠의 가능세계 이론입니다. 그는 우리가 살고 있는 이 세계가 수학적으로 가장 이상적 세계라는 사실을 정당화해야만 했습니다. 그는 진정한 프로 수학자였던 것입니다. 그가 사용했던 신공(神功)은 이 세계가 신적 자유의 필연성에 의해 창조되었다는 주장입니다. 신은 가능한 모든 세계를 검토해서 그 가운데 가장 최선의 버전으로 지금 우리의 세계를 낙점했다는 논리입니다. 지금 우리가 살고 있는 세계와는 전혀 다른 성격의 세계도 분명 가능할 수 있겠지만, 어떤 경우에도 지금보다 더 나을 수는 없다는 것입니다.

그런데 완벽한 수를 통해 세계의 조화를 노래했던 고상한 철학적 이론에도 틈새가 있었으니, 그것이 바로 고통이라는 이름의 불청객입니다. 인간은 누구나 생로병사의 고통에 시달립니다. 그밖에 생태계의 파괴, 전쟁과 기근, 천재지변으로 인해 고통당하는 수많은 사람들에게 세계의 질서와 조화를 노래하는 것은 배부른 이론가의 헛소리에 불과합니다. 기독교의 탁월한 논변가였던 락탄티우스(Lactantius, 250~317)는 자연적 현상으로 증명될 수 없는 신의 문제를 고통을 통해 적절하게 묘사해 냅니다.

> "신이 악을 제거하려고 하나, 그것을 할 수 없다면:
> 신은 연약한 존재가 되니, 따라서 그것은 사실일 수가 없다.
> 신이 악을 제거할 수 있는데, 하지 않고 있다면:
> 신은 선한 존재가 될 수 없으니, 따라서 이것도 사실일 수가 없다.
> 신이 악을 제거하려 하지도 않고 또한 할 수도 없다면:
> 신은 연약한데다 동시에 선하지도 않으니, 신이라고 불릴 수 없다.
> 따라서 신이 악을 제거하려고 하며, 그것을 할 수 있다는 사실만이 오직 참일 수 있다. 그렇다면 대체 악은 어디서 오며, 신은 왜 그것을 제거하지 않는 것일까?"

이 세상 속의 천지만물이 질서와 조화 속에서 창조되고, 유지되며, 작동하고 있다면, 신은 무엇 때문에 인생에게 시련과 역경을 안겨 주는 것일까요? 고통의 존재가 철학과 종교를 근본에서부터 흔들어 놓지는 못했지만, 최소한 이론적으로 대단히 복잡하게 꼬아 놓은 것만큼은 분명해 보입니다. 종교가 단순한 믿음에서 벗어나 '학'(學)으로 진화되기까지는 생이 고통이 커다란 역할을 담당했던 것으로 보입니다.

붓다는 고통의 원인을 밝히고 그것으로부터 벗어나기 위해 연기(緣起) 사상을 고안합니다. 모든 것은 인연으로부터 비롯되었다는 사상입니다.

누군가가 현재 고통을 겪고 있다면 그 원인은 과거에 행한 죄업 때문입니다. 고통을 겪으며 과거의 업보가 소멸되고 행여나 남아 있는 선업이 있다면, 그는 다시 보다 나은 윤회의 길로 접어든다는 것입니다. 이는 고통을 현재의 윤리적 삶을 위한 디딤돌로 해석하고 있다는 점에서 지극히 건전한 사상이라고 하겠습니다.

한편 고통을 가장 합리적으로 소멸시킬 수 있는 방법은 자연의 이치에 편입시키는 방법일 것입니다. 일찍이 다윈은 삶의 고통에 대해 실존적 고민을 행한 사람으로 알려져 있습니다. 처음부터 다윈이 냉혹한 자연선택의 전도사였던 것은 아니었습니다. 집안의 유전적 병력 때문이었는지 모르지만, 그의 자녀들이 어린 시절 죽음을 맞게 되는 참담한 경험을 한 뒤로 다윈은 세계의 따뜻한 질서에 대한 믿음을 분노에 찬 시선으로 외면하게 됩니다. 자연의 법칙은 예외 없이 자신의 일을 행할 뿐이며, 그곳에는 어떠한 자비도, 어떠한 용서도 존재할 수 없다는 신념이 그로 하여금 자식을 잃은 슬픔을 위로해 준 것입니다.

장자의 『양생주』(養生主)편에서도 고통을 자연의 순리로 이겨야 한다고 조언합니다.

安時而處順(안시이처순)
시간의 변화에 편안히 머물러 자연의 순리를 따라가면,

哀樂不能入也(애락불능입야)
슬픔도 즐거움도 끼어들지 못하지.

여기서 자연의 순리란 무엇을 의미할까요? 다윈에 의해 주장된 자연의 무감각한 변덕은 아니겠지만, 분명한 건 상황에 따라 약속과 용서로 세계를 치리하는 조물주의 지혜로움으로도 보이지는 않습니다.

자연의 존재가 초월을 말하다

호모 필로소피쿠스는 상상력을 먹고 살아갑니다. 철학적 상상력은 개인에게 혹독하게 느껴질 수밖에 없는 삶의 고통을 어떤 식으로든 해석해 보려고 시도합니다.

"알 수 없는 것을 알게 하라."

이것은 호모 필로소피쿠스를 움직이는 정신적 원동력입니다. 자연은 무슨 목적으로 생의 뒷면에 고통을 새겨 넣은 것일까요? 잔잔한 호수에 돌멩이를 던져 균열을 일으키는 자연의 못된 심보 속에는 종종 참을 수 없는 권태로움이 그 원인으로 지목되기도 합니다.

> "태초에 권태가 있었다.
> 신은 그 권태를 이기지 못하여 인간을 창조했다.
> 아담은 홀로 있다는 사실에 권태로웠고, 그 결과 이브가 창조된다.
> 이 순간부터 세상의 권태가 생겨났고, 인간의 수와 비례하여 늘어만 갔다.
> 아담은 홀로 권태로웠고, 이브와 둘이 있을 때조차도 권태로웠다.
> 카인과 아벨이 가족이 된 뒤에도 권태로웠으며,
> 그렇게 인구가 늘자 모두가 권태로워졌다.
> 곧 그들은 서로 대화를 나누기 위해, 하늘에 닿을 만큼 높은 탑을 쌓을 생각을

하게 되었지만, 이 생각 자체가 탑만큼이나 엄청난 권태에 불과하였고, 이는 권태가 최후의 승리자라는 사실을 증명해 줄 뿐이었다.

권태는 존재의 본질이자, 곧 생의 본질이기도 하다.

이 권태를 삶에서 몰아내고 잊어버리기 위해, 우리는 쾌락을 추구하며 향락에 도취하고 새로운 변화를 요구하면서 그 방법으로 쾌락의 윤작을 하는 것이다."[38]

창조의 중심부에는 지루함이 있습니다. 검은 바탕지에 검은색 물감을 한 방울 떨어Em리듯이, 세상의 모든 것이 아무렇지도 않게 발생하고 지나가 버린다면, 우리가 이것을 하든 혹은 저것을 하든 무슨 의미가 있겠습니까? 위의 인용문은 실존주의 철학의 선구자 키르케고르의 단상입니다. 깊은 고뇌를 내부에 지닌 채, 한숨과 눈물을 노래로 삼을 수 있을 만큼 불행했던 그였지만, 정작 자신의 고통을 돌아볼 때는 가장 형이상학적 언어로 채색할 만큼 여유롭습니다.

지루함을 즐길 수 있는 사람이 행복이 무엇인지도 안다

키르케고르는 지루함에서 모든 창조의 근원을 찾습니다. 자연은 아무렇지도 않듯 무심히 지나가는 연극에 지루함을 느낍니다. 그러고는 무료함

38) Søren Kierkegaard, *Entweder/Oder, in : GW,* Bd. 1, Neustadt, 255쪽.

으로부터 벗어나기 위해 잔잔한 수면 위에 파장을 만듭니다. 자신이 만들어 놓은 균열을 인간이 어떻게 다뤄 가는지를 보고 싶은 것입니다.

지금 저자는 시립 도서관의 한쪽 모퉁이에 앉아서 이 글을 쓰고 있습니다. 이 안에는 수십 명의 남녀노소가 각자 자신의 일에 몰두하며 분주히 움직이고 있습니다. 도서 대출업무를 주관하는 여직원은 신간서적을 분류하느라 정신이 없습니다. 앞에 앉아 있는 여학생은 무언가를 초조하게 기다리듯 벌써 삼십 분이 넘게 누군가와 메시지를 주고받고 있습니다. 옆의 남학생은 수학문제를 풀며 연신 주위를 두리번거리고, 연인처럼 보이는 두 남녀는 서로의 다리를 건드리며 마음을 확인하는 중입니다.

그때 내 주머니에서도 휴대폰이 울립니다. 급히 밖으로 나가 통화를 합니다. 대화를 마치고 원고를 서둘러 마무리하려는 마음에 다시 도서관으로 들어오려는 찰나, 그동안 내가 앉아 있었던 열람실의 전경이 한눈에 들어옵니다. 불현듯 미묘한 감정이 마음을 스쳐갑니다.

"아니, 내가 지금까지 저 속에서 앉아 있었단 말인가!"

나는 이제껏 너무 익숙하여 보이지 않았던 세계를 가장 낯선 눈으로 바라봅니다. 모두가 자신의 일에 열중하고 있지만, 그 표정에는 철저한 무관심이 배여 있습니다. 타인을 방해해서는 안 된다는 규칙을 내면화시킨 무표정한 얼굴들은 서로에게 아무런 의미가 없는 외적관계의 전형일 뿐입니다. 말로는 뭐라 표현할 수 없지만, 굵직한 선으로 밀려오는 이 낯설음의 체험, 그것은 곧 지루함의 감정이기도 합니다.

여기에는 어떠한 차이도 차별도 없이 그저 고립된 자아만이 있을 뿐입니다. 그 무차별을 견딜 수 없어 누군가는 연신 주위를 두리번거리지만, 이내 다시 자아로 돌아가 버리고 맙니다. 키르케고르는 이 '차이 없음' 혹은 참을 수 없는 '무차별'을 뚫고 창조가 진행되었다고 본 것입니다. 어떤 측면에서 생의 역경은 실존에게 자신만의 독특한 삶을 허락하려는 자연의 선한 의도에서 비롯됐을 수도 있는 겁니다.

지루함이 창조의 원천이라는 말에 익숙하지 않은 독자를 위해 좀 더 이 주제에 머물러 보겠습니다. 지루함이란 호모 필로소피쿠스만의 전용 개념이 아닙니다. 자라는 아이에게 창의력과 상상력을 키워 주고 싶은 모든 부모가 눈여겨봐야 될 일상용어이기도 합니다. 떠들썩한 놀이문화에 익숙한 우리들에게는 지루함이 창의력을 죽이는 최대의 적으로 간주되곤 합니다. 그러나 앞으로 자식을 자율적이고 개성 있는 아이로 키우고 싶으면, 광고와의 전쟁에서 반드시 승기를 잡아야 합니다. 특히 지루함에 대한 사회적 편견부터 벗어던져야 합니다.

온갖 종류의 장난감으로 가득한 방에 있는 아이의 눈은 호기심으로 반짝거립니다. 그러나 딱 거기까지입니다. 놀 거리에 취하게 되면, 더 이상의 상상력을 발휘할 여지를 갖지 못하는 겁니다. 정확하게 말하면, 자율적 사고를 빼앗기는지도 모릅니다. 무조건 아이의 흥미를 유발하고 봐야 한다는 교육적 논리도 상당히 조심스럽게 접근해야 합니다. 감각적 자극이 눈앞에 있는 동안은 천방지축 즐겁게 뛰어놀지 모르지만, 아이의 기억 속에 즐거움의 추억은 그 시간만 지나면 흔적도 없이 사라져 버립니다.

아이에게 기억에 남는 추억을 선사하고 싶으면, 여백의 시간을 활용할 줄 알아야 합니다. 현명한 부모라면 아이를 지루함이라는 우주공간 저 너머로 떠나보낼 준비도 되어야 합니다. '심심해'를 연발하는 아이의 불평은 잠시뿐입니다. 아무것도 없는 텅 빈 시간과 공간을 그저 낭비라고 생각하는 조급함도 잠시 접어야 됩니다. 아이는 곧 자신이 할 일을 찾아내 몰입할 줄 압니다. 자신이 찾아낸 일에 흥미를 느끼고 집중함을 배울 때, 아이는 그 시간을 온전히 자신의 시간으로 채워 갑니다. 스스로 자신의 주인이 되는 법을 배우는 것이지요.

이러한 사실을 어떻게 알았을까요? 우리 어린 시절을 기억해 봅시다. 즐거웠던 추억은 쉽게 망각으로 사라져 텅 비어 있지만, 지루했던 시간만큼은 또렷한 흔적을 지니고 있습니다. 그 이유는 시간이 오로지 자신만의 시간으로 남겨졌을 때, 우리가 스스로 무언가를 찾아내어 그 시간을 채울 수 있었기 때문입니다. 니체에게 정신적 영감을 불어넣었고 당대 최고의 자유부인이었던 루 살로메(Lou Salome, 1861~1937)는 자전적 소설 『선택된 자들의 소망 *Im Kampf um Gott*』에서 자유로운 자를 다음처럼 묘사하고 있습니다.

> "지고의 자유로운 감정은 자기 자신이 의지한 속박 속에 있게 마련이지요. 진정한 자유는 모든 가능한 것들 중에서 참으로 자기에게 필요한 것을 선택하여 그것에 따르는 자기 긍정 속에 있으니까요."[39]

자유인이란 여백의 시간을 활용하여 자신이 원하는 것을 만들어 가는

39) 루 살로메, 『선택된 자들의 소망』, 이태영 옮김, 산호(1993), 167쪽.

사람을 뜻합니다. 이때의 삶은 단순히 주어진 것이 아닙니다. 삶을 어떤 식으로든 해결해야 할 과제로 받아들이는 것입니다. 호모 필로소피쿠스는 인간의 실존을 우리가 어떤 식으로든 관계를 맺어야 하는 과제로 이해합니다. 지루함 앞에서 무엇을 해야 할지 고민하는 아이처럼, 우리 모두의 앞에는 여백의 시간이 놓여 있는 겁니다. 마음의 여백이 없는 삭막한 사람일수록, 그 안은 오직 자연적 욕구만으로 채워지게 됩니다. 자신도 주체할 수 없는 자에게 타인을 받아들일 수 있는 아량과 깊이를 기대하는 것은 불가능하겠지요.

그런 사람은 자유인이 아닙니다. 자유인이란 자신 안에 빈 공간을 열고 그곳을 의미로 채울 수 있는 사람을 말하는 것입니다. 앞서 설명했던 이미지를 만드는 인간도 넓게는 자신을 의미로 채워 가는 인간의 일부입니다. 이성이 인간의 실존을 이미지로 채운 것입니다.

하지만 이미지가 그것을 구축했던 우리 자신과 동일시되는 순간, 모든 것은 다시 자연으로 돌아가 버리고 맙니다. 인격체가 자신 안에 열어 놓은 공간이 자연적 욕구만으로 다시 채워져 버리기 때문입니다. 그 욕구 위에 이성은 각종 허위의식을 덧씌워 인격적 공간을 커다란 권력의 담장으로 변모시킵니다. 존재는 잊혀지고, 의미는 실종됩니다. 우리가 잃어버린 의미의 세계는 과연 이미지와 어떠한 관계를 맺고 있는 것일까요? 이에 대한 답변은 인간적 자유의 의미를 되새기는 과정이기도 합니다.

우리가 자신을 이미지와 동일시하게 되면서 초래한 가장 큰 후폭풍은 자신을 다시 자연의 한 조각으로 떨어뜨린 것입니다. 우리의 존재는 언제든지 대체될 수 있는 그 무엇으로 전락해 버렸습니다. 지금 책상 위에 앉아 이 글을 쓰고 있는 저자도 자연적 세계에서 보면 우연히 이 저서를 집필하고 있을 뿐입니다. 누가 나를 대신하여 이 글을 다시 집필한다 해도, 대자연의 수레바퀴는 여전히 우리 위에서 돌고 있을 것입니다. 이 글을 읽는 독자도 여분의 존재인 것은 마찬가지입니다. 전생에서 나라를 구하지 않은 이상, 우리는 특별한 존재가 될 수 없는 자연적 운명을 타고난 것입니다.

그런데 우리가 삶을 과제로 받아들일 때는 상황이 달라집니다. 우리에게 주어진 실존이란 어떤 식으로든 우리가 관계를 맺어야 되는 질문 자체입니다. 이 질문에 섣불리 대처를 하면, 우리 모두는 자연의 수레바퀴가 주는 무자비함에 말려들 수밖에 없습니다. 신중하게 접근해 간다면, 우리는 자신 안에 열어 놓은 인격적 공간이 더 이상 소급될 수 없으며, 그 무엇으로도 환원될 수 없는 하나의 의미체를 지시하고 있다는 사실을 이해하게 됩니다.

하지만 어떻게 이것이 가능한 것일까요? 우리는 자신을 거대한 자연의 수레바퀴에서 빼내어 그 수레를 돌리거나 멈출 수 있는 지렛대로 정당화할 수 있는 걸까요? 이론적으로는 매우 어려워 보입니다. 더구나 우리가 살고 있는 이 세계는 모든 것 위에 군림하는 어길 수 없는 존엄한 법칙이 작동하는 공간입니다. 물리적 법칙이 그것입니다. 결과는 반드시 일정한 원인을 필요로 합니다. 질량보존의 법칙이 있고, 만유인력의 법칙도 여전히 유효합니다. 최소한 우리의 인식은 그 틀을 벗어날 수 없습니다. 우리의 실존은 자연의 한 조각으로서 그것이 처음 유래한 곳으로 다시 돌아가야만 하는 존재입니다. 어떠한 경우에도 자신이 자신의 원인이 되는 절대자가 될 수 없는 것입니다. 우리가 인식의 틀에 머물고 있는 한, 이러한 진단은 부정될 수 없는 진리로 보입니다.

그런데 인식을 벗어나면 어떨까요? 사태는 매우 달라 보일 수 있습니다. 우연의 산물이며 거대한 자연의 조각에 불과하지만, 인격체는 행위를 통해 자신의 존재를 조건이나 원인을 따지지 않아도 성립되는 절대의 지평으로 옮겨놓을 수 있습니다. 자연의 세계를 뛰어넘어 다른 고상한 차원으로 이동해야 된다는 말이 아닙니다. 우리는 자연적 존재인 자신 안에서 의미의 세계를 발견하고 펼칠 수 있다는 말입니다.

이제부터 우리는 인격체가 지니고 있는 초월의 지평을 다양한 실천적 통로를 통해 확인해 볼 것입니다. 이 작업이 성공한다면, 우리는 인격적 공간이 지니고 있는 자연으로부터의 벗어남, 즉 존재론적 성격도 함께 열어 보일 수 있을 것입니다. 그 첫 번째 관문이 약속입니다.

불확실한 시대를 밝히는 등불

인간은 사회적 동물입니다. 아리스토텔레스가 했던 말로 알려져 있습니다. 물론 누가 처음 말했는지는 중요한 것은 아니지요. 문제는 이 문장에 들어 있는 의미입니다. 일반적으로 우리는 사회적 동물이라는 단어에서 집단생활을 떠올립니다. 예나 지금이나 한 사람이 할 수 있는 일은 많지 않습니다. 수렵생활을 할 때나 농경사회를 시작하게 되었을 때도 협력을 바탕으로 한 집단생활은 생존을 위해 반드시 필요했을 것입니다. 개인은 매머드를 잡을 수 없지만, 백 명이 힘을 모으면 한 겨울 배고픔 정도는 면할 수 있었을 테니까요.

농경사회로의 진입은 인간이 홀로 살 수 없다는 사실을 세대를 거쳐 기억하게 만들었습니다. 이전 우리 사회에서 흔히 볼 수 있었던 울력, 두레, 계, 품앗이 등은 윤리적 규범이 아닙니다. 자연의 위력 앞에서 무력한 개인들이 생존을 위해 자연스럽게 형성한 협력체계입니다. 비록 많은 문제점을 낳고 있기는 하지만, 각종 경조사에 쓰이는 축의금이나 부의금, 조의금도 역시 동일한 맥락에서 이해될 수 있습니다.

근대는 어떨까요? 근대의 특징은 노동 분업의 고도화에 있습니다. 자본주의의 아버지라고 불리는 아담 스미스(Adam Smith, 1723~1790)는 그의 주저 『국부론 *An Inquiry into the Nature and Causes of the Wealth of Nations*』(1776)에서 노동 분업이 인류에게 효율적인 생산과 이윤의 극대화를 가져왔다고 분석합니다. 노동 분업에 대한 경험은 그 이전의 모든 경험을 전복시키는 혁명적인 노동방식이었다는 겁니다.

현대의 경험은 노동 분업의 전문화를 특징으로 하고 있습니다. 기계가 단순노동을 대신하게 되면서, 인간의 정신은 고도로 집적된 전문기술로 몰리게 된 것입니다. 전문가 전성시대는 또 다른 차원에서 강도 높은 사회적 삶을 요구합니다. 자신의 기술이 전문화될수록 삶의 전체로부터 더욱 멀어질 수 있기 때문입니다.

수십 년간 은행에서 근무한 사람은 명실 공히 관련계통의 전문가로 통할 수 있습니다. 번듯한 직장에 금융기관의 간부라는 직함은 사회적으로 상당히 유력한 역할임에는 틀림없어 보입니다. 그런데 아무리 멋있어 보이는 전문가도 퇴직을 하고 나면 갑자기 반전된 상황에 당황하게 됩니다.

바보가 되기 십상입니다. 평생 은행관련 업무만을 하다 보니, 생존에 필요한 다양하고 원초적인 삶의 기술들을 터득하지 못한 것입니다.

노동 분업이 전문화될수록 현대인은 타인의 도움을 더욱 절실히 필요로 하게 됩니다. 모든 것이 교환가치로 환원된 자본주의 사회에서는 타인의 도움도 역시 일정한 대가를 치러야 얻을 수 있습니다. 타인의 도움을 사기 위해 돈에 더욱 의존하게 된 것은 우리 시대의 자연스러운 부산물입니다. 인간의 생존이란 것 자체가 이제는 함께 만들어 나가지 않으면 불가능한 관계가 된 것입니다. 최근 몇 년간 한국사회의 최대 화두가 상생(相生)이 된 것도 따지고 보면 다 자연적 이유가 있다고 봅니다.

그런데 이것이 전부일까요? 살아남기 위해 사회적으로 뭉쳐야 한다는 논리는 지극히 당연해 보입니다. 그럼에도 이를 근거로 인간의 본질을 사회적 동물로 간주하는 것은 뭔가 석연치 않은 구석이 없지 않아 있습니다. 그 이유는 여러분도 잘 알고 있습니다. 동물들도 역시 무리를 지어 생활하고 있기 때문입니다.

특히 개미는 노동 분업을 통해 고도의 질서를 유지하는 종(種)으로 알려져 있습니다. 인간이 대체로 자신에게 할당된 일에 온갖 불평불만을 드러내는 반면, 개미들은 부여된 과업을 성실하고 최선을 다해 수행합니다. 생식계급과 노동계급 등 관계의 차별이 없는 것은 아니지만, 어느 누구도 분노의 화신이 되어 혁명을 꿈꾸지는 않습니다. 이 정도면 인간보다 개미가 오히려 사회적 동물로 칭송되어야 할 것 같습니다.

결국 인간만이 사회적 동물이라는 표현은 별다른 의미가 없어 보입니다. 우리는 다른 차원에서 인간의 사회성을 살펴봐야 합니다. 우리가 사회에서 맺고 있는 관계는 생존을 위한 자연적 관계를 넘어섭니다. 약속의 관계가 그것입니다. 더 정확히 표현하자면, 인간이 자신 안에서 열어 놓은 인격적 공간은 약속의 공간입니다.

약속이란 일반적으로 '장래의 일을 상대방과 미리 정하여 어기지 않을 것을 다짐'하는 인격적 행위로 이해됩니다. 별다른 것이 없어 보이는 이 일상적 행위 속에는 놀라운 인간만의 비밀이 숨겨져 있습니다. 독일 출신의 유태계 여류 정치이론가인 한나 아렌트(Hannah Arendt, 1906~1975)는 우리가 무언가를 약속할 수 있다는 사실을 미래의 불확실성에서 벗어나는 결정적인 가능성으로 해석합니다. 자연은 대단히 우연적이지만, 인간은 서로에게 무언가를 약속함으로써 그 우연을 스스로 통제할 수 있게 된다는 것입니다. 잠시 그녀의 말을 들어 봅시다.

> "약속을 행하고 그것을 지키려는 능력을 인간사의 테두리 내에서 만들어야만 하는 과제는 이러한 두 종류의 불확실성을 해소하려는 것이다. 이때에만 일종의 사회적 질서를 인간적인 것으로 정당화하는 유일한 길이나 자기통제와 타인에 대한 지배의 길을 굳이 만들어야 할 필요가 없어지게 된다."[40]

미래가 항상 우리에게 불안을 던져 주는 이유는 아마도 어떤 일이 일어날지 모르기 때문일 것입니다. 그 시간을 통제하는 행위가 바로 우리가 행하는 약속입니다. 아렌트는 이것을 정치적으로 푼 것입니다. 약속은 미래로부터 오는 불안에서 나와 타인 모두를 반드시 일어나야만 하는 필연

---

40) Hannah Arendt, *Vita activa oder vom taetigen Leben*, Hamburg 1999, 312쪽

의 세계로 인도해 갑니다. 약속이라는 행위가 펼쳐지는 대표적인 공공의 장은 당연히 정치무대입니다. 사회적 동물이라는 인간의 특징은 곧 정치적 인간을 의미하는 것입니다.

지금은 정권이 바뀌고 새로운 정치질서가 만들어지는 시기입니다. 얼마 전까지 대선이라는 광풍이 우리 사회를 강타했습니다. 근소한 차이로 누구는 원하는 지위를 얻었고, 누구는 정치적으로 심대한 타격을 입었습니다. 개인적으로는 한 순간에 미래가 바뀌는 순간입니다.

지지자들의 심사도 복잡하기는 마찬가지입니다. 그러나 사회 구성원들에게 있어서 누가 대통령이 되었는지는 그리 문제가 아닐 수도 있습니다. 민주주의 국가에서 대중선거는 뼈와 같은 것이며, 결과를 수긍하고 받아들이는 것은 그 뼈를 지탱하는 살이기 때문입니다. 중요한 것은 선거 기간 중에 등장했던 각종 정치적 공약의 이행여부입니다.

민도(民度)가 대단히 낮았던 시절이야 일단 당선이 되고 나면 그만이었겠지만, 지금은 구렁이 담 넘어가듯 어슬렁거릴 수 있는 시대는 아닙니다. 한번 약속을 했으면 최소한 이행하는 '척'이라도 해야지요. 그 때문인지 정부조직 및 업무를 인수하기 위해 만들어진 위원회가 기존 정부의 조직과 갈등을 빚는 일이 당연해 보이기도 합니다. 약속을 지키기 위한 일련의 과정이라고 볼 수 있겠습니다.

가장 최근의 정치적 이슈는 노인 기초연금을 둘러싼 마찰인 것 같습니다. 차기 대통령으로 낙점된 당선인이 대선 기간 중에 약속했던 공약 중에 하나입니다. 그러나 우리 경제의 제반 여건상 65세 이상의 모든 사회 구성원에게 일정한 금액을 연금으로 무조건 지급하는 일은 이론적으로 거의 불가능해 보입니다. 따라서 국민연금의 일부를 재원으로 사용하려는 시도는 당연한 수순으로 보입니다.

그러나 아무리 당연한 일도 사람에 따라 대단히 불편하게 느껴질 수 있는 법입니다. 특히 현직에서 생산 활동에 종사하는 구성원들에게는 이러한 입안들이 일종의 역차별로 보이기도 합니다. 국민연금이 고갈되면 자신들의 미래가 갑자기 불확실성의 한가운데로 떨어지기 때문입니다.

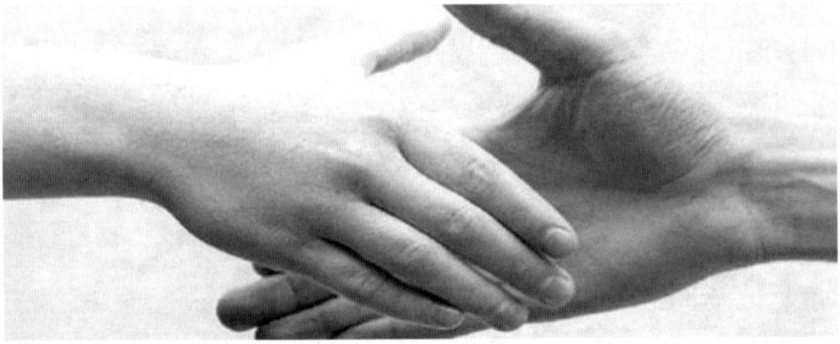

이러한 갈등은 한국사회에만 일어나는 특수한 경우가 아닙니다. 정치의 일반적인 현상이지요. 아렌트는 이로부터 약속이 지니고 정치적 의미를 설명합니다. 약속을 통해서 우리는 다른 사람들과 더불어 일정한 주권과 책임을 나눌 수가 있게 된다는 겁니다.

동물은 본능적으로 일정한 질서에 따라 군집생활을 합니다. 그러나 인간이 함께 살아가는 근거는 본능이나 혹은 외부에서 주입된 추상적 규칙에 의해서가 아닙니다. 우리는 나와 타인에게 말과 행동을 통해 약속을 합니다. 그로부터 우리는 누군가에게 자신의 일부분을 넘겨줍니다. 그 일부분을 근거로 타인은 나에게 일정한 행위를 요구할 수 있는 권리를 얻게 되는 겁니다. 그 권리에 답변을 할 때, 우리는 자신과 타인에게 부여한 책임을 완수하게 됩니다. 인간의 사회적 삶은 자유로운 행위를 통해 구성된 것입니다.

사회적 동물을 정치적 동물로 이해한 최초의 인물은 아렌트가 아니라, 실은 아리스토텔레스였습니다. 이미 2,400여 년 전 아리스토텔레스는 사회적 동물을 정치적 동물이라고 바꿔 부르기도 한 것입니다. 인간이 자신이 누구인지를 이해하고 원하는 삶을 실현할 수 있기 위해서는 국가라는 기구가 반드시 필요합니다. 국가에는 일정한 양식, 즉 통치체제가 갖춰져 있습니다. 이 통치체제를 유지하고 발전시키는 일련의 협의과정이 바로 정치인 것입니다. 우리는 언어와 실천을 통해 서로 의존하는 법을 배우고 그로부터 자신의 사회적 정체성을 찾아간다고 볼 수 있겠습니다.

그런데 약속은 단순히 통치체제 차원의 정치적인 영역에서만 발생하는 것은 아닙니다. 약속이 단순히 개인들 간의 상호의존성과 그것의 필요성만을 강조한다고 생각하면, 우리는 약속의 또 다른 본질적인 측면을 놓칠 수 있습니다. 우리는 약속의 근거를 개별적 실존이 자신과 맺는 관계에서 찾을 수 있어야 합니다.

그럼에도 불구하고 '나'인 이유

약속의 근거는 어디에 있는 것일까요? 우리는 누구에게 약속을 행할 수 있으며, 그 약속은 얼마나 신뢰할 수 있는 것일까요? 자연의 우연성으로부터 오는 불안을 제거하고, 안전한 미래를 서로 보장하기 위한 생존의 조건을 제외한다면, 약속은 개인의 실존에 어떠한 의미를 더할 수 있을까요?

저자는 일전에 특정한 학술 세미나에서 논문 발표를 약속한 적이 있습니다. 공고를 읽은 회원들은 정해진 날짜에 학술발표를 듣기 위해 방문할 것입니다. 그들의 기대는 무조건적이기 때문에, 행여 기대치가 어긋날 경우 발표 예정자는 비난을 감수해야 할 것입니다. 그런데 학회의 회원들은 저자가 행한 약속의 무조건성을 무슨 근거로 믿는 것일까요? 나를 예전부터 알고 있던 일부 회원들은 내가 믿을 만한 사람이라고 증언할 수도 있습니다. 하지만 경험적 개연성이 신뢰의 근거가 될 수는 절대로 없습니다. 주제의 맥락에서는 약간 벗어나지만, 러셀이 인용했던 칠면조의 체험은 경험적 개연성이 약속의 무조건성을 대체할 수 없음을 증언합니다.

"한 성실한 농부가 어린 칠면조를 키우고 있습니다. 그는 매일 일정한 시간에 그 칠면조에게 먹이를 가져다줍니다. 칠면조는 농부의 성실함에 길들여지며 아침, 점심, 저녁 일정한 시간만 되면 먹이를 먹을 수 있다는 사실을 본능적으로 믿게 됩니다. 시간은 흐르고 곧 추수감사절이 다가옵니다. 농부는 이제 요리하기에 가장 적당하게 자란 칠면조를 이번 추수감사절을 맞아 식탁 위에 올릴 계획을 세웁니다. 가족을 위해 뭔가 특별한 것을 준비하고 싶었던 것입니다. 드디어 운명의 날이 옵니다. 그는 주방에서 가장 날카로운 칼을 찾아 칠면조가 있는 우리에 들어갑니다. 우연히도 그 시간은 농부가 칠면조에게 늘 먹이를 주던 시간과 일치합니다. 칠면조는 농부의 등장에 여느 때처럼 기대에 부풀어 반가워합니다. 그러는 사이 칠면조의 목이 땅에 떨어집니다."

우리가 신봉하는 경험적, 과학적 지식이 얼마나 쉽게 우리를 배신할 수 있는지를 단적으로 보여 주는 예입니다. 우리가 매일 무심코 행하는 약속의 성격은 수천 번의 임상실험을 통해 가장 안전하다고 인정받은 약품의 보증서처럼 경험적 확실함을 제공하는 것이 아닙니다. 경험적 지식이 비록 우리의 생활의 대부분을 떠받치고 있다고 하지만, 우리가 약속을 통해 서로 간에 맺고 있는 인격적 관계를 대체할 수는 없습니다. 칼을 들고 들어오는 농부를 반가워하는 속없는 칠면조처럼, 우리는 깨어진 약속을 부여잡고 당황하게 될지도 모릅니다.

약속은 경험적 개연성을 높이는 일과 아무런 상관이 없습니다. 이것은 일상생활의 숱한 예를 통해 증명이 됩니다. 갑자기 친구에게서 전화가 옵니다. 군에서 알게 된 사람인데 모처럼의 대화입니다. 반가운 마음에 오는 주말에 만나기로 약속을 합니다. 특별한 일이 없다면, 나는 그 약속을 꼭 지킬 것입니다.

한 주가 순식간에 지나고 주말이 되었습니다. 술을 마실 것 같아서 대중교통을 이용하기로 합니다. 집 앞에 버스정류장에 나가니 바로 버스가 옵니다. 지하철역까지 가서 지하철을 타고 시대 중심부에 나갑니다. 한 유명 커피숍에서 만나기로 약속을 한 것입니다. 시간을 지켜서 친구가 나옵니다. 우리는 반갑게 악수를 하고, 커피를 시킵니다. 커피를 마신 후 그냥 헤어지기가 아쉬워 맥주 한잔 하러 장소를 옮깁니다. 밤 11시쯤 되어서 자리를 정리합니다. 너무 늦지 않게 귀가하기로 아내와 한 약속이 생각났기 때문입니다. 우리는 연말쯤 다시 한 번 만나기로 하고 헤어집니다.

누구에게나 일어날 법한 일상적인 너무나 일상적인 생활의 단면입니다.

그런데 눈을 치켜뜨고 자세히 살펴봅시다. 이 소소한 일상에서도 얼마나 많은 약속들이 행해지고 있는지 말입니다. 친구와의 약속만이 약속이 아닙니다. 버스 정류장에 가면 버스가 온다는 사실도, 지하철로 향하는 나의 가벼운 발걸음도, 커피숍에서는 커피를 마실 수 있다는 확신도, 술집에 가면 맥주를 시킬 수 있다는 기대도, 아내와의 정해 놓은 귀가시간도, 연말의 재회에 이르기까지 굵직한 약속만 해도 이미 열 손가락을 넘어섭니다. 무의식으로 스쳐지나가는 무언의 약속까지 다 합치면, 하루의 일상에서만 찾아도 수십, 수백 가지의 약속들이 우리의 시야로 들어옵니다.

여기서 우리는 우리가 몸담고 있는 사회적 공간의 존재론적 성격을 이해할 수 있습니다. 내가 서 있는 삶의 자리는 곧 약속의 자리입니다. 그것을 의식하든 혹은 의식하지 않든, 우리는 숱한 사회적 약속을 딛고 하루를 시작하며 또 하루를 마감합니다. 잠자리에 드는 그 순간까지 우리는 자신에게 다짐하곤 합니다. 내일 기상시간이 몇 시라는 사실을 되뇌면서 말입니다.

약속은 일어날 수도 있고 일어나지 않을 수도 있는 경험적 개연성을 뜻하는 것이 아닙니다. 약속의 내용은 반드시 일어나야만 합니다. 이 '반드시'라는 말을 딛고, 우리는 나와 타인의 일부분을 권리로 전환시킵니다. 이해가 그리 쉽지 않은 표현입니다. 우리는 모두는 서로에게 무언가를 약속할 수 있으며, 그 약속을 통해 서로를 서로에게 묶어둔다는 의미입니다. 내가 지인에게 약속을 하면, 그는 나의 말을 통해 나와 만날 수 있는 권리를 얻게 되는 것입니다. 그 권리를 보증하기 위해 나는 나의 약속에 대한 의무를 지게 됩니다.

버스회사나 지하철 공사는 시민들에게 일정한 장소에 오면 대중교통을 이용할 수 있다는 약속을 한 것입니다. 커피숍이나 맥주집은 일정한 음료에 대한 제공의 의무를 약속한 것입니다. 그리고 그 근거는 다른 무엇으로 소급될 수 없는 약속의 주체에게 돌아갑니다. 약속을 행한 자가 자신의 약속을 지키는 동안만큼, 그는 자신의 물리적 육체를 자연의 무자비한 우연성에 내맡기지 않게 됩니다. 그는 약속을 통해 자신의 삶을 무조건성이라는 존재론적 영역으로 옮겨다 놓은 것입니다.

인간은 본능으로 살아가는 존재가 아닙니다. 벌이나 개미는 무언가를 특별히 배우지 않아도 본능적으로 사회를 만들고 집단생활을 합니다. 고난도의 설계를 배우지 않아도 일을 분담하여 절묘한 집을 짓습니다. 자신의 적성이 무엇인지 고민할 필요도 없이, 자기가 무슨 역할을 해야 되는지를 알고 그것을 묵묵히 완수합니다. 불행인지 다행인지 모르지만, 인간에게는 그러한 자연적 능력이 없습니다. 인간은 자신 안에 공간을 열고 자신이 누구인지를 직시해야만 합니다. 인간은 자신과의 관계를 통해서만 살아갈 수 있는 생태계의 유일한 종인 것입니다.

동물이 본능적으로 하는 일을 인간은 자유를 통해 애써 만들어야만 합니다. 약속은 우리가 자신 안에 열어 놓은 공간을 의미로 채우는 중요한 행위 가운데 하나입니다. 때로 번거로워 보이지만, 이 약속을 통해 인간은 자연적 대상과는 구별되는 자신만의 실존적 의미를 찾아갑니다. 중요한 두 가지 사실만 언급해 보겠습니다.

첫째, 약속을 하는 인간은 열린 존재입니다. '열려 있다'는 의미는 한계가 정해져 있지 않다는 뜻입니다. 따라서 사용가치로 환원될 수도 없습니다. 무슨 뜻일까요? 세상에 존재하는 모든 사물은 시간과 공간을 통한 경계가 있습니다. 그 경계를 통해 우리는 사물을 인식합니다. 책상이나 의자, 지금 저자의 앞에 놓인 모니터, 자판은 일정한 기능을 지니고 있습니다. 우리는 그 기능을 대상적 사용가치라고 부릅니다.

인간도 당연히 시간적, 공간적 제약을 받습니다. 사회적 조건과 지위를 갖추며 일정한 사용가치를 증명하기도 합니다. 그러나 그것이 전부는 아닙니다. 우리 모두는 시간과 공간을 넘어서는 약속을 행할 수 있기 때문입니다. 언제든 어디서든 약속은 유효할 수 있습니다. 권리와 법으로 고정시켰기 때문입니다. 이 부분은 후에 다시 언급할 것입니다. 인간이 약속을 통해 사용가치를 벗어날 수 있는데 반해, 사물은 그렇지 못합니다. 그 이유는 시공간적으로 제약된 기능을 넘어서는 어떠한 일도 수행할 수 없기 때문입니다. 기능은 항상 일정한 조건 하에서만 작동하는 것이지요.

동물도 마찬가지입니다. 자연적 본능이 정확하게 그들의 경계가 됩니다. 우리는 어떠한 경우에도 역사의 의미를 원숭이에게 강요할 수는 없습니다. 우리는 악어에게 다른 동물들을 고통스럽게 잡아먹어서는 안 된다고 윤리성을 교육할 수도 없습니다. 우리는 동물에게 생물학적 한계를 넘어서는 그 어떤 것도 요구할 권리가 없는 것입니다.

하지만 인간은 다릅니다. 자신에게 혹은 타인에게 우리는 자신을 넘어서야 한다고 요구할 수 있습니다. 왜냐하면 우리의 실존이 곧 약속이기 때문입니다. 약속이란 일정한 조건을 전제하고 행해지는 계약이 아닙니다. 인간에게 자연적 한계가 없다는 의미가 아닙니다. 인간은 자신의 한계를 해석합니다. 자연적 한계가 있다는 사실이 오히려 인간에겐 고통이 되고 지루함이 되어 그로 하여금 또 다른 자신을 꿈꾸게 합니다. 이것이 오직 인간만이 주어진 자연과 관계를 맺을 수 있는 존재라는 문장의 의미가 되는 것입니다. 예를 들어 볼까요?

우리는 누군가를 영원히 사랑할 수는 없습니다. 자연적으로 불가능하지요. 인간은 영원히 살 수 없으니까요. 하지만 영원히 사랑할 거라고 약속할 수 있습니다. 무슨 근거로 우리는 그런 말을 하는 것일까요?

상대의 마음을 얻기 위해 사탕발림식의 립서비스인가요? 아니면 자신이 무슨 말을 하고 있는지 그 의미를 따져 보지도 않은 채, 그저 구전되어 오는 언어를 되뇌이고 있을 뿐인가요? 우리는 지금도 누군가에게 사랑을 약속하고 있습니다. 모든 사랑의 맹세는 엄밀한 의미에서 거짓인 것일까요?

반드시 그렇게 생각할 필요는 없습니다. 실제로 우리는 영원한 사랑을 진심으로 약속할 수 있습니다. 죽음을 걸고 자신의 전부를 던져 맹세를 하기 때문입니다. 죽음은 인간에게 자연적 한계가 아니라, 바로 자신을 넘어서 무언가를 약속할 수 있는 초월의 지평입니다. 말장난처럼 보일지 모르지만, 진정한 사랑을 해 본 사람이라면 반드시 이해할 수 있을 겁니다. 가장 고통스럽고, 가장 지루한 일이 우리에겐 무언가를 약속하고 자연에 없는 그 무엇을 창조할 수 있는 배경이 되는 것입니다. 불타는 이성적 사랑만이 약속을 지키는 것은 아닙니다. 사랑의 대상이 반드시 연인에게만 국한되는 것도 아닙니다. 대상이 가족일 수 있으며, 국가일 수도 있습니다. 때론 자신이 가치 있다고 여기는 사상일 수도 있을 것입니다.

약속을 하는 인간은 자신의 실존을 대상이나 동물처럼 일정한 속성으로 닫아 버리지 않습니다. 바로 이러한 이유로 나의 실존은 사물로 대체되거나 소비되는 소모품이 아닙니다. 첨단기술을 통해 추가되거나 성능이 강화되는 고성능 컴퓨터도 아닙니다. 이것이 약속이 보여 주는 두 번째 존재론적 성격입니다. 약속을 행하는 나의 실존은 내가 나와 맺는 관계입니다. 그 관계란 더 이상 소급될 수 없으며, 그 무엇으로도 대체될 수 없는 최종적 근거와의 존재론적 관계인 것입니다.

아이를 키우는 저자는 이러한 경험을 자주 하곤 합니다. 아이와 식사를 합니다. 아직 레고 장난감을 가장 소중히 여기는 나이입니다. 레고 장난감을 배달해 주는 택배 아저씨를 신이 내린 사람으로 믿는 시기이기도 합니다. 퇴근하고 들어오는 나를 본체만체하다가도, 물건을 배달하러 초인종을 누른 택배기사를 보면 얼굴표정이 달라지곤 합니다. 그런 아이가 밥을 먹으면서 자꾸 나를 조릅니다.

"아빠, 밥 잘 먹으면 닌자고 울트라 드래곤(레고 장난감의 일종) 사 줄 거야?"

이럴 때마나 저자는 심리학자와 교육학자가 주장하는 아동의 발달단계 이론들이 글자 그대로 이론에 불과하다는 사실을 뼈저리게 깨닫곤 합니다. 아이가 부모와의 애착관계로부터 벗어나자마자 진입하는 다음 단계는 사회화의 첫 관문인 또래관계가 아닙니다. 두 번째 관문은 당연히 부모와 거래를 하는 단계입니다. 저자는 이 부분에서 한 치의 의심도 품고 있지 않습니다.

"그럼, 밥 잘 먹고, 한글 열심히 하면 아빠가 닌자고 사줄게."

그 말을 듣자마자, 아이가 눈 깜짝할 사이에 밥 한 그릇을 해치웁니다.

그러곤 갑자기 책상 위로 올라가 한글 단어를 쓰기 시작합니다. 아이에게 완벽하게 넘어간 것입니다. 한글을 다 쓰고 난 후 말합니다.

"아빠, 닌자고 사러 가자."

그날 따라 몸 상태가 좋지가 않습니다. 며칠간 무리를 했더니 감기 기운이 온몸에 확 퍼진 것 같습니다. 그래서 나중에 사주겠다고 말합니다. 몸이 좀 나아지면 꼭 사주겠다는 약속을 하자, 그제야 아이는 안심을 합니다. 그 다음날 저녁이 되자 아이가 다시 묻습니다.

"아빠, 몸 좀 나았어?"

"응."

"그럼, 닌자고 사러 가자. 아빠가 약속했잖아!"

아이와 약속을 한 것입니다. 나의 약속으로 인해 아이는 나로부터 일정한 권리를 획득한 것이고, 나는 아이와의 약속을 이행함으로써 그 무엇으로도 대체될 수 없는 내 자신을 얻게 됩니다. 물론 핑계를 댈 수 있습니다. 돈이 없다거나, 계속 몸이 아프다거나 혹은 나중에 사주겠다거나 말입니다. 그러나 내가 자신과 맺은 약속이라는 절대적 관계를 회피하면 할수록 아이는 나의 실존을 더 이상 신뢰하지 않을 것입니다. 약속이 불러도 이름 없는 허공의 메아리로 울려 퍼지는 순간, 아이는 아빠의 자리가 아빠만의 고유한 자리가 아닐 수도 있음을 깨달아 갈 것입니다.

이미지의 세계가 이렇습니다. 이미지의 세계는 온통 우리에게 무언가를 약속하고 있습니다. 그러나 그 약속의 근거는 어떠한 실체도 지시하지 않습니다. 우리 주위를 부유하며 소비자의 지갑을 노리는 광고의 약속이 늘 허공의 메아리로 남는 이유가 여기에 있습니다. 이때 우리가 취할 수 있는 유일한 대응방식은 지갑을 닫는 일뿐이겠지요. 그러나 약속을 지키는 척하는 이미지로 우리는 아이와 인격적 관계를 맺지는 않습니다.

책임, 렌탈의 시대를 대하는 자세

우리의 삶의 자리는 약속입니다. 약속이 의미하는 바는 조건과 수단으로부터 벗어날 수 있는 열려 있음, 즉 근원적 자유입니다. 그런데 호모 필로소피쿠스의 인간에 대한 이러한 이해는 우리의 일상적인 생활경험에 비춰볼 때 거의 터무니없어 보입니다.

현대인은 일정한 가치로 등급화되어 있고 사물처럼 수단으로 대우받는 자신의 모습에 매우 익숙하기 때문입니다. 철학이 일반적으로 어렵게 느껴지는 이유는 사용되는 언어가 어려워서가 아닌 듯합니다. 우리의 일반적인 모습에서 동떨어진 이상한 나라의 이미지를 그려놓고, 그것이 우리의 진정한 모습이라고 우기고 있으니 대중의 눈에는 한심한 일이 아닐 수 없는 겁니다. 호모 필로소피쿠스는 너무 이상적인 인간의 모습만을 추구하는 것은 아닐까요? 이러한 편견이 우리를 슬프게 합니다.

호모 필로소피쿠스는 인간의 자연적 모습을 부정하지 않습니다. 우리는 일정한 가치가 있는 사람과 사회적 관계를 맺습니다. 아무런 가치가 없거나, 심지어 해가 되는 사람과의 관계는 피하는 것이 좋습니다. 호모 필로소피쿠스도 예외는 아닙니다. 그러나 '반드시'라고 말해서는 안 됩니다. 현재의 우리 모습이 반드시 지켜져야만 되는 진리인 것은 아닙니다.

일전 안타까운 하소연을 인터넷에서 읽은 적이 있습니다. 30대 초반인한 남성의 가정에 얽힌 사연입니다. 그는 결혼 적령기가 되었는데 언감생심 꿈도 못 꾸고 있다고 합니다. 그 이유는 부모와 남동생이 가정에서 제 몫을 못하고 있기 때문이라네요. 얼핏 별일 아닌 것처럼 보였는데, 자세히 들어 보니 사정이 심각합니다. 아버지는 알코올 중독이고, 어머니는 정신적으로 문제가 있어 보입니다. 남동생은 군 제대 후 일을 하는가 싶더니, 이내 빈둥거리며 노숙자처럼 살아갑니다. 그 집에서 유일하게 경제활동을 하는 사람은 인터넷에 사연을 올린 남성인데요, 그는 자신의 가정이 견딜 수 없을 만큼 무거운 짐으로 느껴진다고 고백합니다. 어떻게 해야 할까요? 그의 질문입니다.

그런데 문제는 의외로 간단히 해결될 수 있습니다. 그가 집을 나가면 됩니다. 직장을 다니고 있으니, 경제적으로 문제가 될 리 없습니다. 그 남성도 갈등을 거듭하며, 가출을 꿈꾸고 있습니다. 그러나 실제로 실행에 옮기지는 못합니다. 견딜 수 없을 만큼 힘이 들어도, 그는 여전히 가족을 떠나지 못합니다. 왜 그럴까요?

우리는 해묵은 윤리의식을 거론할 의도는 없습니다. 그가 가족을 내팽개치고 자신의 삶을 찾아 떠난다고 해서, 그를 비난할 권리를 지닌 호모 필로소피쿠스는 아무도 없습니다. 왜냐하면 그는 자연이 이끄는 데로 흘러갔을 뿐이며, 자연적 행위란 선도 악도 아니기 때문입니다. 그러나 그의 망설임과 갈등의 의식구조를 검토하는 것은 중요한 의미가 있습니다. 부모와 형제에 대한 정 때문일까요? 설령 그렇다손 치더라도, 여전히 정(情)이 무엇인지가 문제로 남습니다. 정의 의미는 한 가지입니다. 그의 삶의 자리가 곧 약속이라는 사실입니다.

남성이 가족을 떠나지 못하는 이유는 부모와의 관계가 남다를 정도로 돈독하기 때문이 아닙니다. 그의 발걸음을 붙잡는 가장 큰 동인은 그의 부재가 가족의 생존을 위협할 수 있다는 상황으로부터 나옵니다. 그와 같은 사실을 직시하고 있기 때문에 남성의 마음은 괴로울 뿐입니다. 그는 모든 것을 털어 버리고 홀로서기를 선택할 수 있습니다. 그러나 그렇다고 그의 마음이 편해질 것 같지는 않습니다. 자연과 분리된 인간이 다시 자연으로 돌아가는 것은 두 종류의 통로를 통해서만 가능합니다. 하나는 생물학적인 죽음이며, 다른 하나는 실존적 죽음입니다. 남성의 경우는 후자의 경우에 해당하겠지요. 다행히 약속은 그 남성이 사회와 맺고 있는 관계에서도 효력을 발생합니다. 그의 부담을 덜어 주기 위한 각종 사회적 제도들은 그가 자신의 삶이 의미하는 약속을 지킬 수 있도록 보완의 역할을 하는 것입니다.

인간적 사회를 특징짓는 약속의 성립은 임의로 성립되는 사회계약이 아닙니다. 당연한 이치입니다. 일반적으로 우리는 할 수 있는 일과 해서는 안 되는 일을 구별하며 살아갑니다. 자신의 사랑을 선택하고 개성 있는 삶을 영위하는 것은 개인의 자유입니다. 일정한 계약을 맺어 서로에게 의무를 지우는 것도 전형적인 인격적 행위입니다. 그러나 신체포기각서를 쓰고 돈을 빌리는 것은 오늘날 자유계약의 범주 안에 들어 있지 않습니다. 인간 존엄성에 위배되기 때문이지요. 그럼에도 여전히 인류의 어두운 단면으로 남아 있습니다. 조금은 끔찍한 주제이지만 논의를 계속해 봅시다.

자신의 신체를 담보로 돈 거래를 하는 것은 오늘만의 일이 아닙니다. 자신의 신체가 돈이 될 수 있다는 생각은 인류의 오래된 전통입니다. 고대의 용병제도는 자신의 목숨을 담보로 일정기간 동안 고용주에게 헌신하는 제도입니다. 계약기간 중에 사망하는 일이 발생한다 해도, 그것은 전적으로 본인의 소관으로 일임되었습니다.

한국의 대표 고전소설인 『심청전』에는 인신매매가 주된 소재로 등장합니다. 심청이는 아버지의 눈을 뜨게 하려고 공양미 삼백 석에 몸을 팔았습니다. 소설에도 등장하는 것을 보면, 분명 단타성 사건은 아니었을 것입니다. 서양의 근대에서도 인체는 대출을 위해 사용되는 가장 가치 있는 담보로 통한 듯합니다.

윌리엄 셰익스피어(William Shakespeare, 1564~1616)의 유명한 희극 『베니스의 상인 *The Merchant of Venice*』(1600)을 보면 좋은 예가 등장합니다. 등장인물들은 자유계약이라는 근대의 시대적 원칙하에 채무불이행 때엔 살점을 잘라내는 금전계약을 체결합니다. 주인공 포셔가 내놓은 차용증서에 대한 새로운 법리해석이 아니었다면, 채무자는 꼼짝없이 목숨을 내놓아야 했을 것입니다. 한 가지 눈여겨 볼 사항은 법정에서 이 계약이 여전히 유효한 것으로 인정되었다는 사실입니다. 당사자 간의 자유로운 계약은, 설령 그 대상이 사람의 목숨에 해당되었을지라도, 매매의 대상으로 삼을 수 있었던 겁니다.

현대는 어떨까요? 사정은 크게 다르지 않습니다. 현대 자본주의 시대는 신체를 담보로 한 채무관계를 더욱 지능적이고 합리적으로 변화시킵니다. 인간의 장기를 둘러싼 매매는 천문학적인 수익구조를 지니고 있기 때문입니다. 하지만 현대는 분명 이전과는 다른 시대를 열어 놓았습니다. 할 수 있는 것과 해서는 안 되는 것을 구별하기 시작한 것이지요. 인신매매는 법적으로 엄격하게 규제가 됩니다. 이유는 단 한 가지입니다. 세상에는 돈으로 사고 팔 수 없는 그 무엇이 있다는 믿음 때문입니다.

그러나 세상에 살 수도 팔 수도 없는 무엇이 존재한다는 믿음은 조금은 구태의연한 사고방식처럼 보입니다. 특히 사업을 하는 사람은 고정된 사고의 패러다임에 갇혀 있으면 안 될 것 같습니다. 그렇다고 사회적 가치를 마냥 무시할 수만은 없습니다. 그래서 타협점으로 등장한 것이 렌탈에 대한 새로운 시각입니다. 오늘날 렌탈은 새로운 라이프 패러다임이자 소비혁명의 근원지로 알려져 있습니다.

이 세상에서 빌릴 수 없는 것은 아무것도 없습니다. 각종 가전제품에서 시작하여 반려동물, 심지어는 인간에 이르기까지 소비되는 모든 것은 렌탈의 범주에 들어갑니다. 일시불에 대한 경제적 부담이 불러온 새로운 소비형태처럼 보이지만, 급변하는 세계에 상응하는 한층 진화된 삶의 경향이기도 합니다.

다른 것은 몰라도 사람이 렌탈의 대상에 포함된다는 표현은 약간 귀에 거슬립니다. 사실일까요? 우리는 부인할 수 없습니다. 친구 혹은 애인 대행이라는 광고가 그리 낯설지 않은 시대입니다. 결혼식에서 부모님의 자리가 필요할 때도 세팅에 필요한 비용만 지불하면 됩니다. 예전에는 결혼식이 다가올 때쯤이면 친구관리를 했다고 합니다. 보여 주기 위한 예식에서 친구의 숫자는 곧 인맥과 권력을 의미하기 때문입니다. 그런데 요즘은 다릅니다. 역시 웨딩업체에 옵션으로 비용만 지불하면 간단히 해결되기 때문입니다.

성을 사고파는 문제는 여전히 윤리적으로 비난의 대상이지만, 그것을 렌탈의 범주에서 재해석하면 별 문제가 될 것 같지도 않습니다. 우리는 존재하는 모든 것을 교환가치로 바꿔서 생각하는 렌탈의 시대를 살고 있는 것입니다. 성에 있어서만큼은 새삼스럽게 표정관리가 안 되는 이유가 없지는 않습니다. 그러나 그것은 고정관념에서 벗어날 때 발생하는 약간의 정신적 혼란 이상도 이하도 아닐 것입니다.

배우자가 렌탈의 범주에 들어갈 날도 멀지 않은 것 같습니다. 그리고 마지막 단계는 자신까지 렌탈에 포함시키는 것입니다. 오늘날의 과학기술 문명은 이미 인간의 의식과 신체를 기술적으로 강화하여 새로운 인간을 꿈꾸고 있습니다. 전통적으로 인정되어 왔던 '나'라는 불변의 존재란 기술의 시대에서는 거추장스러운 과거의 흔적에 불과합니다. '새 술은 새 부대'에 담는다는 속담처럼, 새로운 시대를 살아가려면 과거의 옷부터 과감히 벗어야 한다는 겁니다. 포스트 휴머니즘이라는 단어가 공공연하게 들리는 사회적 맥락입니다.

이 모든 현상들은 인간의 실존이 약속의 자리임을 망각하면서 벌어진 사단입니다. 약속을 임의적인 사회계약 정도로 간주할 때도, 우리는 이 같은 주체의 죽음을 피할 수 없습니다. 그 이유는 약속의 의미가 책임의 원리라는 사실을 사회계약은 이해할 수 없기 때문입니다. 렌탈을 통해 우리가 사물 혹은 타인과 맺는 관계는 효용과 기능의 관계입니다. 결혼식을 위해 렌탈한 부모와 친구의 자리는 나의 이미지를 돋보이는 기능을 지니고 있습니다. 애인을 일정한 대가를 지불하고 빌리게 되면, 일정한 시간 동안 내가 원하는 봉사를 받을 수 있습니다. 하지만 딱 거기까지입니다.

인격체가 약속을 통해 서로 맺고 있는 관계는 이미지의 세계에 제한되지 않습니다. 왜냐하면 그것은 이미 책임의 관계이기 때문입니다. 책임이란 서로의 실존에 대답을 하는 과정입니다. 그 과정은 모든 종류의 인격적 감정을 동반합니다. 누구나가 원하는 기쁨만 있는 것이 아닙니다. 마음에 들지 않으면 환불받을 수 있는 계약관계도 아닙니다. 슬픔과 분노에 휩싸여 자신을 통제하지 못할 때도 있습니다. 사랑과 질투가 서로에게 독점적 관계를 요청할 때도 있습니다. 행여 누군가와의 관계가 견딜 수 없을 정도로 무거워 홀로서기를 감행할 때조차도 우리는 책임의 원리를 벗어날 수 없습니다. 관계의 단절과 동시에 발생하는 냉정함과 무심함이 우리의 얼굴과 마음을 잿빛으로 물들일 것이 분명하기 때문입니다.

9. 용서가 필요한 피조물

우리는 단순히 인간이 아니라, 그 이상이어야만 한다.

인간은 우주 그 자체이다.
그곳에는 정해진 것이 없다.
인간의 본질은 정해진 것임과 동시에 정해지지 않은
그 무엇이기도 하다.
— Novalis —

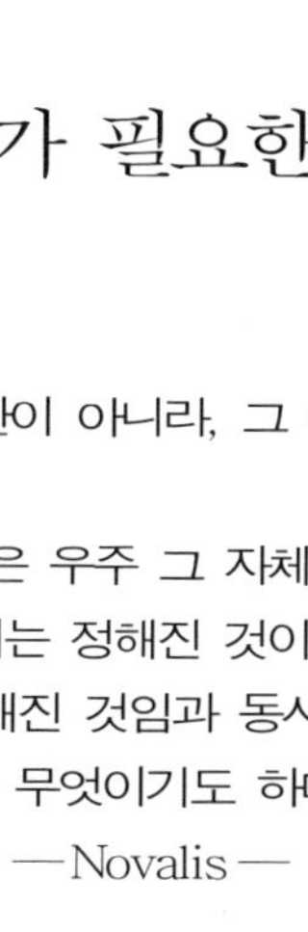

9. 용서가 필요한 피조물

원숭이 똥구멍과 백두산의 관계

사람이 혼자 살 수 없듯, 철학적 개념도 홀로 독야청청(獨也靑靑) 있을 수는 없습니다. 약속이 의미의 세계를 추구하는 인간 실존의 본질적인 측면이라면, 용서는 약속을 보완할 수 있는 가장 훌륭한 동반자입니다. 앞서 약속을 지키는 동안만큼 우리의 실존은 열려 있는 존재라고 밝힌 바 있습니다. 인간의 실존을 열린 존재로 설명하는 데 있어서 가장 탁월한 근거를 제시하는 철학자로 하이데거만한 인물이 없습니다. 지금까지 실존에 대해 설명해 온 우리의 방식도 실은 그의 철학에 상당 부분 빚을 지고 있습니다.

이 사실을 일부러 감춘 것은 아닙니다. 하이데거는 독자가 자신의 언어를 답습하기를 원하지 않습니다. 철학함이란 누군가의 이론을 습득하는 과정이 아닙니다. 앞부분에서도 밝혔지만, 철학함이란 자신의 언어를 통해 세계와 관계를 맺는 과정입니다. 우리보다 앞서 살았던 철학자의 저서들은 분명 도움을 줄 수가 있습니다. 그러나 철학의 세계로 진입하는 관문은 각자가 자신의 실존적 의미를 통해 열어야만 합니다. 그때야 비로소 우리는 하이데거의 난해한 언어구조도 이해할 수 있습니다. 아이러니한 논리이지만, 현실은 논리적으로만 구성되는 것은 아닙니다.

하이데거는 오직 인간에게만 존재를 이해할 수 있는 능력을 부여합니다. 철학적 개념들 중에서도 일반인들에게 이해하기가 가장 어려운 단어가 바로 이 존재라는 개념입니다. 그러나 그리 어려워할 필요는 없습니다. 우리가 사용하는 언어적 기호는 사회적 규범과 관습에 따라 그 내용이 채워지기 마련이니까요. 기호에 애초부터 정해진 본성이라는 것은 없다고 보면 됩니다.

참고로 소쉬르는 우리가 사용하는 언어적 기호들이 대단히 자의적으로 구성되어 있다는 사실을 선언하여 언어학계에 일대 혁명을 일으킵니다. 우리가 사용하는 언어는 기표(signifiant)와 기의(signifié)로 구성되어 있습니다. 간단히 말하면, 음성적 기호가 기표가 되며, 그것의 의미체계가 바로 기의가 되는 것입니다. 기표와 기의가 만나는 지점에서 인간사회를 특징짓는 상징체계와 언어질서가 형성됩니다.

여기까지만 보면 별 특별한 내용이 없어 보입니다. 그런데 반전이 우리를 기다리고 있습니다. 기표와 그것이 상징하는 의미 사이에 어떠한 내재적 연관성도 없다는 주장이 그것입니다. 언어가 단순히 현실의 대상을 반영하는 차원을 넘어서, 개인의 주관적 해석을 통해 무한하게 확대될 수 있다는 사실을 지적하고 있는 것입니다. 언어를 죽은 기호가 아니라, 살아 있는 생명으로 간주하는 놀라운 발견을 한 셈이지요. 간단한 예를 통해 확인해 봅시다.

원숭이 똥구멍은 빨갛습니다. 그래서 우리는 그것을 빨간 사과에 비유하곤 합니다. 빨간 사과는 새콤하고 달콤해서 맛이 있으니, 아주 귀한 몸이었던 시절 바나나를 종종 연상시켰지요. 여기까지는 그런대로 추론이 가능합니다. 그런데 바나나가 기차로 이어지고, 기차가 비행기로 넘어가서 결국 백두산까지 간다면, 문제가 쉽지 않습니다. 원숭이 똥구멍이 어떻게 백두산을 연상시킬 수 있는 것일까요? 논리적으로 불합리해 보이지만, 유치원만 나와도 누구나가 이해할 수 있는 기표와 기의의 결합입니다.

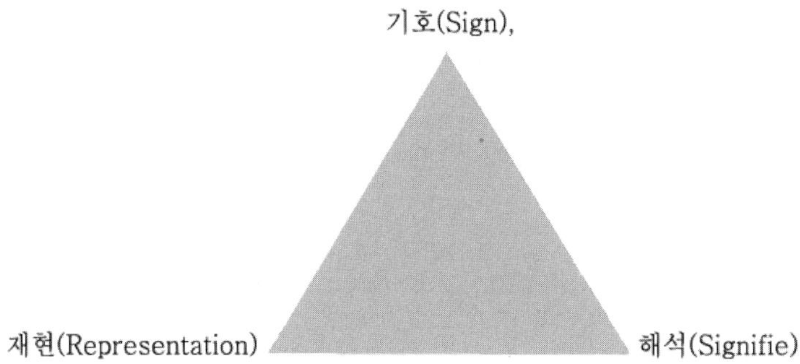

앞선 예는 저자의 시대에서나 통용될 수 있는 구닥다리이고, 요즘 신세대의 언어사용은 소쉬르의 설명에 더욱 근접하고 있습니다. 이모티콘의 사용이 대표적인 경우입니다. 특히 젊은이들에게 이모티콘의 사용은 언어생활에 없어서는 안 되는 윤활유의 역할을 하고 있습니다. 컴퓨터와 휴대폰이 의사소통의 매개체로 자리하면서 만들어진 문화현상이지요. 영어의 Emotion(감정)과 icon(아이콘)을 합쳐서 만들어진 말로서 '감정을 나타내는 아이콘'이라는 뜻입니다. 몇 가지 예를 들어 볼까요?

-_- 언짢은 표정, =_= 졸린 표정, -_-^ 아니꼬운 표정, -0- 하품 / 놀란 표정, o_o 놀라서 눈이 둥그레진 표정, +_+ / +ㅁ+ 뭔가 새로운 것을 발견했을 때의 표정, ~_~ 느끼한 표정 등 표현 가능성은 무궁무진합니다. 더 신기한 것을 이것을 우리 모두가 이해하고 있다는 사실입니다.

존재라는 언어적 기호도 이와 같습니다. 존재라는 개념은 고정된 대상을 지시하는 것이 아닙니다. 호모 필로소피쿠스의 역사가 축적되며, 다양한 사고의 층이 그 개념 위에 덧 입혀졌습니다. 복잡하게 얽혀 있는 사고의 층들을 양파껍질 벗기듯 한 커풀 한 커풀 벗겨 가다 보면, 존재가 처음 유래했던 밑바닥까지 내려갈지도 모릅니다. 전문용어로 이러한 연구과정을 개념의 통시적(diachronicity) 고찰방식이라고 부릅니다. 하나의 개념이 어떠한 과거의 기원을 통해 현재에 이르고 있는지를 수직적으로 고찰하는 방식이지요.

그 건너편에는 언어의 공시성(synchronicity)이 자리하고 있습니다. 소쉬르는 언어의 공시성을 논리적 또는 심리적 관계들이 일정한 구조 속에서 공존하는 상태를 가리키는 말로 사용하곤 합니다. 기호의 공시적 관계란 시간적 연속성과는 관련이 없습니다. 대신 하나의 체계 속에서 공존하는 다양한 기호들 사이의 차이에 의해 언어가 이해되는 경우입니다. 대단히 심오한 논리가 숨어 있는 듯 보이지만 우리의 일상적인 언어생활을 이론화시켰을 뿐입니다.

예컨대 요즘은 간호원이나 철도원이라는 표현보다는 간호사 혹은 철도공무원이라는 표현을 선호합니다. 장애자와 정상인이라는 구별보다는 장애자와 비장애자라는 어구를 통해 차별을 최소하려는 경향도 눈에 띕니다. 이 모든 언어적 사용방식이 기호의 공시적 특징이라고 하겠습니다. 간호원이 간호사로 대체된 이유가 바로 그 기호가 지니고 있는 약간의 비하적인 의미 때문인 것이지요. 과거에 간호원은 단순히 병원에서 환자를 돌보는 직원을 의미했을 뿐입니다. 일반적으로 우리의 일상적인 언어 사용은 공시성과 통시성을 동시에 필요로 합니다.

그런데 존재의 통시성과 공시성을 추적해 가는 일은 우리의 주제가 아닙니다. 저자가 무리를 해서 감행을 해도, 아무도 쫓아오지 않을 것입니다. 설령 쫓아오는 독자가 있다손 치더라도, 그가 존재에 대해 이해할 수 있으리라고 장담할 수도 없습니다. 존재는 인식의 영역에서 해소될 수 있는 대상이 아니기 때문입니다.

가장 현명한 자는, 일찍이 비트겐슈타인도 지적하였듯이, 존재 스스로가 자신의 모습을 보일 때까지 기다리는 사람일지도 모릅니다. 일반적인 언어적 사용법으로부터 출발해 봅시다.

존재는 일차적으로 그냥 '있는' 것입니다. 나무도 있고, 돌멩이도 있고, 책상도 있고, 그 옆에 나와 여러분도 있습니다. 그러나 세상은 단순히 '있음'으로 있을 수 없습니다. 우연히 그냥 있는 것은 없는 거나 매한 가지입니다. 무엇이 있기 위해서는 어떤 식으로든 그것을 보고 이해하는 누군가가 반드시 있어야 됩니다. 그때 비로소 세상은 '있음'으로 자신을 드러내게 됩니다. 말장난처럼 보이지만, 논리적으로 생각해 보면 달리 선택할 여지가 없습니다.

이러한 맥락에서 전통적인 형이상학은 존재를 절대자 혹은 신으로 불렀던 것입니다. 우리는 종종 세상에 있는 모든 것들은 우연히 거기에 있는 것이라고 생각합니다. 이렇게 생각한다 해서 세상이 뒤집어지는 것은 아닙니다. 그런데 만약 모든 것이 단지 우연의 산물이라면, 아무것도 존재하지 않았던 어떤 시점이 있었을 겁니다. 우연한 존재자를 세상에 등장하게끔 만든 어떤 일차적 원인이 있어야 한다는 뜻입니다. 그렇지 않다면 현재에도 그것은 존재할 수가 없을 것입니다. 논리적으로 달리 생각할 수가 없습니다.

우리는 '지금' 그리고 '여기서' 무언가를 보고 만지며 또한 느끼고 있습니다. 이것이 의미하는 바는 명확합니다. 우연적 사물이 현재 존재하고 있으므로 원인을 제공한 필연적인 어떤 존재가 반드시 있어야 한다는 겁니다. 그것은 자신 이외에 다른 원인을 필요로 하지 않기 때문에 절대자라는 불립니다. 이것이 토마스 아퀴나스가 신의 존재를 증명하기 위해 사용했던 다섯 논리 중 세 번째 길이었습니다.

이것을 우리식으로 바꿔 보면 어떻게 될까요? 태초에 절대자가 있어 세상을 창조합니다. 이것의 의미는 절대자가 처음으로 세상을 본 것이며, 또한 거기에 무엇이 있다는 사실을 언어로 표현했다는 뜻이 됩니다.

종교가 논리적 사고에 밀려 설득력을 상실한 이후에는, 인간이 절대자의 자리를 대신하게 됩니다. 하이데거에게 인간의 삶의 자리가 중요해진 이유가 여기에 있습니다. 인간이라는 존재자는 다른 존재자와는 근본적으로 다릅니다. 왜냐하면 인간만이 여타의 사물을 보고 이해할 수 있기 때문입니다. 여기에서 일련의 오해가 발생할 수 있습니다. 인간의 의식적 능력으로 인해 사물이 발생한다는 주관주의적 경향이 그것입니다. 표현상의 차이 같지만, 인간이 사물의 발생 조건이라는 의미는 아닙니다. 다만 세계 내에서의 인간의 존재론적 지위를 묻는 것입니다. 인간은 사물의 '있음'이 발견되고 언어로 표현되며 또한 해석될 수 있는 유일한 자연적 조건이라는 의미입니다.

동물은 이해가 선천적으로 불가능한 존재자인가요? 자꾸 동물을 차별적으로 다루는 거 같아서 마음에 걸리지만, 동물이 생물학적 본능으로 움직이고 있는 것은 사실인 듯합니다. 우리는 차별이 아니라, 인간과 동물의 차이를 말하고 있을 뿐입니다. 동물은 내적인 분열을 겪을 필요가 없는 닫혀 있는 존재자라는 뜻입니다.

누누이 말하지만, 자연적 닫혀있음이 불행의 원천인 것은 아닙니다. 그것은 일면 자연적 축복일 수도 있습니다. 자연이 부여한 성질에 안주하여 시종일관 그것을 유지하고 발전시키는 것이 유일한 생의 목표가 됩니다. 닫혀있기 때문에 동물은 약속을 할 수도, 또한 약속의 의무도 행할 필요가 없는 것입니다.

인간도 역시 동물처럼 자연의 테두리 내에서 삶을 영위합니다. 누구나가 선천적 기질과 성향을 지니고 있으며, 그것을 바꾸는 것은 대단히 어렵습니다. 정확히 말하면, 타고난 바를 스스로 거부하거나, 굳이 다른 모습을 꿈꿀 필요도 없을 것 같습니다. 삶의 경험이 조언해 주는 바에 따르면, 내적인 생명력으로 자신만의 독특한 삶의 스타일을 창조해 가는 누군가의 능력이 자신만의 매력이기 때문입니다. 그러한 과정은 자신의 타고난 기질과 성향을 토대로 진행될 때에 별다른 무리가 없는 것 같습니다.

우리는 종종 누군가를 타고난 능력의 소유자로 말하곤 합니다. 타고난 배우라든지, 타고난 교사, 혹은 타고난 이야기꾼 등 말입니다. 타고난 남자친구도 있고, 타고난 여자친구도 있을 것입니다. 자질만 있는 사람은 노력하는 사람을 이길 수 없고, 아무리 노력해도 즐기는 사람을 넘어설 수는 없다는 말이 있습니다. 그런데 자세히 들여다보면, 이 문장은 해석학적 순환 고리를 지니고 있습니다. 타고난 자질이 있는 사람만이 자신의 일을 즐길 수 있기 때문입니다. 그럼 자질이 없는 사람은 인생이 전혀 즐겁지 않은 건가요? 자연은 누구에게나 그만의 성향과 자질을 부여하였다는 사실을 기억하는 정도로 넘어갑시다.

약속은 동반자가 필요하다

모두가 타고난 기질과 성향으로 사는 사회는 건전한 사회입니다. 그런데 우리는 타고난 기질과 성향만으로 살아지지는 않습니다. 누구나가 자신에게 어울리는 일만을 할 수 있다면, 그 사회만큼 편안하고 조화로운 사회는 없을 겁니다. 유토피아란 각자가 원하는 삶이 실현되는 사회일 것입니다. 호모 필로소피쿠스의 역사는 대부분 유토피아(utopia)를 갈망하는 미련(未練)의 역사입니다.

특히 세계를 합리적으로 설명해 보려고 했던 이성 중심적 담론의 대가들은 모두 유토피아의 신봉자들입니다. 유토피아라는 말은 토머스 모어(Thomas More, 1478~1535)가 라틴어 제목으로 출판한 『유토피아 *Utopia*』(1516)에서 유래합니다. 어원적으로 보면, 부정사인 'ou'와 장소를 의미하는 'topos'가 합성된 것으로 '존재하지 않는 곳'이라는 의미를 지니고 있습니다. 이렇게 하여 유토피아는 '세상에는 없는 세상'이라는 다소 모순적인 뉘앙스를 풍기게 된 것이지요. 모어는 정치적 질서가 이성적으로 완벽하게 실현되어 있는 사회를 빗대어 유토피아로 묘사하고 있습니다.

비록 이름을 구체적으로 언급하지는 않았지만, 유토피아의 사회적 모델은 이미 플라톤에서부터 시작합니다. 『국가론』의 첫 다섯 권은 이상국가의 구조를 그리고 있습니다. 조금은 어이없어 보이지만, 플라톤의 이상국가는 계층적 역할분담과 수직적 통치 구조를 특징으로 하고 있습니다. 예컨대 평민과 군인은 자신의 본연의 사회적 역할만을 충실히 수행하면 됩니다. 반면 사회 전체에 대한 혜안을 지닌 철학자에게는 통치자의 권한이 부여됩니다.

플라톤 이래로 이성적 세계나 조화를 담은 철학의 세계는 유난히 현실을 비판하고 전복하여 새로운 사회를 세우려고 시도합니다. 거의

The Garden of Earthly Delights(천국) →
Hieronymus Bosch(1450~1516)

모든 이성철학의 담론 속에는 바꾸고 싶은 현실과 변화의 방향을 결정하는 절대 권력의 반지가 숨어 있습니다. 라이프니츠의 예정 조화설이 그랬고, 헤겔에 의해 완성된 절대정신의 자기외화과정도 그랬습니다. 칸트의 세계 공화국이나 심지어 하이데거가 그토록 소중히 여겼던 존재의 목소리에 이끌리는 삶까지도

사정은 크게 다르지 않습니다.

인류 역사상 가장 영향력 있는 유토피아의 모델은 뭐니뭐니해도 칼 맑스(Karl Marx, 1818~1883)의 공산주의 선언일 것입니다. 영국의 공영방송 BBC의 최근 설문조사에 따르면, 지난 1,000년간 인류의 역사에 가장 지대한 영향력을 행사한 철학자로 맑스가 선정되었다고 합니다. 아침에는 동료와 사냥을 떠나고, 낮에는 가족과 낚시를 즐기며, 저녁에는 가축을 키우는, 그리고 저녁식사 후에는 철학적 담소를 나누는 일이 가능한 생활을 마다할 사람은 아무도 없을 것입니다.

자본주의 사회의 인간소외를 누구보다 탁월하게 분석했던 맑스는 미래사회를 이끌 막중한 임무를 노동자 계급에게 일임합니다. 이 점에서 그는 절대자를 전제했던 이전 철학자와 크게 다르지 않습니다.

맑 스

유토피아를 그리워하는 마음은 충분히 이해할 수 있습니다. 현실이 야기하는 불합리한 삶의 고통을 직시하고, 그것을 극복할 수 있는 정신적 힘을 제공하기 때문입니다. 그런데 많은 경우 현실을 극복하기보다는 자신과 타인을 더 큰 고통으로 몰아세우는 폭력의 원천으로 변질되기도 합니다. 특히 변화의 주체와 대상을 엄격하게 구별할 때, 그것은 이원론적 사고에 갇혀 버립니다. 주관과 객관, 동일자와 타자, 인간과 자연, 나와 세계가 존재론적으로 결별하는 수순을 밟는 것이지요. 유토피아에 대한 열망이 강하면 강할수록 나의 언어는 타인에게 폭력이 되고, 인간의 흔적은 생태계에 영원한 부담으로 남을 뿐입니다.

인간은 자신의 존재를 문제 삼을 수 있는 유일한 존재자입니다. 자신이 어떻게 있는지를 보고, 또 어떻게 존재해야 하는지를 스스로 결정하는 존재자이기도 합니다. '있음'과 '있어야 됨'이 서로 맞물릴 때, 개별적 실존의 자리는 약속의 자리가 됩니다. 우리 모두는 자신의 삶의 자리를 약속의 관계로 이해합니다. 그를 통해 우리는 선천적으로 주어진 기질과 성향의 한계를 넘어설 수 있습니다. 하이데거는 이러한 인간의 모습을 다른 존재자의 존재양식과는 구별하여 '실존'이라고 부른 것입니다.

유토피아에 대한 환상은 나의 실존이 타인과 자연에 대한 약속임을 종종 망각합니다. 혹자는 불평을 합니다. 유토피아가 지향하는 사회가 곧 약속이라고 말입니다. 부인할 수 없습니다. 그런데 바로 여기서 더 큰 문제가 발생합니다. 유토피아의 약속은 '이 세상에 존재하지 않는 약속'이기 때문입니다. 이것을 이해하고 있는지 혹은 그렇지 않은지는 엄청난 차이가 있습니다. 전자의 경우에는 약속과 용서가 동전의 양면임을 이해할 수 있게 됩니다. 약속을 하는 자는 그 약속이 실현될 수 없다는 점에 대해 용서를 구할 수 있으며, 마찬가지로 타인의 삶의 자리를 용서를 할 수 있는 자격이 있습니다. 후자의 경우는 어떨까요? 그는 자신을 알지 못합니다. 실존의 의미가 곧 약속이라는 사실을 망각하고 모든 책임을 절대자에게 떠넘깁니다. 자신을 알지 못하기에 자기보존이라는 생물학적 중심과 권력의 시녀로 전락해 버리는 것입니다.

용서는 자신으로 사는 의미이다

실존이라는 인격적 공간은 용서의 의미로 채워져 있습니다. 용서란 '꾸짖거나 벌을 주지 않고 너그럽게 살펴 이해함'이라는 사전적 의미를 지니고 있습니다. 그러나 일반적인 사용방식 이면에 놓인 존재론적 의미를 살피는 것도 중요합니다. 약속은 개별 실존이 자신 안에 열어놓은 공간을 무조건성의 지평으로 만들어 놓습니다. 해도 그만 안 해도 그만인 것은 약속이 아닙니다. 약속은 어떠한 상황에서도 이행하겠다는 조건 없는 의지의 표현입니다. 이 무조건성이 유한한 인간의 실존을 무한한 초월의 영역과 연결시켜 줍니다.

그런데 이렇게 약속을 정의해 놓고 나니, 갑자기 약속을 한다는 것이 상당히 부담스러워집니다. 반드시 지켜야 되는 것이 약속이라면, 우리는 과연 하루 중에 몇 가지나 약속을 하며 살 수 있을까요? 아마도 신중에 신중을 거듭하며 말을 아끼게 될 것입니다. 하지만 아무리 신중을 기해도 어긋나는 것이 약속입니다. 자연적 본능만이 인간에게 거추장스러운 것이 아닙니다. 약속을 지키려는 의지를 방해하는 데는 인간의 연약함이 더 큰 역할을 하기도 합니다.

금연을 예로 들어 볼까요? 개인적인 결심으로 금연에 성공하는 비율은 불과 5%에 불과하다고 합니다. 저자 역시 수년간에 걸쳐 자신과의 약속을 지키기와 어기기를 반복하며 실패를 거듭한 끝에 금연에 성공하였습니다. 담배 하나 끊는 일로 우리는 여기서 좋고 나쁨이라는 윤리적인 잣대를 필요로 하지 않습니다. 내가 약속을 지키지 못하고, 매번 담배개피를 손에 쥐는 경우는 대부분 의지의 박약함이나 니코틴의 유혹을 뿌리치지 못했기 때문에 발생하는 것이지요. 인간의 연약함은 실존을 다시 자연으로 되돌릴 뿐입니다. 거기에는 윤리적 판단이 개입할 하등의 이유가 없는 것입니다.

우리가 살고 있는 자연의 세계는 인과법칙이 적용되고 있습니다. 일반적으로는 약속이 어긋나는 경우도 인과의 법칙에서 벗어나지는 않습니다. 하지만 원인을 지목하는 데 있어서는 논란의 여지가 많습니다. 친구가 약속장소에 늦게 나타납니다. 평소 늦지 않는 친구이기에 지하철이 늦게 왔다거나 교통체증이 지각의 원인일 수 있습니다.

지하철공사나 도로공사도 할 말이 있습니다. 기상상태의 악화가 주 요인이라고 항변하는 것입니다. 결국 날씨의 상태를 미리 예상하여 대비케 하지 못한 기상청이 문제라는 겁니다. 당연히 기상청은 날씨의 변덕스러움을 핑계 삼을 수 있습니다. 자연의 상태를 완벽하게 예측하는 것은 인간의 한계를 넘어서는 것이니까요. 하지만 30분 이상을 기다린 나에게는 친구의 게으름이 원인으로 느껴질 수도 있습니다. 좀 더 일찍 집에서 나왔다면, 전혀 문제가 되지 않았을 일이니까요.

이렇게 보면 인과의 법칙은 참 문제가 많아 보입니다. 어떤 원인을 지목해도 그 원인은 또 다른 원인을 자신 앞에 세우게 됩니다. 최종 원인이 밝혀지지 않으면, 또 다른 원인을 찾아 무한히 소급되는 불가능의 법칙으로 변해 버립니다. 인과의 법칙은 내용이 없는 형식적 법칙이 돼 버리는 겁니다.

그런데 인간의 행위와 관련해서는 이렇게 무한히 소급되는 원인을 지목할 수는 없겠습니다. 자신과 관계를 맺으며 다양한 삶의 원칙들을 만들어 가는 호모 필로소피쿠스는 결국 최종 원인을 자신으로 지목하는 데 성공합니다. 그것이 바로 실체 혹은 주체라는 개념입니다. 주체가 철학사의 주된 주제로 등장한 것은 근대에 이르러서입니다. 특히 칸트의 선험적 주체는 근대성을 상징하는 강철 장벽입니다.

칸트에 있어서 주체란 무엇일까요? 우리는 잘못된 질문을 던졌습니다. 올바른 형태의 질문은 주체란 누구인지를 묻는 것으로 시작해야만 합니다. 칸트의 선험적 주체란 일종의 형식입니다. 우리가 무엇을 지각하기 위해서는 논리적으로 앞서는 자아가 필요합니다. 주체란 경험이 가능하기 위한 최소한의 형식적 조건으로서 경험과 관련된 어떠한 내용도 포함하고 있지 않습니다. 누구란 일차적으로 대상으로부터 벗어나 있지만, 그 대상을 경험하는 논리적 조건인 것입니다.

현대의 철학은 칸트의 주체개념을 거의 철학사의 스캔들로 간주합니다. 차라리 일어나지 않았더라면 더 좋았을, 철학사의 오점으로 간주하고 있는 겁니다. 모든 이원론의 주범이자, 욕망과 무의식을 실존으로부터 배제한 반쪽짜리 자아라는 것이지요. 그런데 그리 깐깐하게 굴 필요는 없습니다. 칸트는 우리에게 주어진 있는 그대로의 모습 중에서 일부분을 표현했을 뿐입니다. 우리의 일상은 칸트의 선험적 주체를 무의식적으로 받아들이고 있습니다. 앞선 예를 통해 계속 진행해 보겠습니다.

약속 장소에 늦게 나타난 친구는 아무렇지도 않게 자리에 앉을 수는 없습니다. 어떤 식으로든 그에 대한 책임을 면하려고 할 것입니다. 그는 지각의 원인으로 앞서 언급했던 다양한 사건들을 지목할 수 있습니다. 지각의 원인이 자신이 아님을 증명하는 자연적인 절차입니다. 그런데 그것

을 언어로 표현하는 방식이 매우 독특합니다. 예컨대;

"아. 늦어서 미안해. 차가 워낙 많이 밀려서 말이야."

이 문장을 주의 깊게 살펴봅시다. 앞선 '미안해'라는 유감의 표현은 무엇을 지시하는 것일까요? 그는 지각의 원인을 분명하게 지목합니다. 교통사정이 여의치 않았기 때문이지요. 그런데 그는 우리가 이해할 수 없는 감정을 드러냅니다. 미안함입니다. 왜일까요? 여기에 칸트가 전제했던 선험적 주체의 비밀이 들어 있습니다. 비록 책임의 무게를 다른 원인을 통해 덜고 있기는 하지만, 지각이라는 사태의 선험적 조건을 명시하고 있는 것입니다. '모든 것이 내 탓'이라는 일상적 관용어도 실은 최종적인 주체 개념을 표현하고 있는 것입니다.

인간의 모든 행위란 자신이 자신과 맺는 관계로부터 유래합니다. 이것이 뜻하는 바는, 우리가 자신의 최종 근거와 관계를 맺고 있다는 사실입니다. 외부의 사건은 당연히 우리의 행위에 영향을 미칠 수 있습니다. 그러나 어디까지나 부차적인 것입니다. 책임의 소재는 돌고 돌아 결국 자신에게 귀착될 수밖에 없습니다. 실존이 부재한 곳에서 약속도 책임도 성립할 수 없는 겁니다. 이것을 우리에게 확인시켜 주는 것이 바로 유감스러워 하는 마음입니다.

다양한 이유로 약속의 미션은 실패할 수 있습니다. 엄밀한 의미에서, 약속은 결코 성공할 수 없습니다. 따라서 인간의 실존도 동물처럼 혹은 사물처럼 자연의 한 조각으로 전락하고 맙니다. 인간의 얼굴이 실존의 의

미를 직접적으로 보증하는 것은 아니지요. 그렇다면 인격체는 대체될 수 있고, 도구화될 수 있는 존재자로 다시 떨어져 버리는 것일까요? 약속을 지키지 않은 사람에게 인간 존엄성이나 인권 등을 부여하는 것은 정말 부당한 특혜처럼 보이기도 합니다. 이 문

← 자신에게 책임을 귀속할 수 있는 유일한 이름 : 인간

제는 대단히 복잡합니다. 일단 약속을 지키지 못하고 다시 자신을 닫아 버린 사람들에겐 외부의 도움이 필요하다는 사실로부터 출발해 봅시다.

약속을 지키지 못한 우리가 자연으로 떨어지지 않기 위해서는 외부의 도움이 필요합니다. 누군가의 용서가 그것입니다. 용서는 약속을 지키지 못해 일정한 자연적 방식으로 닫혀 버린 누군가에게 기회를 주는 행위입니다. 그 기회란 자신을 다시 한 번 열 수 있는 가능성을 허락하는 것입니다. 이 허락은 대단히 중요합니다. 그것을 통해 우리는 대상화된 자신의 모습에서 벗어나, 다시 한 번 자신과 관계를 맺을 수 있는 기회를 얻기 때문입니다.

약속을 어긴 사람이 반드시 용서를 얻을 자격이 있는 것은 아닙니다. 그에게는 용서를 구할 의무가 있습니다. 그 용서가 답변을 얻을 수 있는

지 없는지는 전적으로 용서를 하는 사람의 의지에 달려 있습니다. 이 문제는 다음 장에서 다시 한 번 거론하겠습니다. 지금은 용서를 구하는 자의 의무가 어떻게 표현되는지를 살펴볼 시간입니다.

미안한 마음이 용서를 부른다

용서를 구하기 위해서는 미안한 마음을 표해야 합니다. 약속을 어겼을 때, 유감을 표하는 것은 상대방에게 질문을 던지는 행위이며 그 질문에 대한 답변이 용서인 것입니다. 미안해하지 않는 사람에게는 누구도 용서하고 싶은 마음을 갖지 않을 것입니다. 미안해하는 마음은 개별 실존이 자신 안에 열어 놓은 공간을 메우며 다시 자신으로 돌아가는 가장 인격적 행위 중의 하나입니다.

인간의 실존이 자연적 세계에 한 발을 담그고 있다는 사실은 분명해 보입니다. 인간의 사회 역시 자연적 질서에서 벗어날 수는 없습니다. 이것이 의미하는 바는 명확합니다. 우리가 자연의 질서를 약육강식과 적자생존을 내용으로 하는 자기보존의 법칙으로 해석하는 한, 인간의 사회 역시 이기적 자아를 중심으로 회전할 수밖에 없습니다. 홉스의 명언 'Homo homini lupus'(만인에 대한 만인의 투쟁)은 부정될 수 없는 만고의 법칙입니다.

그러나 우리가 열어놓은 인격적 공간과 그것의 의미는 단순히 신진대사와 자기보존의 원형으로 채워지는 것이 아닙니다. 그렇게 하려고 해도, 이미 우리의 실존적 눈은 다른 방향으로 향하고 있습니다. 그 중심에는 유감의 표현이 자리하고 있습니다. 사랑이 혹은 질투가, 때론 불안이 불현듯 우리의 마음을 점령하며 잔잔한 호수에 균열을 야기하듯, 미안해하는 마음 역시 의지의 표현이 아닙니다. 부지불식간에 나를 점령하며 나에게 주체의식을 기억시키는 존재의 사건인 것입니다. 우리는 언제 그리고 무엇 때문에 유감을 표하는 것일까요? 앞서 다루었던 사랑을 다시 불러와 봅시다.

이성적 사랑은 일정한 조건에 의해 성립합니다. 가장 전통적인 조건은, 우리가 앞서 살펴보았듯, 외모와 성격 그리고 사회적 능력이 될 것입니다. 행여 낭만적 사랑이 외모와 지위라는 사회적 조건을 초월할 수 있다고 여전히 믿는다면, 삶이 그대를 속여서 반드시 슬퍼하거나 노여워하게 될 것입니다.

하지만 오늘날 누군가가 이러한 조건적 사랑을 단순히 윤리적 잣대로 평가하려 한다면, 그도 역시 시대착오적 편견에서 벗어나지 못할 것입니다. 최소한 생물학이 인간에 대해 밝혀 놓은 빛나는(?) 업적은 전통적 규범이 얼마나 좁은 눈으로 세상을 보고 있는지를 정확하게 폭로하고 있습니다.

남성이 여성의 외모에 집착하는 이유는, 혹은 마찬가지로 여성이 상대방의 성격이나 사회적 능력에 무게를 두는 근거는 더 이상 윤리적 가치관의 문제가 아닙니다. 수백만 년 동안 남성과 여성의 유전자에 각인된 생물학적 코드가 이러한 조건적 이끌림의 존재적 비밀이라는 것입니다. 남성은 유전자의 보존이라는 코드로, 여성은 자녀의 양육을 위한 유리한 조건의 확보라는 진화론적 정당성이 그것입니다.

우리가 생물학의 실증적 연구를 애써 부정할 필요는 없습니다. 오히려

고마워해야 될 일입니다. 자연적 현상을 윤리적으로 비난하는 편협함으로부터 우리를 자유롭게 했기 때문입니다. 그러나 생물학적 사실이 인격적 공간을 전부 채워야만 한다고 주장할 필요는 없습니다. 이것은 완전히 다른 문제입니다. 더욱이 우리는 그저 자연적으로 존재하는 사랑의 모습에 별다른 감흥도 느끼지 못합니다. 우리가 우리 자신과 맺는 관계가 단지 자연적인 모습만을 보일 때, 우리는 세상에서 가장 지루한 연극을 보거나 혹은 삼류영화를 연출하고 있을 뿐입니다.

그러나 우리가 사랑에 열광하고 있다는 사실은 우리의 실존이 이미 생물학적 조건을 벗어나고 있다는 방증입니다. 인상 깊은 장면에 감동을 하며 그 향기에 취해 삶의 아름다움을 시로 표현하기도 합니다. 언제 그리고 어떤 사랑에 우리는 마음의 문을 열고 존재의 균열을 느끼는 것일까요? 그것은 생물학적 조건을 넘어서 우리의 실존이 보이는 있는 그대로의 모습이 사랑과 함께 받아들여질 때입니다.

> "왜 당신은 나를 사랑하나요?"
> 그녀는 결정의 순간을 마냥 미루려는 듯 나직한 소리로 물었다.
> "왜라니요? 마리아! 어린애한테 왜 태어났느냐고 물어 보십시오.
> 꽃한테 왜 피었느냐고, 태양에게 왜 비추느냐고 물어 보십시오.
> 나는 당신을 사랑하도록 되어 있기 때문에 사랑하는 겁니다."41)

막스 뮐러(Max Müller, 1823~1900)의 소설 『독일인의 사랑 *Deutsche Liebe*』의 한 부분입니다. 위의 대화가 사람들의 마음에 감동을 일으키는

41) 막스 뮐러, 『독일인의 사랑』, 차경아 옮김, 문예출판사(2010), 156쪽.

이유는 자신의 연인에 대한 청년의 사랑이 신비롭기 때문입니다. 우리는 이성으로 이해할 수 없을 때, 신비로움을 느낍니다. 일반적으로는 왜 사랑하느냐는 질문에 구구절절 조건이 달려야 정상적입니다. 원인이 명백한 사랑은 누군가의 부러움과 시기심을 일으킬 수 있습니다. 그러나 감동과 의미의 세계로 우리를 안내하지는 못합니다.

있는 그대로의 모습은 자연이 존재자들에게 부여한 선물입니다. 동물원의 원숭이를 보고 못생겼다고 손가락질하는 경우는 그저 웃자고 하는 말일 겁니다. 진심이라면, 그에게는 정신과 치료가 절실해 보입니다. 닥스훈트(Dachshund)는 다리가 짧기로 유명한 개입니다. 길거리에서 우연히 마주칠라치면, 대부분은 얼굴에 미소를 지을 수밖에 없을 정도로 특이한 형태입니다. 물론 그 미소는 비웃음과는 다릅니다. 우리는 마음 한구석에 미안함을 품은 채 웃음을 참지 못할 뿐입니다. 왜 미안해할까요? 다리가 짧은 것은 그의 잘못이 아니기 때문입니다. 닥스훈트는 굴속에 숨어 있는 오소리나 여우를 잡기 위해 자연의 친절이 만들어낸 변종입니다. 그러한 자연의 배려 덕택에 적자생존의 살벌함 속에서도 닥스훈트는 오래 살아남았고, 지금 반려동물로 각광을 받고 있는 것입니다.

닥스훈트

인간도 있는 그대로의 모습으로 살아가기는 매 한가지입니다. 자연이 부여한 선물은 개인에게 부여된 삶의 몫이자 그의 실존을 특징짓는 고유함이기도 합니다. 이 고유함을 우와 열로 나누고 부러움과 질투의 대상으로 쪼개놓은 행위는 이성에 내재된 권력성과 보편성이 주원인으로 작동하고 있기 때문입니다.

우리 중의 누군가는 항변할 수 있습니다. 누군가를 이성적으로 좋아하는 감정이란 개인적 기호와 밀접한 연관을 지니고 있다는 것이지요. 틀린 말은 아닙니다. 인간은 이성적인 동물이기 이전에 누구나 자연적 성향과 기질 그리고 기호를 지니고 세상에 태어납니다. 이제 갓 태어난 신생아에게도 좋아하는 것과 싫어하는 것이 있습니다. 부모가 임신기간 중 어떤 마음가짐으로 생활했는지 혹은 어떤 음악을 들었고, 어떤 음식을 먹었는지, 그리고 어떤 사람들을 만났는지도 아이의 본성에 영향을 미칩니다. 그것은 누군가를 욕망하고 하나가 되고자 하는 이성적 호감을 좌우하는 무의식으로 기능하기도 하지요.

누군가를 있는 그대로의 모습으로 받아 주는 경우는 기껏해야 선거철에서나 볼 수 있는 광경입니다. 표를 얻기 위해 동분서주하는 선거철의 정치인들이 보여 주는 전략적 태도를 제외하면, 우리 모두는 일정한 사회적 조건에 따라 대접받고 또한 대접하게 됩니다. 인권에도 실은 등급이 매겨져 있다는 사실에 우리는 감히 딴죽을 걸지 못할 것입니다.

사랑이라는 사적 감정의 영역에서도 예외는 없습니다. 이론적으로 가능할진 몰라도, 실천적으로는 불가능합니다. 누군가가 나에게 이성적 호감을 보일 땐, 확실히 나의 어떤 무엇이 원인이 되었기 때문입니다. 나의 외모 때문일 수도 있고, 나의 사회적 지위가 매력으로 작용하였을 수도 있습니다. 때론 나의 내면세계가 남다른 호감을 발산했을 수도 있을 겁니다. 역도 마찬가지입니다. 외모와 내면, 사회적 조건과 능력, 혹은 이 모든 것들이 어우러진 상대방의 전체적인 모습에서 내가 호감을 느끼고 있는 것이지요.

그러나 우리는 이것이 전부라고 생각해서는 안 됩니다. 인간의 이성이 단지 쪼개고 분열시키는 역할만을 담당한다고 생각하면, 심히 서글퍼집니다. 우리는 이성으로부터 또 다른 역할을 기대해야 합니다. 그것이 바로 미안해하는 마음입니다. 미안해하는 마음은 분열된 삶을 다시 있는 그대로의 자연으로 되돌리는 첫 발걸음입니다.

사랑을 외적 조건으로 선택한 것에 대해 미안한 마음을 표하는 행위는 원초적 질서로 돌아가고자 하는 실존의 항수입니다. 미안함을 표할 때, 상대방은 나의 마음을 받아 줍니다. 이로부터 내가 거절한 상대방과의 실존적 분열은 화해의 길을 걷게 됩니다. 거절당함을 통해 받은 그의 마음의 상처가 아물고, 또한 그런 선택을 할 수밖에 없었던 나의 삶의 기호가 이해됨으로써 흉터도 지워집니다. 미안함을 표할 때, 우리는 누군가를 한낱 조건으로 환원시킨 자신의 행위를 용서할 수 있습니다. 용서는 분열된 자신을 다시 하나가 될 수 있도록 도와줍니다. 실존의 분열이 의미로 메워져 가는 순간입니다.

상처의 망각과 치유

용서는 타인의 과오에 대해 내가 취할 수 있는 가장 적극적 행위입니다. 이 점에 비춰 보면, 용서는 타인의 행위만을 다루지는 않습니다. 용서를 통해 우리는 자신뿐만 아니라 자신의 시간과도 관계를 맺습니다. 용서란 상처받은 나의 영혼을 치료하고 과거로부터 오는 견딜 수 없는 삶의 무거움을 적극적으로 잊으려는 의지적 노력입니다. 용서라는 행위를 통해 나는 지나간 나의 존재를 받아들이고 인정하는 것이지요. 이런 점에서 용서는 기억과도 관련이 있습니다. 묻혀버린 과거에서 용서를 해야 할 사건을 불러내어 현재의 기억으로 되살려야 하기 때문입니다.

용서를 이론적으로 다루면서도 이러한 일련의 실천적 용어들을 적용시킨 철학자가 프랑스의 저명한 해석학자 폴 리쾨르(Paul Ricoeur, 1913~2005)입니다. 리쾨르의 정신적 원천은 에드문트 후설에서 하이데거에 이르는 현상학적 전통에서 출발합니다. 그리고 프로이드의 정신분석이론, 그리고 가브리엘 마르셀(Gabriel Marcel, 1889~1973)의 유신론적 실존주의로까지 이어지고 있습니다.

하지만 그는 아마추어 철학자가 아닙니다. 남의 이론을 정리하고 요약하는 것으로 만족하지 않았다는 뜻입니다. 그는 인간의 실존적 의지가 어떻게 새롭게 해석될 수 있는지를 자신의 언어를 통해 모색합니다. 그를 통해 자신만의 철학적 색채를 만드는데 성공합니다. 약속과 용서에 대한 사색도 그의 색감에서는 상당히 독특한 매력으로 우리에게 다가옵니다.

약속이나 용서는 우리의 생활세계에서 이미 다양한 맥락으로 사용되고 있습니다. 이미지의 세계가 가장 일반적이 형태를 보여주고 있습니다. 용서는 악수를 하거나, 서로 포옹을 하며 우리의 막혔던 감정을 허물고 상대방을 받아들이는 이미지로 재현될 수 있습니다.

《돌아온 탕자》(1667)를 그렸던 렘브란트(Rembrandt, 1606~1669)는 종

교적 용서도 이미지의 세계를 통해 얼마든지 묘사될 수 있다는 사실을 우리에게 알려줍니다. 이미지의 세계를 보며, 우리는 용서가 던져 주는 감정의 풍요로움을 박수를 치며 환호하기도 합니다.

그러나 겉으로 보이는 용서가 전부는 아닙니다. 행위의 결과는 우리의 기억 속에 늘 시한폭탄처럼 잠재되어 있으며, 일정한 계기에 의해 언제 다시 살아 돌아올지 모르는 일입니다. 우리의 영혼에 깊이 새겨진 상처의 흔적은 쉽게 지워지는 것이 아닙니다.

수상에는 성공하였지만, 흥행에는 실패한 비운의 영화 《피에타》(2012)는 상처의 심연이 얼마나 깊은 것인지를 보여 주는 수작입니다. 자신의 자식을 죽음으로 내몬 악마 같은 인간에게 잔인한 복수를 꿈꾸는 한 여인의 애처로운 이야기입니다. 그녀의 분노와 한(恨)은 함무라비 법전에서 유래하는 되갚음의 복수를 넘어서 영혼의 밑바닥까지 내려갑니다. 그녀는 진정한 복수의 화신으로 거듭납니다. 가슴속 깊이 응어리로 남아 상처를 덮고 있는 딱지를 떼어내고 가해자의 영혼에게 거침없이 생채기를 낸 것입니다.

돌아온 탕자

가해자는 그 여인의 복수에 속수무책으로 당하고 맙니다. 어린 시절의 상처를 사디즘의 가학으로 풀고 있던 청년은 여인의 모성적 사랑에 취하며 차츰 자신의 속살 같은 존재와 마주하게 됩니다. 강렬한 태양 빛에 만년설이 녹아내리듯, 그는 자신의 내면과 타인의 고통에 비로소 눈을 뜨게 됩니다. 그때 여인의 복수가 빛을 발합니다. 영혼의 고통이 무엇인지를 가해자가 스스로 느끼게 해 준 것이지요.

용서의 존재론적 의미는 눈에 보이는 세계보다 더 깊은 곳을 볼 수 있어야 합니다. 그것은 자신과 타인의 가장 깊은 내면으로 진입해 들어가는 것입니다. 리쾨르는 기억과 용서를 과거로부터 오는 부담으로부터 미래를 자유롭게 하는 인격적 과정으로 해석합니다. 좀 더 그의 생각을 들어 봅시다.

일반적으로 용서는 누군가의 과오를 지워 버리는 것으로 생각되곤 합니다. 그러나 이것은 용서의 우선적 의미가 될 수 없습니다. 용서는 내가 내 자신과 맺는 관계에서부터 해명되어야 합니다. 용서라는 인격적 행위에는 용서하는 주체가 들어 있습니다. 그는 자신의 지난 시간과 고통 그리고 타인이 자신에게 입힌 상처를 기억합니다. 리쾨르는 이것을 '상처받은 기억'[42]이라고 부릅니다.

상처받은 기억은 과거의 시점에서 발생한 것이지만, 현재와 미래를 규정할 만큼 피할 수 없는 치명상일 수 있습니다. 어린 시절에 정신적, 육체적 학대에 노출된 아이들은 그 기억으로부터 좀처럼 벗어나기 어렵습니다. 그들이 성인이 되어도 심각한 질병에 걸릴 가능성이 정상치보다 월등히 높다는 실증연구는 그리 낯설지 않습니다.

성폭력은 치유될 수 없는 상처입니다. 성폭행을 당한 기억은 피해자의 영혼을 송두리째 발가벗겨 버립니다. 조그마한 미풍에도 살을 에는 듯한

42) Paul Ricoeur, *Das Rätsel der Vergangenheit : Erinnern — Vergessen — Verzeihen, Göttingen 1998, p.147*

추위에 몸서리를 쳐야 하는 것입니다. 피해자가 그 추위를 못 이겨 종종 자살로 생을 마감하기도 하지요.

영혼의 상처는 최고조로 상승된 정서의 치명적 결합입니다. 상처 속에서 우리의 영혼은 형용할 수 없는 고통을 경험합니다. 달리 말하면, 상처 입은 자는 오로지 스스로 견디며 버텨야 된다는 사실입니다. 이것이 의미하는 바는 무엇일까요? 지울 수 없는 상처가 우리에게 고통인 이유는 그것이 우리를 아프게 해서가 아닙니다. 그 아픔이 지속적인 아픔으로 느껴지는 이유는 우리가 그것으로부터 벗어날 수 없기 때문입니다. 달리 말하면, 상처는 우리에게서 자신을 대상화할 수 있는 능력을 빼앗아 버립니다. 우리는 사회적 혹은 정치적 현상을 다루듯, 우리 자신의 아픔과 고통을 탁자 위에 올려놓고 이론적으로 분석할 수 없다는 뜻입니다. 아픔이 곧 나의 실존이 되었기 때문입니다.

정신적으로 상처가 깊은 사람을 상담해 온 정신과 의사가 있다고 가정해 봅시다. 그는 오랜 경험을 통해 이미 이 방면에 전문가로 알려져 있습니다. 그런데 우리는 종종 흥미로운 소식을 듣곤 합니다. 아무리 훌륭한 심리학자도 자신의 심리는 분석할 수 없다는 사실이 그것입니다. 그래서 정신과 의사도 자신의 정신에 문제가 생기면, 다른 정신과 의사를 찾아갑니다. 아무리 유능하고 경험이 풍부한 정신과 의사라 할지라도, 자신이 겪은 어린 시절의 성적 학대를 스스로 치료할 수는 없기 때문입니다.

상처란 현재 우리의 영혼을 직접적으로 엄습하는 실존적 사건입니다. 남의 상처에 대해서는 쉽게 이론적 잣대로 분석할 수 있을지 몰라도, 자신이 겪은 영혼의 상처를 볼 수 있는 눈을 가진 사람은 아무도 없습니다.

달리 말하면, 누군가의 상처는 곧 그의 실존인 것입니다.

우리는 과거의 삶을 돌아보며 자신을 대상화시킬 수는 있습니다. 그러나 대상화된 자신을 바라보는 눈 자체를 볼 수는 없습니다. 상처란 자신을 바라볼 수 있는 영혼의 눈에 직접적으로 가해진 지울 수 없는 고통의 흔적입니다. 그래서 눈앞에 끄집어내어 이론적으로 재단할 수 없는 것입니다. 행여 누군가가 자신의 상처와 고통을 심리학적 이론에 입각해서 분석해 보려고 시도한다면, 그는 이미 자신의 상처로부터 자유로운 사람입니다. 내가 눈으로 볼 수 있는 상처는 이미 치유된 상처인 것입니다.

유대인 희생자들

영혼에 가해진 상처는 잊혀지지 않습니다. 아무리 노력해도 우리의 영혼의 눈은 자신이 겪은 경험을 또렷하게 기억하고 있습니다. 시간이 흘러 우리의 의식에서 사라졌다고 생각할 때조차도, 아픈 기억은 무의식이라는 수면 아래에서 무섭게 꿈틀대고 있습니다. 트라우마로 남아 영원히 우리의 삶을 동행하는 것입니다. 정신적인 트라우마는 원인을 알 수 없는 육체적인 병리현상으로 이어지곤 합니다. 여기서 현대 의학은 이성적 분석의 한계에 봉착하고 당황하게 되지요.

그렇다면 한번 받은 상처는 영원히 잊혀질 수 없는 것일까요? 당연히 우리는 잊으려고 노력해야 합니다. 아니, 상처는 잊혀져야 됩니다. 그렇지 않다면, 우리의 삶은 무의식 속에 겹겹이 쌓인 뿌리 깊은 원망과 분노에 뒤섞여 스스로 자신을 통제하지 못할지도 모릅니다. 상처와 고통의 노예로 전락하고 마는 것입니다. 하지만 어떻게 잊혀질 수 없는 고통을 잊을 수 있을까요?

리쾨르는 여기서 용서를 말합니다. 용서란 일차적으로 자신에게 가해진 잊을 수 없는 상처를 잊는 것으로 출발합니다. 그러나 용서는 일반적인 의미에서의 의지적 망각과는 근본적으로 다릅니다. 왜냐하면 영혼의 상처는 의식적으로 잊혀질 수 없기 때문입니다. 그럼 용서를 통한 잊혀짐이란 무엇을 말하는 것일까요?

리쾨르에게 있어서 용서란 단순한 망각이 아닙니다. 용서는 의외로 상처의 고통을 다시 기억해내는 과정이라는 것입니다. 슬픔, 두려움, 불안, 분노, 수치심, 죄책감, 상실감 등 무의식 속에 숨어 끊임없이 우리에게 고통을 가하는 상처받은 기억을 다시 수면 위로 올려내야 한다는 겁니다. 용서란 개별 실존이 자신과 맺는 관계입니다. 이 관계는 용서하는 주체가 자신의 고통을 다시 기억하여 자신의 실존으로부터 떼어내는 과정이기도 합니다. 그 생경한 경험을 체험하고 어쩔 줄 몰라 하는 자신을 받아들이고 인정하는 행위가 용서인 것입니다.

이러한 논리를 우리는 심리치료 과정에서 심심찮게 볼 수 있습니다. 절대로 잊을 수 없기에 자신을 괴롭혔던 과거의 아픈 기억을 다시 탁자 위로 올릴 수만 있다면, 당사자는 자신의 고통을 어떻게 다뤄야만 하는지를 이미 알고 있는 것입니다. 정신과 의사가 해야 될 일은 환자가 자신의 모습을 직시할 수 있도록 도와주는 일입니다.

이것이 리쾨르가 말하는 존재론적 용서와 일반적으로 통용되는 용서가 다른 점입니다. 일반적인 이해에서 용서란 과거의 고통으로부터 벗어나기 위해 개인이 애써 만들어 내는 의지적 망각 행위입니다. 그러나 이러한 시도는 성공을 기약하기가 매우 어렵습니다.

영화 《밀양》(2007)은 비록 종교적 색채를 띠고 있지만, 의지적 용서가 불가능한 프로젝트임을 여실히 증언하고 있습니다. 자식을 죽인 살인범을 용서하게 된 한 여인의 이야기를 담고 있습니다. 자식이 살해당한 후, 분노와 상처로 고통스러워하며 방황하는 그녀에게 종교는 구원의 손길을 건넵니다. 종교적 용서는 그녀에게 상처받은 삶의 짐을 덜어 주는 듯이 보입니다. 그녀는 잊을 수 없는 고통을 잊고 잠시 심적인 안정을 찾습니다. 의지적 용서가 위력을 발휘하는 순간입니다. 그러나 완전한 용서를 이루기 위해 교도소에 수감된 가해자를 방문한 순간 그녀는 깨닫게 됩니다. 그녀의 영혼에 새겨진 상처는 잊혀질 수 없는 그녀의 영혼 자체였다는 사실을 말입니다.

인간의 의지는 잊을 수 없는 고통을 잊을 수 있을 만큼 강인하지 못합니다. 잊을 수 없는 고통을 잊기 위해서 우리가 할 수 있는 최선의 방법은 과거의 고통을 다시 떠올리는 것입니다. 마음속 깊은 곳에 숨어 실존의 자리를 대체하고 있는 고통의 속살과 마주했을 때, 우리는 상처받은 기억과 마주할 수 있게 되는 것입니다. 그때서야 이성의 분석력이 시작될 수 있습니다. 이것이 용서가 지니는 존재론적 의미입니다.

너의 죄를 사하노라

요즘은 워낙 많은 드라마들이 흥망성쇠를 거치면서 우리의 정신세계를 유혹하는지라, 이미 오래전에 방영된 <가을동화>를 기억하는 독자는 많지 않을 것입니다. 당시 공전(空前)의 히트를 기록했고 무명의 배우들을 일약 스타로 비상할 수 있도록 만들었던 화제의 작품이었습니다. 그때 여주인공의 입을 통해 반복되면서 유명세를 탔던 대사가 있습니다.

"너의 죄를 사하노라!"

용서란 무엇일까요? 누군가를 과거의 행위로부터 자유롭게 한다는 의미입니다. 용서의 이러한 의미는 유한한 인간의 시간을 초월의 지평으로 옮겨놓는 신비한 역할을 합니다. 인간의 시간과 관련하여 초월이라는 단어를 사용할 수 있는 근거는 무엇일까요? 정상적으로는 불가능합니다. 우리는 과거와 현재 그리고 미래를 단선적으로 살아가는 유한한 존재에 불과합니다. 어느 누구도 시간을 거스를 수 없으며, 심지어 절대자조차 미래의 시간을 조정할 수 있을 뿐입니다.

그런데 용서라는 행위는 시간과 관련된 태고의 신비를 간직하고 있습니다. 그 이유는 용서를 통해 우리는 시간을 되돌릴 수 있기 때문입니다. 누군가가 나에게 자신의 행위에 대해 용서를 구합니다. 그때 내가 그의 요청을 받아드린다는 사실은 그의 시간을 행위의 이전으로 되돌려 놓으려는 인격적 의지의 표현입니다. 이미 지나 버린 시간을 되돌리는 일은 물리적으로 불가능합니다. 하지만 그 불가능을 가능케 하는 행위가 바로 용서인 것입니다. 이것이 용서를 초월적 행위라고 부르는 이유입니다.

우리는 정말 누군가를 용서할 수 있는 의지를 발휘할 수 있을까요? 질문을 달리해 봅시다. 우리의 의지는 누군가를 용서할 수 있을 만큼 정말 강한 것일까요? 우리는 앞장에서 약속의 의미를 정리한 바 있습니다. 인간의 실존은 곧 약속입니다. 약속은 자연적으로 닫힌 존재를 무조건성의 지평으로 옮겨놓음으로써, 자신을 열린 존재로 만들어 가는 의지적 행위입니다.

그런데 이 약속의 행위가 매우 불완전하다는 사실을 우리는 이미 확인하였습니다. 어느 누구도 자신의 약속을 영원히 그리고 완벽하게 지킬 수는 없습니다. 인간이 유한한 존재라는 사실은 약속이라는 행위가 성립할 수 있는 가능성이기도 하지만, 그 약속을 자신의 실존으로 만들 수 없다는 고백이기도 합니다. 마침 우리의 주제와 연결될 수 있는 우리 사회의 슬픈 단면이 신문에 기사화 되었습니다. 잠시 인용해 보겠습니다.

"한 섬유업체 주차장에 세워져 있던 차 안에서 이 회사에서 근무하던 박모 씨(56)가 숨진 채 발견됐다. 차 안에는 '오래 몸담았던 회사를 떠나니 앞이 캄캄하다.

재취업이 될 수 있을까. 나를 죽음으로 내몬 사람은 누구일까' 등 7줄의 유서가 있었다. 박 씨는 30년간 다니던 회사에서 지난해 정년퇴직을 맞았지만 1년 연장근무를 해오다 12일 퇴직한 것으로 확인됐다. 경찰 조사 결과 박 씨는 주말에 아내와 자식에게 퇴직 사실을 알리며 '끝까지 책임져야 하는데 미안하다'는 말을 전한 것으로 알려졌다."(「동아일보」, 2013.1.16.)

신문 기사의 일부입니다. 우리 사회에서 50대의 자살률이 가파르게 상승하고 있다고 합니다. 우리 사회에서 50대는 어느 세대보다 책임의식이 강한 세대입니다. 부모와 가족에 대한 부양의식이 남다른 시기에 태어난 겁니다. 휴대전화에 가족의 이름이 '부양가족 1, 2, 3'으로 찍혀 있는 것이 그들에게는 결코 낯선 풍경이 아닌 것입니다. 그런데 안타깝게도 어느 누구도 책임을 끝까지 완수할 수는 없습니다. 우리는 종종 말하곤 합니다.

"나는 약속한 일에 있어서만큼은 끝까지 책임지는 사람이야."

그런데 이렇게 단언하는 사람은 아직 사태파악을 못하는 철딱서니 같은 사람입니다. 그럴 때는 반드시 철학입문서를 읽어야 합니다. 이런 사람일수록 조심해야 합니다. 정말 책임감이 없는 사람일 수 있기 때문입니다. 특히 정치인들 중에는 천방지축 책임이라는 단어를 남발하며 날뛰는 사람들이 있습니다. 국가와 민족 그리고 국민의 행복을 책임지겠다며 표를 호소하는 정치인들은 두 부류 가운데 하나입니다. 사기꾼이거나, 아니면 자신이 무슨 말을 하고 있는지 맥락을 파악하지 못하는 사람들인 것입니다. 어느 누구도 국가와 민족을 자신의 어깨에 얹고 책임질 수는 없습니다. 우리 모두는 다만 자신에게 주어진 영역에서 그에 해당하는 과제를 최선을 다해 수행할 뿐입니다. 이를 의식하지 못하고 책임이라는 말을 허공으로 날리는 자는 자신의 힘을 과신하여 허풍장이로 전락하거나 자신의 무력함을 보고 실의에 빠지는 결과를 보게 될 것입니다.

약속과 책임을 끝까지 지키지 못할 때, 우리는 죄의식으로 절망하게 됩니다. 정확하게 말하면, 우리는 무의식 속에 이미 죄의식을 지니고 살아갑니다. 앞서 인용한 신문기사에도 죄의식으로 인해 절망한 자의 몸짓이 그대로 묻어나옵니다. 실직이 내재되어 있는 죄의식을 화산 폭발하듯 의식의 영역으로 분출시킨 것입니다. 분출된 죄의식을 식히지 못한다면, 혹은 의식의 영역에서 다시 몰아내지 못한다면, 어느 누구도 삶을 더 이상 이어갈 수가 없습니다. 여기서 우리는 용서가 지니고 있는 존재론적 카드를 다시 꺼내야 합니다.

"너의 죄를 사하노라!"

용서는 인간의 실존적 조건과 마주하여 나와 너에게 행하는 고백입니다. 용서는 인간이 의지적으로 자신의 모습을 잊는 행위라기보다는, 인간이 처한 실존적 한계를 직시할 때 우리를 엄습하는 생의 사태일 수 있습니다. 용서는 능동적 행위가 아니라, 이러한 사태에 직면한 자아의 수동적 행위입니다. 우리가 나와 누군가를 용서를 하기 위해서는 의지가 아니라, 용기가 필요합니다. 아이를 유산하여 죄책감에 빠진 산모에게는 자신을 용서할 수 있는 의지가 필요한 것이 아닙니다. 그녀에게 절실한 것은 자신의 한계를 받아들일 수 있는 용기입니다. 한 아이의 삶과 죽음을 우리는 영원히 그리고 완벽하게 책임질 수 없기 때문입니다.

이로부터 우리는 용서란 강요될 수 없는 수동성에서 기인한다는 결론에 이르게 됩니다. 누군가를 용서하고 그 용서를 받아들인다는 것은 우리에게 의식적 결단을 요구하지 않습니다. 용서는 '어찌 할 수 없음'이라는 형태를 지니고 있습니다. 용서는 우리가 어떤 것을 완벽하게 책임질 수 없다는, 애초부터 무언가를 약속할 수 없다는, 더 나아가서 우리는 본질적으로 무력한 존재라는 사실을 고백하는 실존적 행위입니다.

10. 나는 누구인가?

10. 나는 누구인가?

자신을 잃어버린 시대

사람들이 어떤 일인가로 누군가와 다툼이 일어나면 종종 사용하는 말이 있습니다.

"네가 나를 어떻게 알아!"

우리 모두는 나보다 나를 더 잘 아는 사람은 없다고 생각하고 또한 그렇게 믿고 살아갑니다. 당연한 이치입니다. 삶이란 일차적으로 누구의 삶이 아닌 '나'의 삶이니까요.

그런데 이러한 자연스러운 확신이 불현듯 의심쩍어질 때가 있습니다. 자신을 안다는 것이 자명한 일이 아니라, 풀어야 할 과제로 다가올 때입니다. 뒤돌아볼 겨를도 없이 저 높은 곳을 향해 달리다 보면, 때로 벽에 부딪힐 때가 있습니다. 유행에서 어긋나면 잘나가던 상품도 종종 가치하락을 피할 수 없듯, '나'라는 상품도 종종 추락하는 롤러코스터처럼 파격적인 가격으로 상설 할인매장에 내몰릴 때가 있습니다. 이때 우리는 좌절과 실의에 빠지게 되고 자연스럽게 자신을 돌아보게 됩니다. 우리가 무엇을 위해 살아왔는지를 반성하게 되는 것입니다. 그동안 우리는 무엇을 얻었으며, 무엇을 잃어버린 것일까요? 그리고 자신에게 묻곤 합니다.

"나는 누구인가?"

그런데 아무리 정교한 사유과정을 거쳐도 자신이 누구인지를 그림 그리듯 뚝딱 그려낼 수 있는 사람은 흔치 않습니다. 정승집 개가 죽으면 사람들이 바글바글한데, 정작 정승이 죽으면 파리만 날린다는 옛말이 있습니다. 물 흐르듯 지나가 버린 자리 위에 나의 존재란 그저 황량한 사회적 흔적만을 남기고 있을 뿐입니다. 그것도 어느 정도 상품가치가 있을 때까지입니다. 나는 과연 누구일까요? 자의식이란 일시적이고 심리적인 현상에 불과한 것일까요?

심리학 용어로 '게슈탈트 붕괴현상'이라는 것이 있습니다. 아주 익숙한 대상도 오랫동안 바라보다 보면 일시적으로 아주 낯선 무엇으로 변해 버리는 현상을 말합니다. 한참동안 거울에 비친 자신을 보고 있노라면, 마치 낯선 자를 보고 있는 듯한 착각을 하게 되지요. 동일한 이치입니다.

그럼 우리 사회를 뿌리부터 흔들고 있는 자기 정체성의 상실은 이처럼 일시적인 심리현상인 것일까요? 시간이 지나고 경기가 회복되면, 하나밖에 없는 우리의 삶의 자리도 자연스럽게 회복될 수 있을까요? 현명한 사람이라면 이 문제가 결코 쉬운 것이 아님을 짐작할 수 있을 겁니다. 원인을 개인적 가치관의 빈곤으로 돌리지도 않을 것입니다. 상업주의의 한가운데를 여전히 지나가고 있는 우리 사회를 돌아보면 그 이유가 명확해집니다.

먹고 사는 일은 생명체가 유지될 수 있는 기본 조건입니다. 다 먹고 살자고 이런 일도 하고 저런 일도 하는 것은 분명한 사실입니다. 그러나 생명의 조건과 생명의 목적은 다른 성격의 범주입니다. 이를 혼동하게 되면 천박한 목적의 전도가 발생하게 됩니다. 우리에겐 피곤한 몸을 누일 곳이 분명 필요하나 집을 사기 위해 인생을 걸지는 않습니다. 양자를 혼동하면 수단과 방법을 가리지 않고 부와 권력에 이끌려 동분서주하는 일상이 생의 유일한 목적으로 둔갑하기도 합니다. 그런데 유감스럽게도 이것이 우리의 현실이 돼 버렸습니다.

이미 오래전부터 사회발전의 방향을 결정하는 물줄기가 경제로 흐르고 있습니다. 살아남기 위한 경쟁력이란 곧 경제력을 의미합니다. 경제력은 사회진화의 객관적 척도이자, 우리 시대에 남아 있는 유일한 윤리학이 되어 버렸습니다. 부자 아빠와 가난한 아빠가 선과 악으로 둔갑하고, 얄팍한 자기계발이 자기실현이라는 이름으로 철학을 대체합니다. 그러는 동안 우리의 정신세계는 황폐함의 극치에 이르게 된 것입니다.

오늘날 우리가 자신을 돌아보며 얻어낼 수 있는 자화상은 두 종류의 왜곡된 자의식이 전부입니다. 우월감과 열등감이 그것입니다. 하루 종일 내가 할 수 있을 일이란 고작 자신을 과대 포장함으로써 우월의식에 빠져 있거나, 반대로 포장지를 소유하지 못한 것에 대한 열등의식에 시달려야만 하는 것입니다. 사디즘과 마조히즘 사이에서 방황할 때, 우리는 자신의 존재가 주는 고유한 무게감을 어느 곳에서도 지각할 수 없게 됩니다. 바야흐로 철학이 부재한 시대를 살아가고 있습니다.

우리를 곤혹스럽게 하는 것들

철학적 사유가 부재한 곳에는 우리를 곤혹스럽게 하는 것들은 많습니다. 그중의 하나가 '자기 소개하기'입니다.

"자, 이제부터 우리 간단하게 자신에 대해 서로 소개하는 시간을 가질까요?"

처음 만나는 사람들과의 모임은 으레 자신이 누구인지를 알리는 것부터 시작하기 마련입니다. 다들 모임에 자의로 참석한 터라 즐거운 시간을 갖는 듯하지만, 이런 제의를 받게 되면 저자는 '이내 몸은 어이할꼬!'를 되뇌면서 적지 않게 당황이 됩니다.

돌이켜보면 수도 없이 나를 소개해야만 하는 상황에 직면했지만, 세상에는 면역이 되지 않는 것도 있나 봅니다. 어린 시절 남 앞에 서는 것이 늘 두려웠던 저자에게, 자신을 소개하는 일이란 영원한 트라우마로 남아 버렸습니다. 도대체 '나는 누구일까요?' 내 자신에게도 여전히 물음표로 남아 있는데, 남에게 그것도 몇 마디 말로 자신을 소개한다는 게 여간 불편한 일이 아닙니다.

요즘의 사회적 분위기로 봐서는 차별화된 자기소개가 필요할 듯합니다. 영어로 자기소개를 할까요? 아니면 차트를 활용한 자기소개, 혹은 나만의 특별한 개성을 강조하는 자기소개가 나을 것 같기도 합니다. 나를 소개해야 될 때마다 급히 자리를 뜨거나 고민에 빠지는 일도 이젠 지겹습니다. 이쯤대면 나의 모습에 대해 스스로 심리분석을 하게 됩니다. 배울 만큼 배웠으니, 그 지식으로 세계와 인간을 해석하기에 앞서 자신부터 돌아보게 되는 것입니다.

내가 너무 과민 반응을 보이는 것은 아닐까요? 실제로 타인들이 나로부터 듣고 싶은 답변은 지극히 상식적인 것인데 말입니다. 연배는 어떻게 되는지, 하고 있는 일은 무엇이며, 결혼과 아이에 대한 정보, 그리고 내가 생각하는 성격과 장점, 장래의 꿈 등이 내가 요구받은 질문의 자연스러운 답변들이 될 것입니다.

하지만 이런 종류의 자기소개는 동아리나 카페 모임에서는 통할지 모르지만, 현대 사회가 요구하는 과제로서의 소개로는 함량미달일 것 같습니다. 학교에 진학할 때나 취업할 때, 심지어는 아르바이트 자리를 구할 때도 자기소개서란 최종면접으로 이어지는 일종의 관문과도 같습니다. 단순히 정보를 제공하는 차원을 넘어서, 인사 담당자의 시선을 붙잡아 둘 수 있는 결정적 무기여야만 하는 것입니다.

이러한 이유 때문에 자신이 지금까지 무엇을 했고, 무엇을 얻었는지를 쇼윈도 너머에 물건을 진열하듯 잡다하게 늘어놓는 자기소개서는 타인의 시선을 사로잡기가 어렵습니다. 인사 담당자의 마음을 훔치기는커녕, 세 줄도 읽히지 못한 채 옆 책상으로 옮겨지게 됩니다.

언어적 기교가 문제일까요? 아닙니다. 그것을 읽는 사람의 시선을 마지막 자신의 서명에 이르기까지 묶어 두려면 숨겨둔 비장의 무기를 꺼내야 합니다. 야구경기에서 팀의 에이스 투수가 되기 위해서는 자신만의 결정구가 있어야 하듯, 게임을 매조지하는 승부수란 자신만의 고유한 무엇을 보이는 것입니다.

나에게 고유한 무엇이라는 것, 그것이 과연 무엇일까요? 대체 나에게 그런 것이 있기는 한 것일까요? 예나 지금이나 자신만의 고유한 것을 찾는 일은 호모 필로소피쿠스의 주된 과제였습니다. 플라톤은 자신만만하게 선언합니다.

"각자 자신의 일을 하게 하라."

플라톤의 주저 『국가론』을 관통하는 경구입니다. 작품의 주제인 사회정의란 사회 구성원들이 각자 자신의 일을 꿈꾸고 행할 수 있을 때 실현된다는 내용이지요. 오늘날처럼 부와 명예를 좇아 불나방처럼 떠도는 시대에서는 이해될 수 없는 생각입니다. 아리스토텔레스는 자신의 스승보다 훨씬 구체적으로 생각을 전합니다. 모든 사람들에게는 자신만의 에르곤(ergon)있다고 합니다. 정확하게 말하면, 모든 존재자에게는 자신만의 에르곤이 있으며, 그 에르곤이 발현되는 곳에서 개별 존재자의 존재목적도 실현된다는 것입니다.

그럼 '나'의 에르곤은 무엇일까요? 나에게만 있으며, 오직 나만이 할 수 있는 일이 대체 있기는 한 것일까요? 당장 눈에 보이지 않는다고 찾는 일을 포기해서는 안 됩니다. 그 이유를 근대 공리주의 철학자 밀(Mill)이 우리에게 알려 줍니다. 자신만의 에르곤이 없는 사람은 자유로움이 무엇인지도 느낄 수 없다는 것이 그의 논점입니다.

> "오늘날 사회에서는 지위가 가장 높은 사람에서부터 가장 낮은 사람까지 모두가 적대적인 시선과 가공할 만한 검열의 위협 속에 살고 있다. 그 결과, 다른 사람에게 관계되는 일뿐만 아니라 자신에게만 관계되는 일에 대해서조차, 개인이나 가족을 막론하고, 자신이 무엇을 더 좋아하는지, 자기 성격과 취향에 맞는 것은 무엇인지, 또는 어떻게 해야 자신의 타고난 최고최선의 재능을 충분히 발휘하고 최대한 키울 수 있는지 고민하지 않게 되었다. 대신 자신의 위치에 어울리는 것이 무엇인지, 자기와 비슷한 신분의 사람, 또는 경제적 여건이 비슷한 사람이 주로 무엇을 하는지, (심지어는) 자기보다 높은 위치의 사람이 즐겨하는 것이 무엇인지 궁금해 한다. 이는 그들이 자신의 기질에 어울리는 것보다는 다른 사람들이 관습적으로 하는 것을 더 선호한다는 말이 아니다. 관습적인 것을 빼고 나면 그들에게는 따로 자기 고유의 기질이라는 것이 아예 없다. 정신 자체가 굴레에 묶여 있는 것이다. 재미삼아 하는 일도, 다른 사람이 무엇을 하는지 먼저 살피고서 따라하고, 군중 속에 묻혀 들어가기를 좋아한다."43)

어떤 사회가 자유롭지 못한 사회일까요? 어떤 사회가 정의가 없는 사회인 걸까요? 밀에 따르면, 자신의 일을 못하는 사회가 자유롭지 못한 사회의 전형이 됩니다. 남의 눈치나 보며 매사에 자신이 없는 사람을 자유로운 사람이라고 부르기는 어려울 것 같습니다. 근대의 통찰이 현대에까지 고스란히 적용되고 있다는 사실 앞에 우리는 할 말을 잃어버립니다.

이렇게 설명해 놓고 보니, 자기소개서를 쓰는 일이란 자신이 자유로운 사람임을 증명하는 작업이기도 합니다. 이러니 당연히 어려울 수밖에 없

43) 존 스튜어트 밀, 『자유론』, 김형철 옮김, 서광사(1992), 83쪽 이하.

지요. 그런데 누구에게나 처음부터 자기소개서가 고역이었던 것은 아닐 것입니다. 돌이켜 보면, 우리가 어렸을 때는 자기를 소개하는 일이 그리 어려웠던 것 같지는 않습니다. 그저 어느 학교에 다니고 나이가 몇이며 어디에 살고 있는지를 말하면 충분했으니까요. 엄마 아빠가 누구며 친구가 누구인지를 보여 주는 집과 학교가 세계의 전부였던 것이지요.

그런데 시간이 지나면 지날수록 자기 소개서는 더욱 난해하고 복잡해지기만 합니다. 사회화 과정을 겪으며 사회가 요구하는 다양한 과제들을 우리의 명함에 써 넣어야 하기 때문입니다. 사회적 능력과 직업을 통해 덧씌워지는 이미지가 나의 정체성의 전체적인 틀을 결정하기 시작하는 겁니다. 거기에 학력과 인맥이 반찬으로 곁들여집니다. 자연적으로 주어지는 외모로 간을 맞추고 나면, 자기소개서라는 요리를 자신만만하게 선보일 수 있는 사람은 손에 꼽을 정도가 됩니다.

이렇게 쓰고 나니, 현대를 자기 정체성의 상실의 시대라고 부르는 것도 이해가 됩니다. 우리가 살고 있는 사회에서는 실체의 모습은 이미 어디론가 사라져 버리고, 이미지로 속고 속이는 허구적 외피만 덩그러니 남았습니다. 앞서 언급했던 보드리야르는 이러한 세계를 실재의 세계를 대신하고 있는 '가상의 세계'라고 언급한 바 있습니다. 기호와 이미지를 소비하는 세계에 길들여지며, 우리는 어느덧 자신을 가공의 대상이나 상상의 현실로 환원시키는데 익숙한 시대에 살고 있는 것입니다.

혹자는 우리의 신체가 가상현실을 반박하는 결정적인 증거라고 반박할지도 모릅니다. 아름다운 음악을 듣고 미술관에서 고상한 작품을 감상하며 일급 레스토랑에서 고급요리를 음미하는 우리의 섬세한 육체가 어떻게 가상현실일 수 있느냐는 겁니다. 사랑하는 연인의 손을 잡고 첫 키스의 달콤함에 전율을 느끼는 우리의 몸은 분명 가상을 넘어서는 현실임에 틀림없습니다. 그런데 이 조차도 극소수의 사람들에게만 허용되어 있다는 사실이 우리를 슬프게 합니다. 물론 결정타는 다른 곳에 있습니다.

컴퓨터가 지배하는 가상 세계와 실재 인간과의 대결을 그린 과학 공상 영화 《매트릭스》(2003)를 기억해 봅시다. 《매트릭스》는 일종의 가상공간을 의미합니다. 이곳에 등장하는 인공지능 컴퓨터는 인간의 기억을 조작하고 통제하여, 인간으로 하여금 이미 이식된 목적에 의거하여 살아가도록 강요합니다. 기호와 이미지를 통해 자신의 존재를 확인하는 시대는 《매트릭스》로 비유될 수 있습니다. 그 공간이 지향하는 유일한 목적은 교환가치를 높이는 것입니다. 우리에게 선명하게 지각되는 육체의 아름다움도 예외는 아닙니다. 그것이 아무리 생생하게 우리의 지각과 시야를 사로잡는다 하더라도, 우리 시대를 지배하는 '보이지 않는 손'에 의해 조종당하고 있다는 사실은 분명해 보입니다. 보드리야르의 말을 다시 인용해 봅시다.

"아름다움은 여성에게 있어서 절대적이며 종교적이라고도 할 만한 지상명령이 되었다. 미인이라고 하는 것은 더 이상 타고난 결과도 아니며 정신적 자질에 덧붙여지는 것도 아니다. 그것은 자신들의 용모와 몸매를 자신들의 영혼처럼 신경 쓰는 여성들의 기본적이고 불가결한 자질이며, 사업의 세계에서의 성공이 그러한 바와 같이, 육체의 세계에서 신에게 선택된 표시이다. 아름다움과 성공은 여성잡지에서도 남성잡지에서도 동일한 신비적 근거를 받고 있다. 여성의 경우에는 육체의 모든 부분을 탐색하여 내부로부터 눈뜨는 감성이 그 근거이며, 사업가의 경우에는 모든 잠재적 시장을 찾아내는 정확한 직감이 그것이다. 신에 의한 선발과 구원의 표시라고 해도 좋지만, 그것은 또한 프로테스탄티즘의 윤리와도 무관하지 않다. 그렇다고 한다면 아름답다는 것이 그처럼 절대적인 지상명령인 것은 그것이 자본의 한 형태이기 때문이다."44)

아름답고 매력적인 몸매는 당연히 우리의 시선을 끕니다. 그러나 우리의 시선이 아름다움 자체를 보고 있는 것은 아닙니다. 아름다움이란 우리 시대에서 상품으로서의 가치를 지닐 때, 비로소 아름다움으로 표현될 수 있습니다. 지식(episteme)이 권력을 통해서만 자신의 영향력을 행사할 수 있듯, 미(美)라고 하는 추상적 개념도 교환가치 내에서만 진가를 드러내는 법입니다. 이것이 의미하는 바는 명확합니다. 우리의 몸도 일종의 이미지로 환원되어 상품처럼 교환가치를 지니고 있다는 것입니다.

단적인 예가 연예인들의 몸값입니다. 우리가 사용하는 모든 상품은 광고를 통해 우리에게 매개됩니다. 광고를 통해 알려지지 않은 상품은 소비자들에게는 불신의 근거가 되지요. 외면되기 일쑤이며, 행여 시장에서 거래가 되더라도 제 값을 받을 수가 없습니다. 글로벌 기업들이 천문학적인 비용을 들여 광고에 목을 매는 이유가 여기에 있습니다.

한편 광고는 인지도가 있는 연예인들의 육체를 통해 구체화됩니다. 우리 시대에서 연예인들이란 누구인가요? 대체로 아름다운 얼굴과 몸매의 소유자들입니다. 남다른 끼는 금상첨화의 역할을 할 수 있을 겁니다. 그런데 우리는 사태를 유심히 살펴볼 필요가 있습니다. 그들의 가치는 그 자체로 존재하는 것이 아니기 때문입니다. 대중의 관심과 사랑도 대단히

44) 장 보드리야르, 『소비의 사회』, 임문영 옮김, 계명대학교 출판부(1998), 196쪽.

추상적 표현에 불과합니다. 얼마나 많은 광고회사와 전속계약을 맺었는지가 그들의 몸이 지니고 있는 가치인 셈이지요.

역으로 생각해 보면, 우리사회에서는 자기소개를 하기가 그만큼 어려워졌다는 말이기도 합니다. 기호와 이미지로 가득한 가상공간에서 우리는 더 좋은 이미지를 서로에게 강요하며 경쟁을 하고 있습니다. 경쟁의 논리를 체질화시켜 승자가 된 자는 명함에 써 넣을 수 있는 많은 이미지를 확보합니다. 그것을 보며 부러움을 느끼게 되면, 이미 자신이 패자임을 인정하게 됩니다.

가격이 매겨져 있는 기호와 이미지를 제외하면, 딱히 자신의 고유한 그 무엇을 찾기가 사실상 불가능해 보입니다. 이제야 자신을 소개하는 자리가 왜 그렇게 불편할 수밖에 없었는지 이해가 됩니다. 남보다 나은 이미지가 아니라, 나만의 그 무엇을 말하기란 정말 쉽지 않았던 겁니다. 정확하게 말하면, 우리가 자신에 대해 말하기가 어려운 것이 아니라, 자신만의 고유한 이야기를 우리는 서로 나누고 싶지 않은지도 모릅니다.

우리에겐 오규원(1941~2007)의 시 「프란츠 카프카」에서 보이듯, 메뉴를 보고 서로를 이해하는 데 훨씬 익숙해 있습니다. 커피숍에서 메뉴를 훑어보듯, 우리에게 매겨져 있는 가격을 보고 자신과 타인을 고르는 것이 이른바 우리 시대의 자기소개서였던 것입니다. 시인은 아마도 이미 오래전에 망각되어 버린 개인의 서사성을 못내 슬퍼하고 있는지도 모릅니다.

개인이 써내려가는 서사란 자신만이 지니고 있는 생의 이력과 차이를 말합니다. 물론 이력과 차이는 메뉴판에도 등장합니다. 에리카 종과 하버마스의 자연적 차이는 200원이고, 카프카는 단돈 800원이면 주문이 가능

CAFYKA COFFEE

샤를르 보들레르	800원
칼 샌드버그	800원
프란츠 카프카	800원
이브 본느프와	1,000원
에리카 종	1,000원
가스통 바슐라르	1,200원
이하브 핫산	1,200원
제레미 리프킨	1,200원
위르겐 하버마스	1,200원

시를 공부하겠다는 미친 제자와 앉아 커피를 마신다.

제일 값 싼 **프란츠 카프카**

합니다.

그러나 우리가 말하는 차이란 이러한 자연의 세계에서 유래한 것이 아닙니다. 차이란 한 실존의 역사에 묻어나는 의미의 세계를 지시하고 있습니다. 자세히 살펴볼까요? 자연적 세계에서 우리는 종종 이런 저런 것을 누가 했는지를 묻습니다. 그런데 이 질문을 잘 곱씹어 보면, '누가'에 초점이 맞춰진 것이 아닙니다. '이런 저런'과 같이 눈에 띄는 업적에 우리의 시선이 고정되는 것이지요. 여기에서 발생하는 혼동이 이 '누가'의 일생에 담긴 혼과 정열을 망각의 강으로 떠내려 보냅니다. 우리 시대에 시를 공부하는 것은 미친 짓에 가깝다며 값싼 카프카를 주문하는 한 시인에게서 우리는 시대의 아픔을 함께 하는 것입니다.

어느 때보다 지식이 권력인 시대에, 어떤 지식인은 벌레로 '변신'하여 가장 값싸게 취급받고 있는 것입니다. 여기서도 우리는 '인'이 아니라 지식에 방점을 찍는 우리 자신을 발견하게 됩니다.

중요한 것은 잉여가치를 창출할 수 있는 지식인지 아닌지가 그 지식의 소유자를 결정한다는 사실입니다. 그러나 우리는 여전히 이런 저런 일을 행하는 '누구'에 초점을 맞춰 봅니다. 당연한 일입니다. 시인이 느꼈을 슬픔이 철학에 목을 매는 저자에게도 동일하게 전이(轉移)되고 있기 때문입니다. 슬픔은 이런 저런 일을 행하는 '누구'의 내면에서 올라오는 실존적 저항입니다. '무엇'으로 묻혀버린 실존의 의미를 되살리려는 존재의 정서인 것입니다.

시작과 끝을 알 수 없는 근원

나는 누구일까요? 다행히도 이 질문이 나에게만 괴로웠던 것은 아니었습니다. 나의 존재에 대한 물음만큼이나 호모 필로소피쿠스를 당황하게 하는 질문도 없습니다. 고대 그리스인들은 내가 누구인지를 자기와의 동일성에서 찾았습니다. 자기 동일성이란 분할될 수 없는 최후의 일점 그리고 타자와 구별되는 고유한 존재를 의미합니다. 쉽게 말하면, 세상에서 하나밖에 없는 존재를 말하는 것이지요.

'당신은 누구입니까?'라는 질문을 받는다고 가정해 봅시다. 절대로 틀릴 수 없는 답변은 자신이 동일한 인물이라는 사실을 증명하면 됩니다. 나는 그 누구도 아닌 바로 나인 것입니다. 구체적인 예를 들어 보겠습니다.

오늘의 나와 어제의 나는 어떻게 동일한 인물로 간주될 수 있을까요? 철학의 질문이라는 것이 참 쓸데없다 못해 어처구니가 없어 보일 때도 있는데, 이 질문이 바로 그 경우인 듯합니다. 하고 많은 질문 중에 답변할 필요가 없는 질문을 던지니 말입니다. 그러나 답변할 필요가 없다고 해서 질문까지 가치가 없어지는 것은 아닙니다. 어쩌면 답변할 필요가 없을 정도로 자명한 질문이 반드시 정당화되어야 할 질문인지도 모릅니다. 답변할 필요가 없기 때문에, 대부분이 아무런 의심도 하지 않고 받아들이기 때문입니다. 그러나 한 번 더 생각해 보면, 결코 답변할 필요가 없을 만큼 자명한 질문이란 세상에 존재하지 않습니다.

그래서 우리는 묻습니다. 어제의 나와 오늘의 내가 동일할 수 있는 근거는 무엇일까요? 일반적으로 우리는 내가 지니고 있는 다양한 특징들이 동일하기 때문이라고 대답할 수 있습니다. 얼굴이 동일하고, 키도 더 자라지 않았으며, 목소리와 성격이 여전히 나를 증명하고 있습니다. 지인들은 나의 이름을 통해 내가 어제와 동일한 인물임을 확인해 주기도 합니다.

이뿐이 아닙니다. 나는 지금까지 내가 어떻게 살아왔는지를 비록 전부는 아닐지라도 대략적으로 기억하고 있으며, 가족들도 나의 과거를 잘 알고 있습니다. 내가 지니고 있는 사회적 판단력과 영향력, 그리고 현재의 사회적 지위 등은 자기 동일성이 지니고 있는 특별 부록들입니다.

그런데 일정한 특징들을 열거한다고 해서 동일성의 문제가 간단히 해결된 것은 아닙니다. 엄밀하게 따져 봅시다. 시간의 흐름과 함께 파악된 나의 모습은 동일한 속성들이 아닐 수도 있습니다. 신체적 특징이라는 것은 수학적 수치에 의거해 본다면, 어제와 오늘이 정확하게 일치하는 것은 아닙니다. 성격도 하루아침에 돌변할 수 있습니다.

결혼해서 같이 살아보니, 연애시절에는 보이지 않았던 상대방의 괴팍한 성격이나 마음에 들지 않는 생활습관의 차이가 종종 부부싸움으로 이어진다는 표현은 일상적 경험으로 취급되고 있습니다. 오랫동안 눈에 띄지 않고 변해오다, 어제를 경계로 완전히 다른 사람이 될 수도 있는 겁니다. 이십대와 삼십대 그리고 사십대의 나의 모습은 전혀 다른 사람 같습니다. 내가 느낄 정도니, 다른 사람들이 보면 확연할 것입니다.

가족관계나 사회적 지위도 불안하기는 마찬가지입니다. 삶이 그대를 속이는 일이 어디 하루 이틀 일인가요? 그래도 기억은 여전하다고요? 아닙니다. 갑작스러운 사고는 우리에게서 기억마저도 앗아갈지 모릅니다. 이제 우리는 다시 물어야 합니다. 어제의 나와 오늘의 내가 동일하다고 주장할 수 있는 근거는 대체 무엇일까요?

모든 것이 변하는 자연의 세계에서 자기 동일성을 유지하기란 매우 어렵습니다. 더욱이 우리가 경험할 수 있는 다양한 속성에서 동일성을 찾는 일이란 거의 불가능에 가깝습니다. 어제의 나와 오늘의 나는 물리적으로 절대로 동일할 수 없는 겁니다. 그래도 눈으로 볼 수 있는 경험의 세계를 벗어나서 과연 어떻게 나의 동일함을 증명할 수 있을까요?

가장 엄밀한 증명을 요구하는 호모 필로소피쿠스의 결벽증만 벗어나면, 우리는 쉽게 자신이 동일하다는 표현을 사용할 수 있습니다. 특히 문학적 기법이나 인류의 다양한 신화들은 자기 동일성을 직관적으로 표현해 내기도 합니다.

프란츠 카프카(Franz Kafka, 1883~1924)의 소설 『변신 *Die Verwandlung*』(1915)은 어느 날 갑자기 한 마리 벌레로 변해 버린 현대인의 물화된 모습을 그리고 있습니다. 표현기법에 주목해 봅시다. 벌레로 변한 상태에서도 주인공 그레고르는 여전히 동일한 그레고르로 남아 있습니다. 여동생의 연주를 계기로 깨어나 자신의 존재를 확인하는 그레고르의 의식은 자신이 동일할 수밖에 없음을 독백의 형식을 통해 항변하고 있습니다.

"음악이 그를 이토록 사로잡는데 그가 한 마리 동물이란 말인가? 마치 그리워하던, 미지의 양식에 이르는 길이 그에게 나타난 것만 같았다."45)

단군신화에서 곰과 호랑이가 약초를 먹고 사람이 되려고 했다는 신화는 누구나 알고 있는 바입니다. 그런데 각고의 노력 끝에 드디어 사람으로 변신에 성공한 곰이 이전의 자신과 전혀 다른 존재라는 사실을 알게 된다면 어떠한 기분이 들까요? 아마도 황당함을 금치 못할 것입니다. 노력과 인내가 억울한 것이지요.

종교에서 사용하는 '변신'은 이러한 자기 동일성을 아주 효과적으로 강조합니다. 선(善)을 행하면 행복한 내일을 맞이하고, 악을 행하면 그에 상응하는 고통스러운 결과가 초래된다는 선인선과(善因善果), 악인악과(惡因惡果)는 불교의 핵심적인 교리입니다. 그러나 윤회의 업보가 단순히 불교의 이론적 교리에 그친다고 생각하면 곤란합니다. 현실에서의 윤리적 삶을 권고하고 있는 측면이 훨씬 강합니다. 여기에서 자기 동일성은 필수적인 사항으로 보입니다. 왕자로 태어나든, 소나 말로 태어나든 지금의 '나'와 이후의 '나'가 동일한 '자아'가 아니라면, 억겁의 윤회를 과연 누가 무서워하겠습니까? 전생에 나라를 구해서 꿈에도 그리던 연예인과 결혼에 성공한 사람이 원래 과거에 나라를 구한 동일한 인물이 아니라면, 부처는 그에 대한 책임을 져야 할 것입니다.

45) 프란트 카프카, 『변신·시골의사』, 전영애 옮김, 민음사(2005), 66쪽.

아이들에게 꿈과 희망 그리고 경고와 협박의 기능까지도 겸하고 있는 동화 속의 신화와 변신도 동일한 맥락을 지니고 있습니다. 마녀가 마법을 통해 개구리로 변신시킨 존재는 '나'였으며 마법이 풀려도 '나'는 '나'일 수밖에 없습니다. 내가 어떤 사회적 지위를 얻거나 상실한다고 해도 그 사회적 가면을 쓰고 있는 나는 여전히 나 이외에 누구도 아닌 것입니다. 이렇게 '나'라는 존재의 태어남은 단 한 번만 발생하는 우주의 사건으로 묘사되며, 그 무엇에 의해서 덮여지지도 혹은 지워지지도 않는 존재의 흔적으로 이해됩니다.

아포리아(aporia)

호모 필로소피쿠스의 역사에서 나의 존재란 풀리지 않는 수수께끼처럼 신비로운 것이었습니다. 이것을 그리스어로 '아포리아'라고 부릅니다. 난제라는 뜻입니다. 그러나 인간에게 풀리지 않는 비밀이란 언제나 상상력을 자극하는 원동력이기도 합니다. 나의 존재가 인간존재의 의미를 이해할 수 있는 출발점이 된 것이지요.

철학사에는 나의 존재를 비록 경험적으로 증명할 수는 없지만, 반드시 전제되어야 할 그 무엇으로 파악합니다. 나의 존재가 없다면, 세계도 없습니다. 이 말은 다분히 오해의 소지가 있을 것 같군요. 정정합니다.

나의 존재가 없다면, 세상의 의미도 없습니다. 이 문장은 나의 존재만이 세계의 의미를 부여한다는 뜻이 아닙니다. 정확하게 이해하려면, 나와 세계는 굴비 엮듯이 서로 묶여 있다는 사실을 이해해야 합니다. 서양 철학을 처음 접하는 사람들에게 가장 난코스는 이러한 사태의 한 축을 표현한 선험적 자아 혹은 초월적 자아라는 개념의 이해일 것입니다. 이 분야에 오랫동안 발을 담그고 있는 사람에게도 여전히 난공불락이니 문외한이라고 멋쩍어할 필요는 전혀 없습니다. 자연적 자아를 넘어서는 초인(Übermensch)을 꿈꾸었던 니체도 '나'의 존재와 관련된 인식론적 어려움을 종종 고백하곤 했습니다.

> "나는 많은 사람들의 마음은 꿰뚫어 보고 있지만
> 나 자신이 누구인지는 전혀 알지 못한다!
> 내 눈이 너무 내게 가까이 있기 때문이다.
> 내가 보는 것, 또한 본 것, 그것이 나는 아니다.
> 내가 내게서 멀리 떨어져 있을 수 있다면
> 내가 나를 보는 데 훨씬 도움이 되련만.
> 하지만 원수처럼 멀리 떨어져 있어서는 안 된다!
> 가장 친한 벗조차 너무 멀리 떨어져 있는 것이다.
> 하지만 원수와 나와의 중간 위치쯤이라면!
> 내가 바라는 것을 그대들은 알 수 있겠는가."46)

나는 누구일까요? 호모 필로소피에게는 이러한 질문을 던지는 자아, 즉 선험적 자아가 늘 문제였습니다. 선험적 자아를 철학의 중심으로 불러온 사람은 앞에서도 종종 이름이 거론되었던 칸트입니다. 단어가 어려워서 그렇지 내용까지 어려운 것은 아닙니다. 선험이란 경험에 앞서 있다는 라

---

46) Lou Andreas-Salomé, 『선택된 자들의 소망』, 이태영 옮김, 산호(1993), 192쪽에서 재인용.

틴어 a priori의 직역입니다. 선험적 자아란 경험적으로 앞서 있다는 뜻이지요. 칸트는 이론과 실천이라는 두 영역에서 동시에 선험적 자아가 필요하다고 주장합니다. 내용이 복잡하지만 우리의 주제와 관련되니, 일부만 떼어내어 단순화시켜 보겠습니다.

나는 누구일까요? 호모 필로소피쿠스에게는 대단히 심오한 질문일지 모르지만, 일반적으로는 그리 어려울 것도 없습니다. 우리가 누구의 소개로 맞선을 보고 있다고 생각해 봅시다. 때론 마음에 꼭 드는 사람이 나올 수도 있습니다. 그럴 땐 내가 누구인지를 생각할 겨를도 없이 신속하게 자신을 소개하게 됩니다. 상대방의 호감을 얻기 위해서는 아마도 내가 소유하고 있는 모든 것을 보여줘야 할 것입니다. 외모와 집안 배경, 사회적 지위, 부의 정도, 인맥과 학맥 혹은 성격 등이 주된 내용입니다. 미래에 대한 청사진도 잊어서는 안 됩니다. 소유로부터 자신을 이해하는 것은 반성적 능력이 필요 없는 자연적인 행위입니다.

자신이 소유하고 있는 것을 통해 자신을 이해하는 방식을 우리는 자아에 대한 객관적 이해라고 부릅니다. 칸트는 이를 경험적 자아라고 부르기도 하지요. 경험적 자아는 인간에 대한 과학적 분석에서 아주 중요한 역할을 합니다. 왜냐하면 자아를 분석하기 위해서는 시간과 공간 그리고 범주적으로 고정된 대상화된 자아가 필요하기 때문입니다.

그런데 주의 깊게 봐야 될 사항이 있습니다. 경험적 자아가 아무리 중요해도 그 자아를 바라보는 또 다른 자아가 있다는 사실이 그것입니다. 칸트는 이를 선험적 자아라고 부릅니다. 칸트는 경험적 자아가 가능할 수 있는 조건인 시간과 공간, 다양한 범주들이 선험적 자아에서 유래한다고 주장합니다. 그래서 선험적 자아는 시공간적으로 규정될 수 없습니다. 이른바 객관적 대상화를 벗어나는 것입니다.

실천적인 영역에서 선험적 자아는 이론적 영역에서보다 훨씬 적극적 역할을 담당합니다. 인간은 자연적 존재와는 다릅니다. 그러나 자연의 한 조각임에는 틀림없습니다. 이 두 문장을 어떻게 이해해야만 하는 걸까요?

인간은 자신의 자연적 본능과 관계를 맺는 존재라는 의미입니다. 우리는 앞서 다양한 맥락에서 이 문제를 다뤘습니다. 인간이 자연적 본능을 넘어서는 일은 불가능합니다. 그러나 인간이 자연적 본능만으로 살아가지는 않습니다. 그저 내키는 대로 자신의 자연적 욕망을 충족시키는 자는 사실 인간이 아닙니다. 인간의 탈을 쓴 동물인 것이지요. 그런데 여기서도 중요한 사실이 목격됩니다. 자연적 본능에 충실할 때조차도 인간은 동물의 탈을 만들어 얼굴에 써야만 한다는 사실입니다.

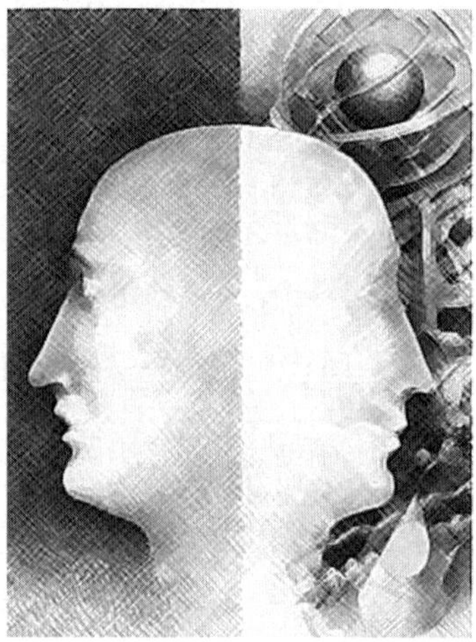

두 자아의 분열

칸트는 자연성과 관계를 맺으며 다양한 인격적 규범을 만들고 그에 따라 살려고 노력하는 자아를 선험적 자아라고 부릅니다. 이때 선험적 자아에는 자연적 세계와는 다른 독특한 존재론적 특징이 부여됩니다. 자유가 그중에서 첫 번째입니다.

자연의 세계는 인과법칙에 따라 움직입니다. 사랑을 받기 위해서는 그에 합당한 원인이 있어야 됩니다. 우리 사회는 그 원인으로 남성에게는 사회적 지위와 성격을, 여성에게는 빛나는 외모를 꼽습니다. 그것들이 권력으로 작동하기 시작하면서, 우리는 이미지의 세계에 묶여 버리게 되었지요. 이것은 지극히 자연적인 현상입니다. 동물의 세계에서도 정확하게 적용되는 원칙입니다.

그러나 언제부턴가 인간은 서로에게 인격과 존엄성을 부여하기 시작합니다. 그것을 서로에게 약속하고 규범화시켜 법제화합니다. 인권법이 그것입니다. 인권에 관한 법률은 개인이 지니고 있는 사회적 가치, 부, 지위, 명예에 입각하여 그의 삶의 크기를 결정하지 않습니다. 엄밀한 의미에서 인권이란 모든 개인에게 아무런 조건 없이 부여된 삶의 자리인 것이지요. 칸트는 이러한 인간적 세계를 자연의 세계에 반하는 자유의 세계라고 부릅니다. 원인에 얽매이지 않고 개인의 권리를 인정한 것이기 때문입니다. 이렇게 하여 그 세계를 만들고 주장하는 자아란 대상화된 자아를 벗어난 초월적 자아로서의 위상을 굳히게 됩니다.

나는 누구일까요? 우리는 칸트와 함께 이 질문에 답변할 수 있을까요? 경험적 자아를 벗어나서 자유의 세계를 여는 초월적 자아는 분명 필요할 것 같습니다. 그러나 필요하다고 해서 그 존재가 정당화되는 건 아닙니다. 우리는 여전히 선험적 자아나 초월적 자아가 대체 누구인지에 대해 아무런 정보도 지니고 있지 않은 것입니다.

이러한 이유 때문에 비트겐슈타인은 칸트처럼 형이상학적 주체를 언어로 표현하는 일이란 무의미할 수밖에 없다고 주장하는 초강수를 두게 됩니다. 잠시 그의 말을 인용해 보겠습니다.

"5.631 생각하고 표상하는 주체는 존재하지 않는다. 만일 내가 '내가 발견한 대로의 세계'라는 책을 쓴다면, 그 속에는 나의 육체에 관한 보고와 아울러, 어느 부분들이 나의 의지에 종속되고 어느 부분들이 종속되지 않는지 따위도 이야기되어야 할 것이다. 말하자면 이것이 주체를 격리시키는 한 방법이다. 또는 차라리, 어떤 중요한 뜻에서 주체라는 것은 존재하지 않는다는 점을 보여 주는 한 방법이다. 요컨대, 오로지 주체만은 이 책에서 이야기될 수 없을 것이기 때문이다."[47]

나는 누구일까요? 우리는 우리 자신에 대해 누구보다 잘 알고 있습니다. 그 이상도 그 이하도 아닙니다. 비트겐슈타인은 상식적으로 우리가 우리 자신에 대해 말할 수 있는 것 이외에 어떠한 철학적 주체도 말할 수 없다고 주장하는 것입니다. 그 이상을 말하려고 하는 순간, 우리는 문법적 오류에 빠져 허구의 세계 속에서 살아가게 됩니다. 매트릭스는 컴퓨터에 의해 조종되는 가상현실이 아니라, 우리가 직접 자신에게 뒤집어씌운 허구세계인 셈입니다.

그런데 이러한 주장이 나를 바라보는 또 다른 내가 없다는 의미로 이해되어서는 안 됩니다. 비트겐슈타인도 이러한 결론을 자신의 최종 목적지로 삼고 있지는 않습니다. 그럼 그는 왜 애써 논란의 여지를 남기고 있는 것일까요? 『논리-철학 논고』 마지막에 이르러서야 우리는 비트겐슈타인의 진정한 의도를 읽게 됩니다.

"6.522 실로 언표 불가능한 것이 있다. 이것은 스스로 드러낸다 : 그것이 신비스

47) 루트비히 비트겐슈타인, 『논리-철학 논고』, 이영철 옮김, 천지(1991), 118쪽.

러운 것이다."[48]

내가 누구인지를 묻고 대답하는 나의 존재란 언어라는 그물망에 붙잡히지 않습니다. 그러나 그것은 틀림없이 존재하며, 어떤 식으로든 자신의 모습을 드러냅니다. 비트겐슈타인은 그러한 존재를 매우 신비스럽다고 말하고 있는 것입니다.

세계와 함께 하는 존재

나는 누구일까요? 이 질문을 묻고 대답할 수 있는 주체는 언어의 그물망에 붙잡히지 않습니다. 그러나 우리는 이 주체가 존재한다는 사실을 확신할 수 있습니다. 나에 대해서 말하는 나의 존재가 부재하다면, 우리는 어떠한 경우에도 나에 대해 말할 수 없기 때문입니다. 그럼에도 호모 필로소피쿠스가 나의 존재를 증명하는 데 애를 먹은 이유는 이 문제를 앎의 영역에서 풀려고 했기 때문입니다.

철학사는 앎의 영역을 인식론적 지평이라고 부릅니다. 인식론은 형이상학과 함께 서양 철학사를 통틀어서 가장 깊은 뿌리를 자랑하고 있습니다. 인식론이라는 단어는 참된 지식을 뜻하는 그리스어 epistēmē에서 유래합니다.

우리는 과연 무엇을 알 수 있는 것일까요? 칸트가 던졌던 유명한 질문입니다. 이 질문을 통해 그는 인간 인식의 기원과 본질 그리고 한계를 돌

48) 앞의 책, 143쪽.

아보려고 합니다. 우리도 역시 칸트로부터 출발합니다. 칸트의 인식이론이 타당하기 때문이 아닙니다. 서양 철학사를 단기간 내에 가장 효율적으로 조망하는데 칸트만한 인물도 없습니다. 칸트가 대변하는 근대철학은 인식론이 화려하게 꽃피었던 시대입니다. 다양한 갈래로 가지를 치며 이성과 감각을 둘러싸고 만개한 사유실험에 한 획을 그은 인물이 바로 칸트입니다. 우리는 칸트를 보며 이전과 이후를 관망할 수 있는 중심을 잡게 됩니다. 바로 이러한 이유로 우리가 칸트의 사유로 바로 진입해 들어온 것입니다.

오늘날은 인간 인식의 한계를 둘러싼 인식론적 고민을 대단히 무시하는 경향이 있습니다. 눈부신 과학 기술문명의 발달이 우리의 눈과 귀를 현혹시키기 때문입니다. 정확하고 객관적 지식을 지향하는 실증학문은 항의하듯 묻곤 합니다. 도대체 우리가 왜 의식의 한계와 본질에 대해 또 다시 고민해야 되는지를 말입니다. 달을 탐험하고 우주의 기원과 소멸을 논하며, 생명체가 살아 있을 법한 행성을 찾아 눈에 불을 켜고 불나비처럼 분주하게 움직이는 시점에 인식의 한계라니요? 호모 필로소피쿠스가 갑자기 고리타분하게 느껴집니다. 시대를 역행하는 아주 무식한 도전으로 보이기도 합니다.

그럼에도 인간인식의 본질과 한계를 논하는 철학적 인식론은 여전히 유효한 지평을 지니고 있습니다. 우리는 자신을 둘러싸고 있는 세계와 그 세계에 대한 이해를 가능케 하는 우리 자신의 인식 능력을 점검할 필요가 있습니다. 우리가 입에 거품을 물고 진리라고 외치는 많은 것들이 종종 인간중심적 사고의 결과라는 사실을 기억해야 합니다. 진리를 결정하는 기준도 혹은 그것을 가로막는 오류의 원천도 우리 자신 안에 있을 수 있는 겁니다. 이것은 우리가 부인할 수 없는 사실입니다. 예를 들어 봅시다.

사과는 왜 위에서 아래로 떨어지는 것일까요? 당연히 만유인력이라는 법칙 때문에 그렇습니다. 오늘날 우리는 중력에 관한 이론을 진리라고 인정하고 있습니다. 그런데 만유인력은 처음 어떻게 발견될 수 있었을까요? 교과서에 나오듯, 사과를 떠올리면 곤란합니다. 뉴턴이 만유인력을 계산해 냈을 때, 사과가 결정적인 역할을 했다는 속설은 극적 효과를 노리는 작가의 상상력에서 비롯된 것입니다. 중요한 것은 인과의 법칙입니다. 사과가 떨어지는 것은 결과이며, 그 원인이 중력에 있다는 사실이 뉴턴으로 하여금 일정한 법칙을 만들 수 있도록 한 것입니다. 그런데 인과의 법칙을 뉴턴은 어떻게 알았을까요? 인과의 법칙은 자연과학적 탐구방식의 핵심입니다. 그 법칙이 존재하지 않는다면, 우리의 경험과 관찰은 아무런 의미를 지니지 못하게 되니까요.

칸트는 여기서 철학사에 한 획을 긋는 중요한 인식적 전환을 시도합니다. 몇 가지 전제조건들부터 검토해 봅시다. 우리가 지식이라고 부르는 것은 늘 원인과 결과라는 틀을 통과했을 때 비로소 가능합니다. 그런데 이 원인과 결과라는 법칙은 객관적 실재를 지니고 있지 않습니다. 왜냐하면 그것은 물질적 존재가 아니기 때문입니다. 더욱이 중력의 법칙이 작동하기 위해서 우리는 일정한 시간과 공간을 점하는 물체도 전제해야만 합니다. 이 모든 것들은 우리가 지식이라고 부르는 것을 얻기 위해서 반드시 필요하지만, 우리의 경험으로 지각되는 대상은 아닙니다.

이 딜레마로부터 벗어나기 위해 칸트는 우리의 의식으로 시선을 돌립니다. 지식이라고 불리는 것은 그 최종적 근거에 있어서 의식의 산물이라는 것이 칸트의 해답입니다. 진정한 적은 내부에 있다고 하지만, 문제해결의 실마리도 역시 내부에 있나 봅니다. 우리가 과학적 지식을 얻을 때, 우리를 둘러싸고 있는 세계는 분명 다양한 경험적 정보를 제공합니다. 그러나 우리가 대상에 의식의 통일된 틀을 덧씌우지 않는다면, 경험적 정보들은 그저 바람에 흩날리는 지각의 파편들에 불과할 뿐입니다. 세계에 대한 지식이란 우리의 의식에 의해 구성된다는 명제가 칸트가 철학사에 남긴 자신의 흔적입니다.

칸트가 인식론의 역사에서 중요한 역할을 하고 있다는 사실은 분명해 보입니다. 하지만 우리는 칸트가 우리 자신에 대해 별다른 정보를 제공하고 있지 않다는 사실 또한 고백할 수밖에 없습니다. 경험적으로 확인될 수 없는 자아가 있다는 사실을 제외하곤 여전히 제자리걸음인 것입니다.

도대체 나는 누구일까요? 이러한 질문을 던지는 나에 대해 우리는 아무것도 말할 수 없는 것일까요? 비트겐슈타인의 결론부터 다시 시작해 봅시다. 나의 존재는 언어로 붙잡히지 않습니다. 그러나 스스로 자신의 모습을 드러냅니다. '드러낸다'는 단어는 단순히 수사학적 수식어가 아닙니다. 인식론의 한계를 넘어갈 수 있는 우리의 통로가 되니까요.

칸트는 집요하고 대단히 논리적인 철학자입니다. 한번 마음에 두면 끝장을 보고야 마는 스타일입니다. 그럼에도 '나'의 존재를 해명하는 데 있어서 만족할 만한 성과를 내지는 못했습니다. 아마도 그가 결정적인 역할을 할 수 없었던 이유는 자신이 딛고 있는 지반이 대단히 취약했기 때문인 듯합니다. 칸트의 인식이론을 자아와 관련된 영역에 적용해 보면 이 문제가 확연해집니다.

칸트는 선험적 자아와 경험적 자아의 지고한 사랑을 말하고 있을 뿐입니다. 서로의 반쪽을 찾아 한 몸이 될 때, 비로소 인식이 성립한다는 것입니다. 그는 내적 자아와 외적 자아를 독립적으로 분리하고, 양자가 어떠한 역할을 하는지를 설명하고 있는 셈입니다. 그런데 두 자아가 애당초 분리되지 않은 한 몸이라면 어떨까요? 칸트는 단 한 번도 이 같은 질문을 던지지 않았습니다. 그래서 그는 밑돌을 빼서 윗돌에 괴는 해석학적 미로에 갇혀 버린 것입니다.

비트겐슈타인은 나의 존재란 신비스럽게 드러나는 무엇이라고 말함으로써, 칸트의 딜레마에서 가뿐히 벗어나는 듯 보입니다. 그런데 딱 거기까지입니다. 이상하리만큼 그는 그 너머의 사유에 시간과 정열을 할애하지 않습니다. 공은 결국 다른 철학자에게 넘어갑니다. 그 공을 정확하게 넘겨받은 호모 필로소피쿠스가 바로 현상학의 대가들입니다. 여기서 현상학에 대해 자세히 설명할 수는 없습니다. 철학사적 의의에 대해서만 간략히 보겠습니다.

현대 철학의 가장 강력한 흐름인 현상학은 전통적인 형이상학에 의해 잊혀진 삶의 현실을 복원해 내려고 시도합니다. 그렇다고 객관성을 확보하기 위해 전력투구해온 실증학문에 백기 투항한 것은 아닙니다. 현상학은 양자에 의해 소외된 삶의 고유한 영역을 복원하기 위해 부단한 노력을 기울입니다.

현상학은 철학이 삶으로부터 분리된 이유를 의식과 대상, 초월적 자아와 경험적 자아의 인위적 분리가 빚은 참극 때문이라고 진단합니다. 데카

현상학자들

르트로부터 출발하여 칸트에 이르러 정점에 다른 의식의 독자성을 비판하며 각자의 색을 연출할 줄 알았던 현상학의 대가들은 인간의 내면이 사실 세계가 드러나는 바로 그 장소임을 부정하지는 않습니다. 다만 그들은 우리가 속해 있는 세계 내에서 우리의 의식과 존재, 신체와 삶의 구조를 가장 엄밀한 방식으로 펼쳐 보이려고 합니다.

의식과 세계의 겹쳐짐에서 나의 존재를 찾고자 한 것입니다. 목표는 인간적 삶의 풍요로움을 되살려 내는 데 있습니다. 이 과정을 엄밀한 방식으로 기술하는 일이란 의미를 세상으로 불러오는 길이기도 합니다. 저자의 또 다른 저서인 『인격의 철학, 철학의 인격』[49]은 이 부분을 조금 추적하고 있습니다. 여기서는 하이데거의 존재론적 현상학이 '나'의 존재에 대해 무엇을 말하고 있는지만 간략하게 살펴보겠습니다.

금세기 가장 영향력 있는 호모 필로소피쿠스를 꼽으라면 당연 하이데거를 지나칠 수는 없습니다. 앞서 이미 여러 번 언급되었는데, 그가 누구인지에 대해서는 전혀 말하지 않았군요.

하이데거는 1889년 남부 독일에 위치하고 있는 메스키르히(Meßkirch)에서 태어났습니다. 마르부르크(Marburg) 대학을 거쳐 프라이부르크(Frei-

49) 졸저, 『인격의 철학, 철학의 인격』, 중원문화(2012).

현상학자들

burg) 대학에서 현상학의 창시자인 후설의 후임자로 지명됩니다. 그곳에서 우여곡절 끝에 대학 총장의 자리에 오르게 되는데, 일반적으로 가문의 영광으로 여겨져야 될 그 이력이 하이데거에게 있어서는 치명적인 오점으로 남습니다. 당시의 시대적 배경에 비춰봤을 때, 대학총장으로 취임하는 일이란 히틀러 정권에 협력한다는 것을 의미했기 때문입니다. 실제로 그것을 증명하는 다양한 증거들의 발견되며 하이데거를 궁지에 몰아넣게 됩니다. 그일로 인해 그는 전쟁이 끝난 후 공개강의가 금지되는 수모를 겪기도 합니다.

그러나 하이데거에게 씌워진 나치 부역혐의가 명백하게 증명된 것은 아닙니다. 사망하기 대략 10년 전쯤 독일의 유명한 시사 주간지 슈피겔과의 인터뷰 내용을 참고해 보면, 그에게 꼬리표처럼 따라 붙었던 나치 부역혐의는 다소 과장되었다는 인상을 주기에 충분합니다. 시대가 시대였으니 만큼, 수동적이었던 그의 태도가 오해에 오해를 부르며 걷잡을 수 없는 불신으로 이어졌던 것입니다.

개인의 신상에 관한 논의가 길어졌습니다. 이런저런 논란에도 불구하고 분명한 사실은 그가 현대 철학사에 남긴 흔적이 결코 가볍지 않다는 사실입니다. 특히 하이데거는 개별자에 의해 제기되는 또 다른 '나'의 존재를 실존이라고 부르고, 이를 본능으로 닫힌 동물과 구별하여 열린 존재로 규정합니다. 이것은 칸트에 의해 이미 우리에게 알려진 선험적 혹은 초월적 자아와는 근본적으로 다릅니다. 칸트의 선험적 자아가 세계의 밖에서 세계를 바라보는 고립된 자아인 반면, 하이데거의 실존은 세계 안에서 세계를 향해 열려 있는 '세계내 존재'이기 때문입니다.

말장난처럼 보이는 이 차이는 생각보다 큰 것입니다. 왜냐하면 하이데거에 이르러 우리는 나의 존재를 일종의 과제로 인식할 수 있게 된 것입니다. 인간도 자연적 본능으로 살아갑니다. 그러나 본능에 갇혀 있지 않습니다. 오히려 우리는 본능과 관련을 맺으며 그 안에서 슬픔과 기쁨, 절망과 행복이라는 존재론적 지평을 향해 열려 가는 것입니다.

이런 점에 비춰 보면, 나의 존재를 삶의 과제로 받아들인다는 사실은 경험적으로 파악되는 또 다른 나와 적극적으로 관계를 맺는다는 의미가 됩니다. 이대로 계속 진행한다면, 상당히 어려운 논의로 이어집니다. 다시 일상적인 우리의 모습을 통해 이것을 확인해 보겠습니다.

꿈꾸는 자는 행복하다

"세태는 요랬다조랬다 하고
이내 몸은 고통과 번민이 많네.
높은 사람 앞에서 배우가 되어
가면을 쓴 채 억지로 우네."(호동거실 31수)

세기의 천재로 태어났지만 조선의 신분사회 벽에 막혀 울분만 토하다 젊은 나이에 세상과 이별한 동아시아 최대의 반항아 이언진(李彦瑱, 1740~1766)의 시입니다. 인생을 한낮 꿈이나 연극에 비유하는 것은 동서고금을 막론하고 크게 다르지 않았나 봅니다. 영국의 문호 셰익스피어나 미국의 사회학자 조지 허버트 미드(George Herbert Mead, 1863~1931)가 인생을 연극에 비유했듯이, 이언진의 눈에도 일생은 우연히 주어진 배역에 충실하다가 막이 내리면 소리 없이 퇴장하는 연극배우에 지나지 않았던 것입니다.

그런데 내용을 꼼꼼히 따지고 들어가면 적지 않은 차이가 있습니다. 미드에게 있어서 사회적 가면은 상당히 긍정적이고 적극적인 의미를 지니고 있습니다. 그는 주저 『정신, 자아, 사회 *Mind, Self, and Society*』(1934)에서 사회화가 개인이 자기 정체성을 획득하는 과정보다 시간적 그리고 논리적으로 앞서 있다고 주장합니다. 어떤 측면에서 사회화란 우리에게 주어진 '있음'의 세계입니다. 자신을 의식하고 만들어가야만 하는 개인은 이 '있음'의 세계에 순조롭게 편입할 때 별다른 문제 없이 자기실현의 과정을 겪는다고 본 것입니다.50)

큰 틀에서 보면 틀린 말은 아닙니다. 그러나 우리가 처음부터 마지막 순간까지 사회적 가면을 벗어 버리지 못한다는 사실을 확인하는 것이 그리 중요해 보이지는 않습니다. 우리의 관심은 가면을 쓰고 있다는 사실을 확인하는 수준을 넘어서야 합니다. 그렇지 않으면, 가면이 우리의 본능이 되어 버립니다.

---

50) 조지 허버트 미드, 『정신, 자아, 사회』, 나은영 옮김, 한길사(2010), 280쪽.

톨스토이의 작품 『사람은 무엇으로 사는가? *What men live by*』(1885)에는 인상적인 장면이 등장합니다. 구두 수선공이 창문 너머로 지나가는 사람들의 구두만 보고도 그가 누구인지 알 수 있었다는 대목입니다. 책의 전체 문맥에서는 그리 중요하지는 않지만, 가면과 관련해서는 의미심장한 의미를 지니고 있습니다. 구두가 곧 '누구'를 결정하고 있는 것입니다. 볼 수 없는 사람에게만 부여된 자연의 선물이라고나 할까요? 어쨌든 시각장애인은 발자국 소리로 특정 인물을 지목할 수 있다고 합니다.

여기에는 자칫 지나칠 수 있는 중요한 사실이 감춰져 있습니다. 가면이 바로 우리가 세계를 접하는 결정적인 통로가 돼 버리는 것입니다. 우리가 사람이라고 부르는 인격체는 자신이 스스로 자신의 미래를 기획하는 것으로 살아갑니다. 각자가 자신의 주인으로 살아가는 것이지요. 그런데 가면으로 살아가는 사람에게 있어서의 세계란 가면을 통해서만 해석될 뿐입니다.

요즘처럼 물질적으로 풍요롭지 않았던 옛 시절에 저자는 세발자전거를 몹시도 갖고 싶었습니다. 소망이 집착이 되고 집착이 마음과 눈을 가리다 보니, 저자에게 세계는 두 종류의 인간만이 보이게 되더군요. 세발자전거를 소유한 아이와 그것을 보고 부러워해야만 하는 아이입니다. 이성 친구를 애타게 갈망하는 솔로에게는 두 종류의 사람만이 존재하게 될 것입니다. 있는 자와 없는 자입니다. 비정규직에 종사하는 사람이라면, 정규직과 비정규직이 세계를 가르는 기준점이 되겠지요.

가면이란 이런 것입니다. 나의 존재가 가면과 동일시되는 순간 나는 생애 최고의 순간을 맞이할 수도 있지만, 때론 초라한 잉여존재로 변신하게 됩니다. 인격체만 볼품없는 상품으로 전락하는 것이 아닙니다. 자신이 바라보는 세계도 극도로 좁아져 버리게 됩니다. 각자의 색을 뽐내며 '생'이라는 봄을 누려야 할 존재자들이 흑백으로 나눠져 주인과 노예의 역할을 맡게 되는 것입니다.

가면이 선택할 수 있는 자아실현의 폭도 그리 크지 않습니다. 딱히 자신의 고유한 삶의 자리를 찾지 못하기에, 정해진 시나리오에 따라 행동하는 것은 지극히 자연스러워 보입니다. 이때 가장 큰 유혹은 아마도 흥행일 것입니다. 시청률에 목을 매는 우리 사회를 보면, 대체 우리가 무엇으로 살고 있는지 의문이 들 정도입니다. 관객의 시선에 울고 웃는 자아의 무심한 욕구만이 존재의 자리를 대체하고 있기 때문입니다.

다행히 우리의 삶은 가면에 의해 마냥 좌지우지되지는 않습니다. 이언진의 시는 미드의 가면이론보다 훨씬 더 실감이 납니다. 그는 자신이 쓰고 있는 가면에 몹시도 불편해 합니다. 무대에서 배역과 한 몸이 되어 정열을 불태워야 될 배우가 억지로 우는 흉내나 내고 있으려니, 그 자리가 자신의 자리가 아닌 것은 틀림이 없어 보입니다. 그에게 주어진 배역은 그만이 할 수 있는 역할이 아니었던 것입니다. 가면과 자신 사이에 놓인 골을 메우지 못한 채, 시인은 자신에게 주어진 삶을 자연의 선물이 아니라, 짐으로 느끼고 있습니다. 어떤 식으로든 해결점을 찾아야만 하는 숙제인 것이지요.

존재의 가면

전근대적인 계급사회가 시인의 마음을 불편하게 하고 있음에는 분명해 보입니다. 물론 옛 시인의 불평불만이나 듣자고 우리가 이 글을 쓰고 있는 것은 아닙니다. 중요한 것은 그의 마음이 가면과 세계 사이에서 방황하는 우리의 마음과 통하고 있다는 사실을 지적하는 일입니다. 우리는 가면을 쓰고 살아갑니다. 그러나 우리가 가면인 것은 아닙니다. 이 차이를 아는 일은 매우 중요합니다.

자기 정체성과 가면 사이에는 근본적인 차이가 있다는 사실은 증명될 필요가 없습니다. 우리가 쓰고 있는 가면은 언젠가는 우리를 떠날 것이기 때문입니다. 그때 우리는 슬퍼하거나 노여워하며 나의 존재가 가면이 될 수 없음을 정확하게 증명하게 될 것입니다.

영원한 가면은 존재하지 않습니다. 연극에서 주연과 조연도 고정된 배역은 아닙니다. 어떤 성격의 무대인지에 따라 배역의 중요도가 달라지기 때문입니다. 평생 주연만을 꿰차는 사람도 없지만, 명품 조연상을 목표로 인생을 사는 사람도 없습니다. 그럼 대체 우리는 무엇을 해야 되는 것일까요? 평생 벗을 수 없는 가면을 쓰면서, 그 가면이 자신이 아님을 느껴야만 하는 모순된 비애는 우리에게 무엇을 말하고 있는 것일까요?

인간은 꿈을 꾸며 살고 있음을 말하고 있습니다. 가장 인간적인 나의 모습이란 가면을 쓰고 무대에서 정해진 시나리오에 따라 대사나 읊조리는 앵무새가 아닙니다. 보이지 않는 손에 이끌려 평생 정해진 가면을 위해 살아가는 꼭두각시도 아닙니다.

우리는 평생 가면을 쓰고 살아갑니다. 그러나 이 표현은 엄밀한 의미에서 틀린 것입니다. 우리는 가면을 꿈꾸며 살아갑니다. 두 표현의 차이는 근본적입니다. 전자가 가면에 시선을 고정시키고 가면을 위해서 살아가는 반면, 후자는 가면의 의미에 무게를 두고 그것을 꿈꾸며 살아갑니다. 가면의 의미는 배역이 아닌 작품성과 관련이 있습니다.

자기 정체성은 사회적 가면과 직접적인 연관성이 없습니다. 나의 존재란 일정한 가면을 꿈꾸는 자의 자기의식입니다. 이 의식은 다양한 가면을 통해 표현됩니다. 그 표현은 그 무엇에 의해서도 대체될 수 없는 자연의 색이자 고유성의 상징이기도 합니다.

우리는 가면을 위해 살아가는 데 너무나도 익숙해져 있습니다. 이제 막 수능을 앞두고 있는 학생들에게는 대학입시를 위해 사는 것이 최선인 것 같습니다. 대학에 들어오면 취업을 위해서 살아가야 합니다. 취업을 한다고 '무엇을 위해서' 사는 삶이 끝나는 것은 아닙니다. 진정한 프로의 세계는 이때부터 시작합니다. 다음 목표가 우리를 기다리고 있겠지요.

무언가를 위해 살아가는 삶이란 이렇듯 결말이 없는 드라마와도 같습니다. 종종 실망스러운 결말이나 어이없는 결론으로 매듭지어졌다고 스스로 생각하게 되면, 우리의 존재는 바로 여분의 존재로 전락하고 맙니다. 우리 모두는 비극적 결말이나 기껏해야 뻔한 이야기가 기다리는 결말을 향해 나아가는 삶을 피할 수 없는 것입니다.

더 치명적인 사실은 삶의 수단화에 있습니다. 우리가 무엇을 위해서 사는 동안, 그 '무엇'이 소위 말하는 삶의 조건이 됩니다. 그리고 우리는 그 조건에 매여 평생을 노예처럼 살아가게 됩니다. 이것은 어쩔 수 없는 논리적 결과입니다. 경험적으로도 반박할 여지가 없습니다. 유치원에 다니는 아들 녀석이 종종 저자에게 살갑게 말하곤 합니다.

"나는 아빠가 세상에서 제일 좋아!"

흐뭇한 현상이지만, 곰곰이 생각해 보면 이해할 수 없는 일입니다. 새벽에 나가서 애가 잠들 때쯤 들어오는 날이 허다하며, 집에 있는 동안에도 컴퓨터 앞에 앉아 시답잖은 글을 쓰느라 제대로 놀아 줄 시간도 없는 아빠가 세상에서 제일 좋답니다.

궁금해서 물어봅니다.

"왜, 아빠가 세상에서 제일 좋아?"

그런데 그 이유가 정말 가관입니다.

"아빠가 비싼 장난감 많이 사주니까."

갑자기 씁쓸해지는 마음을 금할 길 없습니다.

그래서 되물어 봅니다.

"그럼 아빠가 장난감 안 사주면 어떻게 할래?"

갑자기 아이의 표정이 심각해지며, 우물쭈물거립니다. 정직함과 순진함이 아이로 하여금 자연적 인과법칙에서 벗어나지 못하게 하고 있는 것입니다. 영악한 아이였다면, 아마도 적당히 둘러댔을 텐데 말입니다.

아빠에게도 조건이 필요합니다. 생물학적으로 보면 거의 정확합니다. 부양능력이 있어야 되고 책임감과 가정적인 면도 중요하게 부각됩니다. 반대로 생각해 보면, 경제력이 없고 가정에 대한 책임감도 없으며 허구한 날 바람이나 피고 다니는 아빠가 있다면 어떨까요? 그 사람은 아빠의 조건을 갖추고 있지 못합니다. 따라서 차라리 없느니만 못한 아빠가 되겠지요.

오늘날 개인은 일정한 조건을 통해 자신의 정체성을 인정받습니다. 즉 가면이지요. 적당한 가면을 쓰지 못하거나, 쓰고 있는 가면을 잃어버리게 되면 자신의 정체성도 동시에 허공을 가르며 분해되어 버립니다. 사회적 가면이 정체성의 조건으로 변신하게 되면, 점차 우리는 노이로제에 시달리는 자연적 절차를 밟게 됩니다. 언제 그리고 어떻게 자신을 잃어버릴지도 모른다는 불안감에 시달리게 되는 것입니다. 현대인의 불안은 사회적 조건으로 변해 버린 자존감의 부재에서 비롯되었다고 볼 수 있습니다.

그런데 한번쯤은 생각해 봐야 합니다. 우리의 삶이 정말 무엇을 '위해서' 있는 것인지 말입니다. 도대체 무슨 말을 꺼내려고 하는지 독자들은 의아할 것입니다. 삶에는 반드시 특별한 이유와 목적이 있어야 된다는 강박관념을 내려놓을 수만 있으면, 우리에겐 새로운 세상이 열릴 수 있습니다. 삶이란 무엇을 위해서 존재하는 것이 아닙니다. 살아가는 것 자체가 우리에겐 목적이 될 수 있는 것입니다.

그때서야 비로소 우리는 상상 속에서 만들어지는 가면이 꿈꾸어진 가면이라는 사실을 이해하게 됩니다. 나의 존재는 이 꿈꾸어진 가면을 '위해서' 살아가는 것이 아니라, 이들을 찾아내고 인생이라는 전체의 연극과 연결시켜 보이지 않는 의미의 세계로 자신을 안내하는 데 있습니다. 일생이라는 연극의 이미지는 단편적인 가면들의 합이 아닙니다. 연극이 전달하려는 의미의 세계는 가면들을 이어 붙인다고 해서 보이는 것이 아닙니다.

우리의 시간과 연극이 그것을 바라보는 관객들의 마음에 균열을 일으키고 감동을 전달할 수 있는 유일한 근거는 무언가를 꿈꾸는 우리의 삶을 있는 그대로의 모습으로 바라보는 데 있습니다. 우리의 꿈은 실현될 수도 혹은 좌초될 수도 있습니다. 결과에 따라 우리의 눈물은 기쁨과 감동의 몸짓이 될 수도 있지만, 고통의 신음소리로 변할 수도 있을 것입니다. 그러나 어떤 경우에도 꿈꾸는 자의 삶이 지워지는 것은 아닙니다.

오히려 정반대입니다. 무언가를 '위해서'가 아니라, 무언가를 '꿈꾸는' 자는 감격과 고통의 눈물이 자신에게 주어진 삶의 의미임을 깨닫게 됩니다. 그것을 있는 그대로의 모습으로 바라보는 관객은 자신의 소소한 삶도 바람에 흩날리는 우연의 산물이 아니라는 사실을 깨닫게 됩니다. 자신의 삶을 기쁨과 고통이 엮어 내는 무게감 있는 고유한 자리로서 인정하게 되는 것입니다. 꿈꾸는 자의 삶은 그 자체가 목적입니다. 삶이 목적으로 느껴질 때, 우리는 행복이 무엇인지도 아울러 알게 될 것입니다.

11. 죽음의 의미

죽음이 우리를 보고 미소를 짓는다.
우리가 할 수 있는 유일한 일이란 미소를 되돌려 주는 일이다.
— Marcus Aurelius —

11. 죽음의 의미

죽음과 소녀

철학이 보여 주는 정신의 힘은 호기심에서 유래합니다. 자신과 세계를 교과서로 삼아 불철주야 상상의 나래를 펼쳐 보이기도 합니다. 그를 통해 우리는 인생이란 단순히 빵으로만 사는 것이 아니라, 의미로 살아가는 존재라는 사실을 고백하게 됩니다.

그런데 우리는 결정적인 사실을 빠뜨리고 지나왔습니다. 의미가 생성되는 인간의 조건을 전혀 언급하지 않은 겁니다. 실수였다기보다는 매우 무거운 주제라 의도적으로 마지막으로 미루었습니다. 지금 생각하니 조금 후회가 되네요. 짐을 조금씩 나누었다면, 훨씬 마음이 가벼울 텐데 말입니다.

특히 연일 우리의 마음을 먹먹하게 만드는 안타까운 자살사건이 신문의 한 자락을 메우고 있는 시점에서 죽음의 문제를 철학적으로 다룬다는 것이 여간 부담스러운 일이 아닐 수 없습니다. 누군가의 죽음을 테이블 위에 올려놓고 이론적으로 궁시렁거려야 한다는 사실이 영 내키지 않는 일입니다. 이래저래 죽음이라는 사건은 피할 수 있으면 피하고 싶은 극도의 혐오사건임에는 틀림이 없어 보이네요.

저자처럼 그저 침묵하고 있으면 중간이라고 갈 텐데, 이 대목에서도 꼭 나서는 호모 필로소피쿠스가 있습니다. 니체는 인간이 보일 수 있는 최고의 자유로운 자기규정이라며 한때 자살을 찬미한 적이 있습니다. 약간의 이해의 소지가 없는 것은 아닙니다. 우리가 그를 오해하고 있지 않다면, 그는 이 문장으로부터 삶에 대한 실존적 결단과 자유를 강조하고 있다고 봐야 합니다.

그런데 애써 매까지 버는 사람도 있습니다. 염세주의 철학자로 알려진 쇼펜하우어(Arthur Schopenhauer, 1788~1860)입니다. 그는 심지어 자살을 삶의 긍정적인 형태로 인정하기까지 합니다. 도대체 무슨 심사로 이런 주장을 펼치는 걸까요? 자세히 보면 여기에도 일리가 없지는 않습니다. 그의 말에 따르면, 자살을 선택하는 자는 그저 일시적 고통을 피하려고 죽음을 선택하는 사람과는 다르다고 합니다. 그는 삶을 절대적으로 긍정하지만, 제반 조건에 만족하지 않기 때문에 의지적으로 자살의 길을 선택한다고 합니다. 자살이란 곧 삶의 의지를 지닌 자의 실존적 결단이라고 주장하는 셈이지요.[51] 말이 되는지 안 되는지는 독자가 스스로 판단할 일입니다. 일단 저자는 그의 언어가 도통 이해되지 않습니다.

우리의 주제는 자살이 아닙니다. 그런데 한 가지만은 짚고 넘어가고 싶

---

51) Arthur Schopenhauer, *Die Welt als Wille und Vorstellung*, Frankfurt am Main und Leipzig. 1996, 541쪽.

습니다. 오늘날 우리 사회를 강타하고 있는 자살이라는 사회적 현상은 자유로운 자의 삶의 정신으로부터 유래한 것이 아니라는 사실입니다. 자살에 이르도록 강요당하고 있다고 보는 것이 오히려 정확할 것입니다.

자살은 철학적으로 다뤄지기 이전에 사회학적으로 먼저 분석되는 것이 맞습니다. 정신적 아노미에 이르게 된 사회적 배경과 정치적, 경제적 안전망의 부재 등이 총체적으로 어우러져 빚어낸 사회적 비극이기 때문입니다. 이것은 저자가 여기서 다룰 수 있는 범위를 벗어납니다. 저자의 주제는 삶의 뒷면에 새겨져 있는 죽음의 일반적 의미에 대한 논의로 제한될 것입니다.

이제 본론으로 들어가겠습니다. 인간이란 어떤 존재일까요? 이 저서를 처음 시작하며 던진 질문을 마지막에도 동일하게 던져야 하는 저자의 슬픔을 이해해 주기 바랍니다. 이는 어쩌면 2500년이 넘는 서양철학의 역사가 곧 동일한 '질문을 던지는 자'의 삶에 다름이 아니었음을 방증(傍證)하는지도 모르겠습니다.

철학적 상상력의 화룡점정은 죽음에 대한 단상입니다. 고대 그리스의 철학자이자 엘레아학파의 시조였던 파르메니데스(Parmenides, 기원전, 546~501)가 인간을 '죽어야 할 존재'로 명명한 이래로, 죽음은 인간에 대한 철학적 고찰에 있어서 최대지분을 보유한 막강한 주주가 되었습니다. 행여나 그가 변심이라도 하여 지분매각에 나선다면, 철학계는 심각한 지각변동을 겪어야 할 것입니다.

그런데 한참 생의 찬가를 불러도 시원찮을 마당에 왜 하필이면 죽음의 시인가요? 호모 필로소피쿠스는 참으로 오지랖도 넓어 보입니다. 행여 인생무상, 삶의 회의를 외치는 일련의 사람들의 마음을 대변한 것은 아니었을까요? 요시프 이바노비치(Iosif Ivanovich, 1845~1902)의 「도나우 강의 잔물결」에 가사를 붙여 만들었다는 윤심덕(尹心悳, 1897~1926)의 「사의 찬미」(1926)를 이 대목에서 함께 불러 봅시다.

"황막한 광야에 달리는 인생아
너의 가는 곳 그 어데이냐
쓸쓸한 세상 험악한 고해에
너는 무엇을 찾으려 하느냐
눈물로 된 이 세상이 나 죽으면 그만일까
행복 찾는 인생들아 너 찾는 건 서름……."

결국 삶의 의미를 찾아 정처 없이 떠돌던 호모 필로소피쿠스는 인생의 허무함을 노래하는 것으로 이 긴 상상력의 여정을 마감해야 하는 걸까요? 죽어야 할 존재인 인간이 할 일이란 아무리 발버둥쳐도 새장을 벗어나지 못해 절망과 체념에 빠진 새의 운명을 노래하는 것일까요? 이것을 우리가 전적으로 부인하는 것은 어려울 것 같습니다.

윤심덕이 시대의 장막에 지쳐 마음의 허함을 직접 노래했다면, 슈베르트는 죽음의 운명을 선율에 담아 숭고함의 차원으로까지 끌어 올립니다. 그가 작곡한 작품들 중 50여 개에 달하는 곡이 죽음과 관련이 될 정도로 그는 자타가 공인하는 레퀴엠(진혼곡)의 예술가입니다.

그중의 백미는 뭐니뭐니해도 「죽음과 소녀 *Der Tod und das Mädchen*」(1817)일 것입니다. 슈베르트가 약관의 나이에 작곡했다고 알려진 이 작품은 그 후 동명(同名)의 불후의 명곡 현악 4중주 제14번 「죽음과 소녀」(1826)에 삽입되면서 더욱 유명세를 탑니다. 독일의 시인 클라우디우스의 시에 맞춰 불렀다는 이 가곡은 죽음에 직면하여 삶을 향해 부르짖는 소녀의 애원과 그녀를 데려가야만 하는 죽음의 신의 위로가 어우러지며 환상적인 분위기를 자아냅니다.

"소녀 : 죽음의 그림자여, 다가오지 마세요. 저는 죽음과 키스하기에는 너무 어려요. 죽음 : 내게 다정한 손길을 주길 바란다. 난 너의 친구이며, 해치지 않는다. 꿈꾸는 소녀여, 내 품에서 편히 잠들거라."

가냘프고 어여쁜 소녀를 꼬드겨 삼도천(三途川)을 건너고 황천길로 접어드는 사신(死神)을 보고 있노라니, 머리를 확 잡아채어 내동댕이치고 싶은 생각이 간절해집니다. 아직 소녀의 청춘이 구만리인데 벌써 종착역

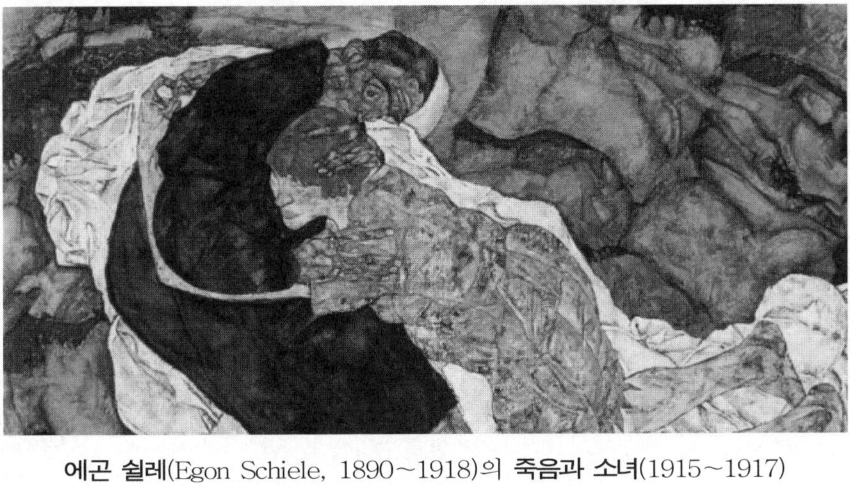

에곤 쉴레(Egon Schiele, 1890~1918)의 **죽음과 소녀**(1915~1917)

이라니, 안타깝고 애처로운 것이지요. 자식을 잃은 부모의 마음은 또 얼마나 고통스럽겠습니까? 신(神) 중에서도 죽음의 신이 가장 사악하고 악랄한 신임에는 틀림없어 보입니다.

그런데 여기서 잠시 분노를 가라앉히고 슈베르트의 의중을 점검하고 넘어갑시다. 슈베르트는 정말 청중의 감성을 극대화시켜 사신을 향한 자신의 가학적 분노에 동조하도록 선동하고 있는 것일까요? 이 부분은 정말 조심해야 합니다. 자칫 잘못하면 한 천재 예술가의 숭고한 창작을 너무나 식상한 막장드라마로 변질시켜 버릴 수 있기 때문입니다. 논점은 아마도 사신의 약속에 있을 것입니다. 무조건 무시하지만 말고 다시 한 번 그의 말을 들어 봅시다.

"내게 다정한 손길을 주길 바란다. 난 너의 친구이며, 해치지 않는다. 꿈꾸는 소녀여, 내 품에서 편히 잠들거라."

사신의 말은 사실일까요? 사실 우리는 단 한순간도 이 말의 진위(眞僞)를 따져 보지 않습니다. 일반적으로 우리는 보고 싶은 것만 보고, 듣고 싶은 것만 듣는 경향이 있습니다. 세상은 보이는 것만큼 열리는 것이 아니라, 우리가 보고 싶은 것만큼 열리는 법입니다. 사신에 대한 정보가 전형적인 경우가 아닐까 싶습니다.

사신(死神)에게 예의 갖추기

죽음의 신이 내뱉는 말이라면 무조건 고개부터 돌리고 보는 습관은 망국적인 지역감정과 다를 바 없습니다. 우리가 이승에 산다고 해서 저승에서 온 이방인이 사기나 쳐서 먹고 산다고 단정짓는다면, 이는 소통의 시대를 살아가는 사람이 취할 건전한 삶의 자세가 아닙니다. 이런 사람에게는 좀 더 폭넓은 철학적 교양이 필요합니다.

지역감정을 악의적으로 조장하는 사람은 이기적인 목적을 지니고 있는 경우가 많습니다. 대체로 정치계와 종교계에 이런 부류의 사람들이 많습니다. 표를 의식하고 있거나, 혹은 죽음을 어두운 색으로 포장하여 일정한 교리를 강요하려는 의도이지요. 그러나 대중이 숭배와 경멸이나 조장하는 변덕의 덩어리가 아니라, 진정한 실존적 주체로 거듭나려면 저승에서 온 사람에 대한 최소한의 예의도 필요한 법입니다.

문학과 예술에 등장하는 사신들이 모두 사악한 해골의 형상만을 하고 있는 것은 아닙니다. 때로는 너무나 인간적인 모습으로 우리에게 인간성의 본질을 가르쳐 주기도 합니다.

톨스토이의 작품 『사람은 무엇으로 사는가』에는 아주 특별한 사신이 등장합니다. 미하엘이라는 이름의 연약한 심성을 지닌 사신이 바로 그 인물입니다. 미하엘은 어느 날 가난한 과부의 영혼을 데려오라는 명령을 받고 이승으로 내려오게 됩니다. 비록 작품에는 지면상 생략되어 있지만 경찰이 범인을 체포할 때 사용하는 상투적 어구와는 달리, 미하엘은 아마도 망자(亡者)의 권리를 친절하게 숙지시켜 주었을 것입니다.

"나에게 당신의 손을 잡을 수 있는 영광을 주세요. 두려워 마세요. 난 당신의 친구이며, 절대로 해치지 않는답니다. 평생을 꿈을 꾸며 지쳤을 그대여, 이제 내 품에서 영원히 그 꿈을 실현해 가세요."

미하엘은 거침없이 말을 건넵니다. 그는 여인에게 거짓말을 하고 있는 것이 아닙니다. 처음으로 경험하는 가장 생소한 삶의 사건에 직면하여 여인이 당황하지 않도록 진심을 담아 마음을 보듬고 있는 것이지요.

그런데 주위를 둘러보니 사태가 녹록치가 않습니다. 여인은 이미 죽어가고 있었지만, 그 옆에 이제 갓 태어난 쌍둥이 여자 아이가 울고 있었던 것입니다. 여인의 손을 잡아야 되는데, 쌍둥이를 바라보며 애처롭게 눈물을 흘리는 여인을 보는 순간 미하엘은 당황합니다. 그 뒤의 이야기는 여러분이 알고 있는 그대로입니다.

미하엘은 결국 임무를 완수하지 못했고, 고문관[52]으로 낙인찍혀 이승으로 쫓겨 내려오게 됩니다. 그러고는 깨닫게 되지요. 사람이 무엇으로 사는지 말입니다.

이 작품은 죽음의 사신에게 우리가 최소한의 예의를 갖춰야 되는 이유를 구구절절 설명하지 않습니다. 하지만 감춰진 다빈치 코드가 있습니다. 사람에게 허락되지 않은 것이 무엇인지에 대한 단상이 그것입니다. 마하엘은 내일이면 곧 죽을 사람이 평생 동안 헤지지 않을 구두를 주문하는 것을 보고 미소를 짓습니다. 비웃음이 아닙니다.

인간에게 주어진 삶은 유한한 삶이며, 바로 그 속에 인간적 삶의 비밀

52) 원래 뜻은 어떤 일을 좀 더 효율적이고 바르게 처리할 수 있도록 의견이나 조언을 하는 직책을 맡은 관리를 의미하나, 현대에는 주로 군대에서 어수룩한 사람을 놀림조로 이르는 말이다.

이 감춰져있다는 사실을 깨달은 것입니다. '지금' 그리고 '여기'의 삶이 인간이 모든 것을 쏟아 부어야 할 존재의 지평이라는 사실을 말입니다. 쉽지만은 않은 결론입니다. 가끔 저자가 수업시간에 사용하는 예를 통해 설명해 보겠습니다.

누군가가 몸이 불편해서 정밀검진을 받으러 갔는데, 의사가 길어야 일 년이라는 시한부 인생을 선고합니다. 도저히 믿을 수가 없어서, 큰 병원에 찾아갑니다. 하지만 동일한 결과가 나옵니다. 여러분이 이 경우라면 어떤 태도를 취하게 될까요? 일단 현기증이 쓰나미처럼 몰려 올 것입니다. 무엇을 어떻게 정리해야 될지 당황하고 있을 때, 친구에게서 문자가 옵니다.

"야, 빨리 와. 지금 철학 수업시간이잖아."

이 문자를 받는 순간 여러분은 어떠한 태도를 취하게 될까요? 현기증은 나지만, 일단 수업 출석부에 도장을 찍고 나서 다시 생각할까요? 어느 누구도 이 판국에 수업을 참석하려고 하지는 않을 것입니다. 이 판국이 무슨 판국인지는 확실하지 않지만, 자신에게 닥친 운명의 장난이 대체 무엇인지를 두고 그 실체를 파악하는 데 시간이 필요한 것이지요.

자신에게 주어진 시간이 일년이 아니라, 삼년 아니 오년이라고 해도 사태는 달라지지 않습니다. 삶이 일단 정해진 시간 속에 갇혀 버린다는 사실을 아는 순간, 심사가 복잡해지는 것입니다. 심리학적 분석에 따르면, 대부분은 사실을 받아들이지 않고 분노한다고 합니다. 왜 자신에게만 가혹한 운명의 시련이 닥쳤는지에 대해 무언의 저항을 하는 단계입니다. 그렇지만 곧 체념하고 있는 그대로의 사실을 받아들이게 되겠지요. 마냥 절망의 심연에 묻혀 자신을 잊어버리는 사람은 없습니다. 오히려 과거 어느 순간보다 더 뚜렷한 의식으로 자신의 삶을 일으켜 세우게 됩니다. 소위 말하는 버킷리스트(Bucket List)를 작성하는 단계에 이르게 되는 것입니다. 죽기 전에 꼭 해야 할 일이나, 하고 싶은 일에 우선순위를 정하는 행위를 말합니다.

우선순위 정하기

우리가 자신의 삶을 일으켜 세운다고 해도 갑자기 아웃사이더가 되는 것이 아닙니다. 하지만 분명 이전과는 다른 모습을 보이게 될 것입니다. 그 때가 마침 누군가가 결혼할 날짜를 잡았다고 가정해 봅시다. 결혼은 예정대로 진행될 수도 있습니다. 그렇지만 남들의 시선에 이끌려 수천만 원의 결혼식 비용을 지불하지는 않을 것이며, 예단 문제로 '사네 마네' 하며 다투지도 않을 것 같습니다. 무리하게 빚을 내서 집을 장만하지도 않을 것 같습니다.

무엇이 의미가 있으며, 무엇이 부질없는 행동인지를 구별하기 시작하는 겁니다. 무엇이 중요한 것이며, 무엇이 하찮은 것인지도 선별할 능력을 얻게 됩니다. 자신의 과거를 돌아보며 인생의 서론을 새롭게 쓰는 것도 이때부터 시작합니다.

글을 전문적으로 쓰는 사람은 이 말이 무엇을 의미하는지 금방 눈치챌 것입니다. 서론이 작품의 맨 처음에 붙어 있는 것은 사실이지만, 처음으로 등장한다고 해서 처음부터 쓰여야 하는 것은 아니랍니다. 실제는 맨 마지막에 작성되어야 제대로 된 글이 나옵니다. 왜냐하면 마지막 결론을 쓰고 나서야 작가는 자신이 무엇을 Tm려고 했는지를 선명하게 기억할 수 있기 때문입니다. 탈고를 하기 직전 서론을 작성하며, 우리는 해변에 널려 있는 작은 모래알 같았던 우연한 인생이 하나의 필연적 작품이었다는 사실을 비로소 깨닫게 됩니다.

죽음이란 세상에 존재하지 않는다?

파르메니데스가 인간을 '죽어야 할 존재'로 정의하고 있는 것은 단순히 자연적 사실을 지적하고 있는 것이 아닙니다. 살아 있는 모든 생명이 다시 자연으로 돌아가는 것은 맞지만, 오직 인간만이 죽을 수 있다는 의미입니다. 이 무슨 궤변인가요? 궤변도 궤변 나름입니다. 궤변도 때론 의미가 있을 때가 있습니다. 모든 자연적 존재가 생물학적 종말을 맞이하지만, 인간만이 자신의 종말을 자신의 전체 삶 안에서 다시 한 번 반성할 수 있다는 사실을 지적하고 있는 겁니다.

우리는 어디서 와서 어디로 가는지 알지 못합니다. 종교가 이 부분에서 남다른 공을 세우고 있는 것은 사실이지만, 학(學)적 언어로 잡히기에는 무리가 따릅니다. 분명한 건 산다는 것이 죽음을 향해 한발 한발 나아간다는 사실입니다. 일반적으로 경험되는 죽음은 개인에게 삶의 커다란 결함이자 공포의 대상입니다. 피할 수만 있다면, 거부할 수만 있다면 우리는 그 짐을 벗어 버리고 싶어 합니다. 진시황이 평생을 찾아 헤매던 불로초, 파라오를 위해 수십 년에 걸쳐 건설된 피라미드는 단순히 특권의 상징이 아닙니다. 죽음의 공포에서 벗어나려는 연약한 인간의 삶에 대한 집착을 전형적으로 보여 주고 있을 뿐입니다.

그런데 우리는 왜 죽음을 두려워하는 것일까요? 죽음의 사신이 아무리 친절한 위로의 말을 건네도 왜 우리는 그의 말에 그저 고개를 돌려 버리고 마는 것일까요? 잔인하고 무차별적으로 인명살상을 저지르는 전쟁의 신도 종종 숭배의 대상이 되기도 하는데, 거친 황천길을 동행해 줄 죽음의 친구에게만은 왜 이리도 불친절한 태도를 취하는 것일까요?

이유는 단 한 가지입니다. 죽음 이후의 세계에 대해 우리가 아무런 정보를 지니고 있지 않기 때문입니다. 인간에게 두려움을 야기하는 유일한 것은 실체가 분명하지 않은 대상뿐입니다. 죽음이 대표적인 경우지요. 이래서일까요? 우리는 타인의 죽음을 보며, 운명의 수레바퀴를 생각하기 전에 그 원인부터 찾곤 합니다.

교통사고로 인해 인명사고가 발생하면, 그 원인이 음주운전인지, 아니면 부주의나 졸음운전인지가 늘 관심의 대상이 됩니다. 흡연을 하는 사람은 그렇지 않은 사람보다 치명적인 병에 걸릴 확률이 높고, 고기를 많이 섭취하는 사람은 아무래도 각종 성인병에 노출될 확률이 높은 법입니다. 죽음의 등 뒤에는 항상 이렇게 일정한 원인이 껌딱지처럼 붙어 다니고 있는 겁니다. 사정이 이렇다 보니 죽음이란 늘 부주의로 발생한 우연적 사건으로 치부되기 일쑤입니다. 이때 사신의 등장은 인생 최악의 불청객이 되는 것이지요.

여기서 우리는 아주 단순한 사실을 망각하고 지나가 버립니다. 죽음은 피한다고 해서 피할 수 있는 사건이 아닌 것입니다. 초등학교만 졸업하면 누구나가 알 수 있는 간단한 논리적 추론만으로도 이것은 충분히 증명될 수 있습니다.

"모든 사람은 죽는다.
우리는 사람이다.
그러므로 우리는 죽는다."

시간의 자연적 흐름이 항상 죽음에 맞추어져 있다는 사실은 죽음의 의미를 생각하도록 우리를 이끌어 갑니다. 인간은 태어나면서부터 이미 죽음으로의 의미를 지니고 있는지도 모릅니다. 이것이 바로 호모 필로소피쿠스로 하여금 죽음의 의미를 철학적 주제로 삼게 만든 배경입니다. 죽음은 생소하고 두려운 것임에는 분명하지만, 바로 그 때문에 죽음이란 우리가 어떤 식으로든 관계를 맺어야 하는 삶의 한 부분이 되는 것입니다.

호모 필로소피쿠스는 죽음과 어떤 관련을 맺고 있을까요? 여기에도 상당한 스펙트럼이 펼쳐져 있습니다. 죽음과 관련하여 가장 일반적인 대응방식은 망각입니다. 죽음은 우리에게 익숙한 삶과의 이별이기에 비극이며 통곡이자 어두운 터널을 홀로 걸어가야만 하는 외로운 길이기도 합니다. 극복할 수 없는 상처를 의식적으로 제어할 수 있는 가장 손쉬운 방법은 아마도 그것을 잊고 사는 것이겠지요. 언젠가는 반드시 찾아올 미래의 죽

명으로부터 우리가 편안한 마음으로 오늘과 내일을 살아갈 수 있는 이유는 우리의 의식에서 죽음의 그림자를 지워 버리기 때문입니다.

← **그리엔**(Hans Baldung Grien, 1485~1545)의 **여인과 죽음**

행복하게 사는 것만이 인생의 유일한 목적이라며 사는 동안만큼은 즐겁게 살자고 행복 전도사를 자처했던 고대의 에피쿠로스(Epikur, 기원전 341~270)는 메노이케우스에게 보내는 편지에서 죽음의 문제를 대단히 논리적으로 제기합니다.

"가장 무서운 악인 죽음은 우리에게 아무것도 아니다. 왜냐하면 우리가 존재하는 한 죽음은 우리와 함께 있지 않으며, 죽음이 등장할 때 이미 우리는 존재하지 않기 때문이다. 그렇다면 죽음은 산 사람이나 죽은 사람 모두와 아무런 의미를 갖지 않는다. 왜냐하면 산 사람에게는 아직 죽음이 오지 않았고, 죽은 사람은 이미 존재하지 않기 때문이다. 대중은 죽음을 가장 큰 악이라고 생각해서 두려워하면서도, 종종 죽음이 인생의 악들을 중지시켜 준다고 생각하여 열망하기도 한다. 반면 현자는 삶을 도피하려고 시도하지 않으며, 삶의 중단을 두려워하지도 않는다. 왜냐하면 삶이 그에게 해를 주는 것도 아니고, 삶의 부재가 악으로 생각되지도 않기 때문이다. 음식의 경우와 마찬가지로, 현자는 단순히 긴 삶이 아니라, 가장 즐거운 삶을 원할 뿐이다. 그래서 그는 가장 긴 시간이 아니라, 가장 즐거운 시간을 향유하려고 노력한다."[53]

에피쿠로스는 죽음 앞에서 당황하는 대중들의 경거망동을 비웃습니다. 우리가 충분히 지혜롭다면, 죽음을 두려워할 필요도 삶을 거절할 이유도 없다는 것입니다. 어차피 삶과 죽음은 서로 겹쳐질 수 없는 완전히 이질적인 것들이기 때문이라네요. 에피쿠로스의 영향을 받았다고 알려진 호라티우스(Quintus Horatius Flaccus, 기원전 65~8)의 명언이 등장하는 배경도 여기입니다.

"Carpe diem, quam minimum credula postero"
—현재를 즐겨라, 가급적 내일이란 말은 최소한만 믿어라.—

이것을 받아들여야 될지 말아야 될지 고민이 되지만, 논리적으로 틀린 말은 아닙니다.

아니나 다를까 소크라테스의 제자였으며, '통속의 철학자'로 알렉산더 대왕을 당황케 한 디오게네스(Diogenes, 기원전 412?~323)도 죽음에 대한 두려움을 과감하게 떨쳐 버려야 한다고 주장합니다. 죽음은 결코 악이 아니며, 죽음이 삶에 도착했을 땐 우리는 어떠한 경우에도 그것을 눈치채지 못할 것이기 때문입니다.

실제로 극단적인 환경에서 자라는 아이들에게 죽음이란 삶의 일부분에 불과합니다. 일상적으로 발생하는 죽음의 경험이 그들로 하여금 별다른

53) Epikur, *Philosophie der Freude. Eine Auswahl aus seinen Schriften*, Stuttgart 1973, 41쪽.

해석 없이 죽음을 지각하도록 한다고 합니다.

논리적으로 보면 죽음이 삶과 무관하다는 주장은 반박될 여지가 없어 보입니다. 그런데 세상은 논리적으로만 돌아가는 게 아닙니다. 그랬다면 호모 필로소피쿠스는 벌써 사라지고 수학자만 남아겠지요. 여전히 철학의 필요성이 입방아에 오르내리는 걸 보면, 삶에는 수학적 논리를 넘어서는 신비한 체험이 내재되어 있나 봅니다.

한계상황을 통해 자신으로 돌아가기

철학의 역사에서 등장하였던 실존주의는 죽음의 문제를 삶의 영역에서 가장 적극적으로 해석하려고 시도했던 정신의 힘입니다. 우리의 속담 중에 '매도 먼저 맞는 놈이 낫다'는 말이 있습니다. 이왕 겪어야 할 일이라면, 앞서 적극적으로 대처하는 것이 오히려 더 효과적이라는 말입니다. 고통당하는 사람의 비명을 들으며 마음 졸이는 평생을 가느니, 먼저 맞고 편하게 지켜보면 될 일입니다.

그런데 앞서 잠깐 언급했던 쇼펜하우어나 니체의 주장은 다소 허무하기 짝이 없습니다. 인생의 허무함이 아니라, 언어의 터무니없음에서 비롯된 것입니다. 이런 식의 말장난으로는 사신에게 예의를 갖출 수도, 죽음을 아예 잊어버리고 살 수도 없을 것 같습니다. 화장실에서 볼일을 보고 밑을 못 닦은 사람처럼 평생 찝찝한 마음을 버리지 못할 것도 같습니다.

우리에게 도움을 줄 사람은 또 다른 실존주의 철학가인 야스퍼스(Karl Jaspers, 1883~1969)입니다. 그에게 있어서 죽음은 일종의 한계상황입니다. 이게 참 고약한 단어입니다. 한계상황이라니요? 일반적으로 보면 한계상황이란 인간이 피하거나 변화시킬 수 없는 상황을 말할 뿐입니다. 즉 죽음이 한계상황이라는 표현은 아무것도 말한 것이 아닙니다. 영혼의 불멸을 믿는 형이상학자나 종교적 교리라면 모를까, 죽음을 피할 수 있다고 말하는 사람은 아무도 없으니까요.

더욱이 요즘처럼 과학기술적 진보가 약속하는 유토피아가 공공연하게 거론되고 있는 시점에서 생명연장이나 영원한 삶에 대한 미래지향적 사고를 전개하지는 못할망정, 인간에게 넘지 못할 벽이나 고착화시키려는 태도는 한심해 보이기까지 합니다. 도대체 뭐하자나는 논리인가요?

우리가 야스퍼스를 이해하려면, 이미 언급했던 언어의 의미를 다시 한 번 거론해야 되겠습니다. 우리에게 상황이란 무엇일까요? 상황은 시시때때로 변합니다. 동일한 상황에서도 나는 동일한 행동을 하지는 않습니다. 어떠한 시각과 어떠한 맥락에서 그 상황이 전개되는지에 따라, 나에게는 상이한 삶의 단면이 펼쳐질 뿐입니다.

내 앞에 있는 컴퓨터는 지금은 나에게 책을 쓸 수 있는 훌륭한 도구이지만, 탈고를 하고 나면 전자파나 풀풀 날리는 삭막한 기계일 뿐입니다. 우리가 살면서 마주하는 상황이란 이렇듯 늘 상대적이고 주관적인 의미로 연결된 어구들의 복합체입니다.

그런데 한계상황이란 이와는 다소 다릅니다. 한계상황은 시시때때로 변하는 주관적 맥락이 아니라, 단지 우리에게 자신의 독특한 현상을 보여줄 뿐입니다. 그것은 우리의 실존과 연결되어 있으며, 그 점에서 우리의 눈으로 들어오는 사물이 아닙니다. 한계상황이란 우리가 마주하여 좌절할 수밖에 없는 벽과도 같다고 합니다.[54] 즉 우리의 실존 자체인 것이지요. '나'를 바라보는 또 다른 '나'를 내가 변화시킬 수 없듯, 한계상황이란 우리에 의해 변할 수 없는 그 무엇입니다. 단지 그 앞에서 있을 때, 우리 자신이 선명하게 자신을 드러낼 수 있는 존재의 사건인 것입니다.

이게 무슨 귀신 씻나락 까먹는 소리인가요? 저자가 처음 철학에 입문하였을 때 느꼈을 황당한 감정을 지금 독자들도 동일하게 느끼고 있을 것입니다. 알아듣게 설명을 해야 고개를 끄덕이든 아니면 비난을 하든 할 터인데, 이렇게 뜬구름을 잡아서는 실망만을 안겨주게 될 것입니다.

야스퍼스는 죽음을 한계상황으로 설정하고 찬양하는 것이 아닙니다. 앞서 들었던 예를 다시 재활용해 봅시다. 누군가가 병원에서 시한부 선고를 받습니다. 그는 어떤 느낌에 사로잡힐까요? 한계상황이 우리에게 닥친 것입니다. 우리가 의도적으로 그 안으로 들어간 것이 아닙니다. 야스퍼스는 이 상황을 좀 더 엄밀하게 심리적(호모 필로소피쿠스는 이를 '존재론'적이라고 씁니다.)으로 분석하고 있을 뿐입니다.

중요한 것은 이 상황에서 우리의 심리가 불안해지는 것이 아니라, 우리 자신이 견딜 수 없는 그 무엇에 의해 사로잡힌다는 사실을 직시하는 것입니다. 그것은 우리를 협박하고 위협하며 빠져나가지 못하게 우리를 붙들어 맵니다. 철학수업을 들어갈 수도 없고, 밥을 먹을 수도 없으며 심지어는 사랑하는 사람에게 문자도 날리지 못할 것입니다. 한계상황에 처했을 때, 모든 일상적인 의미맥락이 더 이상 자신의 기능을 수행하지 않게

---

54) Karl Jaspers, *Philosophie. II. Existenzerhellung*, Berlin/Heidelberg/New York, 1973, 203쪽.

되는 것입니다.

우리가 지금까지 자명하고 당연하다고 여겼던 모든 것들이 이 순간만큼은 의문부호 속으로 안개처럼 흩어질 것입니다. 자신의 삶에 대한 근본적 회의, 어디로 향해야 할지 모르는 당황함 그리고 어디에도 손을 내밀 수 없는 공허함, 이 모든 것들이 야스퍼스에게는 한계상황의 의미가 됩니다. 모든 일상적 의미를 소멸시키는 근본적 의미가 되는 것이지요.

그런데 이것이 전부는 아닙니다. 지금까지의 설명은 한계상황에 닥친 한 개인의 자연적 모습을 상세하게 보여 준 것에 불과합니다. 여기에는 또 다른 의미가 첨부되어야 합니다. 야스퍼스가 말하려고 하는 바는 이제부터 등장합니다.

한계상황을 경험한다는 것은 무엇을 말하는 것일까요? 그 속에서 우리는 자신으로 다시 태어납니다. 그 누구에게도 손을 내밀 수 없는 상황에 직면했을 때, 그때 우리는 비로소 오로지 자신으로 있게 된다는 겁니다. 자신의 유한함을 경험할 때, 우리는 자신의 실존을 느끼게 되는 것입니다.

> "한계상황을 경험하는 것과 실존한다는 말은 다른 언어가 아니다."[55]

이렇게 자신의 모습을 드러내는 실존은 어떠한 설명을 필요로 하지 않습니다. 행동의 이유를 찾으려는 이성적 활동도 단지 부차적인 것으로 떨어져 버립니다. 실존이란 있는 그대로의 모습으로 그 자체가 목적으로 느껴지는 것이지요.

---

55) 앞의 책, 204쪽.

여기까지 오면 우리는 이제 야스퍼스가 죽음이라는 한계상황을 통해 무엇을 말하려고 했는지를 어렴풋이 이해하게 됩니다.

뭉크(Edvard Munch, 1863~1944)의 **임종의 침상 →**

우리는 통상 타인의 통해 죽음을 간접적으로 경험합니다. 이때 죽음은 학문적 대상이 되지요. 생물학적 소멸이라는 의학적 정의도 이때 등장하게 됩니다. 그런데 나의 죽음과 관련시켜 보면 어떻게 될까요?

죽음이 나를 직접적으로 엄습할 때, 나의 실존은 절체절명의 위험에 처합니다. 그때 우리는 자신을 학문적 대상 X나 Y로 간주하는 대담함을 보이지는 못할 것입니다. 여기서 실존이 지니고 있는 심연이 열려집니다. 죽음을 통해 우리는 자신의 가장 깊은 곳을 직시하게 되는 것입니다. 죽음이 실존의 거울이 되는 것입니다.[56]

어느 누구도 자신의 죽음을 대신할 수는 없습니다. 삶의 깊이란 실존이 죽음을 의식할 때 그리고 그 죽음을 의연함 속에서 유지할 때 보이게 될 것입니다. 달리 말하면, 삶이란 실존이 죽음에 직면하여 자신을 선명하게 쳐다보면 볼수록 더욱 깊어진다는 겁니다.[57] 죽음에 대한 태도가 삶과

56) 앞의 책, 223쪽.
57) 앞의 책, 227쪽.

함께 변하고, 삶은 나의 죽음과 함께 더욱 깊어지게 됩니다.

야스퍼스는 우리가 죽음과 관련하여 취할 수 있는 가장 적극적인 태도를 '죽음을 배우는 것'이라고 주장합니다. 죽음을 배우는 과정이 야스퍼스에게 있어서 곧 철학의 내용이 됩니다. 철학이란 무엇일까요? 철학적 상상력이란 그저 다양한 분야에 실용적으로 응용될 수 있는 이론적 틀이 아닙니다. 철학이란 인간적 삶에 이르는 현실 그 자체이기 때문입니다. 우리는 삶과 죽음을 통해 자신의 실존이 단순한 부분이 아니라, 그 무엇에 의해서도 대체될 수 없는 전체라는 사실을 알게 됩니다. 삶은 수단이 아니라, 목적인 것입니다.

Memento Mori — 항상 죽음을 기억하라

웰빙(Well-being)이라는 키워드가 신드롬을 일으키며 웰빙푸드, 웰빙교육, 웰빙도시 등 수 많은 신조어를 만들어 낼 때, 언젠가 그 자리를 웰다잉(Well-dying)이라는 개념이 대체할 거라고 예언한 사람들이 있습니다. 그들은 아마도 철학에 남다른 조예가 있었던 사람들일 것입니다. 철학이 죽음을 배우는 과정임을 깨달았던 호모 필로소피쿠스는 많이 있습니다.

인간적 삶의 모습을 있는 그대로 보여 주고자 노력했던 몽테뉴(Michel Montaigne, 1533~1592)는 인간의 죽음이 단순히 생물학적인 종말이 아님을 통찰했던 몇 안 되는 철학가 중의 하나였습니다. 죽음은 의미라는 현실 앞에서 삶과 다르지 않다는 겁니다.

"그대의 죽음은 우주의 질서 중의 한 토막이다. 죽음이란 생명의 한 부분이다. 죽음이 어디서 우리를 기다리고 있는지 알 수 없기 때문에, 어디서든지 그것을 맞이할 준비를 갖추자. 미리 죽음을 생각해 두는 것은 자유를 예상하는 것이다. 죽는 것을 배운 자는 노예의 마음씨를 씻어 제거한 자다. 죽는 법을 알면 우리는 모든 굴종과 구속에서 해방된다. 생명을 잃는 것이 불행이 아님을 잘 이해한 사람에게는 이 세상에 불행이라는 것이 없다. 사람들에게 죽는 법을 가르치는 자는 그들에게 사는 법을 가르치는 것이다."58)

죽음을 삶의 일부분으로 받아들인다는 것은 단순히 운명에 굴복하는 처세술이 아닙니다. 그것은 자신과 타인의 삶을 일종의 목적이자 전체로서 조망했을 때 얻어지는 인생의 지혜인지도 모릅니다. 태어날 때가 있으면 죽을 때가 있고 심을 때가 있으면 뽑을 때가 있다는 말은 심심풀이 땅콩으로 하는 말이 아닙니다. 인생에도 세울 때가 있으면 반드시 내려놓을 때도 있는 것이지요. 물론 자신의 삶이 여전히 세울 시기라고 판단이 되면, 애써 내려놓을 필요는 없습니다.

그럼에도 웰빙이 곧 웰다잉이라는 사실에는 변함이 없습니다. 이것을 지키지 않고 하늘 높은 줄 모르고 무작정 세우기만 하는 사람은 삶의 장엄함과 숭고함이 어디에 있는지를 알지 못하는 사람입니다. 평생 세운 공든 탑이 한방에 훅 날아갈 때조차 아무도 그의 탐욕 어린 삶을 기억해주지 않을 것입니다. '박수 칠 때 떠날 수' 있는 용기도 웰다잉을 생각하는 사람이 취하는 삶의 자세입니다.

---

58) Michel de Montaigne, *Die Essais*, Köln 2005,

우리는 웰다잉으로부터 인간이 보일 수 있는 정신의 힘을 보게 됩니다. 자연적 생태계에서 죽음은 다시 자연으로 돌아가는 순환 고리의 부분에 불과하지만, 인간은 그것을 삶의 가장 강력한 원천으로 승화시킬 수 있는 생태계의 유일한 존재인 것입니다.

1912년 4월 10일 영국 사우스햄턴을 떠나 미국 뉴욕으로 향하던 첫 항해 중 바다에 떠 있던 빙산을 발견하지 못하고 침몰한 타이타닉호를 우리는 기억합니다. 1,500명이 넘는 희생자를 기록한 인류역사상 가장 큰 선박사고입니다. 우리는 여기서도 죽음과 인간정신의 힘이 결합되어 만들어낸 삶의 숭고함을 경험합니다. 빙산과 충돌하여 침몰하기 직전 비상탈출이라는 아비규환 속에서도 승객들을 진정시키며 끝까지 연주를 멈추지 않았던 8명의 악사가 그들입니다.

악사들은 자신들의 죽음을 이미 알고 있던 사람들입니다. 왜 그들은 탈출을 시도하지 않았을까요? 그들에게 부여된 임무를 완수하려는 의무감이 결정적인 동기였을 수도 있습니다. 그러나 이때조차도 우리는 오직 인간만이 자신의 전부를 던져 의무를 수행할 수 있다는 사실을 기억해야 합니다.

우리는 여기서 철학과 정신의 힘이 무엇인지를 바라볼 수 있게 됩니다. 철학함이란 목적으로 존재하는 자신과 스스로 관계를 맺어 죽음을 배우는 과정입니다. 이는 단 한 번뿐인 존재적 사건인 자신의 실존을 가장 의미 있는 삶을 위해 내던질 수 있는 정신의 힘이기도 합니다. 이것은 단지 생존만을 위해 살아가는 자연적 인과법칙을 끊어내는 존재의 약속이며, 개별적 실존은 그것을 지켜냄으로써 초월이라는 숭고함을 세상 안으로 들어오게 합니다. 존재와 죽음은 외적 관계로 맺어진 두 요소가 아니라, 인간의 실존 안에서 동전의 양면과도 같은 것입니다.

에필로그

한 미술애호가가 유명 작품 전시회를 방문합니다. 미술관 오른편을 따라 낮은 언덕배기에 산책로가 나 있고 그 길이 끝날 때쯤 아담한 성당도 눈에 들어옵니다. 사진 찍기 딱 좋은 풍경입니다.

미술관에 들어서는 순간부터 행복한 하루가 될 것 같은 느낌이 드는 화연한 봄날입니다. 작품구성을 책임지고 있는 큐레이터도 해당 분야에서 상당한 명성을 얻고 있는 전문가입니다. 역시 명불허전(名不虛傳)입니다. 감탄을 거듭하며 미술관을 둘러보던 방문객은 신비스러운 분위기가 연출되고 있는 공간에서 발걸음을 멈추게 됩니다. 무언가에 홀린 것인가요? 이내 그는 감을 잡습니다.

"여기가 오늘 전시회의 하이라이트구나!"

예술적 정열이 가득한 명화들과 해박하고 맛깔스러운 큐레이터의 해설이 어우러지며 그의 안목은 한층 넓어지고 깊어집니다. 얼굴에 흐뭇한 미소가 봄날의 들국화처럼 피어날 때쯤, 맞은편에 걸려 있는 한 대형 그림이 그의 시야로 들어옵니다. 양 옆으로 수백억 원을 호가하는 유명 화가의 초상화가 걸려 있는 것으로 보아, 아마도 이 작품은 이 미술관의 '오늘'을 만들어 준 대표작으로 보입니다. 발걸음을 재촉하여 가까이 다가섭니다. 그런데 자세히 그림을 감상하려던 방문객의 얼굴에 당황함이 스쳐 지나갑니다.

그림이 거물급인 것은 확실해 보이는데, 그 안에는 아무것도 들어 있지 않았던 것입니다. 정확하게 말하면, 그 안에는 하얀 종이만이 값비싸 보이는 그림틀을 채우고 있었던 겁니다. 이게 무슨 황당한 상황인가요? 이 중요한 공간에 백지라니요? 그리고 모처럼 겨우 찾은 시간을 백지를 들여다보는 데 써야 한다니요? 갑자기 짜증이 밀려옵니다. 큐레이터에게 물어보고 싶어도, 행여 자신의 눈에만 보이지 않는 투명한 비밀이 감춰져 있을 것 같아 감히 엄두를 내지 못합니다.

혹시 그 안에 들어 있는 백지가 우주에서 날아온 신비한 물질인 것은 아닐까요? 아니면 종이를 만드는 과정에서 값비싼 다이아몬드 가루를 첨가한 것인가요? 궁금증은 이내 저절로 풀립니다. 그의 눈에 작품의 제목이 들어온 것입니다. 무엇이었을까요?

품명 : 여백
작가 : 실존
제작연도 : 시간

작품의 제목은 여백이었습니다. 그때서야 그는 이 작품이 왜 미술관의 가장 중요한 공간에 걸려 있는지를 깨닫게 됩니다.

인간은 자연에 의해 만들어진 완성품으로 세상에 태어나지 않습니다. 공장에서 물건을 찍어내듯, '이것과 저것'으로 정의될 수도 없습니다. 그 이유는 인간의 실존이 곧 여백 자체이기 때문입니다. 우리는 자신만의 정신의 힘으로 그 여백을 그리기도 하고 때론 지우기도 합니다. 그리곤 이내 자연의 색으로 한껏 멋을 내기도 합니다.

무엇을 그렸고 무엇을 지웠는지가 개인이 누구인지를 보여 주는 삶의 이야기가 됩니다. 철학의 힘은 자신의 이야기를 쓸 수 있는 정신의 힘입니다. 개인의 삶의 이야기조차 또 하나의 스펙으로 만들어버린 현대사회는 결코 이해할 수 없는 존재의 지평이기도 합니다. 그 이야기가 워낙 독특하고 이상한 나라의 경험들로 채워져 있기에 그 작품을 이해하려면, 작가의 설명이 반드시 필요합니다. 그 설명들을 모아 놓은 책이 바로 철학사입니다. 이 가운데 가장 훌륭한 철학사는 각자가 만들어가는 삶일 것입니다.

먹고 살기도 버거운 시대입니다. 여백을 찾아야 한다는 말이 정신적 사치처럼 느껴질지 모르지만, 이럴 때일수록 우리에겐 더욱 여백이 필요합니다. 철학이 필요한 이유이기도 합니다.

오규원 시인의 표현처럼, 철학적 사색이 브랜드 커피 한잔의 대우조차 받지 못하는 시대에서 철학책을 출판하는 일은 미친 짓인지도 모릅니다. 이 미친 짓을 저자는 멈출 수가 없습니다. 왜냐하면 철학은 현재진행형이기 때문입니다.

2013년 4월 27일

저자 김종엽

◈ 참고문헌 ◈

요한 볼프강 폰 괴테, 『젊은 베르테르의 슬픔』, 박찬기 옮김, 민음사 2005

김용옥, 『여자란 무엇인가』, 통나무 2007.

김종엽, 『안다는 것과 사랑한다는 것』, 가즈토이 2010.

——, 『인격의 철학, 철학의 인격』, 중원문화 2012.

알베르 까뮈, 『시지프의 신화』, 이가림 옮김, 문예출판사 1999.

——, 『이방인』, 이휘영 옮김, 문예출판사 1999.

프리드리히 니체, 『짜라투스트라는 이렇게 말했다』, 사순옥 옮김, 홍신문화사 2011.

——, 『권력에의 의지』, 강수남 옮김, 청하 1988.

——, 『선악의 저편, 도덕의 계보』, 김정현 옮김, 책세상 2002.

르네 데카르트, 『성찰』, 이현복 옮김, 문예출판사 2011.

리처드 도킨스, 『이기적 유전자』, 이상임 옮김, 을유문화사 2010.

존 듀이, 『민주주의와 교육』. 이홍우 옮김, 교육과학사 2008.

질 들뢰즈, 『차이와 반복』, 김상환 옮김, 민음사 2004.

칼 맑스, 『경제학-철학수고』, 김태경 옮김, 이론과 실천 1987.

모리스 메를로-퐁티, 『지각의 현상학』, 류의근 옮김, 문학과 지성사 2006.

막스 뮐러, 『독일인의 사랑』, 차경아 옮김, 문예출판사 2010.

조지 허버트 미드, 『정신, 자아, 사회』, 나은영 옮김, 한길사 2010.

존 스튜어트 밀, 『자유론』, 서병훈 옮김, 책세상 2008.

롤랑 바르트, 『현대의 신화』, 이화여대학교 기호학연구소 옮김, 동문선 1997.

리차드 바크, 『갈매기의 꿈』, 류시화 옮김, 현문미디어 2003.

막스 베버, 『프로테스탄트 윤리와 자본주의 정신』, 김상희 옮김, 풀빛 2006.

장 보드리야르, 『기호의 정치경제학 비판』, 이규현 옮김, 문학과 지성사 1992.
——, 『소비의 사회』, 임문영 옮김, 계명대학교 출판부 1998.
루트비히 비트겐슈타인, 『논리-철학 논고』, 이영철 옮김, 천지 1991.
루 살로메, 『선택된 자들의 소망』, 이태영 옮김, 산호 1993.
B. 스피노자, 『윤리학』 강영계 옮김, 서광사 1990.
아도르노 호르크하이머, 『계몽의 변증법』, 김유동 옮김, 문학과 지성사 2001.
제인 오스틴, 『오만과 편견』, 윤지관 · 전승희 옮김, 민음사 2003.
조지 오웰, 『1984』, 김기혁 옮김, 문학동네 2009.
폴 에얼릭, 『인간의 본성들, 인간의 본성을 만드는 것은 유전자인가, 문화인가?』, 전방욱 옮김, 이마고 2008.
S. 모리스 엥겔, 『철학의 이해』, 이종철 · 나종석 옮김, 문예출판사 1998.
데이빗 슬론 윌슨, 『진화론의 유혹』, 이미정, 정지영, 김영희 옮김, 북스토리 2009.
르네 지라르, 『낭만적 거짓과 소설적 진실』, 김치수 · 송의정 옮김, 한길사 2001.
니코스 카잔차키스, 『그리스人 조르바』, 이윤기 옮김, 고려원 1998.
프란츠 카프카, 『변신, 시골의사』, 전영애 옮김, 민음사 2005.
에리히 프롬, 『자유로부터의 도피』, 이상두 옮김, 범우사 1988.
플라톤, 『국가』, 박종현 옮김, 서광사 2005.
게오르그 빌헬름 프리드리히 헤겔, 『정신현상학 1』, 임석진 옮김, 한길사 2005.
한나 홈스, 『인간생태보고서』, 박종성 옮김, 웅진지식하우스 2010.
에드문트 후설, 『유럽학문의 위기와 선험적 현상학』, 이종훈 옮김, 한길사 2007.
——, 『엄밀한 학문으로서의 철학』, 이종훈 옮김, 지만지출판사 2008.
데이비드 흄, 『인간 본성에 관한 논고 1』, 오성에 관하여, 이준호 옮김, 서광사 2004.

ANGEHRN, E., *Geschichte und Identitäet*, Berlin 1985.
ARENDT, H., *Vita activa oder vom taetigen Leben*, Hamburg 1999.
ARISTOTELES, *Philosophische Schriften in sechs Baenden*, Hamburg 1995.
AUSBORN-BRINKER, S., *Person und Personalitäet*, Tuebingen 1999.
BERNHARD H.F. Taureck, *Die Sophisten zur Einführung*, Hamburg 1995.

BIRNBACHER, D., *Bioethik zwischen Natur und Interesse.*, F.a.M. 2006.

——, *Ethik*, Muenchen 1988.

BRANDNER, R., *Heideggers Begriff der Geschichte und das neuzeitliche Geschichtsdenken*, Wien 1994.

BRASSER, M., Person. *Philosophische Texte von der Antike bis zur Gegenwart*, Stuttgart 1999.

BREUER, C., *Person von Anfang an? Der Mensch aus der Retorte und die Frage nach dem Beginn des menschlichen Lebens*, Schoeningh/Paderborn 2003.

DESCARTES, R., Die Prinzipien der Philosophie, Hamburg 1955, XLII.

EBELING, H.(Hrsg.), *Subjektivitaet und Selbsterhaltung. Beitraege zur Diagnose der Moderne*, F.a.M. 1996.

EPIKUR, *Philosophie der Freude. Eine Auswahl aus seinen Schriften*, Stuttgart 1973.

GADAMER, H-G., *Hermeneutik im Rückblick*, Tübingen 1995.

GOFFMANN, E., *Stigma. über Techniken der Bewältigung beschädigter Identitaet*, F.a.M. 1967.

HEIDEGGER, M., *Vom Wesen der Wahrheit*, F.a.M. 1961.

——, *Was ist Metaphysik?*, F.a.M 1981.

——, *Sein und Zeit*, Tübingen 1993.

JASPERS, K., *Philosophie. II. Existenzerhellung*, Berlin/Heidelberg/New York, 1973.

JONAS, H., *Die Freiheit des Bildens : Homo pictor und die differentia des Menschen, In : Zwischen Nichts und Ewigkeit. Zur Lehre vom Menschen*, Göttingen 1987.

KANT, I., *Werkausgabe in sechs Baenden*, Darmstadt, 1998.

KIERKEGAARD, S., *Die Krankheit zum Tode, Sämtliche Werke*, Bd. XI, Düsseldorf 1956.

——, Entweder/Oder, in: GW, Bd. 1, Neustadt 2004.

KIPKE, R., Mensch und Person. Der Begriff der Person in der Bioethik und die Frage nach dem Lebensrecht aller Menschen. Berlin 2001.

KOBUSCH, T., *Der Entdeckung der Person. Metaphysik der Freiheit und modernes Menschenbild*, Darmstadt 1997.

LOEWITH, K., *Das Individuum in der Rolle des Mitmenschen*, Darmstadt 1969.

MARQUARD, O./STIERLE, K.(Hrsg.) : *Identität*, München 1979.

MEAD, G.H., *Geist, Identität und Gesellschaft*, F.a.M, 1968.

MOHR, G.(Hrsg.), *Was ist eine Person?* Bremen 2002.

MONTAIGNE, M. d., *Die Essais*, Köln 2005.

PAPENFUSS, D. und POEGGELER, O.(Hrsg.), *Zur philosophischen Aktualitaet Heideggers Bd. 2*, F.a.M. 1990.

PARFIT, D., *Reasons and Persons*, Oxford 1996.

PLESSNER, H., *Die Stufen des Organischen und der Mensch, Einleitung in die philosophische Anthropologie*, Berlin / New York 1975.

POEGGELER, O., *Der Denkweg Martin Heideggers*, Tuebingen 1963.

——, *Heidegger und die hermeneutische Philosophie*, Freiburg/ Muenchen 1983.

POEGGELER, O.(Hrsg.), *Heidegger-Perspektiven zur Deutung seines Werks*, Weinheim 1994.

——, *Neue Wege mit Heidegger*, Freiburg/Muenchen 1992.

QUANTE, M.(Hrsg.), *Personale Identität*, Paderborn 1999.

RENTSCH, Th.(Hrsg.), *Martin Heidegger Sein und Zeit. Kommentar*, Berlin 2001.

RENTSCH, Th., *Wittgenstein und Heidegger-Existential-und Sprachanalysen zu den Grundlagen Philosophischer Anthropologie*, Stuttgart 1985.

RICOEUR, P., *Zeit und Erzählung, Bd. III, Die erählte Zeit*, München 1991.

——, *Das Selbst als ein Anderer*, München 1996.

——, *Das Rätsel der Vergangenheit: Erinnern-Vergessen-Verzeihen*, Göttingen

1998.

SCHELER, M., *Der Formalismus in der Ethik und Die materiale Wertethik, GW, Bd. 2*, Bern 1980.

——, *Die Stellung des Menschen im Kosmos*, Bouvier 2007.

SCHELLING, F. W. J., *Philosophische Untersuchungen über das Wesen der menschlichen Freiheit und die damit zusammenhängenden Gegenstände*, Hamburg, 2001.

SCHOPENHAUER, A., *Die Welt als Wille und Vorstellung*, F.a.M. und Leipzig. 1996.

SCHUESSLER, I./JANKE, W.(Hrsg.), *Sein und Geschichtlichkeit*, F.a.M. 1974.

SCHWEITZER, A., *Kultur und Ethik*, Muenchen 1990.

SIMON, J., *Wahrheit als Freiheit. Zur Entwicklung der Wahrheitsfrage in der neueren Philosophie*, Berlin 1978.

SITTER, B., *Dasein und Ethik. Zu einer ethischen Theorie der Eksistenz*, Freiburg/Muenchen 1975.

SPAEMANN, R., LOEW, R., *Die Frage Wozu? Geschichte und Wiederentdeckung des teleologischen Denkens*, Muenchen ; Zuerich 1985.

——, *Glück und Wohlwollen : Versuch über Ethik. Stuttgart 1989.*

——, *Philosophische Essays*, Stuttgart 1994.

——, Personen. *Versuche über den Unterschied zwischen etwas und jemand*, Stuttgart 1996

——, *Zur ethischen Dimension des Handelns*, Stuttgart 2001.

SPINOZA, B. DE., Die Ethik. Hamburg 1955.

STURMA, D.(Hrsg.), *Person. Philosophiegeschichte? Theoretische Philosophie? Praktische Philosophie*, Paderborn 2001.

TAYLOR, C., *Multikulturalismus und die Politik der Anerkennung*, F.a.M. 1993.

TEICHERT, D., *Personen und Identitäten*, Berlin /New York 2000.

THEUNISSEN, M., Der Andere, Berlin 1965.

TUGENDHAT E., Selbstbewusstsein und Selbstbestimmung, F.a.M. 1979.

WHITEHEAD, A. N., *Science and the Modern World*, New York, Free Press 1967.

WELTE, B., *Wahrheit und Geschichtlichkeit. Zwei Vorlesungen*, F.a.M. 1996.

WITTGENSTEIN, L., *Tractatus Logico-Philosophicus*, London, Boston and Henley 1981.

◈ 인명색인 ◈

중원문화 아카데미 新書

1 **한국근대 사회와 사상**
• 일본 교토대학교 연구소 엮음

2 **걸어다니는 철학**
• 황세연 저

3 **반듀링론**
• F.엥겔스/김민석 역

4 **헤겔 법철학 입문**
• 꼬우즈미 따다시 지음

5 **이성과 혁명**
• H.마르쿠제/김현일 외 역

6 **정치경제학 교과서 I-1**
• 짜골로프 외/윤소영 엮음

7 **정치경제학 교과서 I-2**
• 짜골로프 외/윤소영 엮음

8 **정치경제학 교과서 I-3**
• 짜골로프 외/윤소영 엮음

9 **이탈리아 맑스주의**
• K.프리스터/윤수종 옮김

10 **걸어다니는 경제사**
• 황세연 편저

11 **자본론에 관한 서한집**
• K.마르크스와 F.엥겔스 저

12 **지배와 사보타지**
• 안토니오 네그리/윤수종 옮김

13 **과학기술사**
• 석동호 편저

14 **저개발과 의약품**
• M. 뷜러/우연재 옮김

15 **맑스주의의 세 갈래길**
• W. 레온하르트/하기락 옮김

16 **역사적 맑스주의**
• R.알뛰세르/서관모 옮김

17 **경제학의 선구자들**
• 일본경제신문사/김종호 옮김

18 **근현대 사회사상가 101**
• 이마무라 히도시/안효상 옮김

19 **맑스를 넘어선 맑스**
• 안토니오 네그리/윤수종 옮김

20 **교육과 의식화**
• P.프레이리/채광석 역

21 **정치경제학 교과서 II-1**
• 짜골로프 외/윤소영 엮음

22 **정치경제학 교과서 II-2**
• 짜골로프 외/윤소영 엮음

23 **청년 마르크스의 휴머니즘**
• H.포피츠/황태연 역

24 **사회를 어떻게 볼 것인가?**
• 황세연 편저

25 **헤겔연구②**
• 임석진 외저 (절판)

26 **칸트 철학입문**
• W.O.되에링/김용정 역

27 **노동조합 입문**
• 양원직 편저

28 **마르크스에서 쏘비에트 이데올로기로**
• I.페처/황태연 역

29 **소유의 위기**
• E.K.헌트/최완규 역

30 **변증법의 현대적 전개①**
• W.뢰트/임재진 역

31 **변증법의 현대적 전개②**
• W.뢰르/임재진 역

32 **모순의 변증법**
• G.슈틸러/김재용 역

33 **헤겔연구③**
• 임석진 외저 (절판)

34 **국제무역론**
• 久保新一/김선기 역

35 **칸 트**
• 코플스톤/임재진 역

36 **자연과학과 철학**
• H.라이헨바하/김회빈 옮김

37 **철학 입문**
• 황세연 편역

38 **맑스주의의 역사 ①**
• P. 브르니츠키/이성백 옮김

39 **맑스주의의 역사 ②**
• P. 브르니츠키/이성백 옮김

40 **한국사회와 자본론**
• 황태연 저

41 **정치경제학 비판을 위하여**
• K.마르크스/김호균 역

42 **과학기술 혁명시대의 자본주의와 사회주의**
• 황태연 저/허상수 엮음

43 **혁명운동의 문제들**
• S. P.노보셀로프/이창휘 옮김

44 **마키아벨리의 고독**
• 루이 알뛰세르/김민석 역

45 **들뢰즈와 가타리**
• 로널드 보그/이정우 옮김

46 **과학적 사회주의**
• G.그로서/송주명 옮김

47 **맑스-레닌주의 철학의 본질**
• F. V. 콘스탄티노프/김창선 역

48 **철학의 기초(1)**
• A. 라키토프/김신현 옮김

중원문화 아카데미 新書

49 **철학의 기초(2)**
• A. 라키토프/김신현 옮김

50 **소수자 운동의 새로운 전개**
• 윤수종 외 지음

51 **한눈에 들어오는 서양철학사**
• 타케다 세이지/홍성태 옮김

52 **마르크스즘과 유로코뮤니즘**
• 산티아고 까리요/김유향 옮김

53 **맑스주의와 프랑스인식론**
• P. 토미니크 르쿠르/박기순 옮김

54 **논리의 오류**
• 에드워드 데이머/김회빈 역

55 **프랑스 문화와 예술**
• 마르크 블랑팽 · 장 폴 쿠슈/송재영 옮김

56 **개발과 파괴의 사회학**
• 홍성태 지음

57 **인민의 벗이란 무엇인가**
• V. 레닌/김우현 역

58 **예술 · 정보 · 기호**
• 가와노 히로시/진중권 역

59 **담론의 질서**
• 미셸 푸코 지음/이정우 해설

60 **사회학의 명저 20**
• 김진균 외 지음

61 **철학사(1)**
• Akademiya Nauk SSSR 편

62 **철학사(2)**
• Akademiya Nauk SSSR 편

63 **철학사(3)**
• Akademiya Nauk SSSR 편

64 **철학사(4)**
• Akademiya Nauk SSSR 편

65 **철학사(5)**
• Akademiya Nauk SSSR 편

66 **인격의 철학, 철학의 인격**
• 김종엽 저

67 **담론의 질서**
• 푸코 지음/이정우 옮김

68 **교육자의 길**
• 이오덕 외 저

69 **정치경제학**
• 짜골로프 저

70 **박정희 시대-5.16은 쿠데타다**
• 이상우 저

71 **박정희 시대-민주화운동과 정치주역들**
• 이상우 저

72 **박정희 시대-5.16과 한미관계**
• 이상우 저

73 **박정희와 유신체제 반대운동**
• 이상우 저

74 **세계사 (제국주의 시대)**
• 김택현 편

75 **세계사 (제1차세계대전)**
• 김택현 편

76 **세계사 (제2차세계대전과 파시즘)**
• 김강민 역

77 **세계사 (현대)**
• 조진원 편/이춘란 감수

78 **근현대 형성과정의 재인식①**
• 안종철 와 저

79 **근현대 형성과정의 재인식②**
• 정근식 외 저

80 **시몬느 베이유 철학교실**
• 앙느레느/황세연 역

81 **소크라테스에서 미셸 푸코까지**
• 기다 갠/김석민 역

82 **상식 밖의 세계사**
• 가바야마 고아치/박윤명 역

83 **들뢰즈와 카타리**
• 로널드 보그 저/이정우 옮김

84 **새로운 예술을 찾아서**
• 브레이트 저/김창주 역

85 **역사 유물론의 궤적**
• 페리 앤더슨/김필호 외 옮김

86 **철학적 맑스주의**
• 루이 알튀세르/서관모 역

87 **생산의 발전과 노동의 변화**
• 마이클 피오르 외/강석재 외 역

88 **항일과 혁명의 한길에서**
• 김운선 지음

89 **지배와 사보타지**
• 안토니오 네그리/윤수종 역

90 **헤겔철학 서설**
• 오토 푀겔러/황태연 역

91 **과학적 공산주의란 무엇인가**
• 빅토르 아파나시예프/최경환 역

92 **페레스트로이카 논쟁(서독)**
• 에케르트 외/송주명 역

93 **페레스트로이카 논쟁(동독)**
• 모르겐슈테른 외/신현준 역

94 **페레스트로이카 논쟁(프랑스)**
• 프랑시스 코엥/신현준 역

95 **페레스트로이카 논쟁(소련)**
• 야코블레프 외/신현준 역

96 **마르크스주의와 개인**
• 아담 사프/김영숙 역